JN078540

古代文字のヤマトコトバを現代文字で読み明かす！

あらましの秀真伝（ほつまつたゑ）

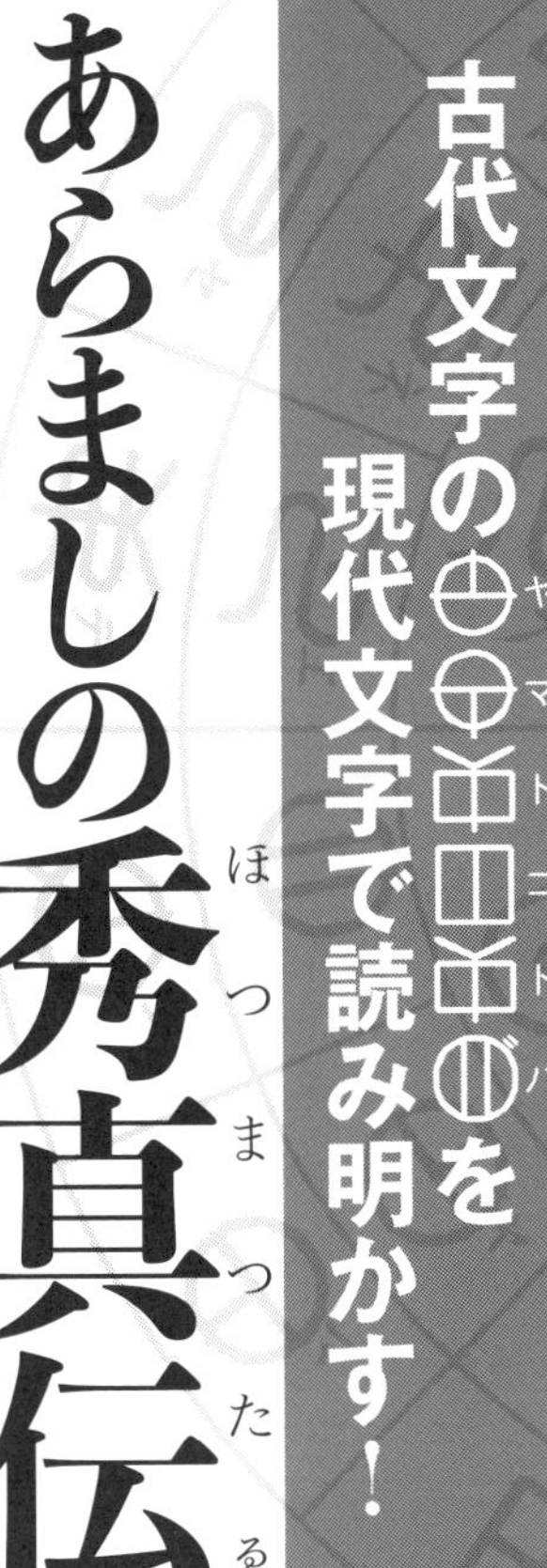

千葉富三・編著

明窓出版

推薦の言葉──五七調三行ごとの区切りで軽快に読める

宮永光雄（ホツマ出版会主宰）

今から十年ぐらい前でしょうか、新宿の紀伊國屋書店でホツマに関する分厚い本を見つけました。その内容は詳細かつ丁寧で、どなたが著したものかと思いました。失礼ながらその時まで、千葉富三先生のお名前を存じ上げずにおりました。それ以来、立派な作品を次から次へと発表されてきたことと、それぞれの内容と独自の工夫を施されているのにはとても驚いております。

ホツマツタヱとミカサフミは、五七調で切れ目の分かりづらい長文ですので、慣れるまでは理解が進みづらいという特徴があります。本書は、ホツマツタヱ全アヤ（章）を大胆にも五七調三行ごとに区切る方法をとられました。そのためでしょうか、とても軽快に読み進んでいけます。前二作は横書きであったため、正直少し読みづらく感じたことが影響しているかも知れませんが。古代史を学ばれている方々はもとより初心者でも、おなじみの漢字で神名が書かれているため、日本書紀などと比較する場合など、やはり漢字かな混じり文の方が理解しやすいと思います。

ミカサフミについては、ホツマツタヱと内容の重なるアヤを省かれていますが、原典に忠実なふりがながつけられた漢字かな混じり文で味わうと、ホツマツタヱとはだいぶ違った趣を感じることができると思います。特に新発見で十綾となった『秘書 神代和字 全』のホツマ文字（ヲシテ）部分を色々と検討されて、「ひるこひめあわうたのあや」として分かりやすく表現されています。

フトマニについては、筆録者の解説部分と最初の二首の他に名称の構造が、説明されています。フトマニの特質をお分かりいただけます。

補録は、ヲシテの詳しい解説が中心で、ヲシテ文献（ホツマツタヱ・ミカサフミ・フトマニ等）に直にふれたときに、その意味を実感できるのではないかと思います。ぜひ、ヲシテの読み書き体験をしていただきたい。

この書を読み終えた後には、「日本人として生まれてきて良かった。日本国とは、こういう国柄なのだ」と、爽快に感じられるのではないでしょうか。

目次

秀真伝

天の世の巻

※目次上段の原文で、助詞の「⊡」は「お」のままとし、下段では現代用語の「を」とした。

神の世の巻

人の世の巻

三笠書

はじめに—縄文・弥生時代を有史へと転換迫る古代文献

『秀真伝(ほつまつたゑ)』は序文と本文四十綾でなり、その姉妹書でこれまでに発見されている『三笠書(みかさふみ)』の一部、それに『太占(ふとまに)』（以下「秀真三文献」と略称）は、今に続く「大和言葉(やまとことば)」の韻文五七調一万行余十二万音超にわたり、一音一字の「秀真文字(ほつまもじ)」で記されています。これらは、「弥真瓊国　真瓊の教えは　昇る日の　本なる故に　日の本や　然れど弥真瓊　な捨てそよ」(2313)、また「君が代の　末の例と　ならんかと　畏れみながら　窄めおく」(0003)との序文の悲痛な予感ともとれるように、やがて漢字の渡来とともに消し去られる運命にあうことになった古代日本の固有文字と、高度な精神文明の存在を証明する「文献」です。これまで文字史料のない先史とされてきた縄文・弥生時代を文字資料のある有史へと大転換を迫る真実の建国叙事詩です。現代に続く日本固有の「和歌」の源流であるとともに、世界に同じ系統はないといわれる日本語「大和言葉」の原典といえます。

『秀真伝』は昭和四十一年(1966)、故松本善之助(まつもとよしのすけ)氏により現代に再発見されましたが学界からは無視され、甚だしくは偽書扱いまでされてきています。理路は整然・深遠・長大で、その全体を原文の秀真文字で読みとることは容易ではありません。そのため、結局は在野からも敬遠されてきています。そこでこの書は既刊の拙編著『現代辞書で読み解く真実の日本建国史秀真伝』（ともはつよし社。以下『日本建国史』と略称）を底本にダイジェスト版として全体を約七〇％程度に要約し、五音七道の五七調の韻文を基本に、ときには七五調また三十八音もありますが、本文は二段書きで上段は漢字仮名交じり現代文字を一字ずつ下げ、三行一区切りの箇条書きにしました。下段は語調を大事にしながらの読み下しと簡単な補足としたものです。

この書は要約のため誤解のおそれもありますので一区切りごとに脚注として『日本建国史』の綾と行の番号を斜体で表し、とくに学習会などでの論点整理の際に役立つように、頭注として各綾ごとの通し番号をつけました。

底本とした『日本建国史』では項の末尾に、「参照『日本の誕生』（①23）」、また「『日本の真実』（45）」のような脚注で原文をたどれるようにしました。

そこでの『日本の誕生』は拙編著『甦る古代 日本の誕生』（文芸社）の略称で

副題を「ホツマツタヱ―大和言葉で歌う建国叙事詩」としたものです。

この書は現存する最古の写本・和仁估安聰(わにこやすとし)釈述『ホツマツタヱ秀真政傳紀』(日本翻訳センター)の原文「秀真文字」の編著者によるオリジナルフォントとその読み、漢字仮名交じり現代文字訳の「三段対訳秀真伝」「大和言葉語典」「秀真伝”36“の検証」の三部構成に「系図」「地図」「年表」をつけたものです。また『日本の真実』は、拙編著『甦る古代 日本の真実』(文芸社)、その副題「全訳秀真伝 記紀対照―一三〇〇年の封印を解く」で『日本の誕生』での現代文字訳『秀真伝』の記述に対応した『古事記』『日本書紀』との読み下しを対照できるようにしました。それにより天地(あめつち)の開けし時から日本陽代別(やまとをしろわけ)天皇(あめすめらぎ)(第十二代景行)五十六年(西紀一二六)までの日本古代史については『秀真伝』が『古事記』『日本書紀』の原典であったことを読者自身で判断できるよう、その手助けもしようとしたものです。さらに確かなものとするため『甦る古代 日本の原典 秀真伝 解明―古事記・日本書紀の底本だった』(明窓出版)を上梓したところです。『古事記』は日本最古の歴史書(『広辞苑』)とされていますが記述は音訓交じりの漢文調、

『日本書紀』は全部が漢文、ただし歌謡は両書とも音読み漢字です。「大和言葉」の逆翻訳といえる平安調読み下しからでは味わうことができない『秀真伝』の縄文・弥生時代の「大和言葉」の掛詞など、その真髄が現代の読者の心奥に甦ってくると思います。

記述は前後しますが、この書では固有名詞である書名の『ホツマツタヱ』は『秀真伝』、『ミカサフミ』は『三笠書』、『フトマニ』は『太占』とし、「ヤマトコトバ」は「大和言葉」、「ホツマもじ」は「秀真文字」などと、もはや国字となっている現代国語の漢字を用いています。この場合、本文では漢字のすべてに「振り仮名」を付けました。したがって正しくは原文の「秀真文字」の「仮名読み」に「当て漢字」をしたということになります。

このことは『古事記』『日本書紀』と融合させるという基本姿勢をも示すものであり、その意図については『検証 ほつまつたゑ』（通巻89号44頁・ホツマ出版会）の拙稿「ホツマ関連書籍〈自著〉を語る――『現代辞書で読み解く真実の日本建国史 秀真伝』」を参照していただければ幸いです。

平成三十年冬至る日

編著者　千葉富三

秀真伝御機織留

秀真伝を述ぶ

大　直根子

0001 二神の　治む瓊矛に
天照の　御鏡足して
三種の宝

0002 陶つ身の　天に還りの
詣出物　秀真伝を
編み奉る

0003 君が代の　末の例と
ならんかと　畏れ身ながら
窄め置くなり

伊佐那岐・伊佐那美の二神の瓊(物実が勾玉)と矛(後に剣)に天照神が作らせた御鏡を足し日嗣のしるしの三種の宝（三種の神器の起源)としました。陶邑に隠れ棲んでいた私が、朝廷に再び召され、出仕できる身となった御礼の物として『秀真伝』四十綾を編纂し奉ります。君が御代の御功績が後世に前例として伝えられるようにと、分散していた資料を集め編纂して、畏れ多いことながらつぼめ置く次第です。

⓪1　*⓪1,2*　*⓪2*

0004
磯輪上の 心秀真と
成る時は 花咲く御世の
春や来ぬらん

0005
磯の輪の 真砂は読みて
尽くるとも 秀真の道は
幾代尽きせず

0006
三輪の臣 大直根子が
捧げんと ※二百三十四歳
謹しみて 花押を押す

0007
織り着けの 上の表と
花押を 添えて奉ぐる
言述べの歌

0008
※天が下知る 吾が君の
代々に伝わる 冠は
早牡鹿八つの 御耳聞こす

※天が下 あめがした。広辞苑では〈**あめがした【**天が下**】**「あめのした」に同じ〉とありますが、秀真伝で出ている９例は、すべて「あめがした」で、「あめのした」はありません。

緩やかに輪を描く砂浜の磯のように、和やかで整い、すぐれた秀真の心に透徹した時は、花が咲き開く御世の春が来るでしょう。

⓪2

磯辺に輪を描く細かい砂粒の一つひとつは数え尽くすことができても、秀真の道は何代たっても究め尽くすことはできないでしょう。

⓪3

三輪の臣の大直根子 諱 季聡が献上しようと二百三十四歳の時、慎んで花押を自署します。

季聡花押

スヱトシ

⓪3

※花押 はなおし。広辞苑では〈**かおう【**花押・華押**】**（花字の押字の意）署名の下に書く印（しるし）。書判（かきはん）ともいい中世には判・判形（はんぎょう）と称した。始めは名を楷書で自署したが…〉

冒頭に献上するのは推薦文として私（伊勢の大鹿島）が花押を添えて奉げる君への言述べの歌です。

⓪4

天照神以来、吾君の代々に伝わる冠の八つの御耳は八方に遣わされている早牡鹿（勅使）からの報告を隈なく聞きとるためのものです。

⓪4

0009
朝政り(あさまつり) 遍く(あまね)徹り(とお)
天照らす(あまて) 大御田族(ををんたから)の
居(い)も安国(やすくに)ぞ

0010
※八万年(やよろとし) 経(へ)て扶桑内(こえうち)の
伊雑宮(いざわみや) 君御坐(きみおわ)します
皇子忍穂耳(みこおしほみみ)は 日高見(ひたかみ)の

0011
多賀(たが)の国府(こう)にて 国治(くにおさ)む
孫火明(まごほのあかり) 香具山(かぐやま)の
明日香宮(あすかのみや)に 御坐(おわ)します

0012
弟瓊瓊杵(おとににきね)は 新田(にいた)成(な)す
新治(にはり)の宮(みや)の 十八万(そやよろ)に
新民(にいたみ)増えて 名(な)も高(たか)く

0013
原見(はらみ)の宮(みや)に 民(たみ)を治(た)す
終(つい)に磯輪上(しわかみ) 秀真(ほつま)成(な)る
雷(いかづち)別(わ)くる 稜威(いつ)の神(かみ)

※八万年 やよろとし。『秀真伝』の「鈴暦」で１万年は3,000年(『日本の誕生』付録３[年表]「凡例に代えて—１ 年代の数え方について」551頁参照)。したがって、８万年は、「80,000÷３,000＝26.666≒26年余」とした。

朝廷の祭政(まつりごと)が国の隅々まで行きわたりお天道様のように照らしわたって國民(くにたみ)の暮しも豊かになり安国(やすくに)と称(たた)えられました。 ⓪4

治政二六年余の後、弥真瓊国扶桑内(やまとのくにこえうち)の伊雑の宮(三重県志摩市)に天照神(あまてるかみ)は御坐(おわ)します。 ⓪5

皇子忍穂耳は日高見(東北地方)の多賀の国府(多賀城市)・山手宮で国を治めました。 ⓪5

天照の孫(忍穂耳の子)で兄の火明は香具山の明日香(飛鳥・奈良盆地)の宮に御坐します。 ⓪5

弟瓊瓊杵は筑波(現・茨城県)の地に新田を起こし、新治宮での治世に十八万(六〇年)を経過、新しい住民が増えて名声が高まり、原見宮で富士山麓の新田開拓を進め、終(つい)に豊かで穏やかな秀真国を完成し、雷を火と水に別(わ)け活かす稜威(威光)の神と称(たた)えられました。 ⓪5, 6

0014
皇(すべらぎ)を　天君(あまきみ)と呼(よ)ぶ
世(よ)の始(はじ)め　皆(みな)瓊瓊杵(ににきね)の
稜威(いつ)によるなり

0015
大御神(ををんかみ)　天(あめ)に還(かえ)りて
世(よ)に遺(のこ)る　秀真伝(ほつまつたえ)に
優(まさ)る書(ふみ)なし

0016
総(す)べ七家(ななや)　誤(あやま)りもある
テニヲハぞ　三笠(みかさ)と秀真(ほつま)
割瓜(わりうるり)なり

0017
神明(かかん)なす　磯(いそ)の真砂子(まさご)は
巌(いわ)と成(な)る　代々法典(よよのんてん)の
秀真書(ほつまふみ)かな

0018
三笠臣(みかさとみ)　伊勢(いせ)の神臣(かんおみ)
大鹿島(おおかしま)　二百四十七歳(ふもよそなとし)
捧(ささ)ぐ花押(はなおし)

天照神から皇(すべらぎ)を別雷(わけいかづち)の天君(あまきみ)と名付けていただいた世の始めに、今（弥生晩期）の天君は代々皆、瓊瓊杵の稜威（威光）によるものです。

天照大御神が（西紀前七三八年）天界に神として還られて、今の世（西紀一二六年）に遺る書は、秀真伝に優るものはありません。

全部で七家に伝わる書には、誤ったテニヲハもあり、三笠書と秀真伝は瓜二つといえる双子のような書です。

神徳の灼(あらた)かにより磯辺の真砂子も長い間に凝り固まって大きな巌(いわお)と成るように君が代の末代の法典となる秀真伝であることよ。

天照神を祀る伊勢の神官の三笠臣大鹿島
諱(いみな)　国撫(くになづ)二百四十七歳の時に
花押を添えて捧げ奉ります。

国撫花押

クニナヅ

⓪6　⓪7　⓪8　⓪9　⓪9

天の世の巻

初梭※

東西の名と穂虫去る綾

0101
それ和歌は　若姫の神
※捨てられて　拾たと育つ
金析の　妻の乳を得て

0102
アワウワや　手打ち　潮の目
生まれ日は　菓子御食供え
立ち舞や　三冬髪置き

0103
初日餅　天地の敬い
桃に雛　菖蒲に粽
七夕や　菊栗祝い

※**梭**　かひ。広辞苑〈**かい** カヒ【梭】⇩ひ（杼・梭）〉⇩〈**ひ**【杼・梭】機織の付属具。機織の際、緯ヨコ糸を通す操作に用いる〉※**捨て**　すて。縄文時代に始まる人生の節目通過儀礼の一つ。広辞苑〈**つうかぎれい**【通過儀礼】人の一生に経験する誕生・成年・結婚・死亡などの儀礼習俗〉〈**やくどし**【厄年】人の一生のうち、厄にあう恐れが多いから忌み慎まねばならないとする年〉

そもそも和歌というのは、天照の姉若姫が父母の厄※年の厄を祓うための儀礼習俗として船で流し捨てられ、下で拾い上げた金析の妻の乳で育てられた若姫に由来するもので、アワワ・ウワワと囃され、手打ち、愛嬌のある細い潮の目、誕生日には菓子・御食事を供え、立ち居振舞が始まります。三歳の冬には髪を伸ばし始め、①元日は天地を敬い餅を搗き、以下②桃 ③端午 ④七夕 ⑤菊の五節句の始まりです。

①1　①1　①1

0104
五歳冬（ゐとせふゆ） 男（を）は袴着る（はかまきる）
女（め）は被衣（かづき） 言葉（ことば）を直す（なお）
天地歌（あわうた）を 葛掻打ちて（かだがきうち）

0105
弾き歌う（ひきうた） 自ずと（おの）声（こえ）も
明らかに（あき） 五臓六腑緒（ゐくらむわたを）
音声分け（ねこえわ） 四十八（よそや）の声（こえ）を

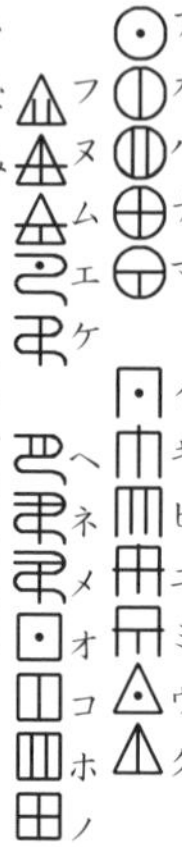

0106
伊佐那岐（いさなぎ）が
アカハナマ イキヒニミウク
フヌムエケ ヘネメオコホノ
上二十四声（かみふそよこえ）

0107
伊佐那美（いさなみ）が
モトロソヨ ヲテレセヱツル
スユンチリ シヰタラサヤワ
下二十四声（しもふそよこえ）

0108
天地（あわ）の歌（うた） 身の巡り（めぐ）よく
長らえり（なが） 翁（をきな）これ知る（し）
若姫（わかひめ）が請う（こ） 東西南北（きつさね）の故（ゆえ）

天地歌（五十音図の原型 427 頁参照）

㊝ アカハナマ　▶タラサヤワ ㊞
▶イキヒニミ　▶チリシヰ
▶ウクフヌム　▶ツルスユン
▶エケヘネメ　▶テレセヱ
▶オコホノモ　▶トロソヨオ

五歳の冬に男子は袴を、女子は被衣を着ます。 ①1

二神が始めた四十八音の天地歌を葛掻（かだがき）を打ちながら弾き歌うと自ずと明らかに弾み、五臓（心・肝・脾・肺・腎）六腑（大腸・小腸・胆・胃・三焦（さんしょう）・膀胱）、それに魂の緒（たまを）が音声分け四十八音の言霊（ことだま）に通じます。 ①2

男神の伊佐那岐が上二十四音（かみふそよこえ）
アカハナマ イキヒニミウク
フヌムエケ ヘネメオコホノ ①3

女神の伊佐那美が下二十四音（しもふそよこえ）
モトロソヨ ヲテレセヱツル
スユンチリ シヰタラサヤワ ①3

と天地歌を歌うと身も心も整い長生きします。

東西南北（きつさね）の謂れ（いわ）も金析翁（かなさきをきな）は知っていて、聡明な若姫はそれを訊ねました。 ①4

0109
日の出づる　頭は東
猛け昇る　皆見る南
西は煮沈む　北は寝ぞ

0110
御神は　苦き蓬莱や
月に三食　南の朝気
受けて長生き

0111
夏青葉　秋熟え紅葉
冬落葉　春また若葉
萌す東や　南に栄え

0112
央は君の　国治むれば
東西央南北　実を分け生うる
木の実故　木実は男女神

0113
向津姫　急ぎ紀志伊に
行き啓き　田の東に立ちて
稲虫祓う　和歌の呪い

朝日の出るのは日頭だから東という。南は最も高く猛け昇り皆が見るから南、西は日が煮え沈むから西、夜は北を頭に寝るから北は寝という。天照御神は葉も穂も苦い蓬莱菜を月に三回食べ、住居は南向きで朝の気を一杯に受けて長生きした。

夏は瑞々しい青葉、秋は燃えるような紅葉、冬は枯れて落葉、春また芽差す若葉となる。東から日差すから萌す東で南に栄え、西は熟し尽きるから西。中央は君の国を治めるから東西央南北で、四方と中央である。実を分け生える木の実故に木実（君）は男（木）女（実）神。

稲虫発生の急報で向津姫が急ぎ紀志伊に行き啓き（行啓の語源）田の東に立ち大発生した蝗を追祓う和歌の呪を三十女に歌わせた。

⑴5　⑴6　⑴7　⑴8　⑴9

0114
種(たね)は種(たね)　大麦(うむ)小麦(すぎ)小角豆(さかめ)
大豆(まめ)小豆(すめ)ら　稲葉(いなば)も食(は)めそ
虫(むし)も皆(みな)血縁(しむ)

0115
繰(く)り返(かえ)し　三百六十(みもむ)歌(そうた)い
響動(どよ)ませば　西(にし)の海(うみ)へと
ざらり虫去(むしさ)る

0116
射干玉(ぬばたま)の　夜(よ)の糧(かて)を得(ゑ)る
御田族(おんたから)　揃(ぞろ)穂に実(みの)りて
喜(よろ)び返(かえ)す　紀志伊国(きしゐくに)

0117
若姫(わかひめ)の　心(こころ)を留(とど)む
玉津宮(たまつみや)　稲若返(いねわかがえ)る
若姫(わかひめ)の歌(うた)　和歌(わか)の国(くに)

0118
阿智彦(あちひこ)を　見(み)れば焦(こ)がるる
若姫(わかひめ)は　思(おも)い兼(か)ねてぞ
和歌(わか)の歌詠(うたよ)み　染(そ)め進(すす)む

たねはたね　うむすぎさかめ
まめすめら　いなばもはめそ
むしもみなしむ

これを繰り返し三百六十回大声で歌うと蝗(いなご)の大群は西の海へとざらりと飛び去った。

広辞苑〈ざらり ③あとをのこさぬさま。すっかり〉

射干玉(ぬばたま)(実が黒く、暗い夜にかけた枕詞)の世の糧を得る御田族と呼ばれる宝の百姓達は、稲穂が数多く、ぞろぞろと並び連なり実ったので国中喜び返った。和歌に優れた若姫の心を留めるため玉津宮を建て、枯れた稲を若返らせた若姫を称えて地名を和歌とした(和歌山県の由来)。玉津宮の若い勅使阿智彦を見て恋い焦がれ和歌姫は思い兼ねて和歌の恋歌を詠み、歌身(うたみ)(短冊)に染めて阿智彦(あちひこ)(思兼(おもいかね)の実名(まことな))に進呈した。

①10　①10　①11　①12　①13

0119
紀志伊こそ妻を身際に
琴の音の床に吾君を
待つぞ恋しき
①13

0120
※思えらく橋架無くて
結ぶやは言葉無くて
高間に帰る
①14

0121
この歌は返言ならぬ
※回り歌金析曰く
吾も歌詠む
①15

0122
長き夜の遠の眠りの
皆目覚め波乗り船の
音の良きかな
①16

0123
若姫の歌の雅に
御言宣金析が渡舟
婦夫となるなり
①16

※回り歌　まわりうた。広辞苑では〈**かいぶん【回文】**和歌・連歌・俳諧などで、上から読んでも下から読んでも同音のもの。回文歌・回文連歌・回文俳諧などの称がある〉**回文詩・回文歌**(次頁へつづく)→宝船。

広辞苑第七版【**宝船**】（上部に「長き夜の」の回文が見える）

※思えらく　おもえらく。広辞苑〈**おもえらく【思へらく】**(「おもふ」に完了の助動詞「り」の付いた「おもへり」の…)思っているのには〉

きしいこそ　つまをみきわに　ことのねとこにわきみを　まつぞこいしき――若彦は思った。仲立が無くて結ばれようか。返す言葉も無く高殿の間に歌を持ち帰った。この歌は返言ならぬ（返すことができず従うしかない）回り歌というものだと金析がいった。吾も回り歌を詠んだことがある。波鎮めの歌――

なかきよの　とおのねふりの　みなめざめなみのりふねの　おとのよきかな（広辞苑【宝船】）。この歌は「読み人知らず」とされています（塚本邦雄著『ことば遊び悦覧記』河出書房新社）。詠んだ若姫の機智に、天照神のお言葉で金析が仲人となり阿智と若姫は婦夫となったのでした。

0124
教ゑ種　烏扇は
十二葉なり　桧扇の葉は
天地の四十八ぞ

①17

0125
三十二　道な忘れそ
花杵は　五七に綴るを
姉に問ふ　姉の答えは

①18

0126
天地の節　又問ふ祓い
三十二なり　今三十一とは
この教ゑ　天の巡りの

①17

0127
三百六十五枝　四つ三つ分けて
三十一なり　月は遅れて
三十足らず　真三十一ぞ

①18

0128
敷島の上に　人生まれ
歌の数以て　地に答ふ
これ敷島の　和歌の道かな

①19

(前頁からつづく)**※回文詩**　かいぶんし。回文詩は上から読んも下から読んでも一詩をなすもの。**回文対**　かいぶんつい。上の句から読んでも下の句から読んでも同意の構成になる付句(出例→65 頁 0840 参照)。

教材ともなる植物の烏扇の葉は五七の十二葉で、桧の薄い板で作った桧扇は天地歌の四十八枚でできています。また三十二のいわれの道を忘れてはいけません。弟花杵(素佐之男)は五七調に綴るいわれを姉昼子姫に問いました。姉は、それは天地歌の節だからと答えました。花杵は又問いました。祓いの歌は三十二音なのに今三十一音というわけはと―。それは五七五七七の三十一音に綴るのは地球の一回転三百六十五日を四季に分け、さらに三句に分けると月三十一日だからです。無事平穏な敷島の大和の国に生を享け、歌の数をもって天地の推移に順応する―これは、まさに敷島の和歌の道なのです。

梭（かひ）の二（ふ）

天七代（あめななよ）床神酒（とこみき）の綾（あや）

0201
床神酒（とこみき）の　綾（あや）皇子忍仁（おしひと）の
嫁（とつ）ぎ前（まえ）　神（かみ）の教（をし）えを
高木（たかき）が乞（こ）えば

0202
天地（あめつち）の　泥際（うびきわ）無（な）きに
兆（きざ）し分（わ）かるる　天初（あう）の陰陽（めを）
陽（を）は天（あめ）と成（な）り　日（ひ）の輪（わ）成（な）る

0203
陰（め）は地（くに）と成（な）り　月（つき）と成（な）る
神（かみ）その中（なか）に　生（あ）れまして
国常立（くにとこたち）の　常世国（とこよくに）

床神酒（とこみき）の由来を天照神の日嗣皇子日高見の忍仁（おしひと）の結婚式に先立って、近習（きんじゅ）の高木（振磨）が聞くと天照神の教えは――

②1

地球（くにたま）は泥々の状態で天と地の境も無く、そのうちに、陰陽の分かれる初めの兆しで、陽（を）は天となり日の輪が成りました。続いて陰（め）は地と成り空に月が成りました。

②1

神がその中に生れました。その最初は国常立（くにとこたち）の神で、常世国（とこよくに）ができました。

②1,2

0204

八方八降りの　御子生みて
皆その国を　治めしむ
これ国君の　始めなり

国常立は八方の国へ降す八人の皇子を生み
それぞれの国を治めさせた。八皇子神は
ト・ホ・カ・ミ・ヱ・ヒ・タ・メで国君の始めである。

②2

0205

世継ぎの神は　国狭槌
狭槌に治む　豊国主
天より三つの　業を分け

世継ぎ八人の国君のうち、トの国狭槌は
天の世二代、タの国狭槌は初代高見産霊。
三代豊国主は三つの業を分け君臣民とした。

②2,3

0206

君臣民の　三降りの
天成る道は　女もあらず
三代治まる

君・臣・民の三降りの神には沢山の御子は
あったが天成る道に女はなく、独神の
国常立・国狭槌・豊国主で三代治まった。

②3

0207

真榊の植え継ぎ五百に
満つる頃　男神大泥土煮
小泥土を入るる

二〇年毎の真榊の植継が五百回(一万年)に
満つる西紀前一八世紀頃、男神大泥土煮が
女神小泥土煮を、初めて妻に入れた。

②4

0208

木の実庭　植え三年後
弥生の三日に　花も実も
百生る故に　桃の花なり

木の
実を雛が岳の神宮庭に植えると、三年後の
春・弥生三月の二日に桃の花も実も田ゝ(百)
も生ったから桃の花なのである。

②4

0209
二神の　名も桃雛木
桃雛実　その雛は未だ
人成る前よ

0210
君はその　木の実によりて
男神は木　女神は実とぞ
名付きます

0211
弥生三日　神酒造り初め
奉る　桃下に酌める
神酒に逆月

0212
女神先ず　飲みて進むる
後男神　飲みて交わる
床神酒の初

0213
これも大泥煮る　古事や
大小の雛形　男は冠
大袖袴　女は上被衣

大泥土煮・小泥土煮二神の名も桃雛木・桃雛実であり、その雛は一から七までで、未だ一から十までの人に成る前ですよ。
②5

君とはその桃の木の実の謂れによって男神は木、女神は実で、君(き・み)は二神を合わせて名付けられました。
②5

弥生の三日は神酒の造り初めの日で、新酒を奉るのです。桃の花の下で酌むと坏に月が逆様に映るので逆月(盃)という。この
②5

時女神がまず先に飲んで男神に勧め、男神が飲んで後に二神は交わるのです。床入りの神酒の初まりはここからです。
②5

これも大泥土煮・小泥土煮の故事で、男女の雛形(お内裏様)の男雛は冠を冠り、大袖袴を着け、女雛は上被衣を被ります。
②6

0214
この時に　皆妻入れて
類成る　五代の神は
大殿内　大戸前なり

0215
角杙は　大殿に居て
戸前に相い見　妻となす
故男は殿で　女は前ぞ

0216
六代の嗣ぎ　面足の神
惶根と　八方を巡りて
民を治すなり

0217
大湖　安雲野　中柱
東は弥真瓊　日高見も
西は月隅　葦原も

0218
南阿波　素佐　北は根の
弥真瓊細矛　千足国
及べど百万穂　嗣ぎ子なし

この時（西紀前一四世紀）に皆（近侍一般人も）妻を迎え入れて類（系累関係）が成った。さて、天の世第五代の神は大殿内（角杙）と大戸前（活杙）である。　㉗

角杙の神は宮殿の本殿の内に居て宮殿の戸前に相い見染め合い、妻とした。それ故に男を殿、女を（御）前と呼ぶ。　㉗

天の世第六代目を継いだ面足の神と妻（後に后）惶根とで国の八方を巡って国民の暮らしを守り、治めた。　㉘

琵琶湖の近江 安雲野は政事の要の地で、東は弥真瓊（関東）、日高見（東北）も、西は月隅（九州）、葦原（山陽）も、　㉘

南は阿波（四国）、素佐（紀伊）、北は根の弥真瓊（北陸）、細矛千足国（山陰）までに及んだが、三百年余りも嗣子（嫡子）ができなかった。　㉘

0219
道衰《みちおとろ》いて　弁別《わいため》な
時《とき》に天《あめ》より　二神《ふたかみ》に
壺《つぼ》は葦原《あしはら》

0220
千五百秋《ちゐもあき》　汝用《なんぢもち》いて
治《し》らせとて　瓊《と》と矛賜《ほこたま》う
浮橋《うきはし》の上《ゑ》に

0221
探《さぐ》り得《え》る　矛《ほこ》の雫《しずく》の
自凝《おのころ》に　宮殿造《みやとのつく》り
大弥真瓊《おおやまと》成《な》る

0222
人草《ひとくさ》の　御食《みけ》も蚕養《こかい》も
道成《みちな》して　弁別定《わいためさだ》む
これ功《いさおし》や

0223
天《あめ》の神代《かみよ》の　七代目《ななよめ》を
継《つ》ぐ糸口《いとぐち》は　常世神《とこよかみ》
木《き》の実東《みひがし》に　植《う》えて生《う》む

嗣子《つぎこ》が無く政事《まつりごと》が衰え世が分別《ふんべつ》なく乱れたので、六代面足《おもたる》・惶根《かしこね》より伊佐那岐《いさなぎ》・伊佐那美《いさなみ》に天の世第七代を譲った。中心の壺宮は葦原で、豊かな千五百村の豊かな秋の国を汝が用いて治らせといって瓊(勾玉)と矛を賜った。伊佐那岐・伊佐那美二神は浮橋の上にお立ちになり、下を探り当てると矛の雫《しずく》が滴《したた》り、自《おのずか》ら凝《こ》り固まった(天地創造)ところに宮殿を造り、大弥真瓊《おおやまと》(大日本《おおやまと》)が成った。

諸々の人々の食糧も養蚕の技術も人としての道も成り、分別が定まった。

これは二神《ふたかみ》の大きな功績である。

こうした天の神世の第七代目を継ぐことができた糸口は、常世神である国常立が木の実を東北の日高見に植えて生んだからだ。

②8,9　*②9*　*②9*　*②9*　*②10*

0224
葉木国(はごくに)の神(かみ)　日高見(ひたかみ)の
高間(たかま)に祀(まつ)る　御中主(みなかぬし)

0225
橘(たちばな)植(う)えて　生(う)む御子(みこ)の
高見産霊(たかみむすび)を　諸讃(もろたた)ゆ
東(き)の常立(とこたち)や　その御子(みこ)は
天鏡神(あめかがみかみ)　筑紫(つくし)治(た)す

0226
淡蕩(あわなぎ)の　皇子(みこ)高仁(たかひと)と
豊受(とよけ)の伊佐子(いさこ)　速玉(はやたま)渡(わた)し
事解(ことさか)結(むす)ぶ

0227
方壺(けたつぼ)の　西南(つさ)の筑波(つくば)の
伊佐宮(いさみや)に　頷(うなず)き合見(あみ)て
床神酒(とこみき)交(かわ)す

0228
雀(すずめ)見(み)て　神酒(みき)造(つく)り初(そ)め
少名神(すくなかみ)　名(な)も笹食(ささけ)から
弥生(やよい)三日(みか)　九九(ここ)の媒酌人(くみと)ぞ

葉木国の神・初代高見産霊が日高見の高殿の間(高天)に人類で初めて天御中主(あめのみなかぬし)を祀った。
②10

蜜柑の元・橘を植えて生んだ御子・夕の国狭槌である高見産霊を皆が讃えて東(き)の常立(とこたち)とお呼びした。その皇子の一人、天鏡神は筑紫(九州地方)を治めた。
②10

孫で淡湖(近江)の淡蕩の皇子・高仁と第五代高見産霊・豊受の娘・伊佐子とを速玉男(はやたまのを)が橋渡しして、事解男(ことさかのを)が解き結び合わせた。
②11

方壺の日高見山手宮の西南の筑波の伊佐宮で、高仁と伊佐子が頷き合い見て結婚式を挙げ、床神酒を交した。
②12

神酒は、雀が竹株に籾(もみ)を入れるのを見て少彦名神(すくなひこなかみ)が造り初めたので名も笹筍(ささけ)(酒)となった。三月三日の媒酌から三三九度の名が起こった。
②13

梭の三
一姫三男生む殿の綾

0301
二神の　一姫三男産む
殿五つ　兵主が
金析に問う

0302
女神には　成り足らぬもの
男神には　成り余るもの
合わせて御子を　生まんとて

0303
御門の目合ひ　為して子を
孕みて生める　名は昼子
然れど父は　鈴四十穂

伊佐那岐・伊佐那美の二神が一女三男の四人を ③1
産んだのに、産殿が五つあるのはどうしてか、
その訳を兵主が、住江の金析神に質問した。
すると、女神の身体には足らぬものがあり、 ③1
一方の男神の身体には余るものがあり、その
足らぬ所へ余るものを埋め合わせ御子を生
もうと陰陽の御門の目合いをして子を孕み、 ③2
生んだ子の名は昼に生まれたから昼子姫と
名付けた。だが父伊佐那岐は厄年の四十歳、

0304
母は三十一穂　天の節
宿れば当たる　父の汚穢
三歳一齢に　足らざれど

母伊佐那美は三十一歳で共に天の節の厄年だった。厄年に宿れば女の子は父の汚穢に当たり、満三歳の一区切りに足らないけれども、

③2

0305
磐楠船に　乗せ捨つる
翁拾たと　西殿に
養育せば後に

厄除け儀礼に磐楠船に乗せ捨て流した。下手で金析の翁が拾い西殿（西宮市広田神社）で夫婦（能「高砂」のもと）で養育した。後に

③2

0306
二柱　浮橋に得る
自凝の　八尋の殿に
立つ柱　巡り生まんと

伊佐那岐・伊佐那美の二柱が浮橋で得た自凝の間口が約八間もの八尋の宮殿の中に立つ柱を巡って次の子を生もうとした。

③3

0307
言上げに　女は左より
男は右に　分かれて巡り
合う時に　女があな柔愛や

言上げに、先ず女神が先に左から、男神は分かれて右から、それぞれ巡り反対側で合った時に先に女神の方から

③3

0308
愛男と　男はわな嬉し
愛乙女と　歌い孕めど
月満てず　胞衣破れ生む

「ああ何んと柔和な愛男なことよ」と、男神は「わあ何んと嬉しい愛乙女よ」と、歌い孕んだが月満てずに流産してしまった。

③3

0309
孚子(ひよるこ)の　泡(あわ)と流(なが)るる
これも又(また)　この数(かず)ならず
葦船(あしふね)に　流(なが)す淡路(あわぢ)や

0310
太占(ふとまに)を　味(あぢ)わえ曰(いわ)く
五四(ゐよ)の歌(うた)　事(こと)を結(むす)ばず
言上(ことあ)げも　女(め)は先立(さきた)てず

0311
鶺鴒(にはなぶり)　天(あめ)が告(つ)げしむ
嫁(とつ)ぎ法(のり)　新(あら)たに巡(めぐ)り
男(を)は左(ひだり)　女(め)は右巡(みぎめぐ)り

0312
相(あ)い歌(うた)う　天(あめ)の天地歌(あわうた)
あな柔愛(にゑ)や　美(う)まし乙女(おとめ)に
合(あ)いぬ時(とき)　女神答(めがみこた)えて

0313
わな柔和(にや)し　美(う)まし男(をとこ)に
合(あ)いきとぞ　和(や)わして天地(あわ)を
胞衣(ゑな)として——

胞衣が破れて流産し、ふやふやの孚子(ひよるこ)を泡と流れるように葦の船に乗せて流した。泡を鳴門の渦にかけた淡路の名の起こりか。

太占を味わえ深く占い、言うには——五七(ゐな)でなく五(ゐ)(音)四(よ)(音)の歌は事を結ばず(十音目がない)、言上げも女が先はいけないとあった。

雌(めす)が先に鳴くと雄(おす)は鳴き去る——鶺鴒(せきれい)をして天が知らせる嫁ぎ法のとおり、新たに巡り男は左、女は右巡りで、男が先に声を上げ相い歌った。これが天の天地歌で、

あな柔愛(にゑ)や(五音)　美(う)まし乙女に(七音)
合いぬ時(五音)——これに女神が答えて、
わな柔和(にや)し(五音)　美まし男に(七音)
合いきとぞ(五音)——と和(や)わして天地(あわ)を
胞衣とした。国産みもこれと同じである。

③3　③4　③5　③5　③5

0314
弥真瓊　秋津州　淡路島
伊予阿波二名　隠岐三つ子
筑紫　吉備の子　佐渡大島

①弥真瓊　秋津州(本州)　②淡路島　③伊予阿波二名　④隠岐三つ子　⑤筑紫　⑥吉備の子　⑦佐渡　⑧大島(北海道?)。

③6

0315
生みて海川　山の幸
野土も成りて　天地歌に
治む原見の　宮に居て

大八州を形成、海・川・山の幸を生成し、野土も肥沃な土壌に成り、天地歌四十八音に治める富士南麓の原見の宮に居まして、

③6

0316
如何んぞ　君を生まんとて
日の神を生む　その御名を
大日霊杵とぞ　称えます

何としても日嗣の君を生もうと誓って、ついに日の神を生みまして、その御名は、大日霊杵と称えた。

③6

0317
国麗しく　照り徹る
奇日霊の子は　留めずと
天に送りて　天の義と

国土の遍くにわたり、麗しく照り徹る奇日霊の子は手許に留めては畏れ多いと、天の日高見国高見産霊の許に送り天の義とした。

③7

0318
故に原見を　大日山
豊受考えて　若仁と
諱を捧ぐ

故に原見山(後の富士山)を大日山と呼ぶ。第五代高見産霊の豊受が若仁と諱を捧げた。今も日嗣に仁とつく神の世第七代高仁(伊佐那岐)以来の伝統である。

③7

0319
二神は　筑紫に行きて
月読を生む　これの前
汚穢隈に捨つ　昼子姫

0320
素佐之男は　國民挫き
世の隈を　為すも吾が汚穢
伊佐那美は　吾が身に承けて

0321
守らん為の　熊野宮
斯く御心を　尽し生む
一姫三男神　生みて世の

0322
君臣の道　瓊の教え
離かり悖らば　綻ばす
この二柱

0323
産む殿は　天の原見と
築波山　淡路　月隅
熊野なりけり

伊佐那岐・伊佐那美二神は筑紫に行って
次男の月読諱望杵を生んだ。これの前
厄除けの汚穢隈に捨てた昼子姫が帰った。 ③7
三男素佐之男諱花杵は常に雄叫び、國民を
挫いた。世にその隈を為すのも自分の汚穢 ③8
からと母伊佐那美は、その汚穢隈を吾身に承
け子を守るため、熊野宮の山火に落命した。 ③8
このように命をもかけた御心を尽して、
一姫三男神の四神を生んできた。世の君臣
の道と瓊の教え(天成道)を守り、教えを離れ ③9
るようなことがあればこれを綻ばした。この
ようなわけで伊佐那岐・伊佐那美二柱の神の ③9
五つの産殿とは、天照の原見(富士山麓)、
昼子姫の筑波山、孚子を流産した淡路、
月読の月隅、素佐之男の熊野なのである。

桉の四

日の神の瑞 御名の綾

0401 日の神の 諱の綾を
諸乞えば 山祇曰く
昔この 木草を苞の

0402 秀真国 東遥かに
波高く 立ち昇る日の
日高見や 高見産霊と

0403 国統べて 五代玉杵が
天御祖 元々天並
三十二神 高間に祀る

天照神の諱の大日霊杵の由来を高間での諸神の朝議の場で大物主の大己貴が問うと大山祇が謹しんで語った。昔この国常立の八降子が、 ④1

木草を苞にして秀真国の東遥かに波高く、立ち昇る日の日高見で、天と地と人を結ぶ高見産霊と国を統べた。 ④1,2

五百継ぎ一万年後、五代諱玉杵称名豊受が天御祖、元々八神、天並八神、三十二神の四十九神を初めて地上日高見の高間に祀った。 ④3

0404
二十一の鈴に 人草の
嘆きを和す 神在らず
道尽きんかと 嘆く豊受

0405
日高見に 還れば娘
世継子もがな 豊受占い
月桂木に 禊八千座

0406
二神は 原見に登り
池水に 左右の目洗い
日月に祈る

0407
真澄鏡 真手に日霊月
擬えて 伊佐那岐祈る
行い千日に なる頃に

0408
男神問う 姫の答は
汚穢止まる 日待ち三日後
拝む日の輪の 二神の前

④4 二十一の鈴(西紀前一三世紀)に人々の嘆きを和す天の道を得た日嗣の神が無く、道は尽きようかと豊受が嘆き、原見から日高見に還れば、娘の伊佐那美が来て世継子が欲しいという。

④5 豊受が占い月桂木の位鳥山(鳥海山)に禊八千回の祈を誓った。

④6 伊佐那岐・伊佐那美二神は富士山に登り、姫はあれど嗣子無しと、池水に左の目を洗い日に祈り、右の目を洗い月に祈った。

④7 鋳物造りの真澄鏡を両手に持ち日と月に擬え首を左右に向けながら、伊佐那岐は天具理(天の恵み)を乞い、千日の行いが満ちる頃、

④8 男神が問うと姫神は「汚穢が止まった。日を待つ」と答えた。三日後に清い身で拝みいる二神の前に日の輪が飛び降った。

0409
床神酒は　まず女が飲みて
男に勧む　床入りの女は
言挙げをせず

0410
十月に生まず　九十六月
初日仄々　出づる時
共に生れます　天照神ぞ

0411
山祇が　言祝ぎ謡う
宜なるや　行きの宜しも
御世継ぎも　三度に及ぶ

0412
胞衣の玉子は　自凝ぞ
一位の端の　笏持ちて
玉の磐戸を　開く天の門

0413
若日出ず　白山姫は
産湯なす　赤彦　桑に
引く糸産着　夏女織る

床神酒の坏は、まず女が飲んで、その後に男に勧めるのが順序で、床入りのときには女は言上げをする(声を出す)ものではない。　④9

日輪を抱いてから九十六か月（満八年）、西紀前一二八五年の一月一日に初日が仄々と昇ると同時に生れました天照神ですぞ。　④10

桜内山祇(後の左の臣)が言祝ぎ(寿)謡う——宜なるや　行きの宜しも　御世継も　代々の幸い開けり——と大夜すがらに三度言祝ぐ。　④11

胞衣に囲まれた玉子はまさに自凝ぞ——と一位(おんこ・あららぎ)の端の笏を持って玉子の胞衣である岩戸の天の門を開いた。　④12

若々しい初日が出た。白山姫は産湯を使わせた。赤彦が桑の木にかかった繭を引いた天蚕糸で、夏女が産着を織った。　④13

0414
瞳閉じ(ひとみとじ) 漸(やや)初秋(はつあき)の
望(もち)の日(ひ)に 開(ひら)く潮(しほ)の目(め)
民(たみ)の手打(てうち)に 疲(つか)れも消(き)ゆる

0415
八豊幡(やとよはた) 八隅(やすみ)に立(た)てて
君(きみ)となる 位(くらゐ)の山(やま)の
一位(いちゐ)笏(さくも)持つ 神(かみ)の穂末(ほすえ)ぞ

0416
叔母姫(おばひめ)が 泣(な)く皇子(みこ)の声(こえ)
聞(き)き取(と)れば あな嬉(うれ)し
大日霊杵(うひるぎ)と 自(みつか)ら答(こと)ふ

0417
明玉(あかたま)の 若日霊(わかひる)の霊(る)は
蒼(あお)き玉(たま) 暮(く)れ日(ひ)の御玉(みたま)
射干玉(ぬばたま)なりき

0418
久方(ひさかた)の 光生(ひかりあ)れ坐(ま)す
初嘗会(ういなめゑ) 天悠紀地主基(あゆきわすき)に
告(つ)げ奉(たてまつ)る

④14 瞳は閉じたまま、ようやく初秋八月十五日望の日になって、潮の目の細い瞳を開いた。民の手打ちの喜びに、母の疲れも消えた。

④15 八豊幡を東・西・南・北・北東・北西・南東・南西の八隅(八角形)に立てて君の位に就いた。一位の笏を持つのは神に連なる証(あかし)である。

④16 叔母白山姫(しらやまひめ)が泣く子の声に名を聞き取ればなんと嬉しい「大日霊杵(うひるぎ)」と答えた。大(う)は大(おお)いなる、日は日輪(ひのわ)、霊(る)は霊魂(ちたま)、杵(ぎ)は男(お)の杵(きね)ぞ。

④17 明るく赤々と燃え上がる明玉の若日霊の霊は蒼い玉、沈みゆく暮れ日の玉は黒い射干玉(ぬばたま)で、これは明けと暮れにかかる枕詞。

④18 天の世第六代面足(おもたる)以来、久方ぶりの日嗣の皇子の誕生で光が生れまして、初大嘗会(ういなめゑ)で天(あ)の悠紀(ゆき)、地(わ)の主基(すき)に告げ奉った。

0419

昔玉杵　八千禊
済みて位鳥の　手車を
桂で作り　原見宮に伝う

昔、玉杵(称名豊受)が日嗣皇子誕生を祈り八千回の禊をした月桂木の位鳥山(月山)の桂で作った手車を原見(富士山麓)に伝えていた。

④19

0420

日高見へ　御幸の君は
八房輿　方輿も皆
方壺山手宮　振麻呂侍る

十六歳の皇子は八房輿の桂輦で日高見へ御幸され、御乳局方らの方輿も方壺の山手宮に入った。侍るは振麻呂(七代高見産霊)だけ。

④29

0421

天皇子学ぶ　天の道
日の若宮の　若仁と
豊受諱を　奉る

天皇子は、日毎に登ってくる祖父豊受から天津宮で天成道を学んだ。八方に黄金の花が咲き日の若宮の若仁と豊受が諱を奉った。

④21

0422

実名を　諱と称え
姉に三つ　吾に四つとは
玉杵答え　諱　名と乗

実名を諱と称え、姉はヒルコと三つ、吾はワカヒトと四つとは―に、玉杵が答えた。

④22

0423

天君乗りは　一より十までぞ
女は乗らず　二親二つ
男に受け何子　子何お何ぞ

諱は名と乗と合わせ四つ。天君の乗りは、一から十まで尽す故に仁、杵・彦・大人も乗、合わせて名乗。女は乗らず。二親二つ男に受け子を産む故、何子、子何、お何ぞ。

④22,23

梭の五

和歌の枕詞の綾

0501
物主が　枕詞の
故を問う　思兼説く
これは禊の　典にあり

0502
二神の　沖壺に居て
国生めど　民の言葉の
悉曇り　これ直さんと

0503
考えて　五音七道の
天地歌を　上二十四声
伊佐那岐と　下二十四声

※0508「足引き」広辞苑では〈**あしひきの**【足引の】《枕》（「ひき」は「引き」でなく、「足痛（あしひ）く」の「ひき」か。または「木」などの意か。一説に、「あし」を葦と解する。後には「あしびきの」とも）「山」「を（峰）」にかかる〉〈**あしひく**【足痛く】《自四》（上二段にも活用か。アシヤムとする説もある）足に病がある。万二「―・わが背勧めたぶべし」〉

神諮りの席で初代大物主大己貴が和歌の枕詞の謂れを問うと誰神も答えはなく、昼子姫の夫思兼諱阿智彦が説いた――。

これは禊の典にあり――岐・美二神が近江の沖壺に居て国を生んだが、民の言葉が悉く曇り国も乱れたので、これを直そうと考えて五・七・五・七の五音七道四十八音の天地歌を、上の二十四声は伊佐那岐と、下の二十四声（0106-0107参照）は、

⑤1　⑤1　⑤1,2

0504
伊佐那美と　歌い連ねて
道教え　民の言葉も
整えば　名も天地国や

0505
阿波岐宮　望杵生みて
次二名　素佐の紀志伊に
花杵を生み　昼子姫召す

0506
花杵の　世の隈なせば
母の身に　受け三熊野の
深山木焼くを　除かんと

0507
火の神の　迦具土に焼かれ
終わる間に　埴安　水罔象
稚産霊　倉稲魂生る

0508
伊佐那美は　有馬に納む
伊佐那岐が　追行き見まく
蛆集かる　※足引き帰る

※足引き　あしひき。和歌の枕詞「足引きの」の語源。『古事記』『日本書紀』にはこの条はなく、広辞苑では〈「ひき」は「引き」でなく、「足痛(あしひ)く」の「ひき」か。または「木」などの意か〉とある(39頁0500参照)。詳しくは『日本の真実』112頁参照。

伊佐那美と歌い連ねて教えると音声の道が開け、民の言葉も整って中国の名も天地国となった（天地→淡湖→近江の語源か）。筑紫　⑤2

阿波岐宮に望杵（月読）を生み、次に伊予・阿波の二名島、素佐の紀志伊に宮居して、花杵（素佐之男）を生み、花の下に再び昼子姫を召した。　⑤3

花杵が慟哭、雄叫び、重播（二重播）など世間に迷惑をかければ母の伊佐那美は世の隈を一身に受け、三熊野の深山木を焼くのを消そうと火の神迦具土に焼かれ、　⑤4

命が絶える間際に埴安と水罔象を生み、埴安・水罔象は稚産霊・倉稲魂を生んだ。　⑤5

伊佐那美は有馬（熊野市有馬町）に納めた。伊佐那岐が叔母菊桐姫の止めも聞かず行き見ると蛆が集っていて足を引き摺り帰った。　⑤6

0509
その夜又　神行き見れば
吾が恥と　醜女八人に
追わしむる　桃の実投げる

0510
伊佐那美と　黄泉津平坂
言立す　これ道返しと
悔みて帰る

0511
醜きを　音無川に
禊して　筑紫阿波岐で
三筒男を生む

0512
安曇川に　海祇三神
志賀海に　島津に沖津
志賀の神生む

0513
善悪を　知れば足引く
黄泉坂　言立ち避くる
器ありとぞ

⑤7 その夜また、伊佐那岐神が行き見ると亡き伊佐那美が吾が恥と怨み醜女八人に追い返され、剣を振りながら逃げ桃の実を投げた。

⑤8 黄泉津平坂で伊佐那美が「千首を日々に縊らん」と言い、伊佐那岐が「ならば千五百生まん」と言い、これを道返しと悔んで帰った。

⑤9 醜きを濯ごうと音無川（宮崎市本宮町）で禊、筑紫阿波岐（宮崎市阿波岐原町）で底筒男・中筒男・上筒男の三神を生み金析に祀らせ、

⑤10 安曇川に底海祇・中海祇・上海祇の三神を生み宗像に祀らせ、志賀海に島津彦・沖津彦志賀の神の三神を生み、安曇に祀らせた。

⑤11 善（葦）悪（葦）の分別を知れば足（葦）引く黄泉津坂での言立ちを避ける器あり、と別れ惜しくとも妻送るべきことを枕詞で教えた。

0514

葦引きの　千五百の小田の
瑞穂なる　真瓊の教えに
歌も悟れよ

⑤11

0515

足引きの　枕詞は
歌の種　足引きは山
仄々は明け

⑤12

0516

射干玉は　夜の種
島津鳥の鵜　沖津鳥
鴨と船なり

⑤12

0517

この味を　射干玉の夜の
歌枕　覚めて明るき
前詞　心を明かす

⑤12

0518

歌の道　禊の道は
身を明かす　弥真瓊の道の
大いなる哉

⑤12

葦(悪)を引き抜き善(葦)にした沢山の小田が瑞々しい稲穂の稔る豊かな国を造ってきた。真の瓊の教を歌の掛詞でも悟るように――

「足引きの」の枕詞は歌を詠む時の語調を調えるための副えの修飾材料で「足引き」は山に掛かり、「仄々」は明け、「射干玉」は暗い夜の飾り種であり、「島津鳥」は鵜に掛かり、「沖津鳥」は鴨と船に掛かる枕詞である。

このように歌の味を知れば「射干玉の」の枕詞を前に置くことで夜から覚めた時の明るさが一層味わいを増すものである。

まさに歌の道は心を明かし、禊の道は身を明かすもので秀真の本領とするところ――弥真瓊の道の大いなることよ。

梭の六
日の神十二妃の綾

0601
二十一鈴　百二十六枝
天皇子は　日高見よりぞ
還ります　山本新宮

0602
二神が　皇子に愛妃をと
御言宣　神皇産霊が
十二妃　諸と諮りて

0603
椋杵の　益姫持子
北の典侍と　その妹娘早子
小益姫　北の内侍妃

二十一鈴百二十六枝年サナト（西紀前一二五八年）（干支は辛酉）天皇子若仁（二七歳）日高見より日の山本（富士山麓）に新宮を造り還られた。 ⑥1

伊佐那岐・伊佐那美二神から皇子に愛妃をと御言宣があって、神皇産霊（第六代高見産霊諱八十杵）が諸神に諮り、十二人のお妃を選ばれた。 ⑥1

伊佐那岐の弟椋杵の娘益姫持子を北の局の典侍と、その妹娘の小益姫早子を北の局の内侍妃に選ばれた。 ⑥1

0604
八十杵の　大宮道子
東の典侍に　棚機小妙
東の内侍

八十杵の娘の大宮姫道子を
東の局の典侍に、棚機姫小妙を
東の局の内侍に、

⑥2

0605
桜内が娘　早降渓流
瀬織津秀の子　南の典侍に
若姫花子　南の内侍

桜内の娘の早降渓流
瀬織津姫秀の子を南の局の典侍に、
その妹の若姫花子を南の局の内侍に、

⑥2

0606
金析が娘の　速開津
秋子は潮の　八百会子
西の典侍内は　宗像が

金析の娘の速開津姫
秋子は潮の八百会子、
西の局の典侍内は宗像の娘の

⑥2

0607
織機筬子　御下侍は
豊姫綾子　粕屋が娘
姉朝子　南の御下侍

織機姫筬子、西の局の御下侍は
その妹の豊姫綾子、粕屋の娘の
姉　朝子を南の局の御下侍に、

⑥2

0608
荷田が味子は　北の御下侍
筑波葉山が　曽我姫は
東の御下侍ぞと　月に寄せ

荷田の娘の味子は北の局の御下侍に、
筑波葉山の娘の曽我姫は東の局の
御下侍にと、十一人を十二か月に準えた。

⑥3

0609
皇子は天日の　位宣る
日の山の名も　大山ぞ
故大山本

0610
日高見の　安国の宮
東西南北の　局は替わり
宮仕え　その中一人

0611
素直なる　瀬織津姫の
雅には　君も階段
踏み下りて　天離る日に

0612
向津姫　終に入れます
中宮に　金山彦が
瓜生姫　永子を典侍に

0613
備えしむ　皆機織りて
操立つ　是を暦の
※潤月なり

若仁皇子は天日の位に就くことを宣言した。それで日の山(富士山)の名も大いなる山、大山本(大いなる弥真瓊)とされた。若仁が学んだ日高見の山手宮・安国の宮の侍女は替わり東西南北の局の配置とされた。新しい宮仕えの侍女のひとりで、とくに素直な瀬織津姫秀子の雅には、君も階段を踏み下りてきた。天の位を畏れ離れて、日に向っている向津姫として真后の中宮に入れた。後任に金山彦の娘の瓜生姫永子を南の局の典侍に備えた。妃たちは日課日機を織り貞操を立てた。瓜生姫から潤月の名がつけられた。

※潤月　うりふつき。広辞苑では〈うるう【閏】(「潤」と書き誤ったところからの訓)季節と暦月とを調節するため、平年より余分にもうけた暦日・暦月。地球が太陽を一周するのは三六五・二四二二日なので太陽暦ではその端数を積んで四年に一回二月の日数が二九日の閏年とするが百年に一度は平年、四百年に一度を閏年とする。太陰暦では一年が三五四・二七日ゆえ、適当な割合で一年を一三カ月とする〉

⑥3　⑥4　⑥4　⑥4　⑥4

0614

伊・阿二名　月読治め
千足をば　玉杵告げて
日高見は　八十杵に治す

伊予・阿波の二名島(四国)は月読が治め、千足国の益人胡久美怠れば玉杵(豊受)告げて日高見は豊受の子八十杵(第六代高見産霊)に、

⑥5

0615

高杵を　君の輔けと
玉杵は　行きて細矛の
宮を治す　宮津の宮ぞ

高杵(振磨・第七代高見産霊)を君の輔佐に、玉杵(豊受・第五代高見産霊)は行きて細矛の宮を治めた、宮津(丹後・京都)の宮である。

⑥5

0616

月隅は　今金析の
枝姓　宗像安曇
御世も豊かに　治まりて

月隅(九州)は、今は金析の分家の子孫・枝姓である宗像が安曇を治め、御世は豊かに治まっている。

⑥6

0617

二十二鈴　五百五枝初
宮津より　早雉飛べば
天日神　急ぎ真名井に

二十二鈴五百五枝(西紀前一二二八年)初に玉杵(豊受)の宮津宮から急使が来たので天日(天照)が急いで真名井に御幸なされた。

⑥6

0618

時に玉杵　相い語り
昔道奥　尽くさねば
ここに待つとて　授けまし

その時に玉杵(豊受)は天照と相い語った。昔、瓊の「道の奥義」を伝え尽くさなかったのでここに待っていた——と言って授けた。

⑥6,7

0619
君は幾代の　御祖なり
これ常立の　言宣と
洞を閉ざして　隠れます

0620
豊受神　隠れた洞に
朝日宮　君還えまさん
民が留むる

0621
向津姫　日高見に豊受
祀らせる　持早味子
仕えに真名井

0622
素佐之男と　天の道根と
門出なす　局留めて
君還ります

0623
新都　成りて伊雑に
宮遷し　向津忍穂井
皇子生れませる

諸神達も確と聞け、君は幾代の御祖である。これは天の世初代国常立の遺言—といって、洞を閉ざして隠れます（亡くなるのもと）。 ⑥7

第五代高見産霊豊受神諱玉杵の隠れた洞に朝日宮（籠神社）を建て、天照君が還ろうとすると御輦留むる民を哀れみ暫く留まった。 ⑥7

向津姫（瀬織津姫）が、日高見に豊受神を祀らせ、また、持子典侍、早子内侍、味子下侍の三人を真名井に行かせ天照に仕えさせた。 ⑥8

去年暮れに素佐之男と天の道根を向かわせ持子、早子、味子の三人は留めて弥生の望（三月十五日）天照君は原見宮に還った。 ⑥9

思兼に造らせた伊雑の新しい都に宮を遷した。向津姫が忍穂井の産屋の耳（縁）で皇子を出産、称名忍穂耳・諱忍仁と名付け、餅を配った。 ⑥10

0624

民歌う　先に持子が
棚仁ぞ　早子が三つ子
竹　湍　棚子

棚仁は棚杵と改名され民歌う—先に持子が生む皇子は穂日の尊の棚仁ぞ。典侍妃持子の妹内侍妃早子が三つ子を生み皆[タ]の付く竹子・湍子・棚子。

⑥11

0625

然る後　秋子直杵
道茨杵　豊姫楠日
五男と三女なり

その後に速開津姫秋子が直杵を、大宮姫道子が茨杵を、豊姫綾子が額直の熊野楠日を生み、五男三女である。

⑥12

0626

花杵は　北の国細矛
治らすべし　額直は後
那智の若皇子

天照の弟素佐之男諱花杵は北の国細矛を治らすことになっていた。額直は後に那智の若皇子(熊野若王子)と称えられた。

⑥13

0627

熊野神　伊佐那美祀る
伊佐那岐は　篤しれ賜う
淡路の宮に

熊(隈)野神は素佐之男の汚穢隈を祓おうと火に焼かれ、神上がりした伊佐那美を祀る。伊佐那岐は篤しれ(病が重くなる)賜い、淡路の宮に祀る。

⑥14

0628

昼子姫　忍仁養育し
阿智と妹背　北と細矛治し
手力男を生む

天照の姉昼子姫(若姫)は皇子忍仁を養育し、北と細矛を治め、思兼こと阿智彦と妹背(伊勢)を結び手力男を生んだ。

⑥15

梭の七

遺し書※祥禍を裁つ綾

0701
諸神の 祥禍を裁つ時
細矛より 兵主が
雉子飛ばせて

0702
神狭日と 胡久美母子に
高間にて 金析問わく
胡久美答える 真事吾が妻

0703
祥禍見れば 君を忘るる
百座と 犯すも百と
押手百 総べて三百七十座

※祥禍を裁つ さがをたつ。裁判の語源。広辞苑では〈**さいばん【裁判】**①（「宰判」とも書く）物事を治め管理すること。また、民政を管理すること。②正邪・曲直を判定すること〉**※裁断** さいだん。広辞苑〈**さいだん【裁断】**②理非・善悪を判断して裁くこと。裁決。「――を下す」〉

香具宮で諸神が祥禍を裁つ(裁断の)場へ、細矛国から、第六代高見産霊八十杵の弟・兵主が雉子(急使)を飛ばして来た。早速、北の益人の神狭日と胡久美母子に、高間で金析が問うと、胡久美は椋杵君の妻差女はもともと吾が妻であったと答えた。差女を妻にし、椋子姫をもったのに椋杵君の恩を忘れた罪は百座、義母を犯した百座、押手の恥も百座、姫蔑ろ五十座など、三百七十座の罪である。

⑦1 ⑦2 ⑦3

0704
天巡り　三百六十度を
瓊矛法　所を去ると
流離うと　交わり去ると

0705
命去る　四つ割過ぎて
綻びと　筒籠に入れて
北の国の　白人を召す

0706
高間にて　金析問わく
母を捨て　妻避る如何
答え言う　己は避らず

0707
御恵み　何忘れんと
言い流し　飾り惑わす
神皇産霊の　叱りてぞ

0708
同輩を超え　力を貸して
母が挙げ　祭政授かる
恵み忘るる　二百座

天の巡り三百六十度を四つ割した量刑の瓊矛法(刑法の起源)―所を去る(所払)、流離う(流刑)、交わり去る(絶交)、命去る(死刑)の四つ割り(三百六十)を過ぎれば綻びと筒籠(唐丸籠の起源)に入れる。北の国の益人になっていた白人を呼んだ。高間での裁判の席で金析が質問した。義母の差女を捨て、妻椋子姫を離縁したのはどういうわけだ。答えた―離縁したのではなく自分で出ていった。取り立てた恩義は忘れていません―平然と言った。第六代神皇産霊の八十杵は虚言を叱った。吾はよく知っている―義母の進言のお陰で同輩を超え益人を授かり義母を慕ったのを姫が倦んだ。その恵み忘れる二百座。

⑦4　⑦4　⑦4,5　⑦5　⑦6

0709
避るも百座　踏むが五十
掴むの六十と　四百十座
逃るるや　筒籠に入れて

0710
八十杵を　北の国守と
天忍日　椋子と妹背
益人を継ぐ

0711
子の祝い　白人胡久美
祥で減刑　素佐早吸姫を
乞えど宮無く

0712
北の局　折々宿る
素佐之男に　功ならば
天が下をと

0713
向津姫　持　早下す
筑紫宮　棚杵はとる
三姫は付ける　時待てよ

⑦6 避るも百座、踏む五十座、賄賂を掴むの六十座で三百六十座を超え、四百十座。これ逃れることはできないぞと筒籠に。

⑦7 八十杵を北の国守に任命した。椋姫を神狭日の子の天忍日と娶せ椋杵の子で北の典侍益姫持子の兄とし益人を継がせた。

⑦8 白人胡久美の子の祝の恩赦で半ばに減刑、死刑を免れ流刑となった。素佐之男が、早吸姫を乞えど宮が無く父赤土の許しが出なかった。

⑦9 それで、北の局に折々宿るようになった素佐之男に北局の内侍早子が手柄ならば「天下を」と唆した。

⑦10 これが聞こえて向津姫は、持子・早子の姉妹を筑紫宮に下した。「時待て」と持子の棚杵は引取り、早子の三姫は付けた。

0714

赤土が　局置けども
　養育しせず　二流離なし
　　簸川に怒り　化る大蛇

赤土が筑紫宮を増改築して局を置いたが持子・早子は三姉妹を養育せず二流離なし、簸川に大蛇と化り胡久美らも仕えた。

⑦11

0715

素佐仕業　苗代重播き
　畔を放ち　駒を投げ入れ
　　杼に破れ　花子神去る

素佐之男は荒れて味気ない仕業―種蒔した苗代に重播をし、水田の畔を放ったりし、終には斎衣殿に斑駒を投げ入れ、驚いた花子に杼が刺さり神去った(亡くなった)。

⑦12

0716

君怒りまし　素佐之男に
汝汚く　国望む
　道成す歌に

ついに天照君が怒り、弟の素佐之男に、汝は汚く国を望んでいる。道成す歌を引き、

⑦13

0717

天が下　和して巡る
日月こそ　晴れて明るき
　民の親なり

　天が下　和して巡る日月こそ
　晴れて明るき　民の親なり
と諭した。

⑦13

0718

素佐之男は　岩を蹴散らし
なお怒る　君恐れまし
岩室に　入りて閉ざせば―

素佐之男は、岩を蹴散らし、なお怒った。天照君は恐れをなして、岩室に入り、入口を閉ざしてしまった―

⑦13

0719

天が下(あめした) 日月(かが)も光彩(あやな)無し
思兼(おもいかね) 手火松(たびまつ)に馳(は)せ
高間(たかま)に諮(はか)り 祈(いの)らんや

⑦13,14

0720

兵主(つわものぬし)が 真榊(まさかき)の
上枝(かんえ)は瓊玉(にたま) 中(なか)つ枝(え) 鏡(かがみ)
下枝(しも)和幣(にぎて) 鈿女(うすめ)等(ら)に

⑦14

0721

日陰鬘(ひかげ)を襷(たすき) 千巻矛(ちまきほこ)
朮(おけら)を庭火(にわび) 笹湯花(ささゆばな)
神座(かんくら)の殿(との) 神篝火(かんかがり)

⑦14,15

0722

常世(とこよ)の踊(おど)り 俳優(わざおき)歌(うた)ふ
香具(かぐ)の木(き) 枯(か)れても匂(にほ)ゆ
吾妻(わがつま)天地(あわ)や

⑦16

0723

君笑(きみゑ)み細(ほそ)く 窺(うか)がえば
岩戸(いわと)を投(な)ぐる 手力男(たぢからお)
兵主(つわものぬし)が 注連(しめ)を張(は)る

⑦16

日本国中至る所日も月も光を失い世の中が暗くなった。安河(やすかわ)の闇に驚いた思兼(おもいかね)が松明(たいまつ)をかざして馳せ駆け、高間に諮り、祈ろうと、兵主が、真榊の上の枝に瓊(と)の物実(ものざね)の赤い勾玉(まがたま)、中の枝に鏡、下の枝に和幣(にぎて)を掛け、鈿女(うすめ)らに日陰鬘(ひかげのかずら)を襷(たすき)にかけさせ機織で織物を巻き取る丸い棒の千巻を矛に見立て、朮(おけら)を庭火(にわび)に焚き笹湯花(ささゆばな)(湯立神楽のもと)を振り、神楽(かんくら)の殿(との)を神篝火(かんかがり)で照らし、常世(とこよ)の踊(おど)りと俳優(わざおき)が歌(うた)う——

香具の木は枯れても匂が良い
吾が妻は萎れても天下一良い

岩室(いわむろ)の中の天照君が細目(ほそめ)で笑(ゑ)み窺(うかが)った時手力男がすかさず岩戸を取投げ、再びお還りにならないよう兵主(つわものぬし)が注連(しめ)を張った。

0724
素佐之男の　※科は千座の
三段枯　髪爪も抜き
殺すとき　向津の牡鹿
⑦17

0725
倉稲魂花子　黄泉返す
四百祥減り　交わり去ると
管笠青衣　八重這い求む
⑦17

0726
下民の　流離遣らいき
大御神　知ろし召されば
あな楽し　道典侍の歌
⑦18

0727
相共に　手を打ち述べて
※謡い舞う　千磐谷振とぞ
神座に舞う
⑦19

0728
流離男は　御言を受けて
北に行かん　許せば上る
姉に見えん　安河辺
⑦20

※科は千座の三段枯　とがはちくらのみきだがれ。千座は「命去る(死刑=三百六十座)の３倍)の重罪」。広辞苑では〈**ちくらのおきど【千座の置戸】**多くの台に載せた祓物。上代罪の償いとして課したもの。記上「速須佐之男命に千座置戸を負わせ」〉**※神座**　かんくら。神楽の起源。広辞苑〈「カムクラ」の転〉

その後高間に諮り、素佐之男の科は千座死刑三度の三段枯。髪抜き、爪も抜き、いざ殺す時、向津姫の使者が―倉稲魂に祈り花子が黄泉返(甦)った、四百座分の祥を償えた、減刑できないだろうか―と。諸神諮り半減の「交わり去る」に減刑。管笠青衣で八重這い求む下民の流離男。このことを天照大御神がお知りになれば。東の典侍道子姫が歌―天晴れ　あな面白　あな楽し　あな清やけ―と、皆が共に手を打ち述べて謡い舞い、千磐谷振るとぞ楽しめば、これぞ神座に天照らす大御神。流離男となった素佐之男は天照の御言を受けて北に行くことになり、許しを得て、姉若姫の安河辺の宮に、挨拶に上った。

0729 父母の 寄ざしの国を 捨おれば 弟の来るは 国奪うらん

0730 ※総角し 弓弭を振りて 剣持ち 堅庭踏んで 稜威の雄叫に 詰り問う

0731 清心は 北に到る後 子を生まん 男ならば清く これ誓いなり

0732 昔君 真名井に在りて 御統の 珠を濯ぎて 持子に棚杵

0733 早子召し 夢に剣の 折れ三段 清噛みに噛んで 三手となる 三つ子姫生む

総角 広辞苑(第七版)

※総角 あげまき。広辞苑〈あげまき【総角・揚巻】古代の少年の髪の結い方。頭髪を左右に分けて頭上に巻きあげ、角状に両輪をつくったもの〉

⑦20 父母伊佐那岐・伊佐那美から任せられていた北の国へ赴かないでいただけに姉若姫は弟が来るのは、この国を奪おうとするのに違いない

⑦21 と総角し、弓の弭を握り振って剣を持ち、堅い地面を踏んで蹴散らして稜威の雄叫びをあげ、素佐之男を問い詰めた。姉の

⑦22 「本心は何」の問いに、素佐之男は――北の国に行って子を生もう。男ならば清く、女ならば穢れ、これが誓いである。――昔、天照君が

⑦23 真名井に居た時、首飾りの御統の珠を口に濯いで持子姫に棚杵を生ませ、床神酒に早子召せば、その夢に――十握の剣が折れて三段にな

⑦24 り、それを清噛みに噛んで三手すなわち三振りになった。そこで女の三つ子三人姫を生んだ。

0734
(タ)の諱　吾穢れなば
姫を得て　共恥見んと
誓いて去りぬ

三人の娘の名の頭に(タ)が付くのはこの謂れである。吾に穢があれば姫を得て共恥を見ることになろうと誓い去った。

⑦23

0735
三人姫　自から流離い
流離男の　陰の雅の
過ち晴らす

早子の三人の姫はやがて成人し、自ら流離い流離男の陰の雅の過ちを晴らした。後に竹子は奇杵の妻、湍子は香具祇の妻、棚子は息吹戸主の妻となり、それぞれ、沖津島、江の島、厳島の祭神となった。

⑦24

0736
男は父に得て　地を抱け
女は母に得て　天と寝ねよ
浮橋を得て　嫁ぐべし

男は父に得て地を抱け、女は母に得て天と寝ねよ。浮橋(仲人)を得て嫁ぐべし。

⑦25

0737
誤りて　穢れる時に
孕む子は　必ず荒るる
これをな忘れそ

誤って穢れる時に孕む子は、必ず荒れる。必ずやこれをな忘れてはならないぞ。

⑦25

0738
前後　乱れて流る
吾が恥を　後の掟の
占形ぞこれ

前後のわきまえなく乱れ流してしまった吾が恥を、後の掟(よくない見本のような)占形(占いに現れた形)ですぞ――これは。

⑦25

梭(かひ)の八(や)

魂返(たまかえ)し破垂(※はたれ)討(う)つ綾(あや)

0801 大御神(おをんかみ) 天(あめ)が下照(したて)る 奇日霊(くしふる)に 民(たみ)も豊(ゆた)かに 二十三万二千三百八十二(ふそみよろふちみもやそふ)

0802 析鈴(さくすず)を 二十五(ふそゐ)の鈴(すず)に 植(う)え替(か)えて 節(ふし)に当(あ)たれば 北(ね)と細矛(さほこ) 白人胡久美(しらひとこくみ)

0803 二姫殿(ふためとの) 賢所(かしこどころ)の 贔屓蔓(ひきつり)に 許(ゆる)せば抱(かか)え 賄賂掴(まいないつか)む 忠実(まめ)ならず

※**破垂** はたれ。原文は[ヲシテ文字](ハタレ)。妖術も使い無法も働くというので「破綻」と「悪たれ」を約音化して「破垂」と当てた。次頁下段の波線部分「破垂とは」および「破垂には」を参照。類語に鼻垂(㊳120)、耳垂(㊳122)がある。広辞苑は〈**たれ**【垂れ】⑧(名詞の下に付けて)人を悪く言う意を表す語。「はな―小僧」「くそ―」「ばか―」〉〈**あくたれ**【悪たれ】①わざと乱暴すること。たちのわるいいたずら〉

補注 群馬県高崎市にある旧式内社榛名神社の祭神は社伝にはみられないが、改心後の破垂榛名とみられる。

天照大御神が天が下を公平に知ろし召し ⑧1
奇日霊(くしふる)に民(たみ)も豊(ゆた)かで安定、御治世ここに
二三万二千三百八十二年(二〇年)を経ても
なお若やいで御在(おわ)し、析鈴(さくすず)を二十五の鈴 ⑧1,2
に植え替えの節目(前一三世紀)に当たれ
ば、北と細矛国の益人が白人胡久美の罪
過も、持子・早子二姫殿、賢所の贔屓蔓 ⑧2
に恩赦で許せば、また抱えて国を治し、
賄賂を掴むなど忠誠を尽くさず――

0804
終(つい)に大蛇(おろち)に　舐(な)められて
法崩(のりくず)る　破垂(はたれ)蠢(うぐめ)き
五月蠅(さはえ)の声(こえ)の　恐(おそ)ろしく

0805
早雉子(はやきぎす)　杼(ひ)投(な)ぐる告(つ)げの
高間(たかま)での　神諮(かみはか)りをば
知(し)らぬ破垂(はたれ)ぞ

0806
※破垂(はたれ)とは　天(あめ)にも居(お)らず
神(かみ)ならず　人(ひと)の拗(ねぢ)けの
鋭(と)き勝(すぐ)れ者(もの)

0807
六破垂(むつはたれ)　大蛇(おろち)血脈道(しむみち)
榛名(はるな)羽羽(はは)・気空(ゐそら)・狐狗道(きくみち)
飯綱(いつな)・天狗(あえ)あり

0808
神力(かんちから)　祓(はら)い除(のぞ)かば
自(おの)づから　羽羽(はは)も気空(いそら)も
寄(よ)り返(かえ)し　射(い)る矢(や)も受(う)けず

※破垂　原文は[illegible]（ハタレ）。はたれ。前頁参照。

終(つい)に持・早二姫の化(な)った大蛇(おろち)に舐められ、無法が蔓延(はびこ)り、破垂がもぐもぐ動き出し、五月蠅(さはえ)のようなうるさい民の声が恐ろしく湧き起った。　⑧2

これを告げる急使(はやきぎす)が機織の杼(ひ)のように次々折り返し、その対策の高間(たかま)での神諮(かみはか)りを破垂(はたれ)は知らないでいた。　⑧3

破垂(はたれ)とは（⑧3）、天にも居るわけでもなく神でもない。国の中にいる心の拗じ曲がった人のことで、利口過ぎる者である。　⑧4

破垂には、六つの集団・六破垂(むつはたれ)がある。一つは錦大蛇血脈道(にしきおろちしむみち)、二つに榛名羽羽道(はるなははみち)、三つに気空道(いそらみち)、四つに狐狗道(きくみち)、五つに飯綱道(いつなみち)、六つに天狗道(あえのみち)である。　⑧4

神の力で祓い除けば自づから羽羽道も気空道も寄返し射ってくる矢は当たらず、神の矢は必ず当たる。　⑧6

0809
金析を　禊司に
武甕槌に　経主副えて
天の鹿児弓　羽羽矢を賜う

0810
九千司　七十万群れ
炎吹き　飛礫雷
地を揺すりて　民攻め寄する

0811
天照は　早降渓流
早川の瀬に　禊して
破垂破るの　種授けます

0812
破垂術　山川溢れ
大蛇が　炎を吐きて
驚かす　天に告ぐれば

0813
賜う葛煤　蕨縄
金析が　受け呪えば
術成らず　逃げんを神軍

金析を禊祓いの司に、武甕槌と経津主を副司に任命し、天の鹿児弓に羽羽矢を添えて破垂破れと賜った。

⑧6

破垂は三人の司の下約二三〇人が群れ集まり垣根を破り炎を吹き飛礫を投げ、雷を轟し地揺り民揺り攻め寄せて来た。

⑧7

天照神は早降渓流早川の瀬に禊をして、破垂破るの呪いの種を求めて授けた。

⑧7

諸神はこれを受けて破垂を討った。

破垂血脈道のなす術に水が山川に溢れ、大蛇が炎を吐いて驚かした。金析が暫し立ち帰って天に告げると、大御神は葛煤

⑧8

と蕨縄を賜り、金析はこれを受けて諸に授けて呪うと、破垂物魔は術が成らず、逃げようとするのを、神軍が――

⑧8

0814
勝ちて生け捕り　乾く日照りに
繋ぎ置き　終に生け捕る
破垂頭　筒籠に置きて

0815
三千物魔　血脈に預けて
諸帰る　又現れる
大破垂　北の立山に

0816
氣空頭　野山を変えて
叢雲や　幾日輝き
棘矢を放つ

0817
土産有り　神より虎魚
賜れば　破垂喜び
吾が好き知るや

0818
投げ入るる　虎魚争う
蕗燻す　破垂咽ぶを
追い詰め縛る

神軍は、勝って生け捕った破垂魔を乾く日照りのもとに繋ぎ置き、ついに破垂の頭目を生け捕って筒籠に入れ置いた。三千物魔はその土地の一族に預け、諸神は帰った。ところがまた、破垂が現れた。今度は大集団で北の立山に現れ、安濃に到ったので経津主が打った。時に破垂の氣空頭が野山を変えて叢雲起こし、幾つもの太陽を輝やかせ棘矢を放ち経津主が手に取ると指が破れ馳せ帰り告げ、君は虎魚と蕗を賜り諸は弓懸して戻った。破垂は土産の虎魚を「吾が好き知るや」と喜び、投げ入れると争って食べた。そこへ蕗を焚き燻すと破垂は咽んで退くのを追い詰め縛り、氣空頭も筒籠にした。

⑧9　⑧9　⑧10　⑧11　⑧12

0819
又破垂　伊予の山より
紀志伊国　甕槌鎮撫で
高野に到る

0820
前二人　吾に返せよ
返さずば　神も捕らんぞ
破垂頭言う　武甕槌笑い

0821
吾が力　万に優れて
雷も　汝も拉ぐ
さあ縄受けよ

0822
破垂魔が　味方の投ぐる
太繯　群れ貪りて
終いに飯綱も　蕨縄

0823
首結い縛り　鵯草の
如くなり　自ら山に
曳き上る　罷るは埋ずむ

また破垂、今度は四国・伊予の山から紀志伊国に起こった。外津宮月読の告で鎮撫に高野山(高野山のもと)に到ると飯綱道が万の獣に化けて「前に捕えた頭の二人を吾に返せよ、返さずば神も捕らんぞ」と、破垂頭が言ってきた。武甕槌は笑って「吾が力は万に優れて雷も、汝も拉ぐ、さあ縄受けよ」と言えば破垂が怒って戦いに向ってきた。そこへ太繯を投げると破垂魔は、群れ貪ぼった。そこを討ち追い詰めて皆括り、ついに飯綱も蕨縄で一連れに首を結い縛り鵯草の如くにして、武甕槌は高野の山に自ら曳き上った。蕨縄で首が絞められ死んだ者は山に埋ずめた。

⑧13　⑧14　⑧14　⑧14　⑧15

0824
生き残る（いのこ）　百人笹山（ももささやま）に
筒獄（つつが）なす　鎮撫枯（かなでか）らせる
過（あやまち）と　喪（も）に慎（つつし）むを

生き残った百人の破垂を笹山の筒獄に入れた。武甕槌は鎮撫（かなで）により大量の死者を出したのは過（あやまち）であったと喪に慎んだ。

⑧15

0825
大御神（ををんかみ）　筒獄（つつが）に到（いた）り
見給（みたま）えば　容（かたち）は真猿（まさる）
貌（かほ）は狗（いぬ）なり

大御神が聞こし召し筒獄に来て見れば容は真猿（まさる）のよう、顔は狗（いぬ）のようである。

⑧16

0826
昔母（むかしはは）　真猿（まさる）に嫁（とつ）ぎ
代々（よよ）を経（へ）て　みな猿如（さるごと）し
魂返（たまがえ）しせん

昔、母が真猿に嫁ぎ代々を経て、みな猿の如し。大御神の御言宣（みことのり）「魂返しをすれば人になろう。さきに罷る者も緒を解けば人に生まれるぞ」と。

⑧16

0827
大御神（ををんかみ）　兵主（つわ）　経津主（ふつ）　武甕槌（たけ）に
魂返（たまかえ）し　猿去沢（さるさるさわ）に
興（おこ）る道（みち）かな

百破垂（ももはたれ）「願わくば神よ、人に成し給われ」と皆罷（みなまか）った。兵主・経津主・武甕槌（つわものぬし・ふつぬし・たけみかつち）に魂返しさせた。猿去沢（さるさるさわ）（猿沢の池のもと）に興る道である。

⑧17

0828
又破垂（またはたれ）　花山（はなやま）の野（の）に
友集（ともあつ）む　君荷田麻呂（きみかだまろ）に
国見（くにみ）て帰（かえ）れ

又破垂が京都花山の野に友を集めた。時に天照君が保食（うけもち）の孫の荷田麻呂（かだまろ）に「国見て帰れ」と—。

⑧17

0829
花山に　到れば破垂
姫踊り　叢雲手火や
蛍火の　笑い嘲り
⑧18

0830
怒り火の　青玉吐けば
進み得ず　帰れば荷田に
君御言宣
⑧18

0831
狐とは　木は根(北)よりなる
東南を経て　北に来て住める
狗は些と違う
⑧19

0832
揚げ鼠　狐狗民奪い
貪るを　追い詰め捕え
斬らんとすれば
⑧20

0833
奴彼等　帰り詣でん
天民と　命を乞えば
荷田解き許す
⑧20

花山の野に到れば破垂の狐狗道が色変え咲き乱れた。狐狗道の菊沢に行くと今度は姫踊り、叢雲手火や蛍火の笑い嘲り、怒り火の青玉吐けば進むことが出来ず。荷田麻呂が帰って、このことを申し上げると、天照君がしばし考え、御言宣——これは狐狗であろう。狐とは、木(東)は根(北)より成る、東南を経て北に来て住んだもの、鼠を油に揚げて厭うべし。狗はちと違う、狐の尾の火を嫌う。揚鼠を投げると狐狗民が奪い貪るを諸神が強く戦い、追い詰め、千人捕えて斬ろうとすると奴彼等皆嘆き、「帰順しますから天民として下さい」と命を乞うたので、荷田麻呂は皆解き許した。

0834
蕨縄を　多に綯わせて
薑と　茗荷を燻して
皆縛り　三人は筒籠

0835
又破垂　日隈日高見
香具山本　二見告ぐ黄楊
櫛の歯挽けば

0836
諸神は　高間に諮り
御幸なる　輦車の内
瀬織津姫　天の御陰に

0837
秋津姫は　日の御影差す
息吹戸主　熊野楠日と
真手に在り　山田に至る

0838
榛名羽羽道　炎吹き
棘矢の霰　鳴る神に
味方帰れば　大御神

奴彼等に蕨縄を多く綯わせて椒と茗荷を燻し破垂が乱れたところを追い詰め、残りを皆縛り頭目三人は筒籠に入れた。

また、破垂が起こった。今度は日隈、日高見、香具山本、二見浦で、これを告げる使いが黄楊櫛の歯を挽くように頻繁に来て、諸神は高間に諮り天照神が御幸することになった。輦車の内に瀬織津姫は天の御陰に差し、秋津姫は長柄の傘・日の御影を差した。息吹戸主と熊野楠日とが君の左右に近侍し、白黒駒に諸が添い山田に到り雉飛べば、榛名羽羽道が野も山も変えて叢雲で蔽い、炎を吹き、棘矢の霰降らせ、鳴神を鳴らし、味方帰ると天照大御神が——

⑧21　⑧22　⑧22　⑧22　⑧23

0839
予(か)ねて笹餅(さっさ)に　歌身付(うたみつ)け
投(な)ぐれば嗜(たし)む　破垂魔(はたれま)を
颯颯連歌(さっさつづうた)

0840
流離(さすら)でも　破垂(はたれ)も鼻毛(はなげ)
三(み)つ足(た)らず　神明(かかん)なすがも
手立(てだ)て尽(つ)きたり

0841
諸歌(もろうた)う　破垂(はたれ)怒(いか)りて
矢(や)の霰(あられ)　神(かみ)の手結印(たみめ)に
矢(や)も立(た)たず　弥猛怒(いやたけいか)り

0842
火花(ひばな)吹(ふ)く　罔象女(みつはめ)消せば
手力男(たちからを)　逃(に)げる榛名(はるな)に
跳(と)びかかり　終押(ついお)し縛(しば)る

0843
榛名(はるな)据(す)え　君勾玉(きみまがるたま)
瀬織津(せおりつ)姫は　真経津(まふつ)の鏡(かがみ)
秋津(あきつ)姫は剣(つるぎ)

(22頁から再掲)**※回文対**　かいぶんつい。上の句から読んでも下の句から読んでも同意の構成になる対句。**補注**　上の句「→さすらでも」と下の句「もてらすさ←」が対句。一音一字の大和言葉ならではで、漢文の記紀にはありません。

予め作って置いた笹餅に歌を書いた短冊を付けて投げると嗜(たし)む破垂魔(はたれま)を颯颯連歌(さっさつづうた)

↓さすら(流離)でも　破垂も鼻毛
三つ足らず　神明なすがも
手立て尽き　故法典(かれのんてん)も天(あ)に効(き)かず
日月と吾は　天地(あわ)もてらすさ↑

(※回文対)諸神が歌うと　破垂が怒って矢の霰を飛ばしてきたが天照神の手結印(たみめ)に矢も立たず、破垂は弥々(いよいよ)猛け怒って、火花を吹くのを罔象女(みつはめ)が消すと、胸騒ぎして逃げようとする破垂榛名に手力男が跳びかかり力を争い、つい押し縛った。
他の破垂魔も皆捕り縛り榛名を前に据え君は八尺瓊(やさかに)の勾(まが)る玉、瀬織津姫は真経津(まふつ)の鏡、秋津姫は草薙八重剣(くさなぎやえつるぎ)を示して――

⑧23　⑧23　⑧24　⑧24　⑧25

0844
真経津なら　鑑みんとて
御鏡に　映せば悉く
鵺脚持ちぞ

時に息吹戸主が、真経津(悉)なら鑑みんと言って御鏡に映せば悉く翼があった。　⑧26

0845
熊野神　招けば烏
八つ来たる　破垂血搾り
誓い留まし　潮浴びさせる

この破垂は鵺脚持ちぞ、化け術で誑かす者は皆斬ろうとした時に熊野神を招けば烏が八つ来た。破垂の血を搾り誓いさせて潮を浴びさせ二百人が人と成った。　⑧26

0846
前の筒籠の　六破垂頭も
皆血を灌ぎ　狐狗三人
狐影あり　名も三狐

さきに筒籠にしていた六人の破垂頭も皆血を灌ぐと、中の狐狗三人に直ぐに狐の影があれば名も三つ狐と名付けた。　⑧27

0847
三十三万　魂断ちせんを
荷田が乞う　諸神許さねば
七度誓う　荷田の神

一一〇人の破垂を魂断ちしようとするので荷田が命乞をするも諸神は許さず、荷田の神は七度誓った。そこで天照神の御言宣—。　⑧27

0848
三津彦に　※倉稲の御魂を
守らせよ　若しも違わば
魂断ち為せよ　汝に付ける

「三津彦(三つ狐)が事、倉稲の御魂を守らせよ、若しも違わば速やかに魂断ち為せよ。永く汝に付けるなり」と。　⑧28

※倉稲の御魂　うけのみたま。稲荷信仰のもと。広辞苑は〈**うけのみたま【稲魂】**→うかのみたま。〈和名抄〉〉〈うかのみたま【宇迦御魂・倉稲魂・稲魂】食物、殊に稲をつかさどる神。「うかたま」「うけのみたま」とも〉

0849
御言宣(みことのり)　兄彦(あにひこ)は此処(ここ)
菊沢(ここさわ)に　中(なか)は山背(やましろ)
弟(おと)は東(ひがし)の　飛鳥野(あすかの)へ

0850
三狐(みつきつね)　田畑(たはた)の鳥(とり)を
追(お)わしめる　倉稲(うけ)の御魂(みたま)と
保食(うけもち)も　荷田(かだ)の神(かみ)なり

0851
御璽共(をしてとも)　破垂魔九千(はたれまこち)と
民九万(たみこよろ)　埋(うづ)む高野(たかの)の
魂川(たまがわ)ぞ是(これ)

0852
千磐谷(ちわや)より　天狗(あめゑ)の魅魑(みち)が
御神(おんかみ)に　事語(ことかた)らんと
君呼(きみよ)ばらしむ

0853
御幸輿(みゆきこし)　息吹戸(いぶきど)行(ゆ)けば
神頭(かんかみ)か　問(と)わく破垂(はたれ)に
答(こた)えて神(かみ)の　奴(やっこ)なり

御言宣により、兄彦は此処菊沢に、
中彦は山背花山野(京都伏見)、
弟彦は東(ひがし)の飛鳥野へ――(三大稲荷(いなり)のもと)
狐も三つに分け、田畑の鳥を
追わしめた。倉稲(うけ)の御魂(みたま)と
保食(うけもち)も　荷田(かだ)の神である――(稲荷(いなり)のもと)。
人に成るまでは助け置き、御璽(をして)を峰に
預けて破垂魔三人と民三〇人を埋めた
高野(たかの)(高野山(こうやさん))の魂(たま)(玉)川(かわ)はこれである。
千磐谷より天狗(あめゑ)の魅魑(みち)が天照御神に
事語らんと君を呼びに来たが大神は
息吹戸主を鎮撫(かなで)に向かわせた。御幸輿で
息吹戸が行けば、乗って行った御幸輿を
見て「神頭か」との破垂の問いに答えて
「神の奴なり」というと、破垂は――

⑧28　⑧29　⑧30　⑧30　⑧31

0854
輿(こし)は何(なに)　又破垂(またはたれ)問(と)う
息吹戸(いぶきど)言(い)う　汝(なんぢ)を奴(やっこ)※と
故(ゆえ)に乗(の)るなり
⑧31

0855
鳴(な)り廻(めぐ)る　霹靂雷(はたたかみなり)
息吹戸(いぶきど)は　空雷招(うつろいまね)き
これを消(け)すなり
⑧31

0856
叢雲(むらくも)で　覆(おお)えば級戸(しなと)
吹(ふ)き払(はら)い　炎(ほのほ)を吐(は)きて
室屋(むろや)焼けば　龍田姫(たったひめ)消(け)す
⑧32

0857
木(こ)の葉紙垂(はしで)　飛礫霰(つぶてあられ)に
民攻(たみせ)める　味方(みかた)肩布(ひれ)着(き)て
香具(かぐ)打(う)ち零(こぼ)す
⑧32

0858
香具奪(かぐうば)い　食(は)む間(ま)に破垂(はたれ)
取(と)り縛(しば)る　破垂(はたれ)も肩布(ひれ)し
廻(まわ)す貝(ばい)かな
⑧32

※奴　やっこ。**広辞苑**〈やっこ【奴】(ヤツコの転)①家来。下僕。転じて他を卑しめ、また、ののしっていう語〉

「輿は何のため」と、また破垂が問う。息吹戸主は「汝を奴とするため。故に乗るなり」というと、「汝、若輩(わかばい)のくせに恥見する、汝をこそ奴とせん」と、鳴り。廻る霹靂雷(はたたかみなり)。息吹戸主は空雷(うつろい)を招き、これを消した。破垂が叢雲で覆い暗ませば、級戸辺神(しなとべのかみ)を招き、これを吹き払い、炎を吐いて室屋を焼けば龍田姫を招き、これを消した。破垂が咽(むせ)んで木の葉を紙垂(しで)に、飛礫霰(つぶてあられ)に民を攻めた。味方は肩布(ひれ)を着て、これに橘(たちばな)の香る香具(かぐ)を入れ、打ちこぼさせば、香具(橘)を奪い合って食う間に破垂魔を取り縛る。破垂も肩布を首から肩に垂れ巻貝(まきかい)を貝独楽(ばいこま)にして勢いよく廻した。

⑧魂返し破垂討つ綾

0859
法螺貝に　魔肩布消されて
破れ海桐花　逃ぐるを攫み
終に蕨の　縄縛り

0860
千磐谷振る　神の恵みと
千々拝む　瀬織津御鏡
後の破垂の　人と成る

0861
荒潮の　八百会に
浸せど錆びぬ　神鏡
見る※二見岩　今に長らう

0862
高野には　化物出でて
伊吹主　宮建て鎮む
御璽賜わる　※高野神

0863
金析は　住み宜しとて
御衣の緒　賜う筑紫の
民統べて　結い治むべし

※二見岩　ふたみいわ。**広辞苑**〈ふたみのうら【二見ノ浦】三重県伊勢市二見町の海岸の名勝。東端に夫婦岩がある。日の出は特に有名で、迎拝者が多い。ふたみがうら〉 **※高野神**　たかのかみ。**広辞苑**〈**こうやさん【高野山】**①和歌山県北東部にある、千㍍前後の山に囲まれた真言宗の霊地。八一六年空海が真言密教の根本道場として下賜を受け、のち真言宗の総本山金剛峰寺を創建。②金剛峯寺の俗称〉

法螺貝を吹かせ魔肩布を消せば、破垂が槌を持って神に打ち掛かってきたが、神の和幣で槌は破れ海桐花の葉団扇と。ついに逃げる破垂を攫み蕨縄で縛る。 *⑧33*

千磐谷振(千早振)神の恵みと千々拝んだ。瀬織津姫の御鏡により改心し人と成る。 *⑧34*

その鏡は真経津(真悉)で荒潮に浸しても錆びることがない神鏡、再び見る二見の岩(浦)と名付けられ今に長らえている。 *⑧35*

高野には罷った破垂の霊が化物となって出てくるのを伊吹戸主が宮を建てて鎮め高野神(高野山のもと)の御璽を賜わった。 *⑧35*

金析は、住み宜し(「住吉」のもと)神とて御璽と御衣の赤い緒を賜わり、筑紫の民を統べ結い治める守を任された。 *⑧36*

0864
経津主は　香具山治む
香取神　武甕槌は
鳴る神に　武物主の

0865
頭椎と　前の国絵に
揺り鎮む　要石椎も
賜うなり　兵主が

0866
魂返し　清き真の
花降りて　※道に天も成し
磯城県　天成大神

0867
金析は　万物断れど
魂返し　乱れ緒解けば
心地春日ぞ

0868
浅香姫　興瓊産霊の
妻として　生む春日麻呂
若彦ぞ是

※道に天も成し　みちにあもなし。原文はミチニアモナシ。兵主（第５代高見産霊称名豊受の子）が天の道を全うし、**天成大神**（あなしうおかみ）として祀られた。
注　桜井市観光情報サイトでは〈**あなしにいますひょうずじんじゃ**【穴師坐兵主神社】桜井市穴師。歴史・由来は社記によると、本社は崇神天皇の時代、倭姫命が天皇の御膳の守護神として奉祭せられたという。祭神は穴師兵主神〉
補注　「天成し」を穴師と誤訳、漢訳の兵主を「ひょうず」と音読したものか。

経津主は香具山を掌れと香取神（香取神宮のもと）に、武甕槌は鳴神（鹿島神宮のもと）に武物主の称名と頭椎（頭椎の太刀のもと）を与え、前の国絵図（手書きの地図の起源）に揺り鎮む要石椎（鹿島神宮の要石のもと）も賜わった。兵主は、破垂の魂返しをして、清き真の花が降り、天の道も成し磯城県を賜り、天成大神と称えられた（穴師兵主大社のもと）。金析は万物を断ったけれども魂返をし、乱れ緒を解いたので心地春日と里の名も「春日」と「翁が森」を賜わった。香取の妹の浅香姫を興瓊産霊（兵主）の妻として生む御子は、称名春日麻呂諱若彦（天児屋根）であるぞ、これは――。

⑧36　⑧37　⑧37　⑧38　⑧38

梭(かひ)の九(こ)
八雲(やくも)打(う)ち琴作(ことつく)る綾(あや)

0901
粗鉱(あらかね)の　土(つち)に堕(お)ちたる
流離男(さすらを)の　天(あめ)の畏(おそ)れの
蓑笠(みのかさ)も　脱(ぬ)がで休(やす)まん

⑨1

0902
宿(やど)も無(な)く　地(ち)に彷徨(さまよ)いて
辿(たど)り来(き)て　終(つい)に北(ね)の国(くに)
細矛(さほこ)なる　弓削(ゆげ)の曽尸茂利(そしもり)

⑨1

0903
弦召(つるめそ)が　宿(やど)に噤(つぐ)むや
血脈(しむ)の虫(むし)　佐太(さた)の村長(あれおさ)
足撫槌(あしなつち)　素男(そを)の手(て)につき

⑨1,2

粗鉄(あらかね)(枕詞)の土に堕ちたような粗暴で流離男となった素佐之男、天の畏れの蓑笠を脱いで休むことができる宿も無く、路地にさまよいながら辿り来てようやく北の細矛国の弓を削り作る職人の曽尸茂利(そしもり)弦召(つるめそ)の家を宿に休み、口を閉ざしてつぐもっていたところへ、宿縁の虫(潜在)か、素佐之男の手につき、佐太の村長の足撫槌が言うには——

0904
八女生めど　生い立ち兼ぬる
悲しさは　簸川の上の
八重谷は　常に叢雲

0905
立ち昇り　背平に繁る
松榧の　中に八岐の
大蛇居て　羽羽八赤目蛇の

0906
人御供と　恙がせらるる
七娘　残る稲田姫の
手撫で足撫で　痛むとき

0907
素佐之男の　姫を得んやと
弥や問いに　御名は誰ぞと
占問えば　天の弟と

0908
顕われて　契りを結ぶ
稲田姫　病める炎の
苦しさを　袖腋裂きて

八人の娘を生んだが、生い立ちかねる
悲しいことには—簸川の上の八重谷は
常に叢がる雲が立ち昇っていて（「八雲立
つ」の語源）山の背の上には、松や榧の木
が繁っている山に譬えられる—その中に
八岐の大蛇が居て大きな赤目の、羽羽八
赤目蛇の人身御供と恙がせられた七人の
娘、残る一人の稲田姫の手を撫で、足を
撫で、妻手撫槌と共に心を痛めている。
素佐之男が姫を妻に得たいが、との強い
問いに、御名前は誰であろうぞと、
占ない問えば、天照大神の弟と顕われて、
両親も納得し、契りを結ぶ。
稲田姫の恋しさの病める炎のように熱く
悶え苦しむのを、着物の袖腋を裂いて—

⑨2　⑨2　⑨3　⑨4　⑨4

⑨八雲打ち琴作る綾

0909
風入れば　炎も冷めて
快く　童の袖の
※脇開けぞこれ

0910
姫は弓削屋に　隠し入れ
素佐は窶つ身の　姫姿
斎の黄楊櫛　鬘に挿し

0911
山の桟敷に　八搾りの
酒を醸して　待ちたまう
八岐頭の　大蛇来て

0912
酔いて眠るを　寸刻に斬る
羽羽が尾先に　剣あり
羽羽叢雲の　名にし負う

0913
稲田して　大屋彦を生めば
安河に　吾勝と言えば
姉が目に　尚穢しや

> **※脇開け**　わきあけ。広辞苑は〈**わきあけ【脇明け・腋明け】**①袖から下の両わきを縫わずに仕立てた、欄のない袍。わきあけのころも。闕腋。②幼児または女性の衣服の袖のわきを縫わないところ〉**補注**　着物の袖の脇明けの始まり。西紀前一二〇〇年代に、現代のような着物を着ていた証しである。

脇に風を入れれば炎のような熱も冷め　⑨4
て快くなった。これが童の着物の袖の
脇を開けることになった始めである。
姫は弓削りの作業小屋に隠し入れ、　⑨5
素佐之男は女装にやつした姫姿になり、
不浄を清めた斎の黄楊の木の櫛を結髪
に挿し、山の桟敷に八つの搾り桶の酒　⑨5
を造って待っていたところ—
頭が八岐に分かれた大蛇が来て飲んで
酔って眠ったところを一寸刻みに斬る。　⑨5
蛇の尾先に剣があった(砂鉄鉱山の譬か)—
蛇腹のような波紋に鍛えた叢雲の名剣。
稲田姫をして長男大屋彦を生んだので、　⑨6
安河宮に行き「吾は勝った」と言うと、
姉昼子姫(若姫)の目には、なお穢しや—

0914
その心　恥をも知らぬ
世の乱れ　これ皆夫れの
過ちと　思えば咽ぶ

―その心、恥をも知らぬ。そもそもの
世の乱れは、これ皆其方の過ち―と、
言われて思えばもっともと咽び泣いだ。

⑨6

0915
北に帰り　後大屋姫
爪津姫　事八十生みて
世に隠れ住む

北の国に帰って、後、大屋姫、
爪津姫、事八十を生んで、
世に隠れ住んでいた。―時に、

⑨6

0916
六破垂の　蜂の如くに
乱れたる　源は北の
益人に　因るものなれば

六集団の破垂が蜂の如くに蜂起して
乱れた、そもそも、その源は、北の国を
任されていた土地の役人に因るもので、

⑨7

0917
高間では　これを討たんと
神諮り　君は禊の
早降渓流　破垂厭うの

高間では、これを討とうと―、
朝廷で神諮りをし、天照君は早降渓流で
禊をして、破垂が嫌うところの手がかり

⑨7

0918
種を得て　息吹戸主に
討たしむる　頷き向かう
細矛宮　拝みて到る

を得て月読の子・息吹戸主にこれを
討たせた。一行が向かう途中、北の国を
治めた豊受を祀る細矛宮を拝んで行った。

⑨7

0919
出雲路(いつもぢ)の　道(みち)に佇(たたず)む
下民(したたみ)や　笠蓑剣(かさみのつるぎ)
投(な)げ捨(す)てて　何宣(なにの)り心地(こち)の

0920
大眼(おおまなこ)　涙(なんだ)は滝(たき)の
落(お)ち降(くだ)る　時(とき)の姿(すがた)や
八年振(やとせぶ)り　思(おも)い思(おも)えば

0921
破垂(はたれ)とは　驕(おご)る心(こころ)の
吾(われ)からと　悔(くや)みの涙(なんだ)
叔父甥(おぢおゐ)の　嘆(なげ)き歌(うた)うや

0922
天下(あも)に降(ふ)る　吾(わ)が蓑笠(みのかさ)ゆ
宿縁(しむ)の幹(みき)　肝(きも)に応(こた)えて
流石(さすが)に濡(ぬ)るる　息吹神(いぶきかみ)

0923
駒降(こまお)りて　手(て)を引(ひ)き起(お)こす
宿縁(しむ)の縒(より)　破垂根(はたれね)討(う)たん
打(う)ち連(つ)れ宿(やど)る　佐太(さた)の宮(みや)

伊吹戸主が出雲路を進むと、道に佇む
放浪の下民となった素佐之男が、笠蓑剣(かさみのつるぎ)
も投げ捨てて、何かもぐもぐと宣り心地
の大きな眼(まなこ)を開き、涙は滝のように
落ち降る。その時の姿というのは、
八年振り—思い起こせば、破垂とは、
驕る心の自分自身からと、ようやく
知った今の素佐之男が、悔みの涙(なんだ)、叔父
甥の血脈の過ち償(つぐな)えと、嘆き歌うや—
天下(あも)に降(ふ)る　吾(わ)が蓑笠(みのかさ)よ　宿縁(しむ)の幹(みき)
三千日(みちひ)(八年)狭間(はざま)で　荒ぶる畏れ
肝に応えて共涙(ともなんだ)、流石に濡れる息吹神が
駒より降りて素佐之男の手を引き起こす。
宿縁の縒、功成(いさおし)せば張れやらん。破垂根
討たんと打ち連れて、佐太の宮に宿る。

⑨8　⑨8　⑨8,9　⑨9　⑨10

0924
法を定めて　破垂根も
白人胡久美　大蛇等も
討ち治めりと　天に告ぐ

0925
高間には　※弓弦打ち鳴らす
鈿女みて　桑以て作る
六弓弦琴　賜う若姫

0926
葛蕗　鎮撫　茗荷　羽　肩布
眠る大蛇に　六弦掛けて
八雲打ちとぞ　名付くなり

0927
素佐之男が　身の塵簸れば
氷川神　破垂根打ちて
八重垣幡も　賜われば

0928
奇霊より　清地に築く
名も奇稲田　細矛国
改えて※出雲の　国名是なり

※弓弦打ち鳴らす　ゆづうちならす。今に伝わる「鳴弦の儀」の起源。広辞苑では〈**めいげん【鳴弦】**弓の弦を引き鳴らして妖魔を払うまじない。天皇の入浴・病気、出産、夜中の警護、不吉な場合などに行われた〉**※出雲の国名**　いつものくにな。出雲の国名の始まり。その前は細矛国と言った。西紀前13世紀。

法を定めて　破垂根も
白人胡久美　大蛇等も討ち治めたと、
その趣を天朝に告げれば――高間には、
弓弦打ち鳴らす鈿女等の奏でるを見て
天照が桑を以って作る六弓弦琴を賜う。
これで、若姫が六弦に弾く。六音階の――
かだ・ふき・かなで・めが・は・ひれ――
六筋の琴は酔い眠る大蛇に六つの弓弦を
掛けて、八雲打ちと名付けたのである。
素佐之男が心を寄せる宿縁の歌、身の塵
簸れば禍は消えて氷川神。破垂根打ちて
八重垣幡も賜われば、再び昇る天晴れて
敬い申す。奇霊より宮の名も奇稲田宮。
細矛国を改えて出雲の国名は是なり――。
出雲国の名ここに始まる。西紀前一三世紀。

⑨10　⑨11　⑨12　⑨13　⑨14

0929
※八雲立つ　出雲八重垣
妻籠めに　八重垣作る
その八重垣を　この歌を

0930
姉に捧げて　八雲打ち
琴の音合わす　稲田姫
八重垣打ちの　琴歌ぞこれ

0931
奇杵は　殊に優しく
名も大己貴　大歳倉産霊
次一言主　酢芹姫

0932
奇杵を　君大物主に
妻竹子　生む兄奇彦
女は高子　弟は捨篠

0933
奇杵と　共に務めて
顕し国　少彦名は
病めるを癒し　穂汚虫祓ふ

※八雲立つ　やくもたつ。やくもたつ　いつもやえがき　つまごめに　やえがきつくる　そのやえがきを（五・七・五・七・七　計三十一音）。みそひ天地の節。この和歌は、古事記・日本書紀にも、歌謡第一番として載っている。

宮が完成する前に稲田姫が孕んだので——
　八雲立つ出雲八重垣　妻籠めに
　八重垣作るその八重垣を——素佐之男が
この歌を姉若姫に捧げて八雲打ちの琴の奏を授かり、稲田姫が歌に合わせて弾く奇妙が顕れ、これぞ八重垣打の琴歌——。

生む御子の諱奇杵は殊に優しく治むれば八洲為成実の大己貴と称えられた。次に大歳倉産霊、一言主、酢芹姫など五男三女。

天照君は奇杵を初代大物主の職に任命。竹子を妻に生む子・兄は奇彦、女は高子、弟は捨篠高彦根、建御名方、島津大人。

奇杵が篤く目をかけ、共に務めて顕国づくりをした少彦名は医者の元祖で、病めるを癒し、稲の穂汚虫を祓い殖ゆを成した。

⑨15　⑨15　⑨16　⑨16　⑨17

0934
※雛祭り　教えて到る
加太の浦　少彦名は
淡島神ぞ

0935
大己貴　一人巡りて
民の糧　獣肉許せば
皆早枯や

0936
稲は穂虫　奇杵馳せて
是を問う　下照姫の
教え習いて　煽ぐ排草

0937
下照姫に　高子姫小倉姫の
二青女　仕えしむれば
召して楽しむ　八雲討ち

0938
奇彦を　大物主の
代わりとて　事代主と
君仕えしめ

※雛祭り　ひなまつり。少彦名が始めた。西紀前13世紀。五節句の一つ。広辞苑は〈**ひなまつり【雛祭】**三月三日の上巳の節句に、女児のある家で幸福・成長を祈って雛壇を設けて雛人形を飾り、調度品を具え、菱餅・白酒・桃の花などを供える行事。雛遊び。ひいなまつり。ひなえ〉

また、少彦名は淡島で葛掻の琴歌を習い、雛祭りを教えて、加太の浦へやって来た。少彦名は淡島神(和歌山市淡島神社)である。
⑨18

大己貴(古事記では大国主命)は一人で各地を巡り、民の糧に獣肉を許したところ、皆、早死にするようになった。
⑨18

稲は穂虫(いなご)が発生し奇杵(大己貴)は駆けつけて、下照姫(若姫=昼子姫)に祓方法を習い排草に煽ぐと虫が去り稲が実った。
⑨18

下照姫(天照の姉若姫の新たな呼び名)に娘の高子姫、また天国玉の娘小倉姫の二青女を仕えさせ、召して八雲打ちの琴を楽しんだ。
⑨19

大己貴の子奇彦(後、三諸の山の洞に神上がり、大神神社の祭神)を大物主の代理職の事代主として仕えさせ——
⑨19

0939
己は出雲に　教ゆるに
一二万三千六百八十二俵の
胙数え　種袋

0940
槌は土養う　御田族
雨風日照り　実らねど
当俵配り　飢えさせず

0941
日足る時　八雲五薄
葛掻を　譲る琴の音
高照と成し

0942
若歌の　雲櫛書は
小倉姫　授けて名をも
下照姫と成す

0943
大己貴　出雲八重垣
楽しむる　百八十一人
子に満つるかな

大己貴自身は、出雲に稲の栽培を教えたところ一二三、六八二俵の胙(上納)の米俵を数えた。大きな種袋を肩に、作業用の槌(土養う＝培う)を何時も手にし(後世の大黒様の習合の源流)、御田族(百姓)を巡回した。雨風日照りで不作の時には当俵(備荒米)を配り飢えさせなかった。若姫は天寿を覚った時、八雲五薄葛掻の琴の音色を高姫に伝授し、称名も高照を襲名させた。和歌の雲櫛書(楽譜)は小倉姫に授け称名の下照姫も襲名させた。若姫から和歌国と成し、玉津宮に年徳神と祀った。出雲八重垣の大己貴は母奇稲田姫伝授の八重掻を打って楽しんだ。百八十一人の子に恵まれた。(現・岩木山神社の祭神・顕国霊大己貴である)

⑨20　⑨20　⑨21　⑨21　⑨21

梭(かひ)の十(そ)
鹿島立(かしまた)ち釣鯛(つりたい)の綾(あや)

恵比須 広辞苑(第七版)

1020 ※事代主 ことしろぬし。大物主の代理職。広辞苑では〈**ことしろぬしのかみ【事代主神】** 日本神話で大国主命の子。国譲りの神に対して国土献上を父に勧め、青柴垣(あおふしがき)を作り隠退した。託宣の神ともいう。八重事代主神。やえことしろぬしのかみ〉
同 ※笑須顔 広辞苑では〈**えびす【恵比須・夷・戎・蛭子】**（エビス（夷）と同源）①七福神の一つ。もと西宮神社の祭神蛭子命。海上・漁業の神。また商売繁昌の神として信仰される。風折烏帽子を被り鯛を釣り上げる姿に描く。三歳まで足が立たなかったと伝えられ、歪んだ形や不正常なさまの形容に用い、また、福の神にあやかることを願って或る語に冠し用いたともいう〉

1001
二十五鈴(ふそゐすず) 九十三枝年(こそみゑとし)の
サアヱ夏(なつ) 香具枝萎(かぐえしぼ)みて
太占(ふとまに)に 家漏(やも)り激(はげ)しと

1002
緯部(よこべ)告(つ)ぐ 出雲八重垣(いつもやゑがき)
大己貴(おおなむち) 額(ぬか)を内宮(うちみや)
これ九重(ここのゑ)に 比(くら)ぶなり

1003
神諮(かみはか)り 出雲糾(いつもただ)しに
穂日命(ほひみこと) 諂(へつら)い媚(こ)びて
三年(みとせ)まで 返言(かえこと)あらで

二十五鈴九十三枝年（前一一九九年）のサアヱ（三七穂=鈴紀五一九）夏、香具の木（橘=蜜柑）の枝が萎み、⑩1
太占をみると「家漏り激し」と出た。緯部(よこべ)（検察）⑩1
の報告は出雲八重垣の大己貴が驕(おご)り、満(みつ)れば欠くる道理(ことわり)か、額(ぬか)を玉垣内宮と九重（御所）に比べた。
多賀若宮の国府(かふ)の殿忍穂耳(とのおしほみみ)で第七代高見産霊(たかみむすび)・高杵(たかきね)が神諮(かみはかり)し、出雲糾(いつもただし)に天照の持子(もちこ)との子穂日(ほひの) ⑩2
命(みこと)を派遣したが、土地神大己貴(くにかみおおなむち)に諂(へつら)い媚(こ)びて—

1004
三熊野遣れば　父が儘
又神詣り　天国の
天稚彦を　向けしむる
⑩3

1005
この神もまた　忠実ならず
高照娶り　八年まで
帰らず雉子　問い下す
⑩3

1006
門の前　ホロロホロロと
鳴くを聞き　天を鳴くやと
稚彦が　羽羽矢を射れば
⑩4

1007
胸通り　飛びて高見(高杵)の
前に落つ　ケンケンも無く
血の羽羽矢　高見産霊が
⑩4

1008
これを見て　咎む返し矢
稚彦が　胸に中れる
返し矢恐る　因縁や
⑩4

穂日命から三年までも返事が無く、その子の三熊野を遣れば、これも父の儘で、またも神詣りをし、金山彦の子天国玉の子天稚彦を向けた。この神も又忠実ならず大己貴の娘高照姫と結婚し、葦原国を乗っ取ろうと八年経っても帰らなかった。名無しの雉子を問いに下したら、門の前の桂の梢にホロロホロロと鳴くのを聞いた探女が告げると「名も無くて天を鳴くや」と、稚彦が羽羽矢を射ると胸に通り、そのまま飛んで高見産霊の前に落ちた。ケンケンと最後の声も無く――。この血のついた羽羽矢を第七代高見産霊高杵が見て、これを咎め、その矢を返し放ったところ稚彦の胸に中り、死に失せた――。

「返し矢恐るべし」の因縁の始まりである。

1009 稚彦の　屍引き取り
殯　鳶木綿祀り
八日八夜悼み　喪を勤む　⑩5

1010 高彦根　遠方より訪えば
君生けり　攀じ掛かられて
あら穢らしや　⑩6

1011 青葉刈　喪屋切り伏せて
去らんとす　下照小倉
短歌　詠みて諭せり　⑩7

1012 天なるや　弟七夕の
首懸せる　球の御統
御統の　穴珠早や見　⑩7

1013 呎に二輪　足らず阿智鉏
高彦根ぞや　この歌に
高彦根も　怒り緩めて　⑩7

妻高照姫の泣く声が天朝に聞こえて稚彦の屍を直ちに引き取って、喪屋を作り、殯をした。鳶、木綿を祀り八日八夜の喪を勤めた。そこへ高彦根が遠方から喪に訪れると、瓜二つの神姿に稚彦君が生き返った―と攀じ掛かられた。あら穢らしやと立腹し高彦根は喪屋を切り伏せた青葉刈を提げて立ち去ろうとした。すると昔中山道を拓いた金山彦の孫娘で亡き稚彦の妹下照小倉姫が、高高彦根の怒りを解こうと短歌で諭した。

天なるや　弟七夕の　首懸せる
球の御統　御統の　穴珠早や見
呎に二輪　足らず阿智鉏
高彦根ぞや

この歌に続きもあり、高彦根も怒りを緩め―、

1014
太刀収め　御門の雅の
答の歌に　天離る
雛詰の意は　唯背訪い

1015
然は片淵　片淵に
網張り渡し　※目ろ寄しに
寄し寄り来ねい　然は片淵

1016
この歌は　後の縁の
逢う大小の　鴨糸結ぶ
※雛振りは是

1017
臣枯れを　除く門出の
鹿島立ち　武甕槌が
経津主副えて

1018
頭椎の　剣を植えて
詰り問う　欺く道を
平さんと　吾ら仕うぞ

※雛振り　ひなぶり。広辞苑では〈ひなぶり【鄙振・夷振・夷曲】①古代の歌謡の曲名。宮廷に取り入れられた大歌で、短歌形式または八～九句。歌曲名はそのうちの歌詞の一つから採ったもの。②いなか風の歌。洗練されていない歌〉

―太刀を収め、御門の雅の答の歌を詠んだ。 ⑩8

天離る
雛詰の意は　唯背(夫)訪い
然は片淵　片淵に
網張り渡し　目ろ寄しに
寄し寄り来ねい　然は片淵 ⑩8

※広辞苑　**めろよし【目ろ寄し】**(ロは接尾辞)網などの目を引き寄せること。神代紀「片淵に網張り渡し―に寄し寄り来ね」〉

この歌は、後に縁の逢う大小(男と女)の鴨糸(「赤い糸」の起源)で結ぶ雛(=鄙)振りはこれ― ⑩8

(**※注**　紀記では、「ヒナ」を「夷」と漢訳している)

高見産霊の叡慮により出雲の臣・大己貴の驕りで民枯れ(滅亡)を除く(避ける)ための門出の ⑩9

鹿島立ちに武甕槌に経津主を副えた。二人は出雲杵築の白砂に頭椎の剣を差し立てて(仁義を切り)詰問した。欺く道を平さん(正そう)として吾ら仕えて来たぞ、その心は― ⑩10

1019
大己貴　答え問わんと
美保崎の　釣へ雉子の
稲背脛問う

1020
※事代主が　※笑須顔
吾清明にて　両親に
ホロロ鳴けども　鉤の鯛ぞ

1021
笑須鯛　糸掛け巻くぞ
御言宣　わが父去らば
吾諸共に

1022
未だ一人有りと言う間に
現わるる　千引岩提げ
建御名方ぞ

1023
武甕槌が　捉えて投ぐる
葦牙の　恐れて逃ぐる
信濃湖　スワと言う時

※事代主　ことしろぬし。事代主は大物主の代理職としての職名。大物主も職名。ここでの初代事代主は大己貴の子奇彦で第二代は奇彦の子万木麻呂、第三代はその子の積葉八重です。**※笑須顔**　ゑみすかほ。初代奇彦のここでの「笑須顔(エミスカホ)」が後世「恵比寿」の語源となった。広辞苑での解説は80頁参照。

問われた大己貴は、答をどうしようかと、美保崎浜の釣りへ行っている長男奇彦のもとへ遣わした急使の、稲背脛が問うと—。
⑩10

事代主の奇彦が笑須顔(恵比寿のもと)で答えた。「吾は清明で両親に—ホロロ(落涙)して鳴いたところで、すでに鉤糸に掛かった鯛
⑩11

だ。魚糸切るも愚かなこと。喜んで糸を巻くのに掛かりましょう。吾が父が去るなら、吾も一諸に去りましょう」と。ところが、
⑩11

「未だ一人有り」と、言う間に建御名方が千人曳のような大きな岩を提げて現われた。その千引岩を武甕槌が葦牙のように掴んで
⑩12

投げると、建御名方は恐れて信濃湖(諏訪湖)へと逃げた。諏訪っ(スワッの語源)という時、「吾を助けよっ、どこへも行かぬ」と—。
⑩12

1024 大己貴 今吾去らば
誰かまた 平れなん有らじ
平し給えと 草薙の矛

1025 国府の殿 経津主を褒め
香取神 又武甕槌は
稜威鹿島神

1026 大己貴 百八十率い
陰涙 忠誠を盡して
賜う阿曽辺の 天日隅宮

1027 千尋懸橋 百八十縫の
白舘に 顕国霊
大己貴 津軽の神と

1028 穂日命 出雲治める
本政 奇彦娶る
高見産霊の 三穂津姫

大己貴が「今、吾が去ったならば誰か、また ⑩13
平れない(帰順しない)者が出ないとも限らない。
その時は、これで平らし(平定し)給え」と草薙
の矛を渡した。日高見多賀の国府の殿忍穂耳は
祭政を執って御言宣した。経津主を褒め香取 ⑩14
神。また、武甕槌は稜威鹿島神の神部を賜わ
った。その時に大己貴は一族百八十人を率い、 ⑩15
陰の涙を隠して忠誠を盡し、高見産霊の糺し
得た道理で阿曽辺(弘前市)の天日隅宮を賜った。
天恩頼を受けた大己貴は、大本宮を造り千尋 ⑩16
の懸橋でつないだ百八十縫の白舘に、顕国霊
大己貴、津軽大本神と(岩木山神社)と成った。
穂日命を出雲を治める本政(出雲大社宮司千家 ⑩17
家の始祖)にした。第二代大物主の奇彦に第七
代高見産霊高木の娘三穂津姫を娶合わせた。

1029
奇彦に　賜う万木は
嘗事の　千種万木の
名を質す　病めるを癒す

1030
奇彦の　世継ぎは一人
万木麿　二人の妻に
御子三十六人

1031
御言宣　賜う璽は
子守神　茅の輪に糾す
水無月祓い　民長らうる

1032
御子名歌　活玉依姫に
男の子十八人　白玉姫に
女の子十八人なり

1033
一言主の　諱安彦
璽賜わる　勝手神
是も世継ぎの　歌の道かな

奇彦に万木（滋賀県高島市）を賜った。万木は嘗事（＝薬事）の千種（薬草）万木（薬木）の名の由来で世々に医薬の道の開けてきた土地である。

⑩17

奇彦の世継ぎの御子は一人つまり一人息子の万木麿諱三穂彦で、活玉依姫と白玉姫の二人の妻それぞれに男十八人、女十八人、計三十六人の御子を得て立派に育て上げ、

⑩18

御言宣で子守神の璽を賜った。茅の輪に糾す水無月祓は、民長らえの祓いである。

⑩18

三代物主三穂彦の御子の名歌――
子守子の兄は神立、次積葉、吉野御子守…
一姫は元姫、次玉根、磯依姫に…
総べ三十六神　子宝ぞこれ

⑩19,20

葛城一言主の子葛城麿　諱安彦　に勝手神の璽を賜った。是も世継ぎの歌の道である。

⑩21

梭の十一

三種譲り御受けの綾

1101 二十五鈴　百枝十一穂に
日高見の　御座の跡に
又都　遷して名付く

1102 多賀の国府　方壺若宮の
御殿庭園も　※高屋甍も
悉く成り　占の吉き日に

1103 渡坐しの　君は天照
世継ぎ皇子　母は日の前
向津姫秀子

※三内丸山遺跡公式HPより

※**高屋甍**　たかやいらか。青森県青森市にある日本最大級縄文集落跡特別史跡三内丸山遺跡（約5900年前～4200年前）に復元された六本柱建物には屋根はないが、秀真伝で推定される西紀前一二二五年（約3300年前）の日高見の方壺山手宮の跡への宮遷しでは「高屋甍も悉く成り」と瓦葺の屋根があったことが記されている（⑪5）。

二十五鈴百枝十一穂（西紀前一二二五年）に、高見産霊が初の国統べをした日高見の方壺の御座・山手宮の跡に又都を遷し、多賀の国府と名付けた。 ⑪1

皇子の宮殿壺若宮（東宮）の御殿も庭園も高殿の甍（屋根瓦）も悉く成り ⑪1

（※右写真参照）太占の占の吉日に渡坐した君は天照大御神の世継ぎ皇子・忍穂耳　諱　忍仁で、その母は桜内山祇の娘で天照神の中宮正后・日の前向津姫　諱秀子（瀬織津姫）である。 ⑪1,2

1104 産宮は　藤岡耳の
忍穂井に　生れます皇子の
乳に噎ぶ　襁褓湿して
⑪2

1105 忍仁の　忍穂耳とぞ
聞し召し　多賀若宮に
養育します　日足るの時に
⑪2

1106 思兼　若姫共に
守り育つ　万麿一人
側にあり　君は弱くて
⑪2

1107 禊稀　叔母去りませば
国府の殿　政執る故
万麿を　日高見の守
⑪2

1108 君は去年　方壺を慕いて
御幸成る　多賀の都を
引き写し　国府の栲機
⑪3

天照神を嗣ぐ天の世第二代忍仁の産宮は藤岡耳の忍穂井(外宮神域内御井神社)で、生れました皇子は乳に噎び、襁褓を湿したことから諱忍仁の称名忍穂耳とぞ聞し召された。淡海(近江のもと)の多賀若宮に若姫(天照の実姉)が養育した。そのうちに若姫は玉津宮の牡鹿(勅使)天智彦を見染め妹背(夫婦)となり共に忍仁を守り育てた。側に仕えたのは万麿(後の第八代高見産霊)一人、忍仁君は体が弱く禊は稀であった。叔母の若姫が去られた後は国府の殿振麿(七代高杵・高木)が安河の政を執り、万麿を日高見の守とした。忍仁君は去年(西紀前一二二四)方壺を慕って御幸され、多賀(淡海)の都を引き写し国府(日高見)の栲機——

1109 千乳姫と　十二の局も
備われば　軽君の子の
島津大人　発つ神使

1110 上る秀真の　尾走りの
坂に行き合う　春日麿
堅間を据えて　松の陰

1111 島津は駒を　乗り放ち
言祝ぎ終えて　西東
行き交い坂の　名に残る

1112 予ねて秀真国と　日高見国の
境迎い　風流は宜しき
海松布合う貝

1113 緩浜を　問えば名も無し
年波の　名こそ知るべゆ
因み合う浜

――栲機千乳姫（第七代高見産霊諱高杵の娘）を后に十二の局も備わり、津軽君大己貴の子・島津大人が天照君への神使として出発した。⑪3

秀真へ上る途中、尾走り（伊豆＝稜威）の坂（境）で、伊勢の天照の勅使春日麿（天児屋根）が松の陰に堅間籠を据え待っていた。⑪4

島津大人は駒を乗り放ち、言祝ぎ（寿）の口上を終えて西東に別れた。秋帰る時、又会えば行き来の丘は名こそ（勿来）となる。⑪4

かねて、日高見国と秀真国との境（坂＝酒）で迎えた。風流（ふうりゅうの語源。久し振りにも掛ける）は宜しき海松布（見る目）合う（会う）貝（会）。⑪5

緩浜を問えば名も無し年波（寄せる波→年寄）の名こそ（勿来）知られるべき、この繋がる縁の因み合う浜である。⑪6

1114 大君門に　出で迎う
君九重の　褥下り
六重に敷き聞く　御言宣

1115 汝忍仁　吾が代わり
中心真直ぐに　勾り玉
鏡は諸人　祥禍鑑みよ

1116 八重垣は　荒神あらば
平け和わせ　三種宝を吾と
千乳姫共に　雅なせ

1117 日嗣の栄え　天地と
正に窮なし　八豊幡
葉桑弓　羽羽矢を賜う

1118 日の君の　宮守る烏
黄金吐く　終に木萱も
黄金華咲く　久見る山よ

同じ道を共にして、日高見の国府に入ると ⑪7
忍仁大君は門に出て迎えた。天照神の牡鹿
天児屋根は筵に立ちながら、忍仁君は九重
の褥を下り六重に敷き、御言宣を聞いた。 ⑪8
「汝忍仁吾が代わり、千々の春秋民を撫で、
この八尺瓊の勾り玉、天(天御祖)が奇日霊と
用いれば、中心を真直ぐに保つことができる ⑪9
ぞ。鏡は諸人の祥禍(善悪・正邪)を鑑みよ。八
重垣の剣は荒神あらば平け和わせ。賜う三種
(神器)を吾と思えよ」。「吾が子ら熟ら熟ら道 ⑪10
行かば日嗣の栄え天地と正に窮なし」(天壌
無窮のもと) 檀布八豊の幡と葉桑弓、羽羽矢
を賜う。天照を嗣ぐ忍仁・日の君の宮守る烏も ⑪11
黄金吐く、終に木草も黄金咲く、砂子海子も
そのように、眺め違わず黄金華咲く金華山よ。

梭の十二
速開津姫天児の綾

1201 颯颯の　声と妹背の
酒祝う　その由縁は
※天児を　速開津姫の

1202 作り初め　天照皇子の
忍穂耳　天津日嗣は
多賀の国府　栲機姫の

1203 御中宮入り　その先輿の
天児を　塩竈の神
未だ知らで　春日の神に

御伽這子・天児　広辞苑第七版

※天児　あまがつ。広辞苑は〈**あまがつ【天児・天倪】**①古く祓に子供の傍に置き、形代として凶事をうつし負わせるために用いた人形。源薄雲「乳母少将……やうのものとりて乗る」②近世、子供の守りとして枕元に置く幼児に模した人形〉〈**はうこ【這子】**幼児の四つ這いに作った人形。幼児のお守りとする。あまがつ。はいはい人形〉〈**おとぎぼうこ【御伽婢子】**天児の一種。頭身を白い錬絹で小児の形に作り、黒い糸を髪とし、左右に分け前方に垂らした人形〉

颯颯(さらりとした風雅、酒に掛ける。謡曲「高砂」の一節のもと。結婚式)の声と妹背の酒祝う――その由縁というのは、現代に続く天児を、速開津姫が作り初めたことによるもので、天照大神の皇子忍穂耳諱忍仁の天津日嗣は日高見多賀の国府で栲機千々姫の御中宮入りの時、先輿の天児を塩竈の神(塩竈神社本来の祭神・塩土の老翁)がまだ知らなかったので春日の神に――

※注　悠仁さまに天児　平成一八年、秋篠宮悠仁さまのご誕生に際し、美智子さまから天児が贈られた――と、当時、報道された。

⑫1　⑫1　⑫1

1204 故を問う 春日答えて
これ昔 天の益人
叛く故 六破垂四方に

1205 湧き満ちて 民苦しむる
その時に 天照神の
宣を得て 諸神の討つ

1206 破垂仲 頭津榛名が
計らんと 神息読めば
大御神 輦の内

1207 袂下 三つの稚児置き
故破垂 立つ息混じり
数えせず これを疑う

1208 大御神 御歌作れば
染め札を ※笹粽餅飯に
付け投ぐる 颯颯連歌

春日(天児屋根)に、謂れを問うたところ、春日が答えた。これは昔、天の益人が、贔屓蔓、賄賂など法を犯して叛き、六つの破垂集団が ⑫1,2

四方に湧き満ちて、民を苦しめた。そこで、天照神の御言宣を得て、金析、経津主、武甕槌の諸神がこれを討った。その時に、破垂仲間 ⑫2

の頭の榛名が謀事をしようと、天照大神の息遣いの間合いを探りに神息を読み取ろうとしたところ、輦の内の大御神の袂下に置いてい ⑫2

た三歳の稚児の立てる息が混じって、破垂の榛名は、これを疑い神息を数えることができなかった。そこで大御神は御歌を作ってその ⑫3

染札を笹粽餅飯に付けて投げた。颯颯連歌— ⑫3

※笹粽餅飯（**さっさもちゐ**） 笹粽の約音か（⑧234参照）。広辞苑〈**ささちまき**【笹粽】笹の葉で巻いた粽〉〈**ちまき**【粽・茅巻】①（古く茅の葉で巻いたからという）端午の節句に食べる糯米粉・粳米粉・蕎麦粉などで作った餅長楕円形に固めて笹や真菰などの葉で巻き、藺草で縛って蒸したもの〉

1209 流離（さすら）でも　破垂（はたれ）も鼻毛（はなげ）
三（み）つ足（た）らず　神明（かかん）為（な）すがも
手立（てだ）て尽（つ）き　故宣典（かれのんてん）も

1210 天（あ）に効（き）かず　日月（ひつき）と吾（われ）は
天地（あわ）も照（て）らすさ　颯颯（さっさつ）と
諸（もろ）が歌（うた）えば　聞（き）く破垂（はたれ）

1211 術（わざ）も乱（みだ）れて　縛（しば）らるる
故（かれ）この歌（うた）を　颯颯（さっさつ）の声（こえ）と楽（たの）しむ
神天児（かみあまがつ）と　名（な）を賜（たま）う

1212 布（ぬのも）以て作（つく）る　天児（あまがつ）は
妬（ねた）み怨（うら）みの　ある時（とき）は
身（み）に責（せ）め受（う）けて　免（まぬ）かるる

1213 ※空這子（そらはふこ）　鬼神（おにかみ）縛（しば）る
器物（うつわもの）　これ※穭生（ひつじば）え
稾（わらも）以て作（つく）る

※空這子　そらほふこ。穭生えで作る。広辞苑での「はうこ」(91頁参照)の一種か。**※穭生え**　ひつじばえ。広辞苑〈**ひつじばえ【穭生え】**秋に刈り取った稲の株に生えるひこばえ〉〈**ひこばえ【蘗】**(孫生の意)伐った草木の根株から出た芽〉

↓さすらでも・・・・破垂も鼻毛
三つ足らず　神明為すがも
手立て尽き　故宣典も
天に効かず　日月と吾は
天地もてらすさ・・・・↑（・・・・＝倒置法の起源）

※倒置法　とうちほう。広辞苑〈**とうち【倒置】**①逆さまに置くこと。倒置法〉

颯颯と諸神が歌うと、これに耳を取られているうちに破垂は術も乱れて縛られた。故にこの歌を颯颯の声と楽しむのである。天照神はこれを褒め天児と名を賜わった。この由縁（もとおり）により速開津姫は布で天児を作り輿入れの千乳姫に賜わった。妬み怨みのある時は天児が吾が身に責め受け、免れるのである。荒鬼者（あれおにもの）を縛る器物（うつわもの）は空這子（そらはふこ）で、これは刈りとった稲株から再び生えた穭生え（ひつじば）（蘗（ひこばえ）＝曽孫（ひまご））の稾で作るのである。

⑫3　⑫3　⑫4　⑫5　⑫6

1214
神招く　秋津姫の歌
天児に　神賜われば
諸破垂　障り為すとも

1215
君が身に　一度代わり
忽ちに　起ち働きて
君免かる　天児の神

1216
この歌を　御腹に込めて
作るべし　時に塩竈神
又問わく　春日答えて

1217
偶に作れば　枯れ木なり
御霊あればぞ　譬うれば
塩の味あり　心味

1218
速開津　功　世々に遺して
颯颯の　声と楽しむ
嫁入りの　天児ぞこれ

神招く　速秋津姫の歌
天児に　神賜われば
諸破垂　障り為すとも
君が身に　一度代わり
忽ちに　起ち働きて
君免かる　天児の神

⑫7　⑫7

この歌を御腹に込めて作るべきもの。時に塩竈の神が、又質問した。いずれも右の如くでしょうかと。春日が答えた――徒に作ればただの枯れ木、御魂を込めて作ればこその天児である。譬えば塩の味で他を引き立たせる心味（かくしあじ）である。塩竈神を始め諸神が褒めて、速開津姫の功を世々に遺した。颯颯の声と楽しむ嫁入りの際、先乗りとする天児（稚児人形）がこれである。

⑫8　⑫8　⑫9

梭の十三
若彦伊勢鈴明の綾

1301 多賀の国府　壺若宮に
忍穂君　妹背の道を
春日に受けん

1302 春日衣を成し　左に坐す
右は日高見大君　日隅君翁
香取鹿島と　筑波塩竈

1303 忍穂耳　君は優しく
柔ければ　禊水浴び
真似だけで良い

西紀前一二二五年、多賀の国府壺若宮に忍穂 ⑬1
君が、滞在中の若彦(春日=天児屋根)に神酒を
賜って、「神が開いた妹背(伊勢)の道を、吾も
これを受けたい」と御言宣した。春日は正装 ⑬1
し左に、右に日高見大君と日隅君翁(大己貴)、
香取神君、鹿島君、筑波、塩竈の諸神も着坐
した。君の御問の「先に水浴を大君が止めた ⑬2
のは」に、春日が「君は優しく柔ければ、
真似だけで良い」と、答えた。

(1309)**※腹悪言**　広辞苑は〈**はらあし【腹悪し】**《形シク》①すなおでない。意地悪い。腹黒い。②おこりっぽい。短気である〉

(1310)**※筑摩鍋**　広辞苑は〈**つくままつり【筑摩まつり】**滋賀県米原市の筑摩神社の祭事。古くは四月一日などに行われ、神輿に従う女性が、関係を結んだ男の数だけ鍋をかぶったというが、今は、五月三日に、少女が緑の狩衣、緋の袴を付け、張子の鍋をかぶって供奉する。鍋祭。鍋かぶり。鍋冠祭〉

(1311)**※竈神**　広辞苑は〈**かまどがみ【竈神】**→**かまのかみ【竈の神】**①竈を守護する神。奥津日子命・奥津比売命を祀る。のち仏説を混じて三宝荒神ともいう〉

1304
君は天照　月日なり
地神はその　地の照り
民も月日ぞ

1305
良夫は日　日影を受けて
良婦は月　男は表業
婦は内治め　衣綴る

1306
妹の身は　操を立てよ
女は名無し　家に嫁げば
夫背の名に　誰が内室ぞ

1307
日隅君も　御垂許せば
垂内ぞ　君は恵みを
地に延ぶ　宮は御腹ぞ

1308
民は田畑を　治むれば
家は夫背の身ぞ　良婦の身は
良夫一人に　向かう日ぞ

妹背は八百万民の隔てがなく、皆天地の法が整えば、君は天照月日である。地神はその地(国)の照り、民も月日である。 ⑬3

良夫は日、良婦(嫁)は月で元々光を発しない。日影を受けて月の影、陰陽もこれ。 ⑬4

夫は外の仕事に勤め、婦は内を治め衣を綴る。夫の親は生みの親、良夫には操を立てよ。 ⑬5

女は名無し、家に嫁げば夫の名に誰の内室(何某の妻)と呼ぶ。津軽君大己貴にも御垂（簾）を許しているから妻(竹子)も垂内である。君は恵みを国中に延べ渡らせる、宮は御中(腹)であるぞ。 ⑬6

民は田畑を治むれば、家は夫背の身ぞ。日は天に月は地を守るように良婦の身は良夫一人に向かう日であるぞ。 ⑬6

1309
興津彦　他所に女有りと
※腹悪言に　妻荒れて
操立たぬと　契り去る

1310
大歳が　嘆き伊勢宮
御内諸召し　真経津の鏡
夫背煮捨釜　婦は筑摩鍋

1311
興津彦　煮捨面を磨き
再嫁ぎ　仲睦ましを
褒めて賜わる　※竈神

1312
破垂魔の　宝集めて
末消ゆる　これ鈴暗ぞ
欲しを離る　これは鈴明ぞ

1313
今聞く鈴鹿　吾が諱
君賜れど　訳知らず
春日又説く　鈴は真榊——

※腹悪言　はらあしこと。**※筑摩鍋**　つくまなべ。**※竈神**　かまどかみ。→95頁『広辞苑』の引用を参照。

⑬7
夫の御腹に妹(女)有りと腹悪(黒)言葉が出ないように腹病める前に丁寧に諭せよ。興津彦の腹の立つ言葉に妻が荒れて操が立たぬと離縁して去ってしまった。

⑬8
興津彦の父で素佐之男の子の大歳倉産霊が伊勢宮に嘆くと、御内の瀬織津姫が諸神を召して真経津鏡に映させると、

⑬9
夫背は穢れた煮捨釜で、婦は隠された筑摩鍋だった。父が叱ると興津彦は煮捨面を磨き、再婚して睦ましくしたので、大御神が褒めて

⑬10
竈神を賜った。筑摩なさせる伊勢の道、子末思うに戒の無ければ乱れる。破垂魔の宝集めは鈴暗ぞ。生きていく中で欲しを離れるのが

⑬11
鈴明ぞ。千乳姫「今聞いた吾が諱の鈴鹿を、君から賜ったけれども、その訳を知りません」。春日(天児屋根)が、また説いた。鈴は真榊で——

1314
穂末伸び　年に寸半の
六万穂木　欲しいを去れば
鈴明なり　宝欲しきは

1315
末消ゆる　時に日隅君
進み言う　何ぞ咎むや
吾が宝　人讃ゆるぞ

1316
この答え　人の幸い
吾が迷い　罷り苦しむ
楽しく居らば　春日又

1317
初心を知れるや　天に受け
天に還るぞ　春日又
君にても欲し　民は尚

1318
鈴明の典を　見ざるかや
翁頷き　奇彦が
諌めの鈴明　今解けり

暦の鈴を数える真榊の穂末の伸びは一年に五寸で、六万穂(二一〇年)が天寿となる。

人は欲望を去れ(無欲であれ)ば心は鈴明である。欲望を持つといずれ末(子孫)は消えるから。

時に津軽君の大己貴が進み出て言った。「何で咎められようか、吾が宝を人は讃えるぞ」。この答「人の幸いは、吾が迷いであり、罷り苦しんでいるぞ」。津軽君「楽しく居ればいいですか」。春日「初心を知っているか。人は生を天から受け、天に還るぞ」。春日が、また続けて「君でさえも欲しがる。ましてや民はなおさらのことである。鈴鹿の典を見てみないか」と言った。津軽君の大己貴翁が「奇彦の諌めの鈴明の意味が、いま、ようやく解けた」とうなずいた。

⑬11　⑬11　⑬12　⑬12　⑬12

1319 昔豊受の　吾三世知る
欲しに貪る　心無く
行き来の道も　覚え知る

1320 世に還る時　心直ぐ
なれば又良く　生まれるが
道忘れては　魚鳥獣

1321 その宝　羨む人が
咬む故に　魂の緒乱れ
魄の苦しみ　獣となるぞ

1322 例えば夢の　魘われの
忍び難きの　緒を解くに
姓の宮に　神座申せ

1323 子無ければ　妾に生せよ
妻は月　妾は星ぞ
一つに置くな　家を乱るぞ

⑬13 昔豊受神が言った—吾は三回目の生まれ変わりで、最初は国常立の常世国、次は、第二代高見産霊の葉木国・日高見で、いま東の君第五代玉杵であり、三代の世を知っている。

⑬14 心素直であれば、また良く生まれるが、道を忘れては魚や鳥や獣と同じである。

⑬15 そうであれば、宝は何の為にあるか。その宝を羨む人が咬む故に、魂の緒が乱れて巷に魄の苦しみがあふれ獣となるぞ—と。

⑬16 例えば夢の中で魘われ忍び難くうなされ、責められた時、魂の緒を解くには、姓の宮(氏神)に神座(楽)申せば緒が解けて人に戻れるぞ。

⑬17 子を持てよ、若し妻が生まず種が絶えるようであれば妾に生ませよ。妻は月、妾は星ぞ。一つ家に置くな、家が乱れるぞ。

1324 月は夜　妻な疎みそ
内治む　妾の言葉
な奉りそ

1325 装いに　な踏み迷いそ
伊勢の道　神の教えの
道の大旨　徹る是なり

1326 欲を去るには　皆捨てて
飢えば施し　受けんかや
受けば乞食ぞ　徒喰う犬ぞ

1327 欲し去るは　捨てず集めず
生業を知れ　宝集めて
倉に満つ　塵や芥ぞ

1328 塵と集めて　世に迫り
羨む者が　咬む故に
魂の緒乱れ　宮も無し

月は夜　妻な疎みそ※
内治む　妾の言葉
な奉りそ

※な…そ　広辞苑〈な［副］②「な…そ」の形で動詞の連用形(…)を挟んで…。どうか…しないでおくれ〉

装いに　な踏み迷いそ

伊勢の道―天の浮橋を良く渡す神の教の妹背の道の大旨がこれである。築波大人「欲を抑えるには皆捨てて、飢えたら施しを受ければよいか」。春日「穢し、施しを受ければ乞食ぞ、徒乞い喰う犬こそ天の罪だぞ」。春日又説く「欲しを去るには、捨てたり集めたりせず生業を知れ。宝集めて倉に満つ、塵や芥の如くである。心素直の人あらば吾が子のように取り立てて、皆足りた時は欲もなし。塵と集めて世に迫り、羨む者が咬む故に魂の緒乱れ、天界にも居場所がないぞ」。

⑬18　⑬18　⑬19　⑬20　⑬21

1329 魂返し 為せば緒解けて
宮に入る 時に塩竈
子無きとて 問えば春日の

⑬21,22

1330 教えには 悠紀主基祀り
玉響ぞ 末睦ましく
業を勤むる 伊勢の道かな

⑬22

1331 この道を 学ぶところは
神風の 伊勢の国なり
千乳姫も 後には伊勢の

⑬23

1332 御神に 仕え鈴明の
道を得て 伊勢と淡路の
中の洞 鈴明の道と

⑬23

1333 箱根神 向う妹夫背
欲しを去る 鈴明の教え
大いなる哉

⑬23

魂返しを為せば苦しむ魂の緒が解けて宮に入ることができる。その時に塩竈(塩土老爺)が「子が無いので祀って貰えない」と問えば、春日の教えは、「悠紀主基の祭主を頼み魂返しをして貰えばよい」と。末睦ましく業を勤めるのが伊勢の道である。この道を学ぶところは神風の伊勢の国である。天照神の世継ぎ皇子忍仁君の后栲機千乳姫も、君の神上がりの後には伊勢の御神に仕え鈴明の道を得た。天照の伊勢と伊佐那岐・伊佐那美の近江を結び、西北に横たわる鈴鹿(鈴明)山脈の中程の洞に神上がりし、その宮は忍仁君を祀る東方の箱根に向って建てられた。妹夫背の欲を去る鈴明の教えの大いなることよ。

梭の十四

世嗣祈る※祝詞言の綾

1401 天地も　内外も清の
御白洲に　諸万民も
道を群れ聞く

1402 櫛間戸は　日の島を守る
磐間戸は　月の島守る
生島足島　御垣守り

1403 鬼遣らい　鞨鉦宣鼓
揃う時　左は谷の
桜内　右は香具祇

※祝詞言　のとこと。広辞苑は〈のとごと【祝詞言】「のりと」に同じ。記上「ふと─祷(ほ)き白して」〉〈のりと【祝詞】祭の儀式に唱えて祝福する言葉。現存する最も古いものは延喜式巻八の「祈年祭(としごいまつり)」以下の二七編など。宣命(せんみょう)体で書かれている。「中臣寿詞(なかとみのよごと)」のように祝意の強いものを特に寿詞ともいう。文末を「宣(の)る」とするものと「申す」とするものとがある。のりとごと。のっと。「─をあげる」〉

天地も内外も清々しく徹った時、八百万三千人(二千数百人)の御子と彦が御内(屋内)のお側に控え、道を聞いた。諸万民も御白洲(屋外)に群れ集まって聞いている時に、櫛間戸は日の島(東庭)を、磐間戸も月の島(西庭)を守り、生島と足島は四方の御垣根を守った。座摩内の鬼遣らい鞨鼓・鉦・宣言・太鼓の各役者が揃った時、左側では谷の桜内の御代の桜の平し謡を、右側では大山香具祇の非時香具の祝い謡を謡った。

⑭1　⑭1　⑭2

1404 興瓊産霊(ことむすび)が　鞨鼓(かかん)なす
春日若彦(かすがわかひこ)　御柱(みはしら)を
世継御座(よつぎみくら)に　御手結(みてむす)び

1405 大物主(ものぬし)が宣言(のん)　一言主(ひとことぬし)が
鼓(でん)なして　安彦(やすひこ)幣串手(ぬさくしで)
天具理(あぐり)を得んと　諸拝(もろおが)む

1406 臣民(とみたみ)もみな　国常立(くにとこたち)の
子末(こすえ)なり　その根源(もと)悉(ふつ)く
天御祖(あめみをや)　初生(うい)の一息(ひといき)

1407 巡(めぐ)れる中(なか)の　御柱(みはしら)に
裂(さ)けて陰陽(めを)成(な)る　陽(を)は天(あめ)と
陰(め)は中(なか)に凝(こ)り　地(くに)と成(な)る

1408 水埴(みつはにわ)分かれ　陽(を)の空(うつほ)
風生(かぜう)む風(かぜ)も　火(ほ)を生(う)みて
陽(を)は三(み)つとなり　陰(め)は二(ふた)つ

興瓊産霊が、鞨鼓をカッと打ち鳴らし、春日若彦(天児屋根)が御柱を世継のための御座にして手結相(たみめ)(手印)を奉げて天の御祖を招き請う。⑭2

大物主奇彦(くしひこ)が祝詞(のりと)を奏上し、万木三穂彦(よろぎみほひこ)が木綿花(ゆうはな)に八色和幣(やいろにぎて)の神を勧め、葛城一言主(かつらぎひとことぬし)が太鼓をデンと打って、その子の安彦が幣串手(ぬさくしで)を奉げ、天具理(あぐり)を得ようと諸神が拝んだ。⑭3

時に天照大御神が世継ぎを綾(書)に織ろうと――御子彦の臣も民も皆国常立の子末である。⑭4

その根源は悉く天御祖で、天地人(あめつちひと)もまだ分かれず、初生(うい)(最初)の一息(ひといき)が動く時、巡れる中で御柱に裂けて陰陽が成った。陽は清く天と成り、陰は中に凝り地と成った。⑭5

水埴が分かれ陽の空、風生む風も火を生んで、陽は三つ、陰は二つに。陽精(をせ)は日、陰母(めも)は月に。⑭5

1409 陰陽の五つ　交わり成れる
天御中主　八方国に万子生み
皆配り置く　人類の初

1410 四十九神　中座に元明
本八神　中天並八神
末三十二神　三座在り

1411 勾当守が　物と魂魄
結い和す　天並臓腑
血脈音声　形は見目神

1412 精霊液が　赤血と因み
六十四日に　二千八十巡り
やや嬰児の　形備う

1413 弥生は三十九　花を添う
卯月満つれば　嬰児了す
五月早の頃　颯颯腹帯

陽の空風火と陰の水土の五つが交わって人が ⑭6
成った。天中主はこれで八方万国(世界各地)
に万子を生み皆配り置いた。人類の初めで
ある。四十九の種の中御座で御祖元明神が ⑭7
治め、方隅(◎)に本八元神トホカミヱヒタメ、
中天並八神アイフヘモオスシ、末三十二神
の本・中・末の三座がある。元津神の勾当守 ⑭8
が種降し物と魂魄を結び合わせる。天並八神
は臓腑・血脈・音声を作り、形は見目神が作る。
吾が神は日月の精霊を降す故、目の垢を灌ぎ ⑭9
朝日に祈り嫁げば、夫背の精霊液が母の赤血
と因み合い、六十四日に二千八十回も巡り、
嬰児の形が備わる。弥生(三月)に三十九の花 ⑭10
が添い、卯月(四月)満ちれば嬰児の形が成り、
五月早の頃、颯颯腹帯をつける。

1414 水無月に　血汁通りて
文月臓群　葉月腑
長月は眉目　血脈十四部

1415 声の四十八道　統べ九十六綾
備わりて　十二に胞衣脱ぎ
生まるなり

1416 女有れども　世継ぎ男の子を
得んと思わば　朝日精霊受け
嬰筋成せ

1417 女は先に　※玉門口に
気恵理なす　男子欲しくば
※天具理なすべし

1418 養育されて　わが身は君と
成るとても　親の恵みを
伏して返さん

※玉門口 たましまくち。広辞苑は〈**ぎょくもん【玉門】**②陰門の異称〉**※安具理** あぐり。広辞苑〈**あぐり** 女の子の名前。女ばかり生まれて男の子が欲しいとき、あるいは最後の子にしたいとき付けた。両京俚言考「生まれ子を—と…」〉

天と父母の陽陰の六つの因みの露が溢れ水無月(六月)に渇き臍の緒へ血汁通れば身を養生す。文月(七月)臓群、葉月(八月)は腑、長月(九月)は眉目、血脈十四部。声の四十八道と天地の四十八神の総べ九十六綾が備わって、十二月に胞衣を脱ぎ生まれてくる。仮令女は生まれたが世継ぎの男の子が無く、男の子を得ようと思うなら朝日の精霊を身に受けて、子宮(子宮の語源)に在れば夜液と共に巡るが陽は先に陰を包む故狭められ、終に穂末(子孫)の馳せ出でて嬰筋成る男の始め、これ男の子生む天具理である。男の子が欲しいなら天具理なすべし。身養育しに一日も安き心なし。吾身は君と成るとても親の恵みを返そうと、伏して思えば子を授く道は恵みを返すなり。

⑭11　⑭11　⑭12　⑭13　⑭14

1419 その源は　豊受神
桂木山に　禊して
日霊分け降し　道に応えん
⑭15

1420 世継ぎの機を　織らんとて
梭投ぐる数の　世継ぎ子を
授くる伊勢の　天具理には
⑭16

1421 朝日を受けて　温まる
時に嫁げば　子を孕み
息栖声眉目　備え生む
⑭16

1422 世継ぎもがもに※　わが心
招けトホカミ　ヱヒタメの
地は道宣ぶ　器物なり
⑭16,17

1423 神心　身の清なれば
恵み得る　伊勢の教ゑの
天に応えて
⑭17

子種祈る源は、障る横禍を除こうと豊受神が月桂木山（秋田・山形両県境鳥海山）で禊して八千度祈り、天神の日霊を分け降し吾が心得る道成るのは朝日の宮に神祀り、天の御祖に応えることなり。世継の機を織ろうとして梭投げる数の世継子を授ける伊勢の天具理には、朝日を受けて暖まる時に嫁げば子を孕み、息栖声眉目（人間の全ての機能）を備えて生むことができる。世継ぎもがもにわが心、招けトホカミヱヒタメの地は道を宣べる器物である。招けば上に顕われて破垂破れば障り無し。身が清らかならば神心、恵みがあって花に実を得るぞ。伊勢の教えの天に応えて――。

※**もがもに**　広辞苑〈もがも《助詞》（終助詞「もが」にさらに「も」を添えた語。主に奈良時代に用いられ、平安時代には「もがな」に代わった）…があるといいなあ。…であるといいな〉

1424
天祈る　この手柏ゆ
音を透く　宿る御腹の
御子真直ぐなり

1425
三穂彦も　立ち敬いて
籠りくの　子守り育てん
垂乳根の神

1426
安彦も　桜の馬場の
嬰児を　勝手神にかけて
出でや生ません

1427
若彦は　天児屋根と
名にし負え　璽は春日神
子守に勝手

1428
子種得る　教ゑを聞きて
定まると　千度敬う
祝詞事ぞ是

天照神が「世継子を得る祝詞は是」と仰せに ⑭18
なった時、春日若彦が立ち進み出て拝み謹み
有る心を「天祈るこの手柏ゆ音を透く、宿る
御腹の御子真直ぐなり」と歌い申すと、三穂 ⑭19
彦も立ち敬い「子を乞うる籠りくの子守り育
てん垂乳根の神」と、安彦も「安々と桜の馬
場(産道)の嬰児を勝手にかけて出でや生ませ ⑭20
ん」とそれぞれ三度ずつ歌うと、天照神から
御言宣。「汝若彦一向に天児屋根と名を与え
る。賜う璽は春日神。又三穂彦が三十六人も ⑭21
の子を養育した心は身に応え賜う璽は子守神。
又、安彦は安々取り上げることを生業となせ。
賜う璽は勝手神」。諸民も教えを聞いて子種 ⑭22
を得る事ができると確信し、千度敬うべき祝
詞言だと誓った。

梭（かひ）の十五（そゐ）　御食万成り（みけよろずなり）初め（そ）の綾（あや）

1501　天地（あめつち）も　長閑（のど）けき時（とき）に
天照（あまてら）す　神（かみ）の御幸（みゆき）
二見潟（ふたみがた）　御潮（みしほ）を浴（あ）びて
⑮1

1502　禊（みそぎ）なす　供（とも）の楠日（くすひ）が
訝（いぶか）さを　天（あめ）に申（もふ）さく
神（かみ）も穢（けがれ）の　有（あ）るやらん
⑮1

1503　汝額直（なんぢぬかただ）　諸（もろ）も聞（き）け
吾（わ）が生（う）まれ根（ね）に　垢（あか）も無（な）く
天陽（あを）受（う）け生（う）まれ　根（ね）は清（きよ）く
⑮2

穏やかな太平の世となり、天地の異変もなく長閑（のど）かなある日に、天照神が御幸（みゆき）をした。二見潟（二見の浦）で御潮を浴びて禊なした。

供の楠日（北の典侍持子との子）が訝しい点を父君の天照神に聞いた。「八房車で御幸の父帝（ちちみかど）は神なのに穢が有るのでしょうか」と。

天照神は「汝額直よ、諸神も一緒に聞け、『吾が生まれ根には垢も無く天陽を受け生まれ、心根は清かったが――』。蠢（うごめ）く民に目も

> (1511)※**蹈鞴** たたら。広辞苑〈**たたら**【蹈鞴】①足で踏んで空気を送る大きなふいご。地蹈鞴。〈神代紀上訓注〉②「たたらぶき」の略。↓
> **たたらぶき**【蹈鞴吹き】砂鉄・木炭を原料とし、たたらを用いて行う和鉄精錬法。古代以降中国地方などで行われた。その精錬炉をも鑪（たたら）と呼ぶ〉（同）※**鞴** ふいご。広辞苑〈**ふいご**【鞴・鑪・吹子】（フキガワから転じた、フイゴウの約）金属の熱処理や精錬に用いる送風機。日本では、把手を手で押し、または引いて、長方形の箱の内に気密に取り付けた板状ピストンを往復させて風を押し出すもの（箱ふいごの一種。吹差しふいごとも）、風琴に似た構造をもち足で踏むもの（踏みふいご）などがある。大型の足踏みふいごは踏鞴と呼ばれる。ふきがわ〉

1504 蠢く民に　目も穢れ
六端濯ぎて　身を精らげ
一陽根に還る　神容　⑮2

1505 獣肉を食めば　血濁り枯るる
清菜を食めば　潮の如し
食物分くる　成初め聞けよ　⑮2

1506 天地の　開ける時の
一息が　陰陽と分かれて
陽は天に　陰は地となる　⑮3

1507 陽の空　風生み風も
火と分かれ　初陽背の宗は
日の輪成る　太陰の源　⑮4

1508 月と成る　地は埴水
且つ埴は　山里と成る
埴空　受けて濁※は石　⑮4

※心葉　こころば。広辞苑〈**こころば【心葉】**①心。心ばえ。→**こころばえ【心延え】**①気だて。性格。心ばせ。②思いやり。心づかい。③心のひらめき。才気。④おもむき〉**※濁**　ば。広辞苑〈バ《形》(幼児語)きたない。ばばっちい〉

•穢れ悪しき訴えに耳穢れ、鼻持ちならぬ教えも多い。※心葉の六端（六つの感覚＝目・耳・鼻・舌・身・意の六根）濯いで身を精らげ一陽根の神容に還るのである」。獣肉を食めば血が濁り枯れる。清菜を食めば血も清く潮の如し。長生きする食い物の良し悪しを分ける成り初めを諸民聞きなさい。天地の開ける時――天地開闢の時、天御祖の最初の一息が陰陽と分かれて陽は天になり、陰は地となった。陽の空が風を生み、風もまた火と分かれ、初陽背の宗は日の輪が成った。太陰の源は月と成り、地は埴（土）と水に成り、かつ、埴は山里と成り、埴は空を受けて濁は石と成った。•

（濁のバは幼児語で現代に生きるバッチイ、

1509
清は玉　山に空の
透り成る　粗鉱の天は
鈴　鉛　清埴は黄金

1510
精白金　泥土に赤銅
濁黒鉄　それ萩は黄に
桐は白　桧は黄赤

1511
栗は黒鉄　出る粗鉱を
※踏鞴為し　※鞴に錬れよ
空雨水　得て生る草木

1512
花も実も　天の儘なり
三つは食う　二四は食わぬぞ
石玉の　二なるは尽きず

1513
埴と水　火風の四つが
成る獣　風水夜を
名も三声　狐狸ぞ

※踏鞴　たたら。**※鞴**　ふいご。→108頁『広辞苑』の引用参照

・ババッチイ＝きたないのもと）。清は玉と成り、山に空の透りが成った。粗鉱の天は鈴と鉛、清埴（清らかな土）は黄金、精白金、泥土（粘土）に赤銅、濁の土壌には黒鉄がある。そもそも萩は黄（金鉱脈）に生え、桐は白（銀・錫・鉛の鉱脈）に、桧は黄（金）、赤（銅）、栗は黒鉄が含まれた土壌に育つ。出鉱した粗鉱を踏鞴なし、鞴にかけ精錬せよ。土壌が受ける空気、雨、水を得て草木が生る。花も実も天の儘である。名が三つ（三音の動物）は食う、二音、四音は食わぬぞ。石玉（玉と石）の二音は際限がない。空・風・火・水の四元で成る鳥の火が勝つ、脂の多いものは泳ぐ。埴・水・火・風の四つが成る獣の風・水・夜を名も三声は狐・狸ぞ。

⑮4　⑮5　⑮5　⑮6　⑮7

1514 月の水　降せる露は　川の水　空火受くれば　雲となり　千歩み昇る

1515 埴の息　昇る毬栗　飯の形状　※十八トメヂ丈　雲半ば　降ればめずえに

1516 相求め　雨と降るなり　寒風に　雪と凍れど　陽に又解ける

1517 夜精霊受けて　成る潮　焼く塩清の　器物　食めば身の垢　免るる

1518 昔保食　食苗の種乞えば　日夜霊種に　潤田の稲苗　国常立の世は　木の実御食

※十八トメヂ　18トメヂ．約2千キロ。→1トメヂ≒111km（『日本の真実』p557参照）。地球の外周40,000km(S)、直径平均約12,700km(R)とされている。三笠書(1 59)では地球の外周は365トメヂ(s)、直径は114トメヂ(r)とあるから、S÷s＝109.59…(1)　R÷r≒111.4…(2)　から　(1)、(2)の平均は1s≒1r≒111km。

月の水を降せる露は川の水となり、空中で太陽の火（熱）を受ければ雲となり、千歩み天高く昇る埴（土）の息である水蒸気は昇る毬栗、あるいは飯の形で十八トメヂ丈（約二千キロ）、雲半ばまで昇り、降ればめずえに（途中で）相求め（相寄り）雨となり降るなり。寒風に雪と凍れど陽にまた解ける。月の精霊の夜精霊を受けて成る潮を焼くことができる。塩は清の器物、食めば身の垢が免れ清められる。水埴（水と土）を含む火の三元素で生るのが貝、水受く空火で成るのが魚、白身と鱗は良いが、火（脂の強い魚）は臭い。昔保食の神が食苗の種を天に乞えば、潤田の稲苗、菜穀苗は畑の種。国常立の時代は木の実が御食で、今の荷田は第八代の孫―

⑮8　⑮8　⑮8　⑮9　⑮10

1519
保食神が　葉月初日に
生る初穂　豊国主に
奉る　君木綿和幣

1520
稲穀の穂摘の　御食も又
臼搗き精げ　初日には
粥と汁とぞ

1521
面足の　末に穂細と
なる故に　稲種を得んと
保食へ　月読を遣る

1522
放る屋にて　注桶の口
米飯炊ぐ　担桶に入れ来て
清菜汁　百御饗なす

1523
賎しきの　唾吐く穢れ
食わんやと　月読怒り
剣抜き討つ　返言なせば

※**葉月初日**　広辞苑は〈**はっさく【八朔】**①旧暦八月朔日のこと。この日、贈答をして祝う習俗がある。↓田の実(田に実った稲の実)〉

保食神が、葉月初日(八月朔日)に生る初穂を豊国主に奉った(「八朔」の起源)。その時、君は赤白黄の木綿和幣で天中節の神を祀った。稲穀の穂摘の御食も又、臼搗き精米し初日には粥と汁を供えた。大泥土煮は月毎に祀る天の世六代面足の末期(前一三世紀頃)になると水稲が退化して穂が細くなってきたので良い種を得ようと、水稲栽培技術の進んでいる保食の所へ月読を派遣した。月読は放屋(「おかわ」とも「おまる」の起源)で地に向い用を足していると注桶の口から米を出して飯を炊ぎ、人糞運搬用の担桶に入れてきた百の清菜汁で御饗した。月読は賎しく唾を吐くような穢れを食えるかと怒り剣を抜き保食を討ち殺した。帰朝して返言すると——

⑮11　⑮11　⑮11　⑮12　⑮13

1524 大御神　政離れて
天熊を　遣れば子の荷田
精霊(潤)稲の種捧ぐ

1525 八握穂の　生れば国富み
荷田の神　蚕養も教ゆ
田守司ぞ

1526 食い物は　稲穀は幸い
鱗魚　鳥は火勝ちて
掻き立て油

1527 三手食めば　肉凝り縮み
空肥えて　身の脂減り
やがて罷るぞ

1528 二月半　清白食えよ
二手獣肉は　食えば生きても
身は腐り草

天照大御神は「汝、善悪も弁えない、会いたくもない」と政務を離れた。夜来て天熊人を遣れば荷田は既に去り、子が潤稲の種を捧げた。 ⑮13

天熊が持ち帰り村長の田に植えるとその秋に八握もある稲穂が生り、国は富み快く、 ⑮14

繭を口に含み糸を抜き、養蚕の道も教えれば、荷田の命は世々の民の田守司(稲生り→稲荷)と崇められた。食い物は稲穀が最良で、それに ⑮15

鱗魚、鳥は火が勝ち、掻き立て油のように間もなく燃え尽す。狐、狸など三音の獣肉を食めば、肉が凝り縮み空肥りとなって身の脂が減り、やがて罷る(死ぬ)ぞ。もしも食べ ⑮16

たときは二月半にわたり清白(大根)を食えよ。二手(音)獣肉は食えば生きても身は生腐れと同じである。 ⑮16

1529 鳥肉に 寒さ凌ぐと
諏訪の神 四十の※和物
清菜に消せよ

1530 鳥獣には 月日無し
中子心葉 日月なり
稲穀は月日の 太霊精ぞ

1531 吾が常の御食 千代見草
苦菜の御食に 長らえて
民豊かにと 国治むなり

1532 菊桐姫 語れることは
国常立の 八方を巡りて
西の国 玄圃積国

1533 赤県の 名も豊国主
年を経て 道尽きぬるを
ウケステメ 北の国に来て

※和物 あいもの。広辞苑〈**あいもの【**相物・間物・和物**】**(「四十物」とも書く)塩魚類の総称。また、鮮魚と干魚との間のもの〉

諏訪の神が鳥獣肉で寒さを凌ぐと尋ねると、なお改めて、和え物の魚は四十種がある。これも三日間清菜で穢れを消せよ。鳥も獣も月日の精霊はない。人はもともと中子心葉に日月の精霊が宿っている。稲穀は月日の太精霊である。吾が常の御食は千代見草で、世の苦菜より百倍も苦い苦菜に長らえ民豊かにと国治めている。今年二四万(八〇歳)だが盛りの杜若だ。後も百万(三三三年)を経るも知る。楠日よく聞きなさい。菊桐姫の語るには国常立が八方の国を巡って西の国玄圃積国夏に当たる赤県の名も豊国主が代々治めてきたが、年を経て道尽きぬるを西王母が北の国に来て玉杵によく仕えれば身に応え―

⑮16 ⑮17 ⑮18 ⑮19 ⑮20

1534 玉杵が　菊桐姫の妹と
結ばせて　弥真の道奥
授けます　喜び帰る

1535 ウケステメ　崑崙王と
因み合い　玄圃皇子生み
西母神

1536 又来たり　崑崙山本は
愚かにて　獣肉味嗜み
皆早枯れす

1537 ※玉響に　千万歳あれども
百二百歳　秦王千代見
訪ぬと嘆く

1538 吾が耳も　穢るる垢を
禊せし　長らう道ぞ
思え命は　身の宝

※玉響　たまゆら。原文は「[ヲシテ文字：タマユラ]」。広辞苑〈**たまゆら【玉響】**①(万葉集の「玉響(たまかぎる)」を玉が触れ合ってかすかに音を立てる意としてタマユラニと訓じた)ほんのしばらくの間。一瞬。一説に、かすか。方丈記「いづれの所を占めて、いかなるわざをしてか、しばしもこの身を宿し、―も心を休むべき」。「―の命」②草などに露の置くさま。〈日葡〉〉

玉杵(豊受)が子八十杵の妻菊桐姫(白山姫)の義理の妹として養子縁組させ、弥真の道奥を授けた。喜び帰ったウケステメは夏の国の崑崙王と結婚し、玄圃積国の皇子を生み西母神(西王母)と崇められた。西王母はまた北の国へ来て「崑崙山本の人々は愚かで獣肉味を嗜み皆早枯(早死)する」。天の世初代国常立が遣わした八降子の一人[ヲシテ文字：カ]の国狭槌が建てた夏とは『日本の誕生』(P560年表)では西紀前一八世紀とあり、広辞苑では、「夏は、前二一～一六世紀」とある。玉響に千万(三百歳)あれども百か二百歳ぞ。秦王(秦始皇帝)が出て千代見草を訪ねたいと嘆く。吾が耳も穢れる垢を禊して長らう道を喜べば身の宝と道を授けた。

⑮21　⑮21　⑮22　⑮22　⑮23

1539 諺もせな　万君も
一人命の　変わりなし
時来ぬ枯は　苦しみて
⑮23

1540 魂の緒乱れ　天に合えず
齢保ちて　天に上がる
時は楽しみ　罷るなり
⑮23

1541 菊花の　時待ち枯るゝ
人の身も　清糧食み万穂
枯るる匂も　菊花ぞ
⑮24

1542 穀と菜も　菊花日月の
御種故　食えば目の玉
明らかに　相い求むなり
⑮25

1543 人と神　天の道成し
相い求む　故に菊花
愛づむ是哉
⑮25

諺にもあるように万君と雖も一人の命に変わりはない。天から授けられた寿命を全うしないで、早死にするのは苦しんで魂の緒が乱れ天意に沿えない。長寿を保って天に上がる時は楽しみながら罷ることができるのである。菊花が季節の終わりの時を待って枯れる時の匂いも、人の身も、清いものを食べて万穂(天寿)を得て枯るる匂も菊花と同じであるぞ。御遺骸は神形となり、獣肉を食んだ遺骸は臭く魂の緒が乱れ、それを解くには洗い身をしなければならない。穀と菜も菊花も日月の御種故食えば目の玉に陰りがなく明らかとなる。天の道成す人と神が相求めるからで、故に菊花を愛するのである。

桉の十六
孕み慎しむ帯の綾

1601 鹿島君　男子無ければ
一人姫に　香取の宮に
経津主訪ぬ

1602 神津君　橋架け為して
給わんや　吾が一人姫に
天児屋根を

1603 牡鹿にて　境迎いより
睦まじく　仲を為さんと
日高見も然か

二十五鈴百枝二十八穂年サミト（西紀前一二〇七 ⑯1
年）、鹿島君（武甕槌）が世継ぎとする男の子が無
いので、香取宮に行くと経津主が迎え、門言を
終え中に入り坐す後に物語る。「知ってのとおり ⑯1
吾に一人姫あり、神津君（経津主）橋架け（仲人）を
して下さいませんか。春日殿（豊受の曽孫）天児屋
根を」とお願いすると、経津主が答えた。吾が ⑯2
甥の若彦は牡鹿（勅使）を境（酒）迎いしてから今ま
で睦まじく仲を為している。日高見も然か（同じ）と。

関東に鎮まる「東国三社」

鹿嶋市鹿島神宮（武甕槌）

香取市香取神宮（経津主）

神栖市息栖神社（岐くなど神）
（本来は天児屋根の妻・姫神）

1604
その父（ちち）の　興瓊産霊（こことむすび）に
乞（こ）い受（う）けて　吉（よ）き日（ひ）に因（ちな）み
言祝（ことほ）ぎ終（お）えて　睦（むつ）まじく

1605
御種生（みたねう）む　御機（みはた）を乞（こ）えば
子守（こもり）だも　姫（ひめ）の色背（いろせ）に
習（なら）いきと言（い）う

1606
御種典（みたねふみ）　初（うひ）の一息（ひといき）
陰陽（めを）分（わ）かれ　陽（を）は天（あめ）となり
陰（め）は地（くに）となる

1607
空風火（うつほかぜほ）と　水埴（みつはに）で
人（ひと）となる　陽（を）は地（は）に向（むか）い
陰（め）は天（あ）に向（むか）う

1608
交（まじ）わりの　父（ちち）の※雁液（かりなみ）
玉門（たましま）へ　精馳（しは）する時（とき）に
因（ちな）み合（あ）うなり

> **※雁液**　かりなみ=精液。広辞苑では〈**かりくび【雁首】**①雁の首に似た形のもの。②亀頭。→**亀頭**　陰茎先端の膨大部〉〈**しじ【指似】**こどもの陰茎。おちんちん。西鶴置土産「おのおのに―を見せて男子(むすこ)を知らせて帰る」〉

鹿島と経津主が共に中国（なかくに）に上りその父・興瓊産霊に乞い受け、伊勢に上り天照のお許（ゆるし）を受け、吉き日に因み言祝ぎ終えて、睦まじく天に仕えます。何時（いつ）しか姫も孕（はら）む由、天に告げると子守を訪ねさせた。御種生む御機織留（みはたおりどめ）『御種（みたね）典（ふみ）』を乞うと、子守のことだも姫の色背に習えばと言う。ここに子守の御種典―天地がまだ分かれていなかったとき初（うい）の一息で陰陽分かれ陽は天と成り陰は地と成った。陽は空風と動き火と化け陰は水埴と成り、この五つが交わり人と成った。後は陰妹（いも）陽背（をせ）嫁ぎ生む陽は地に向い嫁ぐ時※雁（かり）（雁首（かりくび）=亀頭の隠語のもと）の※指似液（しじなみ）骨（ほね）脂（あぶら）。陰は天に向い交わりの、雁音（かね）の西凪血腑（にしなぎちわた）成す。父の雁液玉門（かりなみたましま）へ精馳（しは）する（「師走」の語源）時に因み合うのある。

⑯3　⑯4　⑯5　⑯6　⑯6

1609
男の息栖　一万三千六百八十
女の息栖　一万三千百八十六
御種得て　母に増す息

1610
二月三日　皺更に着る
※着更とて　六十四巡りに
窮まりて　終に種なる

1611
自凝の　胞衣の臍の緒
川車　明日六十三度
三月嬰児の　花弥勇む

1612
四月には　この身潤うも
慎みよ　五月は元の
一巡り　息二万六千――

1613
腹帯の斎慎みよ
父母の火と　荒和御霊
三つ交りて　水通う

※着更　きさら。広辞苑では〈きさらぎ【如月・衣更着】(「生更ぎ」の意。草木の更生することをいう。着物をさらに着る意とするのは誤り)陰暦二月の異称。きぬさらき。竹取「―の十日ごろに」〉

昼は丹(臍)の上に左上り、夜は精上(精子)に右下り、明日二巡り、三巡りと、三十日には三十回。男の息栖は半日一万三千六百八十回、女は一万三千百八十六回。御種得て母に増す息は二月と三日に皺更に着る着更とて六十四回巡って窮まり、御巡り二千八十回で終に種になる。自凝の胞衣の臍の緒川車、明日六十三度、次六十二度と巡りが遅くなって三月目には三十九度となり、嬰児の花成り弥々勇む。弥も謹み四月目にはこの身潤うが慎めよ。五月目は元の一日一回転に戻り、呼吸数は一日二万六千八百四十六回となる。腹帯の斎も慎みが大事だ。天元に招く荒御魂と月の和魂と父母の火と子の三つが交わり心が生き、成って水が通うようになるのである。

⑯7　⑯8　⑯9　⑯9　⑯10

1614 露溢れ 六月到れば 乾く故 臍の緒管に 汁通うなり ⑯10

1615 七月血を煮て 五色埴 足踏みなす これ臓腑と ここも慎み ⑯11

1616 八月にて 十二葉成り 地の葉成る時 母の慎み 地葉は空音 ⑯11

1617 又母は 春の空音を 地に編みて 抱くに足れば 母と言うなり ⑯11

1618 父チテト 父母天を 地に編みて 雅父母 契り親しむ ※父母ぞ ⑯12

※父母 ととかか。以下、広辞苑から〈**とと**【父】①(幼児語)ちち。②転じて、妻から夫にいう語〉〈**かか**(幼児語(嬶)と同源か)母〉→〈**かか**【嚊・嬶】庶民社会で、自分の妻または他家に主婦を親しんで呼ぶ語。かかあ〉〈**てて**【父】チチの転〉〈**たた**①父。②母または主婦〉〈**はは**【母】(奈良時代にはファファ、平安時代にはファワと発音されるようになった。院政期の写本である「元永本古今集」には「はわ」と書いた例がある)①おんなおや。子のある女。母親。また配偶者の母〉

水が通えば露が溢れるようになり、六月目に到れば乾く故(水無月の語源)、臍の緒管に汁が通い始める。七月目には血を煮て(濃度が増して)五色の土色となる。これが五臓六腑の始まりと足踏み(文月の語源)をなす。ここも慎み八月目で五臓六腑緒の十二葉が成り地の葉(葉月の語源)が成る時で、母の慎みが大切なのはこのためである。地葉(母の語源)は空音、また母は春の空音を地に編んで抱くに足れば母と言うのである(広辞苑〈**ただ** ②母または主婦。おたあさま 宮中、貴族公家等で用いる〉)。父はチチ・テテ・トトの璽である。父母は天を地に編んで連なる雅 父母ぞ。契り親しむ父母ぞ(広辞苑〈**とと**(幼児語)ちち〉)。

1619　九月見目声　備わりて　十月座居し　十二月は　月満ち生まる　御種是なり

1620　折しもに　風の灯　卵積む　安き日も無く　水を乞い　或いは酢乞う

1621　胸騒ぎ　逆上せ枝冷え　終日悩み　御食食べず　偶に良き日は　豆拾う

1622　悲しきは　息栖一時　四十足らず　病ならずぞ　息栖足らぬは　姫御子よ

1623　殿君の　これ※床語り　姫皇子を　吾設けらん　手力吾子を　招かんや

※床語り　とこがたり。寝物語りのもと。広辞苑〈**ねものがたり【**寝物語**】**多く夫婦関係にある男女が、根ながら話すこと。また、その話〉

九月目には見目声備わりて十月目座居し、十二月目は月満ちて生まれる、御種がこれである。折しもに姫の嘆きは子を思う、風の(風前の)灯と同じようにはらはらしながら卵を積む。安心できる日も無く水を乞い、あるいは酢を乞い胸騒ぎ、面に逆上(上気)せば枝(手足)が冷えて終日悩み御食食べず。胸の痛みや目の眩み、偶に良き日は豆拾う。子の労わりも慎みて、良きと忍べど今吾が身、息吸一時四十回ほど足らぬ(息切れ)は病ではないかと悲しめば、子守見て乳腹を撫でて笑みす顔、「息吸足らぬは姫御子(女の子)だからですよ」これ。殿君天児屋根の床語(寝物語)、吾姫御子を設けたぞ。手力男吾子を招こうではないか。

⑯12　⑯13　⑯13　⑯14　⑯14

1624
門開き　使者は儲けの
旨の花　実生る男の子は
日の御霊　待つ※篭りくの

1625
御柱に　陽先ず巡りて
陰を包む　花茎は指似
陽の始め　男子生むなり

1626
月御霊　陰先ず巡りて
陽を包む　陽は指似生らず
女の子生むなり

1627
四十日には　息栖元増し
二十四万六千　三百七十二にて
道極むなり

1628
大御神　九十六月坐す
児屋根百月　手力三十六月
猿田十六年　これは稀

※**篭りくの**　こもりくの。広辞苑では〈**こもりくの**【隠国の】《枕》(初瀬は山に囲まれた地であるからという)「初瀬」にかかる。記下「―初瀬の山の大嶺には」〉

初産に女児が生まれるという吾が喜びの門開き、使者は儲けの旨の花、実生る男の子は日の御霊を待って、篭りくの御柱に向い左に居て陰を招き、陽先ず巡りて陰を包む陰が狭まりて生え出づる花茎は指似(子供の陰茎)陽の始め男の子生むなり。女の子には陰の目より受ける月御霊が宮を潤し背き居て後受ける日の交わりは男を包み男は指似生らず女の子生むなり。女は月の遅く巡れば呼吸の日々の増しは三百四十七回ずつ四十日には元増し共に二十四万六千三百七十二にて最大となる。胞衣の巡りも擬えてやがて生まれくる。胎内に大御神九十六月、児屋根百月、手力男三十六月、猿田彦十六年居たがこれは稀。

⑯15　⑯15　⑯16　⑯17　⑯18

1629
姫の問い　民は子沢に
神殿の　子無きは如何
瀬織津姫の　慎み例え

1630
高き身は　下が羨み
適わねば　掟を怨み
君謗る　是も徒なり

1631
天に植えてし※　愚か女が
妬む気空の　鉄杖に
子種打たれて　流れ行く

1632
貧しきは　及ばぬ富を
羨みて　恨みの徒に
種滅ぶなり

1633
人恨み　妬む妬まる
皆咎ぞ　例えば青女
五色の花ぞ

※し　広辞苑〈し（助詞）❶(間投助詞)上の語を強く指示して強める働きをする。平安時代以後は、「しぞ」「しこそ」「しも」「しか」などのように係助詞と結合して用いられるか、条件句中に用いられるか、「定めし」「えに(縁)し」「果てし」などの熟語の中に残るなど用法が局限されて行く。鎌倉時代以後に盛んに用いられた「ばし」も助詞「は」と「し」の結合したものである〉→**ばし**(次頁)。

大凡は男は年(十二か月)女は十月で、息吸が良ければ生むのも容易い。姫、又の問い―民は子沢山なのに神殿の子無きはなぜか―子守は、子が一人の天照大神の后瀬織津姫の慎みを例に―民の為、心を尽くすので子種が稀、高き身は下が羨み適わねば掟を恨み君を謗るもの、これも徒―愚か女が妬む気空の鉄杖に子種打たれて流れゆく(流産)、或は片端と為す気空。妬むその息一万三千、群れて鱗の大蛇成す。玉門の隙間窺い、子壺(子宮)に入ると孕子を噛み砕く故、種成らず。貧しき者は、及ばぬ他人の富を羨やんで恨みの徒に種滅ぶなり。人を恨めば日に三度炎を喰らいて身も痩せる、妬む妬まる皆咎ぞ。例えば侍る青女達、五色の花ぞ―

⑯19　⑯20　⑯21　⑯22　⑯22

1634
その君の 心青きは
青に愛で 黄なるは花の
黄に愛でし※

1635
わが花と 君の心と
合う合わぬ てれば恨むな
上も部もよらず

1636
諸姫等 正に知るべし
色の花 一度愛でて
早散れば 塵と捨てらる

1637
よその花 召す時はその
花盛り 熟ら熟ら思え
人も移れば 散る花ぞ

1638
妬み患う 胸の火が
大蛇と化りて 子種咬む
障り除かん 世継典かな

前頁(**ばし**)よりつづく。広辞苑〈**ばし**《助詞》(係助詞「は」に強意の間投助詞「し」が付いて、語頭が濁音化したもの)平安末期より用いられた。江戸時代にはあまり使われなくなり、現在、佐賀・鹿児島方言に残っている〉**※し** 前頁広辞苑参照。

その君の心が青ければ青を愛で、黄なれば花の黄を愛でし、赤きは花の赤に愛で、白きは花の白に愛で、黒きは花の黒を愛ずる、同じ心を相求める。君の心と吾が花と、合うか合わぬかは敢えて知らず。そうであれば恨むな。挙げられるも上(身分の上下)も部(職業の違い)もよらず人はそれぞれ好きに求めるなり。そうであれば召すとも幾度も恐れて後は恨み無し。諸姫等正に知るべし、色の花を一度愛でて早や散れば塵となる。よその花を召す時はその花盛り。熟らつら思え身の花も、人も移れば散る花ぞ。誰指し恨む人もなし。女は一途に思えども、妬み患う胸の火が大蛇と化りて子種咬む、障りを除こうとする世継典。諸共常に慎み、是を忘れるではないぞ。

⑯23　⑯24　⑯25　⑯25　⑯25

1639 玉杵の　教の帯は
三身の衣に　品弁えて
国治む　五吾身の固め
⑯26

1640 丹位鳥の　一羽落つ
羽根割き見れば　二十四筋
日高見宮に　鶴奉る
⑯27

1641 双羽根を　縒り直し
雄鶴を経に　雌を緯に
※毛布の細布四十八備る
⑯28

1642 御腹帯　母の伊佐那美
長孕み　九十六月経て
生み賜う　天照神ぞ
⑯28

1643 破垂魔の　障れど帯に
整いて　四十八備わる
その例てれば　姫君
⑯28

※毛布の細布 けふのほそぬの。「ぬの」は「のの」とも。広辞苑では〈**きょう**ケフ【狭布】古代、陸奥の国から調進された、幅の狭い布。和歌に「細布=狭布」の如くよまれ、その「狭布」は地名として受けとられた〉〈**—のほそぬの**【狭布の細布】歌語として「今日」「胸合はず」「逢はず」などに懸けて用いられる〉

「毛布の細布」と伝わる織物
秋田県鹿角市錦木塚展示室

孕み子を問い得る為の旅宿り。ある日姫神又の問い、「教えの帯は技ありや」。子守答えて、「玉杵の教えの帯は三身（君臣民）の衣に品弁えて国治む帯は五吾身（五体）の固めなり。男は下合わせ女は上ぞ」。丹位鳥の一羽落ちれば天津宣是は息吹の生る紅葉、化けて桂木位鳥山、羽根を割き見れば二十四筋、日高見宮に鶴奉る。双羽根を雄鶴を経に雌を緯に、毛布の細布四十八備わる御腹帯母の伊佐那美長孕み。九十六月経て生み賜う天照神ぞ。破垂魔の障れど帯に整いて四十八備る（太占・天地歌の四十八神）。その例である。そうであれば姫君——

1644 ⑯29
障(さわ)らねど　息栖日経(いきすひたち)と
成(な)す帯(おび)ぞ　天(あめ)に則(のと)りて
毛布(けふ)の帯(おび)　父(ちち)の丈(たけ)とぞ

1645 ⑯30
二十四筋(ふそよすぢ)　雌雄(めを)縒(よ)り合(あ)わせ
※羽二重(はぶたゑ)の　御羽織召(みはおりめ)して
朝毎(あさごと)に　天地祀(あめつちまつ)る

1646 ⑯31
宝殿(たからとの)　出(い)づる羽二重(はぶたゑ)
君(きみ)の賜物(たまもの)　二衣(ふたはあ)有り
為(な)す故(ゆえし)知らず　着(き)るも畏(おそ)れて

1647 ⑯32
教(おし)え得(う)る　いと有難(ありがた)と
羽二重(はぶたゑ)を　御丈(みたけ)の帯(おび)と
成(な)し給(たま)うなり

1648 ⑯33
身(み)の息吸(いきす)　腹帯(はらおびな)為せば
日経(ひたち)なる　生(う)む時如何(ときいかん)
是(これ)は勝手(かって)が　よく知(し)れり

※羽二重　はぶたえ。広辞苑は〈**はぶたえ【羽二重】**経糸に二重の生糸、緯糸に濡らした生糸を織り込んだのちに精錬した、緻密で肌触り良く光沢のある平組織の上質な白生地。主として紋付の礼装に用いる〉**補注**　雌・雄各二十四筋の鶴の羽根を縒り合わせ、計四十八筋(天地歌と同じ)としたとの伝えは広辞苑には見えない。

（そうであれば姫君に）障りは無いけれども毛布の帯は息栖日経となす帯ぞ。時に甕槌(みかづち)は訝(いぶか)しく思い「息栖日経となる帯の技(わざ)に息栖何処へか」と問えば、子守の答「昔、豊受(とようけ)が宣賜(のたま)うには、天より授く毛布の帯は天に則って父の丈で、糸二十四筋を縒り合わせ雌雄羽二重の御衣と織り、これを朝毎召して天地祀る」宝殿内より出る羽二重は天照君の賜物で二衣有り、使い方を知らず天の衣を着るも畏れて朽ちようとしていた、今幸いに教えを得る。いと有難たと羽二重を御丈の帯と成し給う。腹帯を為せば身の息吸（息栖の語源）、日経(ひたち)（常陸・日立）となる。また姫の問い「生む時如何」、子守「これは勝手がよく知っている」。

1649
武甕槌が　子守を招き
物語り　吾が生まれつき
身の丈も　一丈六咫あり

1650
万引きの　巌をも投げて
空雷も　拉げば賜う
二剣　今伏し見れば

1651
翁神　壮る子守と
比ぶれば　我は赤子の
道受けて　人成る返礼の

1652
石椎を　進め敬う
時子守　驚き吾は
道の弟　児屋根の親も

1653
吾が親と　返礼受けず
甕槌は　なお恥ぢ進む
子守これ見て　剣を拝み

武甕槌が、子守を招き妊婦の心得伝授の労をねぎらい御饗して物語り――吾は生まれつき体格がよく身の丈も一丈六咫あり、
⑯33

力技は八咫の人等の万引きの巌をも投げて空雷も拉げば天照神から賜わる二剣。
⑯34

今伏し見れば翁神(老人)、壮んな子守と比べれば。我は赤子のように人の道を受けて人となることができた。その返礼に
⑯34

石椎の剣を進呈したいと敬う。その時に子守(第三代大物主・三穂彦・万木麿)は驚いて、吾は人の道の弟(弟子)、吾・天児屋根
⑯34

(若彦・春日麿)の親も吾が親と同じようなもの、返礼物は受けない――と固辞した。武甕槌は、なお恥ぢながらこれを勧める。子守はこれ以上固辞されないと剣を拝み――
⑯34

1654
戴けば　武甕槌笑みて
正座なして　政り絶えんを
姫在りて　世継ぎ道聞く

1655
子は宝　息栖も知れば
※息栖宮　児屋根と姫と
ここに置き　吾は後宮に

1656
経津主と　日立帯なし
授けんと　語言事も
整いて　子守は帰る

1657
武甕槌は　後に香取の
宮に行き　語りて共に
日高見に　告ぐれば君も

1658
喜びて　毛布の細布
織らしむる　※高間の原の
行宮に　帯賜われば

※高間の原　たかまのはら。日高見国の山手宮から御幸中の忍穂耳君の常陸国での行宮(かりみや)。広辞苑では〈**たかまがはら【高天原】**⇒たかまのはら〉〈**たかまのはら【高天原】**①日本神話で天津神がいたという天上の国。天照大神が支配。「根の国」や「葦原の中つ国」に対していう。たかまがはら〉

戴けば武甕槌が笑みて正座をして「祭政が絶えようとするのを、姫在りて世継ぎの道を聞く。

⑯35

子は宝、息栖も知れば息栖宮に天児屋根と姫とここに置き、吾は後宮鹿島に帰り、

⑯35

経津主(香取)と日経(常陸)帯を成し授けん」と語言事も整いて、子守は天照神の居られる天の伊勢宮に帰られた。

⑯35

※息栖宮　秀真伝では、はっきり「息栖宮に天児屋根と姫とここに置く」と述べていますが、息栖宮の社伝では祭神は久那戸神、岐神となっていて、肝心の天児屋根と姫は祭神に見えません。この綾の記述は古事記、日本書紀にはありません。

武甕槌は、後に香取の行宮に行き語って共に日高見の山手宮に行き忍仁君に告げれば君も喜び、毛布の細布を織らしめた。

⑯36

高間原の行宮(日立の宮)に帯賜われば——

⑯36

1659
諸が名も　日経ちの宮と
物部が　愛でて作れる
鹿島宮なり

1660
香取と鹿島　息栖宮
賜う帯の名　※五臓腑帯
八咫は八十万　男の子平均丈

1661
孕みの内の　遊びには
豆を拾えよ　達者なるぞ
若しも十二子を

1662
生む母は　月の位ぞ
一腹に　三つ子を生めば
三光の　幸いあると

1663
天に告ぐ　遍く触れて
秀真国　治まる後に
経津主の　香取の道を

諸が名も日経(日立・常陸)の宮と物部が愛でて作れる鹿島宮である。天児屋根と姫と息栖宮で姫は諸女の孕む時、妊婦の息吸を教えます。病めるは薬とこれを受けた。⑯36

香取、鹿島、息栖宮を賜う。日経の帯の名も五臓腑帯とされた(岩田帯の語源)。⑯37

> **※五臓腑帯**　ゐはたおび。原文は[ヰハタオビ]で[ヰハタ]は五臓六腑の約音化、円は五か月目の五にも掛けたか。
> 広辞苑では〈**いわたおび【岩田帯】**(斎肌帯の意)妊娠した女性が胎児の保護のために腹に巻く白布。五か月目の戌の日からとされる。ゆはだおび〉⑯38

八咫は八十万男の子平均身長。孕みの内の遊びには豆を拾えよ達者なるぞ。もしも十二子を生む母は月の位ぞ。一腹に三つ子を生めば三光の幸いあると遍くふれて秀真国、治まる後に経津主の香取の道を――⑯38 ⑯39

1664 悉く　※児屋根に授け
隠れます　鹿島の道も
児屋根に授く

1665 この故に　四方の祭も
自づから　児屋根一人に
就けにけり

1666 鹿島神　姫生む時に
母が名も　請えど名付けず
稀一人　一女は姫なり

1667 又生まば　紛れん為に
諱せん　まず姫神と
ばかり言う

1668 故に児屋根も　代々乗りと
初は姫君　次に名も
常陸帯こそ　いとも畏こし

悉く天児屋根諱若彦・称名春日麻呂に授け、隠れた(死んだ)。武甕槌の鹿島の道の奥法(奥義)も皆天児屋根に授け隠れた。この故に四方の祭政主も自ずから天児屋根一人に就くことになった。これが「天の世」の最後であった。

※児屋根　こやね。天児屋根。天児屋根は第五代高見産霊諱玉杵・称名豊受の子の兵主の子の興瓊産霊の子、つまり、日高見の君第五代高見産霊豊受の曽孫である。

鹿島神の武甕槌は、姫が生まれた時に母が名を請うたが付けず、稀に一人は一女(姫)のままで後、天児屋根の妻となる。又生んだら紛れないようにする為に諱をつける。そこで長女はまず姫神とばかり言う。故に天児屋根も子は代々乗りと初は姫君と言い、次女からは名も付けることにした。こうした妙の奥乗り慎みの常陸帯こそ大変畏いことである。

⑯39　⑯39　⑯40　⑯40　⑯40

神の世の巻

梭の十七

神鏡八咫の名の綾

1701 天地も　内外も清く
成る時に　大内に侍る
臣民も　八咫の鏡を

1702 拝む時　天児屋根が
謹しみて　八咫と名付くる
故を請う　時に天照

1703 御言宣　八咫は八民の
元の丈　古作る
間尺は　八十万民の

天地も内外も清く成る時に、天照神の坐す伊雑宮の大内に侍る臣民も八咫の鏡を拝む時、天児屋根が謹んで八咫と名付ける故を請うと、天照神が次のように御言宣された。

⑰1

八咫は八民(全国民を構成する民)、すなわち八十万民(全国民)の身長の平均を割り出した基準値をもとに、古代に作り出した間尺によるもの(一咫は約二十センチ位)である。その間尺とは、全国民の――

⑰1 ⑰1

1704　平均丈を　集め計りて
一坪を　今の一間の
物差ぞ　この間計を

1705　八段分け　これに日月の
二咫増し　世の人柄の
高計　咫を十段切り

1706　※寸と名付く　民は八咫なり
火風埴水　四つに分け
空の一つ　継ぎ合わせ

1707　天の巡りの　曲がり尺
これで人身を　抱かんと
丸ろめて円周　二咫足る

1708　神を招くの　八咫鏡
今経咫の　丸鏡
当てて八民の　心入る

平均身長を集め計った一坪を今の一間の物差（「物指」の始まり）としたものである。この長さを計る間計を八段に分け、これに日と月の二咫を増したのが、世の人柄の高計（身長の基準）である。この咫を十段に切ったものを寸（現代では「寸」）と名付ける。

※寸　き。広辞苑〈き【寸】①古代の長さの単位。ほぼ今の寸に当たる。景行紀「五―」〉

すなわち民は八咫である。この八咫を火風埴水の四つに分け空の一つを継ぎ合わせたのが天の巡りの曲尺で、これで人身を抱こうと丸めて径（直径）は二咫あまりとなる。これが神を招く八咫鏡である。今、直径二咫余りの円鏡を当てて八民の心が入るのである。

⑰1　⑰2　⑰2　⑰2　⑰3

1709 ム（glyph）の手結相　古し神の社
室屋建つ　今ヤ（glyph）の手結相
社屋形ぞ　⑰3

1710 タ（glyph）の璽　三光丸の
内に居る　足り輔く法
天と父なり　⑰4

1711 ラ（glyph）の璽　地と母法
親が子を　孕めば乳垂る
実に垂乳根よ　⑰4

1712 治も教も　乳無きの父母よ
鑑みて　援くる民よ
八咫は公　⑰4

1713 古神　造る授くる
瓊矛在り　二神受けて
民を吾が子と　⑰5

吾が聞くには古し神の社はム（glyph）の手結相から室屋が建てられていた。つまり住居と同じように竪穴式であって民に教えて屋根を成していたが、今はヤ（glyph）の手結相で社が成り、その宮殿で民を治めているのであり、ヤ（glyph）は屋形（ヤ（glyph）形・舘のもと）ぞ。タ（glyph）の璽は、三（三方から）光（が入る）丸の内に居る足り助く法で天と父である。タ（glyph）を上下返したラ（glyph）の璽は地と母法である。親が子を孕めば乳が垂る、まさに垂乳根（女親、また父母とも）。治も教えも乳を与えるわけではないが、上から下に垂れるから父母である。これから照らしみて手を差しのべ授ける民の八咫は公である。古代に神が造り授けた瓊矛があり、伊佐那岐・伊佐那美二神がこれを受けて民を吾が子と、

1714 篤く教えて　人と成す　なお逆らわば　綻ばせ　糺しも遠き　天と地

1715 臣等教えを　業と為せ　稲植え収む　民は孫　工匠商人も　曽孫玄孫

1716 名の聞こえ　顕わに勤め　裏休む　犯し隠すも　天が知るなり

1717 魚の目と　変わる人目の　裏鏡　皆翻る　何の為ぞや

1718 御祖神　八元の神に　守らしむ　音声は天並神　見目三十二神

篤く教えて人と成す。教えてもなお逆ら ⑰5
わば打ち綻ばせ、罪科の糾しも遠い天と
地のように届かぬことを思うなり。臣等
は常に民に教えよ。臣から教えを受けな ⑰6
い者は民ではない。田に稲を植え収める
田身（民）は孫、工匠商人も皆曽孫・玄孫
（臣＝士・農工商のもと）である。太平の御代 ⑰7
では自分の名声ばかりを気にして、人が見
ている表では顕わに勤めるが陰では怠け
る者がある。罪を犯すも悪を隠すも天は ⑰8
見ている。魚の目と変わる人目の裏鏡は
左に持てば右に見え、左にやれば右に行く。
向こうへやれば前に寄る。皆翻る何の為ぞ ⑰9
や。御祖神が八元の神に守らせる。音声は
天並八神、見目は三十二神が守る。

1719

年経れば（としふれば）　鈍並鋭の（にぶなれときの）
民あるも（たみあるも）　屑を捨てなで（くずをすてなで）
均し用いん（ならしもちいん）　天の心ぞ（あめのこころぞ）

1720

内心を知るは（なかごをしるは）　真澄鏡（ますかがみ）
天の報いは（あめのむくいは）　盗めるも（ぬすめるも）
誇るも打つも（そしるもうつも）　身に返る（みにかえる）

1721

盗みして（むすみして）　罪現れて（つみあらわれて）
滅ぶとき（ほろぶとき）　他所は喜ぶ（よそはよろこぶ）
血脈の恥（しむのはぢ）　悔めど返ぬ（くやめどかへぬ）

1722

子を持たば（こをもたば）　確と聞くべら※（しかときくべら）
荒岳の（あらたけの）　松は拗けて（まつはねぢけて）
蟠るなり（わだかまるなり）

1723

瓊の教え（とのおしえ）　子は長の根ぞ（こはおさのねぞ）
培えば（つちかえば）　棟梁と（むねうつばりと）
直き長とも（なおきおさとも）　成る心知れ（なるこころしれ）

※ —ら　広辞苑〈ら《助詞》口調を整え、また、親愛の意を表すために添える語。狂、比丘貞「聞き馴れた声で表に物申すと有る。案内とはたそ—」〉

二神の覆矛に治めた太平の世も年が経ると民に鈍（にぶ）・並（なれ）・鋭利（とき）の差が出てくるが、屑だからといって見捨てないで均し用いるのが天の心である。人の内心を知る道は真澄鏡である。天の報いは盗める者にも誇る者にも、打つ者にも、必ず吾が身に返ってくる。盗みをして罪現れて滅ぶ時、何の手立てもなく悲しいことには他人は喜ぶ一族の恥となってからでは悔（くや）んでも取り返しがつかない。子を持たば確（しか）と聞くがよい。荒々しい岩場の岳の松は拗（ねじ）けて蟠（わだかま）るように、人の幼い心根も我侭（わがまま）にさせると拗けて蟠る。曲松（くせまつ）も引抜（ひきぬ）いて植え直せば直木（なおき）と成る。瓊の教、子は長の根ぞ。培えば棟梁、直き長とも成ると心知れ。

⑰10　⑰11　⑰12　⑰13　⑰14

1724 子(こ)に求(もと)む　荒岳心(あらたけこころ)　効(き)き過(す)ぎは　拗(ねじ)け横(よこ)しま　※破垂(はたれ)となるぞ　⑰14

1725 ※益人(ますひと)ら　幼(おさ)なの時(とき)に　褒(ほ)め過(す)ぎ拗(ねじ)け　横(よこ)しまとなる　⑰15

1726 縦拗(たてねじ)け　涙柔(なんだやわ)して　漸鎮(ややしつ)む　これも三種(みくさ)の　器法(うつわのり)なり　⑰15

1727 荒岳(あらたけ)は　風激(かぜはげ)しくて　俄(にわ)か降(ふ)り　松節瘤(まつふしこぶ)と　蟠(わだかま)るなり　⑰16

1728 直(なお)からず　鞭(むち)を逃(の)がるる　早利(はやき)きを　褒(ほ)め過(す)ぎ拗(ねじ)け　破垂(はたれ)となるぞ　⑰17

※益人 ますひと。国守の統括の下に地方を治める役職。ここでは地位利用をして悪事を働いた益人。初出⑥44，81。広辞苑では〈ますひと【益人】⇒あまのますひと【天の益人】数が増して栄えてゆく人民。祝詞、大祓詞「国中に成り出でむ一ら〉

※破垂 はたれ。原文は [illegible]。人の拗けが鋭き優れ、凝り得て無法を行う者で、六つの集団があった。0806 破垂参照。

荒岳心を直そうと子に求め、過剰な期待をして効き過ぎては拗け横しまな破垂となるぞ。益人らは、幼い時に拗けの芽があったものを褒め過ぎて拗け横しまな心が縦を拗けて常闇(とこやみ)となったもので、涙を柔し鎮めることができた。これも三種宝(みくさのたから)の器法の鏡があってのお陰である。神の御告げによると、「荒岳は風激しくて雨の俄か降りのように、松節瘤と蟠り、親の心も年々激しくすると耐え兼(か)ねて、子は暗くなり、鋭き子は素直でなくなり、鞭を逃がれる早利きを褒め喜べば、拗け過ぎて破垂となるぞ、誤って褒め過ぎるな」。

1729
暗き子も　細かに教え
日を積みて　篤く教えば
少しは徹る

1730
愛兄子は頼め　教人の
手許も松の　楚杖
十年に直る　萌し得るなり

1731
三十年に　漸伸び栄え
百年の造木　三百年は梁
五百年は棟木ぞ

1732
人法も　十年ほぼ成る
三十年の梁　五十年は棟木の
功しも成る

1733
必ず倦むな　逸るなよ
八咫の鏡の　綾聞けば
横禍を避るぞ　天が守るぞ

心の暗い子も細かに教えて日を積み篤く教えれば少しは徹り鈍を去ることができるぞ。年々学び曙の光明が差し何度も教え、頼りの杖となるようにするのだ。可愛い子には他人である教人を頼め。手許も松の楚杖で十年に直る萌しを得る。三十年には伸び盛りで材となり、百年になると造作材、三百年には梁、五百年には棟木ぞ。人法も十歳でほぼ人格が形成され、三十歳は柱の上で梁や桁の役割、五十歳で屋根の最も高いところの棟木の功しも成る（大工の頭・統領の語源）のである。必ず倦むな逸るなよ。早熟過ぎて破垂の道に走ることのないように八咫鏡の綾を聞けば横禍を避れるし、天が守るぞ。

⑰18　⑰19　⑰19　⑰19　⑰20

1734 吾人振りを　常見るに
悉く異なる　土地守の
息吹く風を　受け生れ

1735 言葉も国を　隔つれば
変われど他所の　幼児も
馴染めば　其処の風となる

1736 善し悪しも　※終日天に
告げあれば　隠し盗むも
風が告ぐなり

1737 二度の盗みは　跼まり
抜き足なすも　未だ告げず
三度損なう　己が言震る

1738 その主は　見目に表れ
問い詰めて　また占問えば
終に語るぞ

※終日　ひめもす。広辞苑〈**ひめもす【終日】**《副》「ひねもす」に同じ。清輔集「に―おのが鳴きおる」。**ひねもす【終日】**《副》朝から晩まで。一日中。終日。ひもすがら。ひめもす。万五「―に鳴けど」〉

吾(天照)が人振りを常に見るに、悉く異なる土地守の風俗の中で生まれ成長する土地が離れ、風習・言葉も入れ変わっている。他所の幼子でも馴染めば其処の風となるものである。空に住んでいる、といっても空を飛ぶわけでなく、地踏み居れば自ずと答えを知る。善し悪しも終日天に告げられれば、隠し盗んでも身に降りかかる風が告げるのである。二度目の盗みで肩身狭く跼り、抜き足なすも地の神は恵により未だ告げないが三度目になると自分自身の胸騒ぎで言葉が震え、その主はついに見目にも表われ問い詰め諭し、また、占問えば(心問・裏問。鎌を掛ければ)終に語るぞ。

⑰21　⑰21　⑰19　⑰22　⑰23

1739
天より君に　告げあるぞ
まさに恥づべし　天地が
悪さ為せぞと　探しこそすれ

1740
破垂神　榛名進みて
空神宣れど　皇神
告げなで居らば　※おやおやや

1741
弥掏摸長ける　流離羅部等
空神掴まんと　三千日錬り
六度戦い　為せども成らず

1742
神笑みて　又※鼻取るな
徒心　静めて聞けよ
己が鋭　欺く報い

1743
人の雅は　情枝
天より授く　魂と魄
結ぶ命の　魂中心

※**おやおや**　広辞苑〈**おやおや**《感》「おや」を強めていう語。失望したりあきれたりする場合にも使う〉〈**おや**《感》意外な事に出会った時、疑問のある時などに発する声。「―、何だろう」〉

二度までは待ち許すが三度ともなると、天より君に告げがあるぞ。まさに恥ずべきことで、天地が悪さを為せばと探しこそすれ。（⑰23）

破垂神の榛名が進み出て天照神に、空神(天御祖神)が宣れども皇神(君)が告げないでいると、おやおやと侮る掏摸等が（⑰24）

いや増しに増長する掏摸の流離羅部(放浪者)等が空神を掴もうと、三千日間も練り（⑰15）

六度挑んだが成らず、天照神が笑って、又鼻取るな、徒心を静めて聞けよ、鋭が盛り過ぎて欺く報いあり―（⑰25）

人の雅は情枝(感情)で天より授かる魂と魄を結ぶ命の魂中心を生む霊は肝・魄の根葉の腎・心葉・肺結う四臓脾や根の六臓の雅が物を知る。（⑰26）

※**鼻取る**　広辞苑〈**はなどり**【鼻取】田畑を耕す際、牛馬の鼻を取って誘導する役。鋤・馬鍬などの耕具を操る者を後取(あととり)というのに対する。指取童させとりわらし〉

1744
賄賂(まいない)いて　境増(さかいま)さんを
臣(とみ)も欲(ほ)し　取引増(とりひきま)して
減(へ)り憎(にく)む民(たみ)

1745
改(あらた)めて　忠実(まめ)なる如(ごと)し
惑(まど)えるも　心悪(こころあ)しきを
雅中心(みやびなかご)に　業告(わざつ)ぐ哀(あわ)れ

1746
※心葉(こころば)は　欲(ほ)しに染(そ)む
味(あぢ)も色目(いろめ)も　横(よこ)しまに
欲(ほし)も濯(そそ)がば　伊勢(いせ)の道成(みちな)る

1747
諌(いさ)むとも　盗(ぬす)む心葉(こころば)
雅(みやび)より　五臓(みくら)に告(つ)げて
見目(みめ)に言葉(ことば)に　跼(せぐく)まる

1748
これ松榧(まつかや)の　鮠膠(にべ)なるぞ
雅無(みやびな)ければ　身(み)も枯(か)るる
枯(か)れて色欲(いろほ)し　何(なん)の為(ため)ぞや

※賄賂　まいない。広辞苑〈**まいない【賂】**①礼として物をおくること。また、その物。②利益を得る目的で要路の者にひそかに物を贈ること。また、その財物〉
※心葉　こころば。広辞苑〈**こころば【心葉】**①心。心ばえ。和泉式部続集「人知れぬ我が—にあらねども」→**こころばえ【心延え】**①気立て。心ばせ。性格〉

賄賂(まいない)を贈って土地の境を増やしたいのは臣も同じで、そのうちに取引が目立ってくると、減りを憎む民がまた強く願えば、　⑰27

怒る同輩(とも)の臣が迫るを撰み分け返す。恵(めぐみ)があった方は喜ぶが、負けた方は憎む。恐れ惑い改めて忠実であるように振舞(ふるま)って　⑰28

も心葉悪しき業を雅中心に告げる哀れ。心葉は驕(おご)りを聞けば味も色目も欲しに染まる。欲しも濯(そそ)げば味が直り伊勢の道が成る。　⑰29

諌めても盗む心葉の雅より、五臓に告げて安からず。見目に言葉に蒟(せぐく)まり抜き足応える恥心(はにごころ)。雅から鋭過(ときす)ぎてなる破垂共、　⑰30

それ試み(心身)に業をなせ、吾早や除く雅あり、これ松植の蹂膠なるぞ。雅無ければ身も枯るる。枯れて色欲し何の為ぞや。　⑰30

1749
人(ひと)は天地(あめつち) 五臓六腑(ゐくらむわた)も
国(くに)の道(みち) 中心(なかご)は君(きみ)ぞ
肝(きも)は臣(とみ) 脾臓(ふくし)は民(たみ)よ

1750
色(いろ)に溺(おぼ)れて 腎水(らみ)枯(か)らす
これ身(み)の鏡(かがみ) 曇(くも)り錆(さび)
※八咫鏡(やたのかがみ)に 向(むか)わせ磨(みが)く

1751
天(あめ)は意(い)に知(し)る 地(はに)に応(こた)う
人(ひと)は告(つ)げ知(し)る 公(おおやけ)の
罪免(つみまぬ)かるる 所無(ところな)し

1752
この三(み)つを 合(あ)わす鏡(かがみ)ぞ
ヤは社(やしろ) タは民(たみ)を治(た)す
ヤ隅照(すみて)らさん ヤタの鏡(かがみ)ぞ

1753
時(とき)に笑(え)む 榛名六破垂(はるなむはたれ)
前(まえ)の罪(つみ) ※緒泥(をどろ)濯(そそ)がん
誓(ちか)いなすなり

※八咫鏡 やたのかがみ　広辞苑では〈**やたのかがみ【**八咫鏡**】**(「巨大な鏡」の意) 三種の神器の一つ。記紀神話で天照大神が天の岩戸に隠れた時、石凝姥が作ったという鏡。天照大神が瓊瓊杵尊に授けたといわれる〉 **※緒** を。魂の緒。広辞苑では〈**お【緒】**②魂をつなぐもの。いのち。玉の緒。崇神紀「…」〉

人は天地を模(かたど)ったもの、五臓六腑も国の道。空は高天の原(腹)の内で中心(心臓)は君、肝臓(きも)は臣、脾臓(よこし)は民、肺臓(ふくし)は垣、腎臓(むらと)は平(な)らす腑(わた)を副え雅は目付の悪さを告げる。 ⑰31

色に溺れて腎水(らみ)枯らす。身の鏡が曇り錆び、それを磨くため八咫鏡に向かわせる。 ⑰32

天は意に知る、地に応う、人は告げ知る。 ⑰33

この三つに告げ表われて公の罪を免かれられない。常に恐れよ日の巡り、昼は一光(ひとか)も明らかで夜は闇と濁る。鏡は光闇見(かがみ)る。 ⑰34

ヤは社、タは民を治(た)す、君の政事(まつりこと)を治める八隅の民はヤタ、その八隅を照らすのが八咫鏡(やたのかがみ)である。時に榛名等六破垂が前の罪を許されても凝っていた胸の閊(つか)えが解けたと喜び、緒泥(おどろ)を濯ごうと誓った。 ⑰35

1754
子守の治歌　色惣れも
道以て為せば　過たず
稼業為せよ　盗まば枯れる

1755
見目言葉　息栖三つ知り
導きて　稲穀を肥やして
民賑わさん　誓いのみ

1756
神の御歌に　培うは
身の葦原も　瑞穂なる
民と成せ臣　臣と成れ民

1757
稲穀増やし　民賑わせて
その国保つ　者有らば
末民とても　上の臣

1758
八咫の鏡の　御名の綾
あな瓊恵や　※いと恵なり
※あな畏しこかな

※いと　広辞苑〈いと《副》①はなはだしく。きわめて。大層〉※あな　あな。広辞苑〈あな《感》喜怒哀楽を感じて思わず発する声。あら。②全く。ほんとうに〉

子守神の治歌—色惣れも道に則ってすれば過まることはない。家業に努めなさいよ。貧しといって盗みしては身の破滅になるぞ。⑰36

見目と言葉と息栖の三つから診断し、そのことを相手に伝え導き、稲穀を肥やし、民を賑わさん誓いのみである。⑰37

その時に天照神の御言宣があり、その御歌に—培う（土養うと仕事に精を出すに掛ける）者は身の葦原も瑞穂の田となるから下民であっても民と成せ臣、臣と成れ民。⑰38

稲穀増やしその国を豊かにする者であれば末民であっても上の臣—必ず璽を賜る御歌である。⑰39

この御言宣の八咫鏡の御名の綾に臣・彦・民は百千声で、なんと有難い御恵であり、あ、なんと畏しこいかな—と拝み去った。⑰40

梭の十八

※自凝と呪うの綾

1801 天晴れて　長閑に御幸
遊びます　高天は万の
国象なり

1802 これ自凝と　和笑みて
中の巌に　御坐します

1803 天御孫　側に臣在り
謹しみて　御前に詣で　その自凝の
故を乞う

※自凝と呪うの綾　おのころとまじなうのあや。この綾は古事記・日本書紀には見られない、秀真伝ならではの森羅万象・宇宙創成から天地創造・国家生成、物心共の、日本誕生物語といえます。

1823※自凝島　おのころしま。広辞苑は〈**おのころじま【磤馭慮島】**　記紀神話で、伊弉諾・伊弉冉二尊が天の浮橋に立って、天瓊矛(あまのぬぼこ)で滄海を探って引き上げた時、矛先からしたたり落ちる潮の凝って成った島〉

1828※魘われぬ法自凝綾　おそわれぬのりおのころあや。童が寝ていて悪夢に襲われた時、オノコオノコと掌を撫でて童の額に押す方法。広辞苑は〈**おそわれる【魘われる】**〔自下一〕文おそは・る(下二)夢で恐ろしいものに苦しめられる。うなされる。竹取「物に―・るるやうにて」「悪夢に―・れる」〉

世も穏やかに治まり天気も晴れたある日、天照神が長閑に御行(御幸・行幸の語源)して遊びます(遊行の語源)高間の原は万の国象(万象=天地に存在するさまざまの形・あらゆる事物。「森羅―」)でこれが自凝なのだとにこにこ笑いながら真ん中の岩に座っておられる。側に侍る重臣たちの中の天照の御孫・瓊瓊杵が御前に進み出て謹しんで自凝のいわれを聞いた。

⑱1　⑱1　⑱1

1804
君の教えは　二神の
浮橋に立ち　この下に
土地無からんと

1805
瓊矛持て　探る御矛の
滴りが　凝り成る島を
自凝と呼び

1806
降りて共に　嫁ぎして
御柱廻り　※天地歌を
詠みて自凝　万物を

1807
生みし昔　天地の
天地泥土未だ　天御祖
◎手を結びて

1808
吹く○　窮なく巡り
〔ウ〕円と〔ウ〕〔ヌ〕　◎〔ウ〕〔ヌ〕結びて
天創るなり

※天地歌　あわうた。国づくりの初めに、まず、言葉を正す天地歌・◎◎〔ウ〕〔タ〕で象形・表音・表意三位一体四十八音の始まりであります。

天照君の教えでは、伊佐那岐・伊佐那美の二神が浮橋の上にお立ちになり、この下に土地が無かろうかと天成道の教えの瓊と吾身を守ると共に道を誤れば吾身に　⑱1

降りかかり逆矛となる矛を持って、探る御矛の滴りが凝り成った島を自凝と呼び、　⑱2

そこへ降って共に嫁ぎして御柱を廻り、天地歌を詠んで天地間のすべての物と生命体すなわち万物を生んだのは昔——　⑱2

天地の境もなく泥状のとき、天御祖が両手の掌を渦状に合わせ◎(天)の形の手を結び(手印の起源。「手結印」とも当てる)　⑱2

その中から息を吹き込むと空が窮なく巡り(◎)、〔ウ〕円(初意)と〔ウ〕〔ヌ〕(初元)、◎〔ウ〕〔ヌ〕が結びついて天が創られた(天地創造物語)。　⑱2

1809
[ウヌア]交(ま)じりて　[ウハ]結印(むすび)
泥土(うび)と地球(くにたま)　[カ]手結印(てむすび)
胸火(むなほ)選(え)みて

1810
※日(ひ)と丸(まろ)め　※赤宮(あかみや)に据(す)え
[シ]手結印(てむすび)　源(みなもとえ)選(ら)み
※月(つき)の輪(わ)と成(な)し

1811
※白宮(しらみや)に据(す)え　[ウヌ]の手(て)の
空雷(うつろい)を馬(むま)　[ウヰ]の手(て)の
級長戸(しなと)は轡(くつわ)　光鞭(ひかりむち)

1812
[オ]手(て)に※地球(くにたま)　乗(の)り巡(めぐ)る
音(おと)は[コオコオ]　泥固(うびこ)煮(に)え
煮上(にあ)がる山(やま)ぞ

1813
[ノ]手結印(てむすび)　野風(のかぜ)に乾(かわ)く
堅固地(くこわち)に　蹄(ひづめ)の跡(あと)は
野良(のら)と道(みち)なり

※日　ひ。太陽の誕生。赤道上に赤宮。**※月**　つき。月の生成。白道上に白宮。**※地球**　くにたま。泥が煮え、山が上がり、野風で固まる。

[ウヌア]が交じって[ウハ]の手結印(てむすび)、泥土(うび)を地球(くにたまちきゅう)(地球の語源)、[カ](赤)手結印として、胸火を選んで日と丸めて赤宮(あかみや)(赤道上の日の宮)に据え、[シ]手結印で源を選み月の輪となし白宮(しらみや)(赤道上の日の宮)に据えた。

※赤宮　あかみや。広辞苑〈**せきどう【赤道】**①地球の南北両極九十度を隔てた大圏。赤道上では春分・秋分の頃、太陽は真上から照らす。天の赤道〉**※白宮**　しらみや。広辞苑〈**はくどう【白道】**月が天球上に描く軌道。黄道と平均五度九分の傾斜をなす〉

[ウヌ]の手の空雷(うつろい)を馬(むま)とし、[ウヰ]の手の級長(しな)戸辺(とべ)は手綱で馬を操る轡とした。稲妻の光を鞭として[オ]手に地球を乗り巡る。音は[コオコオ]と泥土固(うびこ)煮え、熱くどろどろして煮上がる山(地球誕生時の噴火・造山活動)ぞ。[ノ](野)手結印(てむすび)をして野風に乾く堅固地(くこわち)の馬(むま)の通った蹄の跡に野良と道ができた。

⑱3　⑱3　⑱3　⑱3　⑱4

1814
月《し》の霊山《たまやま》に　滴《したた》りが
流《なが》れ海成《うみな》る　日《ひ》の御霊《みたま》
固地《こわ》に喜《よろこ》ぶ

1816
※△《ウ》は田《ノ》手《て》を　地《わ》と天《あ》に分《わ》けて
⊙⊓△ᘓ⊡《アイウエオ》　空風火《うつほかぜほ》と
水土《みずはに》の

1816
交《まじ》わり成《な》れる　御中主《みなかぬし》
八方面《やおも》に生《う》める　人《ひと》は星《ほし》
星《ほし》は種《たね》成《な》す

1817
常世《とこよ》の神《かみ》を　教《おし》ゆ神《かみ》
国常立《くにとこたち》も　乗《の》り巡《めぐ》り
堅固地《くこわ》に八方《やも》を　何縣《なにがた》と

1818
生《う》む国《くに》総《す》べて　自凝《おのころ》ぞ
国常立《くにとこたち》の　八降《やくだ》り子《こ》
何国狭槌《なにくにさっち》　八方主《やもぬし》と

※⊙⊓△ᘓ⊡《アイウエオ》　あいうえお。空《うつほ》・風《かぜ》・火《ほ》・水《みつ》・土《はに》、五母音の誕生。

月《し》の霊山《たまやま》から月の雫が滴り落ちて流れ集まり海ができた。一方で陸地の方は乾き始め日の御霊は固地の誕生を喜ぶのであった。⑱4

△《ウ》は田《ノ》(野)手を地《わ》と天《あ》に分けて(天地開闢)、⊙《ア》(ウツホ＝空)・⊓《イ》(カセ＝風)・△《ウ》(ホ＝火)・ᘓ《エ》(ミツ＝水)・⊡《オ》(ハニ＝土)の五要素(これは現代に伝わる五十音の五母音・ア行のもと)が⑱4

交わり成った人間の初《はつ》・御中主《みなかぬし》が現れ、それから長い長い時が経って、天の世初代⑱4

国常立が常世国《とこよくに》を建て八方を乗り巡って常世の道(天の道のもと)を教え、堅固地《くこわ》と生《な》った。八方の地《くに》を何縣《なにがた》(県のもと)と呼んだ。⑱5

これらの地《くに》(国のもと)総てが自凝《おのころ》なのである。国常立は、八方の国に八人の皇子である八降子《やくだりこ》を降《くだ》し、何国狭槌《なにくにさっち》八方主《やもぬし》とした。⑱5

1819
成(な)りてトホカミ　ヱヒタメの
国(くに)に生(う)む子(こ)は　三降(みくだ)りの
君臣民(きみとみたみ)ぞ

1820
豊国主(とよくんぬ)　百余(ももあま)る子(こ)も
天(あめ)に行(ゆ)き　天並(あなみ)の八神(やかみ)
三十二神(みそふかみ)成(な)る

1821
泥土煮(うびちに)は　植(う)えて数(かぞ)うる
真榊(まさかき)の　六万年(むよとし)千枝(ちえ)に
尽(つ)き枯(か)るる　※五百継(ゐもつぎ)の初(はつ)

1822
獣(けだもの)を　乗(の)り旨(むま)ければ
馬(むま)となし　乗(の)り憂(う)しければ
牛(うし)に荒犂(あらすき)　荷物(にもつ)もの

1823
斯(か)く尽(つく)し　民(たみ)も居安(ゐやす)く
成(な)る土地(くに)を　※自凝島(おのころしま)と
名付(なつ)く是(これ)なり

※五百継の初　ゐもつぎのはつ。一継ぎは二十年(257頁囲み参照)。縄文一万年の始まり(西紀前118世紀)。**※自凝島**　おのころしま。143頁囲み参照。

八方の国の八方主(やもぬし)と成ったトホカミヱヒタメの八元神(やもとかみ)は、トの国狭槌、ホの国狭槌、カの国狭槌、…として、それぞれ、国に生む子は三降りの「君・臣・民」であったぞよ。　⑱5

その豊国主の百人も余る子も皆天に行き、天並八神(あなみやかみ)のアイフヘモオスシ、また三十二神のヤマ・ハラ・キニ・チリ・ヌウ・ムク・エテ・ネセ・コケ・オレ・ヨロ・ソノ・ユン・ツル・ヰサ・ナワの十六組三十二神が成った。　⑱6

泥土煮は真榊を植えて数えた六万年千枝に尽き枯れ、五百継ぎ(縄文一万年)の初めに家畜の始まり。　⑱6

角の有無の獣を乗り旨(むま)ければ馬(むま)となし、乗り憂(う)しければ牛(うし)として荒犂を惹かせ、荷物を負わせた。　⑱7

このようにして民も居安く成った土(く)地(に)を自凝島と名付けた由縁(わけ)はこれである。　⑱8

1824
御祖の巡る ホオコホお
今自凝と 訛るかや
ホオコホは 交じる音なり
⑱8

1825
車はギイン 鳴神ホオロ
声のヲ(尾)は 固地に納まる
ヲの璽 ノ風に乗れる
⑱9

1826
轡はコヲ 乗るはノ手
根地はコ手 人成る道の
※トの本はロ手 是※ヲノコロぞ
⑱9

1827
国治む 業とこの真手
自凝の 若しも動かば
ヲノコオノコと 祈るべし
⑱10

1828
童んべ寝ねて 魘われば
ヲノコオノコと 祈るべし
※魘われぬ法 自凝綾ぞ
⑱10

※トの本はロ手 とのもとはろて。人成る道のト(瓊)の本はロ手・トの成り立ちの本は上下返し踏んばった形のロ。**※ヲノコロ** ヲノコロ。ヲはオとワの重なった語。他の15例はオノコロ。**※魘われぬ方法　自凝綾ぞ** 143頁囲み参照。

御祖伊佐那岐・伊佐那美の巡るホオコヲを、今、自凝と訛るだろうか。天照神の答は「そうではない」。—ホオコヲは交じる音である。声の語尾ヲは固地のワに納まるヲの璽である。野風に乗って行く轡の音はコヲコヲと踏み固まった後の野に人を生んで乗るのはノ手で、根地はコ手、人の道のトの本はロ手、これがヲノコロの四つで、地に合い国を治める業とこの真(両)手の自凝である。もしも動かば世直りをオノコオノコと祈るべし。童ンベが寝ていて悪夢に魘された時もオノコオノコと掌を撫で霹靂雷が山を越したらホオコホ騒ぞ日直りと、の額に押す。これが魘われぬ方法—自凝綾ぞ。

梭の十九
乗馬法一貫間の綾

1901 二神の 御代の齢も
安らかに 大湖の多賀に
居坐さんと 皇子若仁に

1902 天照らす 日嗣を譲り
坐す時に 左の臣は
思兼 右桜内

1903 金析は 日を遷します
荷田は保食 尾走は
※馬屋修めぞ

※馬 むま。広辞苑では〈うま【馬】(「馬」の字音マによる語という)古くは多く「むま」と表記〉

天の世第七代
伊佐那岐・伊佐那美二神御在位三十年(前一三一五—一二八五)も過ぎたいま、安らかに大湖(近江)の多賀に居坐して、皇子若仁(後の天照)に天照らす日嗣を譲ります時(前一二五七)に、左(鏡)の臣は若姫の夫の思兼、右(剣)の臣は后瀬織津姫の父の、桜内(山祇)金析(住吉)は日を読む兄親臣、荷田は食糧生産を担当、尾走は馬屋(馬事)修ぞ。皆が心を一つにして職務に当たれと指名した。

⑲1 ⑲1 ⑲1

※「むま」とある江戸暦(『歴史読本』2009.1 新人物往来社)

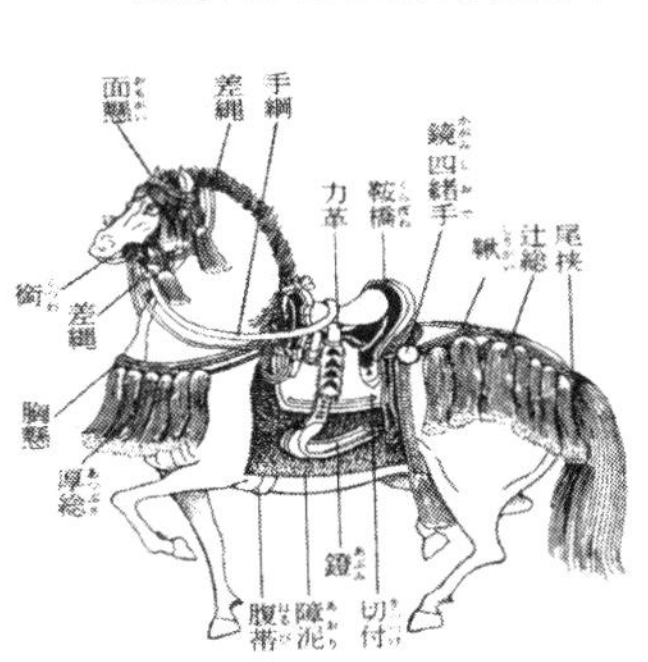

大和鞍(広辞苑第七版より)
部位名称の多くは「神の世」から使われていたと見られます。

1904 時に尾走　日高見の　宮に詣でて　道乞えば　豊受の神の　教えには

1905 乗りは地道を　常となす　馬子に手綱を　引かせ置き　馬の右より　踏み上り

1906 敷く安鞍の　鐙縄　襠に五寸上げ　試みて　股と腹帯の　弛み合い

1907 腰据え乗りて　柔柔と　馬の足取り　息栖合い　合わす要の　乗馬法ぞ

1908 馬は生まれて　もの知らず　徒走る時　乗り落つぞ　予ねて教えば　適うもの

ある時、尾走が日高見の山手宮に詣でて乗馬法の道を乞えば、第五代高見産霊 諱 玉杵 称名 豊受の神の教えるところによれば、乗馬は普通の速度で進ませる地道を常とする。馬子に手綱を引かせ置いて、馬の右から踏み上り、敷いている安鞍の鐙(足踏み)の吊り縄を足を垂らした長さより襠に五寸上げ乗ってみて具合を試し程よい長さとする。股と腹帯の張り弛み具合いを調節し、腰据えて乗り、柔柔と馬の足取り、呼吸の具合いと乗り手の呼吸が合うようにするのが肝要な乗馬法である。馬は生まれつき人を乗せるものと知っているわけではないので徒走りさせると乗り落とされるぞ。予め教えれば適うもの。

(192)　(192)　(192)　(192)　(193)

1909
厳乗りは　下鞣鞍を
敷き帯びて　腹帯緩めず
泥除けの　垂革煽羽と

1910
中窪の　小溝に行きて
鐙にて　その垂革を
打ち煽つ　打ち煽たれて

1911
風含み　羽根となる時
跳び越さす　仮令跳ぶとも
乗る人の　ゆくり無ければ

1912
敢え跳ばず　轡に付ける
引綱を　一貫きの間と
名付くこれなり

1913
万物生める　二神も
乗り巡りてぞ　国治む
空轡や　地球を

また、厳乗り(早駆け)は鞍の下に柔らかい ⑲3
下鞣鞍を敷き腹帯は緩めず強めにし、
泥除け用の垂革が煽羽(羽根)となるように、
馳せ行く道の中の窪地や小さな溝に行き ⑲4
当たった時には鐙でその垂革を打ち煽つ、
垂革が打ち煽垂れて翼のように風を含み
羽根となる時、一挙に跳び越させるのだ。 ⑲4
その時に仮令跳んだとしても乗っている
人の意思が伝わらなければ敢えて跳ばな
いものだ。その轡に付ける引綱を一貫き ⑲4
の間と名付けたのはこれによるものだ。
この故は天地がまだ分かれていなかった
時、天の御祖の天空を天、泥を地球と空乗 ⑲5
り、級長戸辺手綱で乗り巡り万物を生んだ
二神も乗り巡り国治めた、空轡や地球を——

1914
一貫（ひとぬき）の緒（お）と　心得（こころえ）ば
仮令外（たとえはず）れど　乗（の）り落（お）ちず
馬狂（むまくる）わせぬ　わが心（こころ）

1915
一貫（ひとぬき）の間（ま）の　手綱（たづな）引（ひ）く
煽羽（うば）の煽（あお）りを　打（う）つとても
綱強（つなつよ）ければ　馬跳（むまと）ばず

1916
綱弱（つなよわ）ければ　前脚（まえあし）折（お）るぞ
厳（いつ）と緩（ゆる）　※程（ほど）らい知（し）れば
地道（ぢみち）　厳（いづ）　荒（あれ）

1917
尾走（おばしり）が　ここに道得（みちゑ）て
日百度（ひももたび）　千万調（ちよろとと）のい
地道十九手（ぢみちそこわざ）

1918
年重（としかさ）ね　荒乗三十九（あれのりみそこ）
放技（はなわざ）も　又馴（またな）れ染（し）みて
厳乗五十九（いづのりゐそこ）

※程らい　広辞苑〈**ほどらい【程らひ】**ほどあい。程度。著聞一六「引出物の―など定めて」〉

万物（よろもの）（万物（ばんぶつ））を生んだ伊佐那岐・伊佐那美の二神も乗り巡って国をおさめた時の空（うつろ）轡（くつわ）や地球を一貫きの緒と心得るならば仮令外れても乗り落ちないように、馬を狂わせないわが心―一貫きの緒の手綱を引く。煽羽の煽りを打っても綱が強ければ馬は跳ばず、綱緩ければ倒れて前脚を折るぞ。厳と緩の間合い、この程らい（「程合い」とも）の間を知れば地道・厳・荒の乗法を全く修得したとして授け（皆伝し）た。尾走（おばしり）（豊受の孫の三笠彦がこの時賜わった称名（たたえな）。その子が武甕槌）が、ここに道を得て一日に百回、延千万（のべちよろ）（三千三百）回も調練（ととのい）、地道十九手（ぢみちつづわざ）、歳を重ね荒乗三十九手（あれのりみそこわざ）、放技（はなわざ）も馴れ、厳乗五十九手（いづのりゐそこわざ）。乗馬弓（のりゆみ）に功績（いさおし）、後に稜威（いつ）の称名（たたえな）も賜わった。

⑲5　⑲5　⑲6　⑲6　⑲5,7

1919 ※妙技の　乗馬法定む　御言宣　乗法教人の　※寄子伊吹素佐　⑲7

1920 神々に　伝うる技に　横邪の　逸る益人　群がり来たる　⑲8

1921 横邪を　乗馬弓術に　皆除き　大御田族も　居を安くぬる　⑲8

1922 ※乗馬弓の　功立てる　尾走に　稜威の名賜う　孫三笠彦　⑲9

1923 鹿島神　雷　拉ぐ　功を　武甕槌と　名付くこれかな　⑲9

優れた巧妙な妙技（妙技）指定の乗馬技術の乗法教人（師範）制度など、天照神の御言宣―。寄子には伊吹戸主、素佐之男などがあり、総べ二百八十余人の神々に伝授された。その乗馬術も満つれば欠けるの例で、横邪の逸る益人に群がる二百三十余人の破垂も、物部ら六つの頭の荒乗り・厳乗りの乗馬弓術（流鏑馬の源流）により皆除いたので、大御田族も安住することができた。その功を褒めて尾走（豊受の孫・三笠彦）には稜威の名を賜わり、その子日速彦を鹿島神とした。これが武甕槌である。

※妙技　たえわざ。妙義（みょうぎ）の語源。広辞苑〈**みょうぎ【妙技】**すぐれて巧みなわざ。巧妙な技術。「―を競う」〉**※寄子**　よりこ。広辞苑〈**よりこ【寄子】**寄親①参照。→**よりおや【寄親】**①主従関係などを仮の親子関係とみなして結んだとき、その主君の称。対する従者は寄子という。㋐近世には雇用関係においても奉公人を寄子、身元引受人を寄親とした〉**※乗馬弓**　のりゆみ。広辞苑は〈**やぶさめ【流鏑馬】**騎射の一種。馬上で矢継ぎ早に射る練習として、走りながら鏑矢で的を射る射技。的は方板を串に挟んで三か所に立て、…。平安末期から鎌倉時代に武士の間で盛行。現在は神社などで儀式として行う。三的〉

梭の十九の一

乗馬の典照妙の綾

19101
二十五鈴　百三十枝の
年サナト　春の初日に
天照は　神代の日嗣

⑲1-1

19102
忍仁に　譲りて天の
原見より　伊勢の伊雑に

⑲1-1

19103
時に月隅　大熊人
降り坐す
蹄白駒※　奉る
神面白く　思し召す

⑲1-1

※白駒　あおこま。広辞苑では〈あおこま【青駒】※「あおうま」①に同じ〉〈あおうま【青馬・白馬】①青毛の馬。青駒。②白馬、また、葦毛の馬。あおうまのせちえ【白馬節会】宮中年中行事の一つ。正月七日、朝廷で左右馬寮から白馬を庭上に引き出して天覧の後、群臣に宴を賜う儀式。この日に青馬を見ると年中の邪気を払うという※中国の風習による。本来は青馬を引いたのを、日本で白馬を神聖視したことから後の白馬に変更。字は「白馬」と改めたが、アオウマとよむ。七日に節会〉

※駒　こま。広辞苑〈こま【駒】①馬の子。小さい馬。②転じて、馬。特に乗用の馬。馬と同義になってからは、歌語として使われることが多い〉

※補注　広辞苑では、「中国の風習による」とあるが、この綾（西紀前一一七七年）で日本固有の正月行事と記述されている。

二十五鈴百三十枝（西紀前一一七七年）年サナト（ほつまえとの五八番。干支の五八番は辛酉（しんゆう）ともいう）春の初日（正月一日）、天照大神は神世の日嗣を忍仁に譲り、天の原見宮（富士南麓浅間神社）より伊勢の伊雑宮に降り坐す。時に月読の治める月隅（筑紫）の大熊人から蹄白駒が献上された。天照神はたいへん面白く思し召された。正月七日の宮中行事「白馬節会」の起源。

19104
熊人に賜う 御饗には
鵺足持が 瘡腐も
七種を以て 除くなり

19105
この七種は 御形 繁縷
板平子 鈴菜 蘿蔔
酢芹 薺なり

19106
桜場成れば 又の望
黄金蹄の 黒駒を
高木が曳けば 奉る

19107
三壺真名井に 乗り御幸
屡々祭政 聞し召す
これ空曇り 有らざりき

19108
年経て後に 瓊瓊杵の
御幸秀真の 新治成る
乗馬法召せば

白駒を献上した大熊人（天熊とも。⑮108）に賜った。御饗には鵺足持の疹腐も除き癒すとされる七種粥（七草粥とも。正月七日の七草粥の起源）が出された。この七種は、①御形 ②繁蝶 ③板平子 ④鈴菜 ⑤雄蔔 ⑥酢芹 ⑦薺であった。各地に桜場（馬場に桜が植えられたことの起源。桜馬場の地名がある）が完成した。翌月の望（十五日）に高木（豊受の孫、振麻呂とも。天照の日高見遊学の時の近習。後第七代高見産霊となる）が、黄金蹄の黒駒を曳いて奉る。天照はこの駒に乗り、近江・日高見・原見の三つの壺、それに豊受を祀る真名井の朝日宮に屡々御幸し祭政を聞し召された。この時は空に曇りは無くすべて晴天であった。年経て後に覆覆杵の御幸に、秀真の新治である乗馬法を召せば――

⑲1-2 ⑲1-2 ⑲1-2 ⑲1-3 ⑲1-3

19109
尾走が　技を受けたる
高彦根　地道は易く
荒厳の　技は得難き

19110
百千度　調え錬りて
これを得る　まず知る馬の
あらまし説かん

19111
日高見は　四肢逞しく
緩やかで　漸一年に
乗り馴るるなり

19112
筑紫の馬は　健かに
緩く馴るるも　年半ば
馳せ厳駆けも　中馴れや

19113
越の馬　馴れと急ぐは
怪し有り　南小さく
年馴れ早し

豊受の孫で乗馬法に熟達、天照から尾走、また、稜威の称名を賜った三笠彦から技を習得した高彦根が、地道は容易であるが荒乗、厳乗は難かしく百度千度も重ねてこれを得たもので、吾の知り得た馬のあらましの特徴を説きましょう――。

まず、日高見（東北）の馬は四肢が逞しいが気性は緩やかで、調練すれば一年位で乗り馴らすことができる。筑紫（九州）の馬は健やかで、緩く馴れるも半年位、馳せ、厳駆けも半ばぐらいは馴れる。越（越後）の馬は逗しく、馴らすことを急ぐのは怪しいものだ。南方の馬は体が小さく、おだやかで、すなおだから馴らしやすく年内には早々と馴らすことができる。

⑲1-3　⑲1-3　⑲1-4　⑲1-4　⑲1-5

19114
強き弱きも 品種により
毛色に分かつ 善し悪しも
育ちによりて 品変わる

19115
馬用いるは 稲虫か
火水の為せる 災いも
早乗り為して 除くなり

19116
若し法犯す 者有れば
手には剣を 持つ故に
轡の綱は 明妙

19117
絹は用いず 縮み布
縮める木綿で 八咫二つ
その※七寸を 輪に結いて

19118
手付きを腰に 挟み帯ぶ
手綱を引く 斯く腰使う
この二筋を右左

馬の強い弱いは品種(血統)に因るところが大きいが、毛色により分ける善し悪しも、産地など育ちによって品も変わってくる。馬を用いるのは稲虫の発生や火災、水害の発生など緊急時には早乗りをして、被害の拡大を防ぐ。もしも、法を犯す者が出た時は、早駆で手には剣を持つ故、轡の綱は明妙でなければならない。この明妙の生地には絹は用いず、伸び縮みに弾力性のある木綿で、八咫二本、その両端の七寸の承鞚を輪に結い本来手に持つ手付を両の腰に挟み帯びる。手綱を前に引くには後左右に腰を振ることにより二筋の綱を前後左右に自由に操る。

※七寸 みづつき。広辞苑〈**みずつき【承鞚・七寸・水付】**①轡の部分で、手綱を結びつける引手。みずき。②手綱の両端〉

立聞
鏡板
遊輪
承鞚
馬銜
承鞚

⑲1-5　⑲1-6　⑲1-6　⑲1-6　⑲1-6

19119 腰の捻りに　綱を引く
馬の心に　応えてぞ
妙なる技を　為す譬
⑲1-7

19120 天地繋ぐ　中串の
息に月日の　長短
春秋となす　御祖神
⑲1-7

19121 斯く腰使う　明かる妙
術を思わば　鞍敷きて
足取りを見て　後に乗る
⑲1-7

19122 地道の鐙　鉄作り
駆けは麻差しの　釣り縄も
五寸短く
⑲1-8

19123 地道には　腹帯五つ指
通る程良し　厳駆けは
腹帯緩めず　些と締めて
⑲1-8

腰の捻りによって手綱を引く、これは馬の心に応えたものであるぞ。この妙なる技をなす譬——これは、ちょうど天地を繋ぐ中串の息遣いに月日の長短があって、これにより春夏秋冬季節の変化をする。これは御祖神の御心に適ったもので、このように腰を使う呼吸を明妙と言う。この微妙な術を思うならば、まず鞍を敷き足取りを見て、その後に乗るものである。地道の鐙は鉄作りがよく、駆けは麻差の吊縄も五寸短く、地道には腹帯五指通るほどが良い。厳駆は腹帯緩めずわずかに締めて——

鐙（広辞苑第七版より）

19124
下鞣絆　胸懸いも
四緒手に副えて　轡綱
輪に結い両手に一貫間

19125
照妙は　六咫の七寸
左右の輪に結いて仲持つ
明妙と　貫間を兼ぬる

19126
ここに御孫の　地道乗
年重ね　技得給えば
稜威の璽を　賜いけり

19127
高彦根には　二荒の
璽賜えば　子も孫も
馬の公なり

19128
薬には　人参　駒瓢
豆葉子ぞ　如月シヱに
祭る乗馬弓　習う頃かな

※如月シヱ　きさらぎシヱ。二月にシヱのつく五日。広辞苑では〈**はつうま【初午】**二月の初めの午の日。京都の稲荷大社の神が降りた日がこの日であったといい、全国で稲荷神社を祀る。蚕や牛馬の祭日とする風習もある〉**※三午**のもと。

下鞣の絆(絆は紲とも当てられる。引綱のもと)胸懸も四緒手に副え轡綱の一丈六咫の中程を絆に副えて轡の輪に結う端を真手(左右の手。両手。もろて)に持つのが徒走のない一貫間である。照妙は丈六咫のその七寸を左右の手の輪に結い、明妙と貫間を兼ねる——これが、照妙である。御孫瓊瓊杵の地道乗は、年を重ねて術を得たので、稜威の璽を賜ったのである。高彦根には二荒(音読のニコウを日光としたもと)の璽(免状・御墨付)を賜ったので、子も孫も、代々馬の君である。薬には人参、駒瓢、豆葉子がよい。如月シヱに祭る乗馬弓(**153**頁囲み参照)を習う頃(三午のもと)である。

※三午　キシヱ=甲午・ツシヱ=丙午・ヲシヱ=戊午の初午・中午・末午。外にサシヱ=庚午・ネシヱ=壬午があり、各頭の五音「キツヲサネ」は「東西央南北」である。

⑲1-9　⑲1-10　⑲1-11　⑲1-11　⑲1-12

桉の二十
皇御孫十種得る綾

2001 二十六鈴　十六枝四十一穂
年キヤヱ　弥生春日の
年老いて　祭政休まん

2002 辞意に　天照らします
忍穂耳　皇子は奇玉
※火明　諱照彦

2003 降さんと　父自らの
告げ文を　香具山牡鹿に
奉る　文に申さく

二十六鈴十六枝四十一穂（前一一七七年）キヤヱ（四一番）弥生（三月）に、中国（近畿）の国守春日殿（興瓊産霊・天照神の従兄弟）が老齢となり祭政を辞任したいというので、日高見で神の世第二代を嗣いでいた天照らします忍穂耳（忍仁）皇子は長男の奇玉火明諱照彦を下そうと香具山牡鹿（勅使）をして父（忍仁皇子）自らの告文を伊勢の天照大神に奉った。その文に申すには――

⑳1　⑳1　⑳1

2011※天下り（前1177年）
2026※日高見を出て斑鳩へ
火明　諱照彦（天照の孫
忍仁の子・瓊瓊杵の兄）
八房手車引手25人
先駆り乗馬32人
物部5組25人
宮造五伴5人
総勢864人

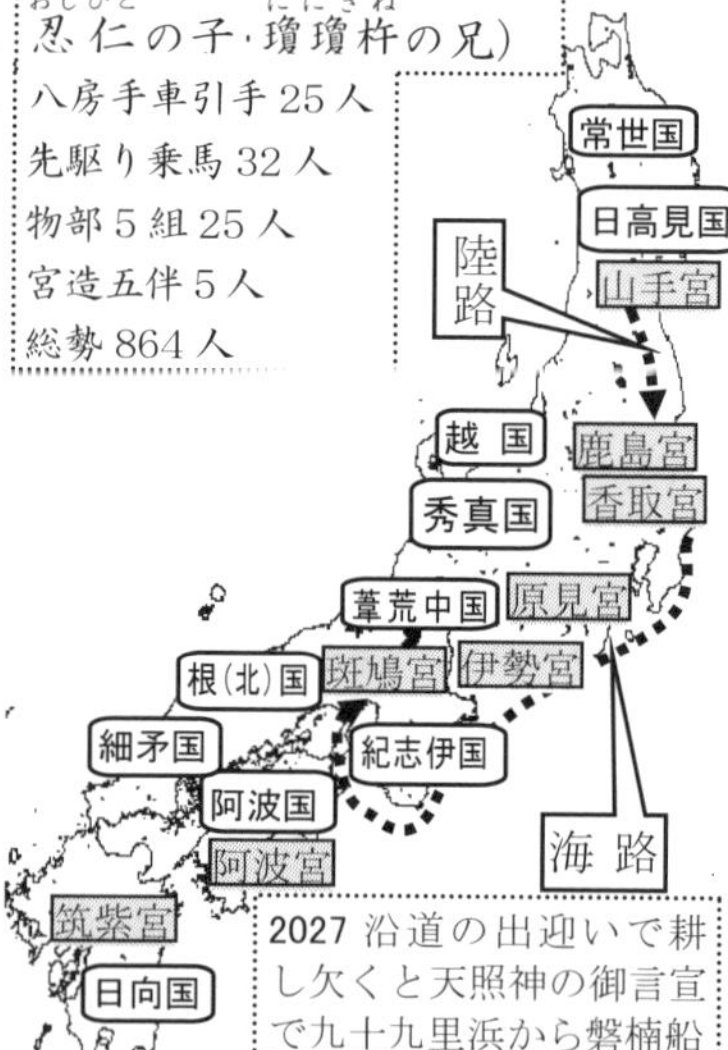

2027 沿道の出迎いで耕し欠くと天照神の御言宣で九十九里浜から磐楠船

2011 天下り（㉙2952 も参照）

2004
自らが　葦原国を
治めんと　装う間に民
集まりて　直止どむ故

2005
照彦を　下すべきやと
伺えば　伊勢の御神

2006
聞し召し　ここに外祖の
天津神　高見産霊の
高杵が　照彦皇子に

2007
※十種宝を　授けます
沖津鏡と　経津鏡
叢雲剣　生成玉

2008
魂返玉　千足玉
道明かし玉　大蛇肩布
羽蜂血脈肩布　木葉肩布
この十種なり

【古事記での天降り】上つ巻 邇邇芸命 3天孫降臨〈故ここに天津日子番能邇邇芸命に詔りたまひて、天の石位を離れ、天の八重雲を押し分けて、筑紫の日向高千穂のくじふる嶺に天降りまさしめき〉注 天降ったのは邇邇芸命とある。

忍穂耳自らが行って葦原中国を治めようと準備している間に民が集まって直止どめる故に、長男の照彦を下してはどうかと伺ったところ、伊勢の御神が聞し召され、許すとの返事が勅使(牡鹿)の香具山祇(大山祇の子)によってもたらされました。

ここに外祖(忍穂耳の子照彦の后栲機千乳姫の父)で天津神の第七代高見産霊諱高杵が、照彦皇子に十種宝を授けた。

①沖津鏡　②経津鏡
③叢雲剣　④生成玉
⑤魂返し玉　⑥千足玉
⑦道明かし玉　⑧大蛇肩布
⑨羽蜂血脈肩布　⑩木の葉肩布

この十種であった。

※十種宝　広辞苑では〈**とくさのかんたから【十種神宝】**旧事紀(先代旧事本紀)で饒速日命がこの国に降った時、天神が授けたという10種の宝。…〉注 内訳は秀真伝と同じ。

⑳2　⑳2　⑳2　⑳3　⑳3

2009
痛む事 有らば一二三四
五六七八九 十まで数えて
振え唯 揺ら揺ら振え

2010
斯く為せば 既に罷るも
甦る 振る祈詞言ぞと
御言宣

2011
※天下り 中国の神
拒まんを 防ぐ伴神
香具太玉等

2012
香具山は 山祇の二子
太玉は 皇産霊の三子
児屋根とは 春日殿の子

2013
櫛玉は 皇産霊の四子
道根とは 神皇産霊の曾孫
神玉は 山祇の三子

※天下り 160頁の地図および164頁の囲みも参照。

〔**補注**〕〔**記紀での天下り**〕『**古事記**』上つ巻邇邇芸尊３天孫降臨〈故ここに天津日子番能邇邇芸命…天の石位を離れ、天の八重たな雲を押し分けて…筑紫の日向の高千穂のくじふる嶺に天下りまさしめき〉『**日本書紀**』巻第二 神代下第九段〈時に、高見産霊尊、真床追衾を以て、皇孫天津彦彦火瓊瓊杵尊に覆ひて…天磐座を離ち且天八重雲を排し分けて、日向の襲の高千穂峰に天降ります〉

痛むことがあったら一二三四五六七八九十まで数えて振え、ただ揺ら揺ら振え、こうすれば、既に亡くなった者も、甦る、振る祈詞言ぞ——と、御言宣なされました。

⑳3　⑳3

いよいよ首都から地方への天下りです。中国の神たちには拒む者もあろうことに備え、これを防ぐ伴神として香具太玉等

⑳4

①香具山祇は天照神の后瀬織津姫の兄の大山祇の次男。②太玉は皇産霊の三男。③天児屋根とは春日殿の子。

⑳4

④櫛玉は第七代高皇産霊高木の四男。⑤道根とは第六代高見産霊八十杵(神皇産霊)の曾孫。⑥神玉は大山祇の三男。

⑳4

2014
椹野は　赤土の孫
糠戸々は　鏡造の子
明玉は　玉造の子ぞ

2015
叢雲は　道根が弟
鈿売彦　御食持の孫
神立は　子守の初子

2016
天御影　直杵の御子
宮津彦　金析の三子
世手彦は　子守の四つ子

2017
天戸間見　額直の御子
天背尾は　神皇産霊の玄孫
玉櫛は　背男の従兄弟ぞ

2018
湯津彦は　椹野の弟
神玉は　玉櫛の弟
三次彦　神玉の弟

〔補注〕**〔先代旧事本紀での天降り〕**巻第三 **天神本紀** 〈…天照国照彦天火明櫛玉饒速日尊(あまてるくにてるひこあまのほのあかりくしたまにぎはたひのみこと)を誕生す。時に、正哉吾勝々速日天押穂耳尊(まさかあかつかちはやひあまのおしほみみのみこと)、奏して曰さく。「僕将に降らんと欲ひ、装束ふ間に生れし子あり。此れを以て降すべし」とまうす〉。以下、防衛三十二人の構成等は秀真伝と同じであるが、出発点は無く「天の磐船に乗りて河内の国哮峰に天降りまし」と、また「香具山は　山祇の二子」を「天香語山命　尾張の連らの親」としているので、後世の、それも漢字導入以降の古事記・日本書紀編纂の後の記述であることは明らかといえます。

⑦椹野は赤土(筑紫)の孫。
⑧糠戸々は鏡造の子。
⑨明玉は玉造の子ぞ。

⑳4

⑩叢雲は道根の弟。
⑪鈿売彦は御食持の孫。
⑫神立は子守の初子(長男)。

⑳5

⑬天御影は直杵(天照と速開津姫の子)の御子。⑭宮津彦は金析の三男。⑮世手彦は　子守の四男。

⑳5

⑯天戸間見は額直(天照と豊姫の子)の御子。⑰天背尾は神皇産霊(八十杵)の玄孫。⑱玉櫛は天背男の従兄弟。⑲湯津彦は椹野の弟。

⑳5

⑳神玉は玉櫛の弟。
㉑三次彦は神玉の弟。

⑳6

2019 天日御玉 高木の四つ子 千速彦は 世手の弟五子 八坂彦 子守の八つ子 ⑳6

2020 伊雑玉 角凝の子ぞ 五十研丹穂 思兼の子 活玉は 高木の五つ子 ⑳6

2021 少彦根 彦名の子なり 事湯彦 原杵の御子 上春は 八心の子 ⑳6

2022 下春は上春の弟 天与御玉 高木の七子 総三十二 皆乗馬で ⑳7

2023 守り行く 皇子は八房の 鳳輦車 二十五の引手を 五つ伴の ※宮造守る ⑳7

広辞苑〈**あまくだす【天降す】**《他四》天上からこの国土にくだす。祝詞、大祓詞「―し依さし奉りき」〉〈**あまくだる【天降る・天下る】**《自五》①天から国土にくだる。万一八「…」②官庁の幹部や上位組織の者が退職後、関連企業や団体の高い地位に就く〉

㉒天日御玉は高木の四男。㉓千速彦は世手彦の弟五男。㉔八坂彦は子守の八男。㉕伊雑玉は角凝の子。㉖五ト研丹穂は思兼の子。㉗活玉は高木の五男。㉘少彦根は少名彦名の子。㉙事湯彦は原杵(天照の道子との子)の御子。㉚上春は八心の子。㉛下春は上春の弟。㉜天与御玉は高木の七男。以上総員三十二人は皆馬に乗って、守り行く。皇子火明は八房の鳳輦車に乗り、これを二十五人の引手が引き、五人の宮造が守った。

※**宮造**は「秀真伝」で、いわば現代の皇宮警察。「国造」とは別(㉓193参照)。『古事記』、『日本書紀』では「宮造」は無く、「国造」を「クニノミヤツコ」と訓読している。**広辞苑**では〈**くにのみやつこ【国造】**(「国の御奴」の意)古代の国の世襲の地方官。ほぼ一郡を領し、大化の改新以後は多く郡司となった。大化の改新後も一国一人ずつ残された国造は、祭祀に関与し、行政には無関係の世襲の職とされた〉→〈**みやつこ【造】**(「御奴」の意)古代の姓の一つ。朝廷または地方で各種部民を統括した伴造が称した姓。八色姓の制定に際して、その主なものは連と賜姓された〉

2024
天津麻良(あまつまら) 神皇(かんみ)の玄孫(やさこ)
赤麻呂(あかまろ)は 筑波曽蘇(つくばそお)の子(こ)
赤浦(あかうら)は 塩守(しほもり)の二子(ふこ)

2025
真占(まうら)とは 山祇(やますみ)の五子(ゐこ)
赤星(あかほし)は 勝手(かって)の弟(おとと)
この五人(ゐたり) ※大物主(おおものぬし)は

2026
五(ゐ)つ組(くみ)の 物部(もののべ)二十五(ふそゐ)
引(ひ)き添(そ)うて 総八百六十四(すべやもむそよ)
日高見(ひたかみ)を出(で)て 鹿島宮(かしまみや)

2027
その沿道民(みちたみ)の 出(い)で迎(むか)え
耕作(たがやし)欠くと 聞(きこ)し召(め)し
伊勢(いせ)に侍(はんべ)る 皇子(みこ)の弟(おと)

2028
清仁(きよひと)に神(かみ) 御言宣(みことのり)
汝(なれ)と手力(ちから)と 早船(はやふね)に
行(ゆ)きて磐船(いわふね) 勧(すす)むべし

①天津麻良は神皇産霊(かんみむすび)の玄孫。②赤麻呂は筑波曽蘇の子。③赤浦は塩守の二男。④真占は桜内(さくらうち)の子の大山祇の五男。⑤赤星は勝手の弟。五伴(ゐつとも)の宮造は、この五人。大物主奇彦(くしひこ)(大己貴と天照の子の竹子(たけこ)との子)は五人一組で五組の物部二十五人引き添い総勢八百六十四人、日高見を出て鹿島宮へ向かった。

⑳8 ⑳8 ⑳8

※大物主「おおものぬし」は「物部」を統括する役職名で、ここでは第二代奇彦。初代は天照の弟素佐之男の子の大己貴。奇彦は三輪山の洞に豊受法で神上がりした。三輪山自体が禁足地で、本殿は無い。**広辞苑**では〈**おおものぬしのかみ【大物主神】**奈良県大神神社の祭神。蛇体で人間の女に通じ又祟神としても現れる。一説に大己貴神(大国主命)と同神〉

沿道民は出迎(いでむかえ)で耕作に支障があると聞召し(きこしめし)伊勢に侍る皇子火明(ほのあかり)の弟清仁(瓊瓊杵(ににきね))に天照神の御言宣「汝と手力男、早船で行き陸上を避け海路を磐楠船(いわくすふね)で進むべし」が下された。

⑳9 ⑳9

2029 依りて御孫と　手力男
鰐船に乗り　上総の
九十九に着きて　香取宮　⑳9

2030 火明　真占を召して
占問えば　真占太占
アキニ取る　東風に氷も解け　⑳10

2031 罪逃がる　今春なれば
西の空　民疲れ無し
吉吉と　御言定まる　⑳10

2032 瓊瓊杵と　手力男と行く
日高見の　君を拝みて
由を告げ　伊雑に還る　⑳10

2033 時に皇御子　磐楠の
船を設けて　麻良が叔父
天津羽原を　船長に　⑳11

よって御孫の瓊瓊杵と甥の手力男(天照の姉若姫と思兼の子)が鰐船(早船)に乗り上総の九十九に着き、香取宮で天照神の神言を宣った。そこで瓊瓊杵の兄皇子火明が、真占を召して占わせたところ、真占は、アキニを取った。アキニは太占の三番で「アキニとは、東風に氷も解け罪逃がる。嗣ぐ御心の春ぞ来にける」とあり、「今春なれば西の空は民疲れ無し、吉吉」と、火明皇子の御言が定まった。瓊瓊杵と手力男は日高見に行き忍仁君を拝んでこの由を告げ、天照神の坐す伊雑宮(志摩郡磯部町)に還り返言(返事)をした。そこで皇御子火明は、磐楠の船を設けて麻良の叔父天津羽原を船長(船長)に——

2034 麻良は舵取　赤浦を
船子司に　赤麻呂と
赤星物部　副水夫に

2035 真占は風見　九十九より
伊豆の岬に　帆を上げて
沖走る目は　大空を

2036 遥かに駆けり　三熊野の
宮居拝みて　浪速より
鴨船にて到る　斑鳩の

2037 天の磐船　大空を
駆けり巡りて　里の名も
※空見つ大和

2038 斑鳩の　宮に遷りて
その明日か　烏飛ぶ見て
宮遷し言う

※広辞苑〈かこ【水夫・水手】(「か」は「楫」、「こ」は人の意)船をこぐ者。ふなのり。すいふ。万四「朝なぎに―の声呼び」〉※九十九　つくも。広辞苑では〈つくも【九十九】→つくもがみ【九十九神】老女の白髪をいう。伊勢物語の歌「百年に一年足らぬ―我を恋うらし面影に見ゆ」から、ツクモはツグモモ(次百)の約で、百に満たず九十九の意と見、それを百の字に一画足りない「白」の字とし、白髪にたとえたという〉※斑鳩　いかるが。神の世第二代忍仁の長男(瓊瓊杵の兄)照彦が日高見から下り最初に宮をつくった所。広辞苑では〈いかるが【斑鳩】②聖徳太子の斑鳩宮のあった所。今、奈良県生駒郡斑鳩町。法隆寺がある〉※空見つ大和　そらみつやまと。広辞苑〈そらみつ《枕》「やまと」にかかる。そらにみつ。万一「―大和の国は」〉

麻良は舵取、赤浦を船子司の水夫長に、赤麻呂、赤星物部を副水夫長にした。真占は風見(風の向きと強さを見る)を　⑳11

担当し、九十九(千葉県東南部九十九里浜)より伊豆の岬に帆を上げて沖を走る姿は、見る目で大空を遥に駆ける　⑳11

ようだった。曾祖母伊佐那美を祀る三熊野の宮居を拝み、浪速より櫂で鴨船で到る。斑鳩の峰から鳥が白庭山　⑳11

の方に飛ぶのを、天の磐船が大空を駆け巡るのに見立てて、里の名も空見つ大和国と呼んだ。　⑳12

菅田姫を后に入れ葛掻の琴で歌詠みを楽しんだ。その明日か白庭山に鳥の飛ぶのを見て宮を遷すと言い出した。　⑳13

2039
時に児屋根は　早かれと
大物主も　留どめける
太玉は　君の思すと

2040
香具山も　飛鳥遷せば
良き例し　既に窮まる
一年も経ず　物主怒る

2041
世の恥は　汝の心
穢れより　君肖らば
吾は居られず

2042
茜炎に　罪すとも
丸鉄食めど　穢れ得ず
斯く言いて　物主帰る

2043
諸諂り　終に遷して
飛鳥川　郭に掘りて
禊為すかな

※肖らば　あやかるならば。広辞苑〈**あやかる**【肖る】《自五》②感化されて似る。物に感じてそれと同じようになる。特に幸せな人に似て自分も幸福を得る〉※丸　まろ。広辞苑〈**まろ**【丸・円】（マルの古語）まるい形であるさま〉

その時に、天児屋根は「早かれ」（早枯れに掛けたか）と諫言し、大物主奇彦も「思い止どめ」させようとしたが、太玉は、「君の思すを止どめんか」と君を支持し、香具山も「熊野なる飛鳥へ遷せば良い例となろう、既に決まったこと」と言った。 ⑳13 ⑳14

大物主奇彦は「一年も経ないうちに」と怒り、「世の恥は汝の心、穢れより君肖るならば吾は居られず。茜炎の（焼きごてを当てる）罰に処せられようとも丸鉄食めども穢れの中で一緒にいることは得ず」と、日高見山手宮の忍仁のもとへ帰った。 ⑳15 ⑳15

その後、斑鳩宮では諸神が諂り終に飛鳥に宮を遷した。飛鳥川の水を引き飛鳥宮に郭を掘り、照彦君は禊をした。 ⑳15

梭の二十一

新治宮法定む綾

2101 二十六鈴 十七枝二十三穂
弥生初日 清仁皇子の
※御言宣 大物主が

2102 祖の国 出雲八重垣
法定む その元法は
先神の 功なれば

2103 吾も事 立てんと四方を
巡るうち 良き野を得たり
ここに居て 田を開かんと

> **※御言宣** みことのり。広辞苑〈**みことのり【詔・勅】**(「御言宣」の意) 天皇のことば。おおせ。おおみこと。詔勅。勅諚。勅命。文書上の規定では「詔」の字は臨時の大事に用い、「勅」は尋常の小事に用いる(令義解公式令)など諸説がある。継体紀(前田本)院政期点「宣御宣(ノリ)なせそ」〉

二十六鈴十七枝二十三穂(前一一三四年)弥生初日(三月一日)に清仁(瓊瓊杵)皇子の御言宣―「初代大物主大己貴(諱奇杵)が祖(素佐之男)の国の出雲八重垣の法を定めた。その元法は、先神(大己貴)の功なれば、吾(瓊瓊杵)も事を立てようと四方を巡るうちに良き野をみつけたので、ここに居て田を開こうと思う」。

㉑1 ㉑1 ㉑1

2104 先ず建つる　名も新治宮
太占に　宮造法
定めよと　物主受けて
㉑1,2

2105 法定む　木を伐るキヤヱ
手斧初め　石据えネシヱ
柱立て　中隅柱
㉑2

2106 南向き　北東西
巡り立つ　門涸羅生門
中隅に　依りて定むる
㉑2

2107 棟上げは　ツアヱに祝い
赤強飯　弓矢を添えて
餅三百六十六
㉑3

2108 五臓の五　年徳玉女
六腑の七　皆一夜神酒
菜を振るなり
㉑3

先ず建てる。その名も新治宮（茨城県土浦市旧新治村か。同県石岡市との説も）。太占に宮造法を定めよ—とある。物主（奇彦）が受けて、これを次のように定めた。まず、杣（樵）に木を伐らせるのはキヤヱ（ほつま兄弟四一番、干支甲辰）の日が良い手斧初め。ネシヱ（一九番、壬午）に石を据え、柱立手車は最初に中隅柱を南向き、続いて北東西を順に巡り立てていく。門涸羅生門（羅生門のもと）の中、隅の順に立てる。棟上げはツアヱ（一三番、丙子）に祝い（上棟式の起源）、赤強飯を十三膳、天日月八膳を棟に据え、餅三百六十六個（後でこれを撒く）、弓矢（上棟式に弓矢の始まり）を添えて祀る。五臓の五膳、年徳玉女と六腑の七膳。皆に一夜神酒と菜を振る舞う。

2109　棟と柱根　槌を打つ　時に匠は　ムの手結目

2110　その祝詞言は　天地の　開く室屋の　神在れば　主長かれと

2111　餅投げ散らす　前に宮場に　※土公在り　炎を吐きて　民恐る

2112　穴に憂うる　人成し給え　八将神　共に生島　足島と　中柱の根

2113　四方も守れよ　春竈　九咫底に在り　南を向きて　東枕に伏せ　夏は門　三咫底に在り

※なまこ　広辞苑〈**なまこひき【海鼠曳き】**東北地方で正月に行う行事。子供たちが「もぐらどん内にか、なまこどんのお通りだ」などと、唱えながら海鼠を縄の先に結んで、屋敷の周囲や田畑などを曳いて回る。もぐらひき〉

棟と柱根を槌で打つ。時に匠(棟梁)はムの手結目。その祝詞言は「天地の開く室屋の神在れば、疾病は弱かれ、主は長かれ」と餅を投げ散らす(上棟式に餅播きをする始まり)。前に宮場に土公あり、餅海鼠(なまこ)※に似て炎を吐く。民等恐れてこれをすると告げる。物主問えば答え言う。穴に住むを憂えている、人に成し給え。八将神を生み御竈守。兄弟の生島・足島と神名を賜われば柱根抱え四所を守り、吾が新治の新屋建つ。春は竈の九咫底に在り、南を向き東枕に伏せ、夏は門の三咫底に在る。

ムの手結目イメージ

※土公　おごろ。広辞苑は〈**どくじん【土公神】**陰陽道で土をつかさどる神。春は竈に、夏は門に、秋は井に、冬は庭に在ってその場所を動かすことを忌む〉

2114
北(ね)に向(む)きて　西枕(つまくら)に伏(ふ)せ
秋(あき)は井戸(ゐど)　七咫底(なたそこ)に在(あ)り
東(き)に向(む)きて　南枕(さまくら)に伏(ふ)せ
㉑6,7

2115
冬庭処(ふゆにわと)　一咫底(ひたそこ)に在(あ)り
西(つ)に向(む)きて　南枕(さまくら)に伏(ふ)せ
腹背首(はらせくび)　足(あし)に従(したが)う
㉑7

2116
石据(いしす)えに　土公(おごろ)の神(かみ)と
名(な)を給(たま)う　代々(よよ)座摩(いかす)りて
新屋(あらや)守(も)る哉(かな)
㉑7

2117
瑞垣(みづがき)を　年(とし)四(よ)つに分(わ)け
門(と)は十日(とうか)　一方(ひかた)の九門(こかど)
※丹闇斑(にがまだら)　一二三(ひふみ)に印(しる)す
㉑8

2118
南(さ)の東(き)より　暁(あかつき)の天(あ)は
丹(に)の宝(たから)　天(あ)は丹(に)の光(ひかり)
南(さ)の九門(こかど)これ
㉑9

北に向いて西枕に伏せ、秋は井戸の七咫底に在り。東に向いて南枕に伏せ、冬は庭処(にわと)の一咫底に在り。西に向いて南枕に伏せ、腹背首足に従う。石据え(礎のもと)に敷きます床を摩座(いかすれ)と土公(土竜)の神と名を賜わる。代々座摩りて新屋を守る哉。瑞垣を年四つに分け、門は十日、一方の九門に丹闇斑の別を一二三に印す。南の東より暁の天は丹の宝。暗闇(くらやみ)の天は闇(やみ)に病める。明らかの天は丹の宜し。星照(ほしてる)の天は丹の光、南の九門はこれ。

※瑞垣九門丹闇斑図(みずがきこかどにがまだらず)

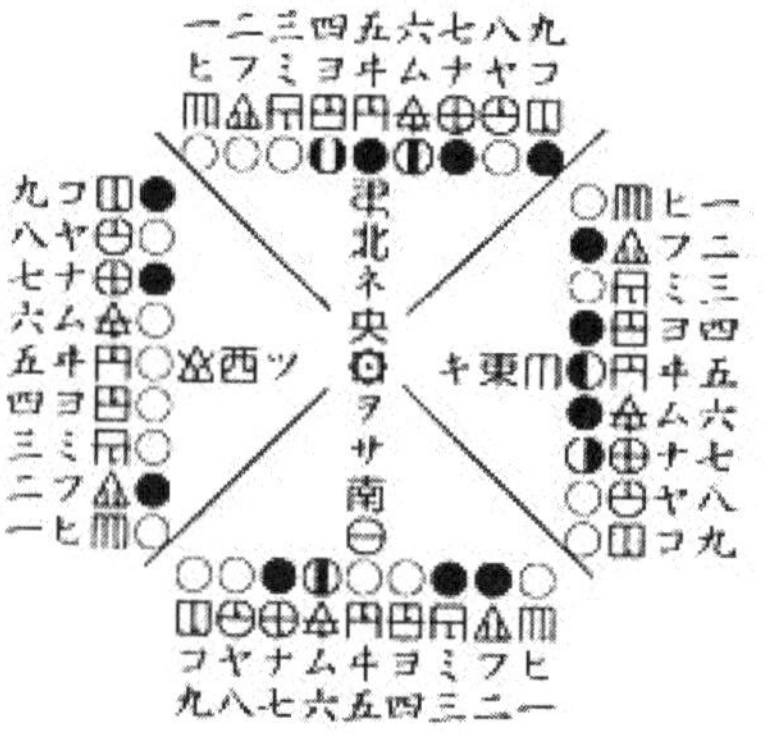

2119
西は南より　明らかの天は
※丹の宜し　天は闇に消ゆる
西の九門これ

2120
北は西より　巡る日の天は
丹も巡る　天は闇の咎め
北の九門これ

2121
東は北より　栄えるの天は
丹の栄え　天は北の宜し
東の九門これ

2122
東西央南北　央は内を守る
常立の　年徳玉女神
門の高屋に　八将神

2123
祀るは民の　涸羅生門
稚櫛窓と　豊窓と
常に守りて　鶏を飼う

西は南より、明らかの天は丹が宜しい。暗闇の天は闇に病める。光を得るの天は丹の御宝。暁の天は丹の宝、明るさの天は丹の命。曙の天は子の宝。西の九門はこれ。北は西より、巡る日の天は丹も巡る。朧夜の天は中暗し。戸惑いの天は闇に苦し。干乾くの天は闇の咎め。北の九門はこれ。東は北より、栄えるの天は丹の栄え。黄昏の天は闇に敗る、照折の天は斑枝。明らかの天は北の宜し東の九門はこれ。

東西央南北、央は内を守る常立の子の年徳玉女神五臓六腑を生み上げる。天より降す日読み神。

○ 丹（に）
● 闇（か）
◐ 丹斑（にのまだら）
◐ 闇斑（がのまだら）
◑ 丹闇斑（にがまだら）
◐ 闇丹斑（がにまだら）

※丹闇斑図（にがまだらず）
暦注六輝のもと。

新治の門の高屋に八将神、祀るは民の涸羅生門（羅生門）、稚櫛窓と豊窓が常に守りて鶏を飼う。

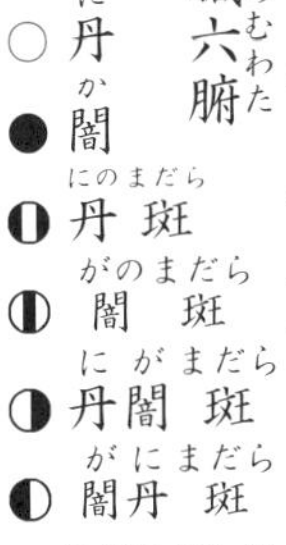

㉑10　㉑11　㉑12　㉑13　㉑1

2124
長が奢れば　民疲る
共に乱るる　鶏の関※
乱れ痛めば　人も知る

2125
鶏は　光を受け鳴きて
告天光得ず　来ぬ光を乞えば
※来光乞うと鳴く

2126
労わりを　知らねば神は
取り入ぬぞ　秀真を嘗めて
鳥居なりける

2127
屋造りの　元は常立
〔ム〕手結び　後〔ヤ〕手結び
今の宮成る

2128
木は逆しまに　頭下
若し柱　接がば下接げ
上は根ぞ　根は断ち接ぐな

※関　広辞苑〈とき【関】①合戦の初めに全軍で発する叫び声〉

※来光乞う　コカコウ。鶏の鳴き声コケコッコウのもと。

長が奢れば民が疲れる。その時は共に乱れる鶏の関（一斉に叫ぶ鳴き声）が乱れ痛めば人も知る。太占見れば方（どの地方か）を知る。
㉑14,15

司を代えて涸れを解く。鶏は光を受けて鳴き告天光得ず。来ぬ光を乞えば来光乞うと、
㉑15

鳴くは素直や明方来れば明方掛け鳴くぞ烏だも、良き気を受けて喜べり。憂えて憂う己が光を告げず揺らすは烏なり。労わりを知らねば神は取り入（鳥居）ぬぞ。秀真を嘗めて鳥居なり。
㉑16

南の御門（羅生門）の柱は三十寸、幅三丈、高さも三丈、桁の上六咫は年数、太さ月、丸桁共に屋造りの元は常立〔ム〕手結び、室屋造りて民を生む。後、〔ヤ〕手結び今の宮なる。
㉑17

大国主の考えは木は逆しまに頭を下に。若し柱を接がば下接げ、上は根ぞ。根は接ぐな。
㉑18

2129
庇は覆日　東南に差せ
※蔀は臣の　瓊の教え
透るを見るぞ

2130
戸の開閉てに　擦合えば
下を鴫居と　上鴫居
水鳥の　火の鎮めなす

2131
且つ山入りは　ツヱサヱぞ
キヲの二は忌む　ヱトに十六
天明かる日は　万吉

2132
時に君　大物主に
名を賜う　大国主神と
柱名もこれ

2133
新治宮　葺甍まで
皆成りて　君筑波より
遷りて来ます

蔀

※蔀　しとみ。広辞苑〈しとみ【蔀】①寝殿造の邸宅における屏障具の一つ。格子組の裏に板をはり日光を遮り風雨を防ぐ戸。「ひとみ」とも〉

庇は日を覆うためのもので東南に向け、蔀は臣の瓊の教えが徹底しているかを陰から透かして見ることができるぞ。 ㉑19

戸の開閉に擦り合えば下を鴫居(敷居)上を鴫居という。鴫は田の虫を突っつき、戸は渦潮、鳴門(戸)の響きで水鳥の火の鎮なす。 ㉑19

山入りはツ(ミ・ウ・シ・ア・ナ・ヤ)ヱと、サ(シ・ミ・ウ・ヤ・ア・ナ)ヱの日が良い(吉)。キ(〇〇)と、ヲ(〇〇)の二は忌む(凶)。ヱトに十六回、天明かる日(天赦日のもとか)は万良し(大吉)、 ㉑20

時に君瓊瓊杵は、大物主奇彦に大国主神と名を賜わった。柱名の大国主柱もこれである。 ㉑20

(大黒柱のもと)新治宮は、屋根の葺甍までみな完成し、皇孫瓊瓊杵は筑波宮より遷って来た。 ㉑21

2134 大国主の　二十五の物部
膳なす　春日諸共
乗り添いて行く

2135 夜を籠めて　君十里来て
掻き曇り　霹靂雷
垣根を破る

2136 太占に　アコケは仕業
空雷雄神　社拉げと
天の御言宣

2137 時御孫　証捧げて
後乞えど　天将悪しく
許し得られず

2138 日隅君　一度落ちても
忠誠をなす　後事立てん
許し給えや

大国主奇彦の二十五人の物部が膳部を担当し、春日(天児屋根)以下諸共が乗馬で、皇孫瓊瓊杵の御幸に付き添って行った。御一行は夜通しで十里(約二〇キロ位か)来たところで新治あたりはにわかに掻き曇り、霹靂雷が完成した許りの新治宮の垣根を破った。大国主(奇彦)が「渡座を民も祝うに情無」と天に羽羽矢を射ったら級長戸辺が雲を吹き払い、共に宮に入った。太占でアコケの仕業は空雷雄神と分かると、天照神は「情無い。社拉げ(押し潰せ)」との御言宣。その時、皇孫瓊瓊杵が念書を捧げて、後の赦しを乞えども天照神は将色悪しく許しが得られず、再度「日隅君(大己貴)は一度落ちても忠誠をなす。後に事立てん赦し給えや」と。

㉑21　㉑22　㉑23　㉑23　㉑24

2139 大御神《ををんかみ》　赦《ゆる》す御言《みこと》は
ヱトの末《すえ》　八七五隠日《やなゐかくろひ》
東北《きね》の一木《ひとき》を　居社《いやしろ》にせよ

2140 瑞垣《みつがき》を　直《なお》す工等《たくみら》
空雷《うつろゐ》の　社木《やしろき》恐《おそ》る
これ仮遷《かりうつ》し

2141 吾《わ》が民《たみ》を　故《ゆえ》なく咎《とが》む
民《たみ》が田《た》を　肥《こや》し稲穀《ぞろ》植《う》ゆ
固地《こわ》を柔地《にわ》とす

2142 是《これ》により　民治《たみおさ》まりて
六万年《むよろとし》　筑波《つくば》の宮《みや》に
遷《うつ》り坐《ま》し　又六万年《またむよろとし》

2143 二荒《ふたあれ》の　稜威《いつ》の神《かみ》とて
六万年《むよろとし》　経《へ》て又元《またもと》の
新治宮《にはりみや》　事大《ことおお》いなり

天照大御神の赦す御言は「ヱトの末、八《や》 ㉑25
七五隠日空《なゐかくろひうつろ》を守り、東北の一木を居社に
せよ」。大国主奇彦が皇孫に「吾が親の
日隅の君は喜ばし、空雷雄も神の喜び」 ㉑26
と乞うと、「鳴る神の主東北《きね》守る、空雷雄《うつろお》
の大将君《をまさきみ》」と御言宣、年徳《としのり》に社を賜った。
瑞垣を直す工等が空雷雄の東北《きね》の社木《やしろぎ》を ㉑27
恐れた(鬼門の起源)ので、大国主は他の木
に仮遷《かりうつし》をし、「吾が民を故《ゆえ》なく咎《とが》む。民
が田を肥し稲穀《ぞろ》を植え固地《こわ》を柔地《にわ》(庭)と ㉑28
した」と御言宣《みことのり》した。これで民が治まり、
六万年(二〇年)後に筑波宮に遷り坐して
又六万年(二〇年)、二荒の稜威の神とて、 ㉑29
又六万年(二〇年)を経て、元の新治宮に
お戻りになった。この事は真に大きい。

梭(かひ)の二十二(ふそふ)

興津彦火水土(おきつひこひみつ)の祓(はら)い

2201
※御竈(みかまど)の　神(かみ)の※三(み)つ根(ね)の
新治宮(にはりみや)　皇孫(みまこ)渡坐(わたま)し
祝詞中(のとなか)にあり

2202
興津彦(おきつひこ)　赤白黄(かしき)の木綿(ゆう)の
※御幣(みてぐら)に　八百万神(やもよろかみ)の
神集(かみつど)え請(こ)う

2203
高天原(たかまのはら)の　神司(かんつかさ)
天照(あまて)らし坐(ま)す　大御神(ををんかみ)
祝(ほ)ぎ奉(たてまつ)る

※**御竈の神**　みかまどのかみ。広辞苑は〈**かまのかみ**【竈の神】①かまどを守護する神。奥津日子命(おきつひこのみこと)・奥津比売命(おきつひめのみこと)を祀る。のち、仏教を混じて三宝荒神ともいう。かまがみ。かまどがみ〉〈**さんはうこうじん**【三宝荒神】仏・宝・僧の三宝を守護するという神。宝冠を戴き三面六臂、錨の相を示す。近世には、竈の神火除けの神として祀る。荒神〉
※**三つ根**　みつね。竈を守る火・水・土の三つの根本伸。

御竈の神の火水土(ひみつ)の三つの根は、新治の宮に御渡座(みわたま)しの時に宣られた皇孫瓊瓊杵(すめみまごにきね)の御言宣の中にある。それは御竈の守(もり)を賜る興津彦が、赤白黄(かしき)の木綿(ゆう)の御幣(みてぐら)に——

※**御幣**　みてぐら。**広辞苑**〈みてぐら【**幣**】（古くは清音。「御手座」の意）神に祀るものの総称。ぬさ。御幣。幣帛。天武紀下「—を土佐大神に奉る」〉〈**ぬさ**【**幣**】麻・木綿・帛または紙などでつくって神に祈る時に供え、または祓に捧げ持つもの〉〈**ごへい**【**御幣**】幣束の尊敬語。白色又は金銀五色の紙を幣串に挟んだもの。おんべ〉

八百万神の神集えを請う高天原の神司が天照らし坐す大御神を祝ぎ奉るのである。

㉒1　㉒1　㉒1

2204
御竈の祝ぎの　その神は
天地開け　初む時に
国常立の　神孕み

2205
生う日の御名の　東西央南北
五臓の神の　生り出でて
七代の内の　天つ事

2206
祀るトホカミ　ヱヒタメの
八元神の　守らせき
地つ祀りは　東西央南北

2207
室十一神の　守らせき
この故日々の　御竈の
兄弟守神と　称えます

2208
久方の　天照の世に
※日読みの鶏の　光を告げる
年徳神の　生れ坐せる

> **※年徳神**　としのりかみ。初出は⑨189。和歌の神として祀る玉津島神社祭神。広辞苑は〈**としとくじん【年徳神】**暦注で、その年の福徳をつかさどる神。この神のある方角を明(あき)の方または恵方(えほう)といい、万事に吉とする〉

瓊瓊杵の新治宮へ渡座の時の祝詞の中に―御竈の祝ぎのその神天御中主が天地の開け初む時に国常立の神を孕み生まれる日の御名の東西央南北の五神と肝臓・腎臓・心臓・肺臓・脾臓の五臓の神が生まれ出でて、天の世七代の内の天つ事を祀るトホカミヱヒタメ(と・ほ・か・み・ゑ・ひ・た・め)の八元神に守らせた。竪穴住居時代室屋の地つ事の祀りはキツヲサネ(東西央南北)とアミヤシナウ(編み養う)の室十一神に守らせた。この故日々の御竈の兄弟守神と称えます。十干十二支の干支の元となります。久方の(天に掛かる枕詞「久方の―」の起源)天照神の初御世に、日読みの鶏の光を告げる年徳神(後の年徳神)が生れました。

㉒2　㉒2　㉒2　㉒3　㉒3

2209 その十一神を　ヱト守と
編み養うて　八御子生る※
天二神の　御言宣

2210 一兄は空雷　次級長戸
三つは迦具土　四つ罔象女
五つは埴安

2211 六つは稲穀　守る大歳
七名は水の　源繁る
総山祇の　神と生る

2212 八弟の神は　火の鎮め
※龍涛治む　龍田姫
暦を守る　八将神なり

2213 この神の　常に巡りて
守る故　火水土の触り
無くて治まる

※生る　なる。広辞苑は〈**なる【生る・成る・為る】**《自五》現象や物事が自然に変化していき、そのものの完成された姿をあらわす。❶無かったものが新たに形ができて現れる。うまれでる〉**※龍涛**　たつなみ。津波の古称か。

その十一神(ヤツヲサネとアミヤシナウ)をヱト(兄弟)守と編み養うて八御子(八将神)が生り、これに天二神(天の世最後第七代伊佐那岐・伊佐那美)の御言宣を賜った。　㉒3

一兄は空雷の神、次の名は級長戸の神、三つの名は迦具土の神、四つの名は罔象女の神、五つの名は埴安の神、　㉒4

六つの名は稲穀豊年の主税守る大歳神と称える。七つの名は水の源繁る総山祇の神と生る。　㉒4

八番目の弟の神は火の鎮めと龍濤(津波)を治める龍田姫――と、各々の神が御名を賜わった暦を守る八将神である。　㉒5

この神が常に巡って守る故に火・水・土(「火水土=秘密」にも掛ける)の業(「災」にも掛ける)の障りが無くて世の中が治まる。　㉒5

2214
迦具土(かぐつち)と　埴安(はにやす)※因(ちな)み
土公(おごろ)生(う)む　龍(たつ)成らざれば
底守(そこまも)る神(かみ)

2215
兄弟(ゑと)土公(おごろ)　互身(かたみ)に替(か)わり
終日(ひめもす)に　中(なか)つ柱(はしら)の
根(ね)に住(す)み守(まも)れ

2216
若(も)しも地震(くにゆり)　鳴神(なるかみ)の
障(さわ)る障(さわ)りの　有(あ)らん時(とき)
東北(きね)の一木(ひとき)を　居社(いやしろ)にせよ

2017
叢雲(むらくも)の　若(も)しも光奪(かうば)い
有(あ)らん時(とき)　級長戸(しなと)の風(かぜ)に
押(お)し払(はら)うべし

2218
若(も)し汚焚(おだ)きの火(ひ)　火打改(ひうちあらた)め
清(きよ)き愛宕(あたご)と　※閾(しきみ)より
御竈清(みかまどきよ)く　守(まも)るべし

※因み　ちなみ。広辞苑〈**ちなむ【因む】**《自五》①ある縁によってある事をなす。縁による。つながる。②親しく交わる。特に、男女が深いちぎりを結ぶ〉**※閾**　しきみ。広辞苑〈**しきみ【閾】**門戸の内外の区画を設けるために敷く横木〉

迦具土神と埴安女の神が因(ちな)んで数多くの ㉒6
土公(おごろ)を生んだ。龍(たつ)に成りかねたので捨て
られるところを大国主(おこぬし)(第二代大物主奇彦) ㉒7
神の御告げにより、天(あめ)の皇孫(みまご)瓊瓊杵(ににきね)から
御言宣—土公(「土龍」とも当てる)の神よ、 ㉒8
春は竈の九咫(こた)底に在れ。夏は門の三咫(みた)底
に在れ。秋は井の七咫(なた)底に在れ。冬は庭 ㉒9
の一咫(ひた)底に在れ。兄弟(ゑと)土龍(おごろ)が互に身替わ
りし中つ柱の根に住み守れ。もしも地震(くにゆり) ㉒10
鳴神の障る障りの有らん時、東北の一木
を居社にせよ。叢雲にもしも光を奪われた
ら級長戸辺の神が押し払うべし。もしも
火に穢のあった時は迦具土神(かぐつちのかみ)現れ、例え
汚焚(おだき)の斯(か)くやあれ、さらに火打(ひうち)を改めて
清き愛宕(あたご)と閾(しきみ)より御竈を清く守るべし—

2219
若(も)し火災(ひわざ) 有(あ)れば龍田姫(たったため)
鎮(しつ)むべし 井出水守(ゐてみつまも)る
罔象女神(みつはのめかみ)

2220
若(も)し水災(みわざ) 有(あ)るも山祇(やまつみ)
山繁樹(やましげき) 長雨(ながあめ)も耐(た)え
井堰(ゐせき)も守(まも)る

2221
※鑄籠(かなぎ)結(ゆ)い 焚火(たきび)も清(きよ)く
清(きよ)らかに 結(むす)ぶ火水土(ひみつ)の
水清(みづきよ)く 御竈清(みかまどきよ)く

2222
火水土宝緒(ひみつたからを)
胙(ひもろげ)を 捧(ささ)ぐる須恵(すえ)も
清祓(きよはら)いなり

2223
清祓(きよはら)い 火水土(ひみつ)の神(かみ)に
謹(つつし)みて 清(きよ)め給(たま)えと
白(まう)して申(もふ)す

> **※鑄籠** かなぎ。 広辞苑では〈**かがりかご【鑄籠】**鑄に同じ〉〈**かがり【鑄】**①薪を入れ、篝火を焚くのに用いる鉄製の籠。吊り下げるもの、足を組み立ててのせるものなどがある。篝籠。②篝火の略〉

もしも火災のある時は龍田女神が現れて、たとえ炎に徴(はた)るとも龍田(たった)(たった今にかける。すぐ)に鎮め除く鎮むべし。もしも井の水の汲み絶えて御食(みけ)つの障りがある時は罔象女神が現れて井出の清水を潔く改め変えて一向(ひたぶる)に御甕(みかめ)も清く守るべし。もしも水災(みわざ)のある時は総山祇(すべやまつみ)が現れて、仮令長雨溢れても山は繁樹に持ち堪

煮上げる御食の胙(ひもろげ)を捧げる須恵器も清らかにして常に井堰を守るであろう。大歳神(おおとしかみ)と埴安女(はにやすめ)、土竜(おごろ)も共に誓(ちかい)して、鉄籠(かなぎ)結い焚火も清く水清く御竈清く火水土の三つの宝緒の、荒(すさ)み無ければ潔く捧げる須恵(すえ)器も清らかに結ぶのが火水土の清祓い、世継ぎ宝と凄まじく、鎮める誓いの功(いさおし)を悠紀主基埴(ゆきすきはに)の大御神が聞し召される清祓い、火水土の神に謹しんで清め給えと白(まう)して申(もふ)す。

㉒11　㉒12　㉒13　㉒14　㉒14

桵の二十三
御衣定め剣名の綾

2301
天地も　内外も清く
徹る時　三千物部等
※白石に　剣拝みて

2302
物主が　斬るも宝か
故を乞う　時に天照
御言宣

2303
剣の元は　天の矛
国常立の　世には未だ
矛無き故は

2312 ※弥真瓊国 やまとくに。弥真瓊徹る国。広辞苑では **やまと【大和・倭】**（「山処」の意か①旧国名。五畿の一つ。今の奈良県。もとは今の天理市付近の地名。初め倭と書いたが、元明天皇の時、国名に二字を用いることが定められ「倭」に通じる「和」に大の字を冠して大和とし、また「大倭」とも書いた。和州。景行紀「伊勢より―に還りて」②日本国の異称。おおやまと。万一九「そらみつ―の国は水の上は地行くが如く」〉

※白石 しらいし。広辞苑は〈**しらす【**白州・白洲・白沙**】**②邸宅の玄関前または庭などの、白い砂の敷いてある所。太平記一〇「―の上に物の具脱ぎ棄てて一面に並み居て」④(小石が敷いてあったからという)訴訟を裁断し…、法廷〉

天地も穏やかで内外も清く徹り治まっていたある時、天照神の宮の庭先に敷いてある白石(「白州」の起源)に、多くの物部等が集まり宝として伝わる剣を拝み見て、大物主奇彦が「人を斬る器も宝というのはどういう訳でしょうか」と教えを乞うと天照神の御言宣に「剣の元は天の矛であるが国常立の世には未だ矛が無かった。その故は―」と、話し始めた。

㉓①　㉓1　㉓1

2304
素直(すなお)にて　法(のり)を守(まも)れば
矛(ほこ)要(い)らず　心行(こころゆ)き透(す)く
十万万歳(ますよろとし)の　寿(ことぶき)も

2305
大泥煮(うびちに)の　世(よ)は厳(おごそ)かに
飾(かざ)る心(こころ)の　寿(ことぶき)も
百万歳(ももよろとし)ぞ

2306
面足(おもたる)の　民(たみと)利き過(す)ぎて
物奪(ものうば)う　これに斧(おの)もて
斬(き)り治(おさ)むなり

2307
元々(もともと)は　斧(おの)は木(き)を伐(き)る
器故(うつわゆえ)　鉄錬(かねり)に矛(ほこ)を
造(つく)らせり

2308
恐(おそ)るるは　無罪人(なつみと)斬(き)れば
子種(こだね)断(た)つ　実(げ)に慎(つつし)めよ
天(あめ)の神宣(かみの)る

民がみんな素直で、国常立(くにとこたち)の教えの法を守っていたので矛が必要でなかったからです。㉓1

人々の心が行き透き徹り、一万年にもわたり世も平穏に過ごしてきて、初めて妻入れをした天の世四代大泥煮(うびちに)・小泥煮(すびちに)の世になると厳かではあるが、飾る心がでてきた。㉓2

それでも三百余歳の寿命があった。㉓2

それが天の世六代面足(おもたる)・惶根(かしこね)の世になると民が利(と)き過ぎて物を奪う者が現われ、これに斧をもって斬り治めたのである。㉓2

もともとは斧は木を伐(と)る器であるから鉄錬(かねり)に矛を作らせたが、利き者を斬れば世継ぎが無くなる。㉓2

恐れるのは、罪の無い人を斬れば子種を断つことになる。実(げ)に慎めよ——と天の世六代面足が御言宣(みことのり)した。㉓3

2309 二神に 豊葦原の
千五百秋 瑞穂の田あり
汝行き 治らすべし

2310 瓊と矛と 授け賜わる
瓊は璽 矛は逆矛
これを用いて

2311 二神は 自凝終えて
中柱 立てて巡れば
大八洲成る

2312 ※千五百の 葦も皆抜きて
※田と成し民も 賑わえば
弥真瓊徹る ※弥真瓊国

2313 真瓊の教えは 昇る日の
本なる故に ※日の本や
然れど弥真瓊 な捨てそよ

※**千五百** ちゐも。数多くの。広辞苑では〈**ちいほ【千五百】**せんごひゃく。また、数が非常に多いこと。数限りのないこと。記上「吾一日に—の産屋立てむ」。**ちいほあき【千五百秋】**数限りない年月。千秋の五百秋。神代紀「葦原の—の瑞穂の国」〉**※田と成し** たとなし。水田稲作の始まり。西紀前十四世紀。

天の世六代面足が二神(伊佐那岐・伊佐那美)に御言宣「豊葦原の千五百秋、瑞穂の田あり。汝行きて治らすべし」(「天壌無窮の神勅」のもと)とて瓊と矛を授け賜わった。瓊は璽(「秀真文字」で記された「天成道」の教え)「勾玉」はその物実。矛は逆矛、これを用いて二神は自凝を終え、そこに中柱を立てて巡れば大八洲が成った。千五百の葦も皆抜いて田と成し民も賑わえば、弥真瓊徹る弥真瓊国、真瓊の教えは昇る日の本なる故に「日の本」や。だから、これを捨てるようなことがあってはならないぞ。

※弥真瓊国 やまとくに。倭・大和・日本の語源。183頁囲み参照。**※日の本** ひのもと。国号「日本」の起源。広辞苑では〈**にほん【日本】**日本列島からなる国家。神武天皇建国の地とする大和を国号とし、「やまと」「おおやまと」といい、古く中国では「倭」と呼んだ。中国と修交した大化の改新頃、東方すなわち日の本の意から「日本」とかいて「やまと」とよみ、奈良時代以降、ニホン・ニッポンと音読するようになった〉

㉓4 ㉓4 ㉓4 ㉓5 ㉓5

2314
瓊の教え　三つの宝の
その一つ　天成典の
※道奥ぞこれ

2315
又矛も　宝の故は
乱れ糸　斬り綻ばす
器物なり

2316
天の教に　逆らえば
身に受く天の　逆矛ぞ
国乱るれば　田も荒れて

2317
瑞穂登らず　貧しきを
罪人斬りて　耕せば
瑞穂の生りて　民豊か

2318
税豊年　捧ぐれば
八方の賑わい　※田から出る
故に宝ぞ　逆矛も又

※道奥　みちのく。瓊の教え、三つの宝(後世「三種の神器」)の一つ。天成る道の奥義(㉓59参照)。広辞苑では〈**みちのく【陸奥】**(ミチノオクの約)磐城・岩城・陸前・陸中・陸奥五カ国の古称。おく。むつ。みちのくに。現在の東北地方全体〉

瓊の教は、人の中子に相求め一つにし、長く治まる宝である。天日嗣を受ける日の三つの宝のその一つが天成典の道奥である。

㉓6

また、矛も宝の故は、瓊の道に国を治めても、その中に横利きで己が身に合わなければ、道を逆に行く者が出る。これを糾し明かしてその罪を討つ。治める道の乱れ糸を斬り綻ばす器物である。

㉓7

天の教えに逆らえば吾が身に受けるのが天の逆矛ぞ。

㉓8

国が乱れれば田も荒れて瑞穂が稔らず貧しいものを、罪人斬りて耕せば瑞穂が生りて民が豊かとなり税も多く捧げられ、国の八方の賑わいは田から出る。だから宝であるぞ。

㉓8

㉓8

※田から出る　大御田族(百姓・⓪34, ⑲81)の語源。広辞苑〈**おおみたから【大御宝・百姓・公民】**(天皇が宝とされる意とも、大御百族(天皇治下の農民)の意ともいう)天皇の人民。国民。みたみ〉

2319 瓊の道を 受けて治むる 千五百村 瓊の道徹る 豊年の 瑞穂得るなり ㉓9

2320 日頭は 日高見よりぞ 治まりし その安国の 千五百村 みな頭あり ㉓9

2321 今是を 併せて三千の 守治む 天地去りて 遠ければ 私立つる ㉓10

2322 この故に 物部四方に 遣わして 天益人と 副二人 祥禍を数える ㉓10

2323 道立てて 禍の三百六十五 天の道 及べば殺す 道は是なり ㉓10

伊佐那美が曰く「過つなら日々に千頭（人）殺すべし」。伊佐那岐が曰く「麗しや千五百の頭を生もう」とて、生んで教える瓊の道を授けて治まる千五百村。瓊の道が徹る豊年の瑞穂を得るなり。日頭は日高見より治まった。その安国の千五百村には皆頭があり、今これを合わせて三千の守が治めている。天地が分かれ去ってから時代が大きく下った今、私を立てる者（利己）が出てきた。この故に物部を国の四方に遣わした。それは、天益人と副（補助）二人ずつ（検察の起源か）で、祥禍を数える（量刑）道を立てて（立法化し）、天の巡り一周に準えた禍（罪科）三百六十五度の段階が天の道（瓊矛法）で、これに及べば殺す（死刑）の道（刑法の起源）は、これである。

2324
益人が　道を乱れば
罪なるを　祥を得て逃がる
又の禍絶えず
㉓11

2325
終に天より　罪せらる
故禍起こりを　絶やす国
許せば民も　皆奢る
㉓11

2326
これより破垂　現わるゝ
例えば川の　源の
一滴より　流れ増す
㉓12

2327
一人許せば　万群れて
その道悖る　差し置けば
終には四方の　乱れ為す
㉓12

2328
これ源を　糾さねば
大水なして　防がれず
これ知らずんば　治まらぬ
㉓12

もし誤って殺されても仇を罰すれば魂の緒が解け霊が浮かばれると、遍く民に触れを出した。細矛の国の益人が道を乱して罪なるを祥(恩赦)を得て逃がれたが、又の禍(再犯)が絶えず、終に天より罪せられた。故に禍起こりを絶やす国でも、これを赦せば民も皆奢る。これより破垂が現われたのである。例えば川の源の一滴から流れ増し、野田に溢れる人もこれであり、一人許せば万群れてその道を悖るのである。これを差し置けば、終には四方の乱れを為すことになるから、この源を糾さなければ、終には、大水をなして防ぐことができなくなる。これを知らなければ、国は治まらないのである。

2329
吾見るに　人気は変わる
奢り勝ち　減りには難く
故機の　織法定む

㉓13

2330
木綿の幅　経糸八百本
筬四百歯　八十本一読
八本一手　経杭に揃え

㉓13

2331
粗筬に　巻筬に入れ
飾り掛け　陰陽踏み分けて
※梭投ぐる　木綿絹も織る

㉓13

2332
十読物　物主守の
常の衣ぞ　喪には固織
九読物　連値等

㉓14

2333
八読物　村長部臣
常の衣ぞ　喪は八の固衣
七読より　太布は民の

㉓14

吾(天照)が見るのに人の気は変わり易く、奢り勝ちで、減り(倹約)には難しい。故に機織の織法(規・矩)に準えて統治機構を定める。まず、木綿の幅は、経糸八百本、筬四百歯、八十本を一読の八本一手とし、経杭に揃え粗筬に、巻筬に入れ飾り掛け、陰陽踏分けて梭を投げ、木綿布、絹も織る。

> ※梭　かひ。ひともいう。
> 広辞苑〈かい【梭】→ひ【杼・梭】織物の付属具。製織の際、緯糸を通す操作に用いる。木又は金属製で船の胴部に空所がある〉
>
> 杼
> 力織機用　手織機用

十読物は物主守の常の衣(普段着)で、喪には固織。九読物は連値等の普段着、喪は九の固衣。八読物は村長・部・臣の普段着、喪は八の固衣形。七読より太布は民の――

2334 常の衣ぞ　喪は六の固衣
吾常に　十二読を着る
月の数　喪は十の固衣

2335 夏は麻　績みて布織り
冬は木綿絹　縒りて木綿織り
上下世々の　居も安し

2336 飾るを見れば　賑わえど
内は苦しむ　その故は
木綿布絹を　染め飾る

2337 これ為す人は　耕さで
暇欠く故に　田も荒れて
仮令実れど　乏しくて

2338 漸人数の　糧あれど
本力得ぬ　稲の実は
食みても肥えず

(七読より太布は民の)常の衣(普段着)で喪は六の固衣である。吾天照は常に十二読を着る。これは月の数で喪は十の固衣を着る。夏は麻を績んで布を織り、冬は木綿絹を縒って木綿を織り、これを着る時は身分の上下にかかわらず、また、世々が移り変わっても居も安くする。着飾るのを見れば一見賑わえども内証は苦しい。それは、木綿布絹の染め飾りをする人は農作業の暇を欠く故に田も荒れて、たとえ結実したように見えても籾の中身は稔りが乏しくてあらかた家族を賄う分の収穫があったように思えても栄養分が少なく、十分な体力とはならない。だからこのような稲の実は食べても肥らないのである。

2334 ㉓14　2335 ㉓15　2336 ㉓15　2337 ㉓15　2338 ㉓15,16

2339
誇る世は　天の憎みに
雨風の　時も違えて
稲痩せて　世に苦しむぞ

2340
飾りより　驕りになりて
利謀る　果ては破垂の
蔓延りの因

2341
国乱れ　民安からず
故常に　民の居安き
木綿を着るなり

2342
朝ごと清の　羽二重は
日に祈る衣ぞ　※錦織は
悠紀主基宮の　大嘗の

2343
会の時の衣ぞ　※綾織は
土地の社の　小嘗会に
主基祈る衣ぞ　この故は

※ **錦織** にしこり。広辞苑では〈**にしごりべ【錦織部】**大和政権で、錦・綾を織った品部。大陸の技術を伝えた。錦部〉※ **大嘗の会** おおなめのゑ。広辞苑では〈**だいじょうさい【大嘗祭】**天皇が即位後、初めて行う新嘗祭。その年に新穀を献じて自ら天照大神および天神地祇を祀る、一代一度の大祭〉※ **綾織** あやおり。広辞苑〈**あやおり【綾織】**経糸と緯糸が交差する点が斜めになる織り方。また、その技法で織った織物。綾織物。また、綾を織る人〉

皆が着飾って虚飾を誇るような世になると、天の憎み（天罰）で雨風の時も違え（天候不順）、稲痩せて（凶作）世に苦しむ（飢饉）ぞ。
㉓16

着飾ることから自分本位の驕りになって自利を謀るようになり果ては破垂がはびこるもととなって、国が乱れ、民の不安が増す世の中となる。
㉓16

その故に吾・天照は、常に民の居安き長らえを念じて、質素な木綿を着るのである。
㉓16

毎朝の清の羽二重織を着るのは、その民の平安を日に祈る衣ですぞ。錦織は悠紀主基宮の大嘗の会の時に着る衣ですぞ。
㉓17

綾織は土地の社（地の神）の小嘗会に主基を祈る時の衣ですぞ。
これらの故というのは——
㉓17

2344 綾錦織は 筬羽八百
一羽に四本 三千二百本
これ葦原の 豊の数
㉓17

2345 棚機神と 田畑神
同じ祭りの 綾錦
三千本の経に 綜飾りを
㉓17

2346 掛けて四つ六つ 踏み分くる
柳綾なる 花型は
描き真矩に 当て寫し
㉓18

2347 経道緯部に 吊り分けて
織姫飾り 踏む時に
緯部に分けて 経道引く
㉓18

2348 梭抜き投げて ※筬巡る
綾錦織も 是なるぞ
※高機法の あらましぞ是
㉓18

補注 綜絖 そうこう。広辞苑〈**そうこう**【綜絖】機織の付属具の一つ。経糸（たていと）を絡まないように上下に分け、緯糸（よこいと）を通すための隙間を作る。主要部を絹糸・カタン糸・毛糸・針金で作る。あぜ。―いと【綜絖糸】綜絖を造るのに用いる糸〉

綾錦織は筬羽八百本、一羽に四本ずつ、全部で三千二百本。これは葦原の豊の地（くに）の数でもある。棚機神（天）と田畑神（地）の同じ祭りの綾錦織は、三千本の経糸に、綜飾りを掛けて四つと六つに踏み分ける。柳綾という花模様は、描き真矩（実寸大）に当て写し、経道緯部に吊り分けて織姫が飾りを踏む時、緯部に分けて経道を引く。梭を抜き投げて筬が巡る。綾錦織もこれで、高機法のあらましがこれである。

※筬 おさ。広辞苑〈**おさ**【筬】①機織の付属具。経糸の位置を整え、緯糸を打ち込むのに用いる。竹の薄い小片を櫛の歯状に連ね長方形の枠に入れたもの〉**※高機法** たかはたのり。錦織、綾織、綾錦織の織方の始まり。広辞苑〈**たかばた**【高機】手織機の一種。地機よりも丈高く、構造・作用の一段進歩したもので踏木を踏んで綜絖（※そうこう（↑補注参照））を上下させて織る。錦・綾などの花文を織るのに用いる。大和織。京織〉

2349
民の妹背は　筬一羽
五家組む長は　一手指
八十手部一人　村長と

2350
なる大人等が　※千切巻く
八十村部置く　県主
これ一※読の　※物部ぞ

2351
八十部の国に　経道置き
物部経を　教えしむ
この国造に　緯部十人

2352
祥禍を見値　経道経て
直ちに告げる　天の※目付
これ※値等ぞ

2353
物部を　八百人束ぬる
主は是　大物主や
機の主　故祥科を読む

※目付　めつけ。広辞苑では〈**めつけ**【目付】①室町時代以降、武家の職名。非違を検察し、主君に報告した監察官。江戸時代には老中に直属して大名を監視する者を大目付、若年寄に直属して旗本などを観察する者を単に目付と称した。また諸大名もこれを置いた〉**※値**　あたひ。広辞苑〈あたい【値・費・費直】(「値」と同源)古代の姓の一種。国造に多く、大化の改新後郡司とその一族に多い〉

政事、民の妹背(一家)は筬一羽(基本単位)、 ㉓19

五家組む(五人組のもと)長は一手指(親指)、八十手部(五人組×八十部＝四百戸)のうち一人が村長となる。 ㉓19

大人等が千切巻く八十村部に置く県主、これ一読の物部である。 ㉓19

※千切　ちぎり。広辞苑〈**ちきり**【縢・衽・千切】①織機の部分品。経糸を巻く中央がくびれた棒状のもの。緒巻〉**※読み**　よみ。広辞苑〈**よむ**【読む・詠む】数を数える〉**※物部**　もののべ。広辞苑は〈**もののべ**【物部】①大和政権で軍事・警察・裁判を担当した品部〉

八十部の国に経道(監察役)を置き、物部が経を教えしむ。この国造に緯部十人を副え遍く道分けて祥禍を見て、 ㉓19

値が経道を経て直ちに告げる天の目付、これが値等ぞ。 ㉓20

物部を八百人束ぬる主は、大物主である。大物主は、機の主である故に祥科を読む。 ㉓20

2354
副連　事代主と
輔けしむ　副えの二人は
※綜と飾りなり

副連は、事代主と輔けさせる。副えの二人は、綜と飾りなり。

※綜　へ。広辞苑〈へ【綜】機の引きのばした経糸をかけるもの。〈和名抄一四〉〉

㉓20、21

2355
十の科まで　村長叱る
十の外は　県に告げる
九十内は杖

十以内の科までは、村長が叱る(戒告)。十を超えたものは県主に告げる。九十内は杖。

㉓21

2356
※桁の科は　獄舎に入れて
国造に　告げて杖打ち
県の外に　追い遣らい

桁の科は獄舎に入れて国造に告げれば諮り、一桁までは杖打ち、県外に追い遣らい。二桁ならば国外に追放。

※桁　けた。天の巡りの三百六十度を四分割したもの。九十度までを一桁とし、九十を超えるごとに二桁、三桁、…（次頁「概念図」参照）

㉓21

2357
二桁ならば　国を去る
余れば告げる　物主に
二百の科は　島に流離す

二桁を余れば大物主に告げ、二百の科は島に流離す。

㉓21

2358
三桁科は　髪爪抜きて
刺青し　天に渡れば
身を枯らすなり

三桁科は髪と爪を抜いて刺青し、天(三百六十度＝四桁)に渡れば身を枯らす・死刑とする。

㉓22

2359
罷るの罪は　物主の　御言を受けよ　我侭に　民を斬るなよ　民は吾が孫

罷るの罪（死罪）の執行は、大物主の御言を受けよ。物部等よ然かと聞け。我侭に民を斬るなよ。民は皆、吾が孫であるぞ。

㉓22

2360
吾が子でも　親が斬るなよ　百八十座　継子妹刺す　罪二百七十科

吾が子でも親が斬るなよ。吾子（直系卑属）を刺す罪は百八十座。継子（傍系卑属）を刺す罪は二百七十座。妹妻刺す二百七十科。

㉓23

2361
生まず女は　他人女ぞ兄も　背も枯らす　科三百六十科　産まざるは他人　生めば兄

生まず女は他人女ぞ。兄も夫背も枯らす科三百六十科。生まざるは他人（傍系）、生めば兄（直系）。

㉓24

2362
親打つ罪　三百六十科　継親を　打つ咎四百科　これ天法ぞ

親打つ罪は三百六十科。継親を打つ科四百科。これ天法ぞ。

㉓24

2363
民一組が　乱れても　筬巡らねば　機織れず　故治むるは　機の道かな

民一組が乱れても筬巡らねば機織れず。故治めるは機の道である。

㉓24

座桁罪科概念図（くらけたつみとが）

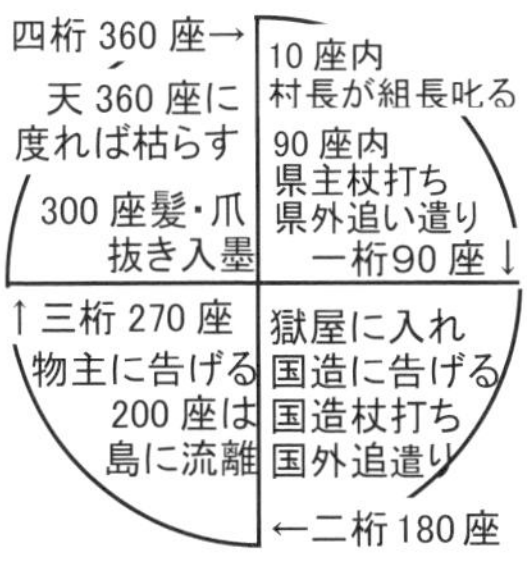

2364
飢(う)え知(し)らで　奢(おご)る楽(たの)しの
満(み)つる時(とき)　真(まこと)に飢(う)える
これ予(か)ねて　定(さだ)むる衣法(はのり)

2365
※鍛錬人(かねりと)の　十人(とたり)に剣(つるぎ)
作(つく)らしむ　秀(ひい)でた一人(ひとり)
焼刃(やいば)鋭(するど)く　水(みづ)を割(わ)る

2366
確(し)かと聞(き)け　左(た)の目(め)を入(い)れて
錬(ね)る剣(つるぎ)　生(い)き身(み)に近(ちか)く
枯(か)れ身(み)に疎(うと)し

2367
右(か)の剣(つるぎ)　枯(か)れ身(み)を好(この)み
生(い)き恐(おそ)る　罪(つみ)ある者(もの)を
枯(か)れという　右目一(みぎめひと)つで

2368
八振(やふ)り錬(ね)る　名(な)も八重垣(やゑがき)の
剣(つるぎ)とぞ　鍛錬(かねり)を褒(ほ)めて
天目一(あまめひと)つの　神(かみ)となる

※鍛錬人　かねりと。後世の刀鍛冶職人。広辞苑は〈**たんれん【**鍛練・鍛錬・鍛煉**】**①金属をきたえねること〉〈**かたなかじ【**刀鍛冶**】**刀を鍛える工匠〉

昔は世の中が安らかに治まり奢る者も無かったが、後の世になり食べ物も十分になると飢えを忘れ奢りを楽しみ、絶頂の時に不作になると真に飢えたのである。㉓25

そこで、予ねて定める衣法(はのり)がこれである。十人の鍛錬人(かねりと)に剣を作らせたら中で秀でた一人の焼刃は、水も二つに割る鋭さ。㉓26

この鍛錬人に御言宣「汝が焼刃(やいば)良く鋭(とき)ぞ、然れど真手の生き枯れを知らず。然(し)かと聞け。右の目を入れて錬る剣、枯れ身に近く生き疎し。罪ある者を枯という。右㉓27

の剣、枯れ身を好み生き恐る。これ打つべし」と御言宣。右目一つで八振錬る。㉓28

御代の治まる宝物、名も八重垣の剣とぞ。鍛錬人(かねりと)を褒めて賜う名は、天目一(あまめひと)つの神(かみ)。㉓29

2369
※ツルギとは　[ツ]（ツ）は木（き）の齢（よはい）
[ル]（ル）は柴（しば）の　燃（も）ゆるルぎの火（ほ）
[ギ]（ギ）は木（き）の枯（か）れぞ

2370
臣陪臣（とみことみ）　奢（おご）り忍（しの）びて
道守（みちまも）れ　わが身（み）の為（ため）の
八重垣（やえがき）は是（これ）

2371
名（な）をもがな　太刀（たち）打ち払（はら）う
身（み）の垣（かき）ぞ　鏡（かがみ）は八民（やたみ）
心入（こころい）れ物（もの）　故八咫鏡（かれやたかがみ）

2372
天地歌（あわうた）の　[ア]（ア）は天（あめ）と父（ちち）
[ワ]（ワ）は母（はは）ぞ　[ヤ]（ヤ）は吾（わ）が身（み）にて
[ア][ワ]（アワ）は天地国（あわくに）

2373
名（な）も八民（やたみ）　[ヤ]（ヤ）は家居（いゑゐ）なり
[タ]（タ）は治（おさ）む　[ミ]（ミ）は吾（わ）が身（み）なり
[ヤ]（ヤ）は八重垣（やえがき）ぞ

> **※ツルギ**　剣。広辞苑〈**つるぎ【剣】**(古くはツルキとも。ツリハキ（吊佩）の約という）諸刃の刀。けん。記中「—の太刀」〉〈**【つるぎたち【剣大刀・剣太刀】**㊀《名》鋭利な刀。剣の太刀。万五「—腰に取り佩き」〉〈**【つるぎのたち【剣の大刀・剣の太刀】**（同意語を)重ねて強調したものか）鋭利な刀。記中「嬢子（おとめ）の床の辺に我が置きし—の太刀」〉

ツルギとは、ツは木の齢（よわい）が天命に尽きて枯（か）れる天のツぞ。ルは柴の乾けば燃ゆるル木の火（ほ）ぞ、ギは木の枯れて思いなし。故にツルギ(剣)と名付けたのである。臣と陪臣よ、奢りを忍んで道を守れ。吾が身の為の八重垣はこの剣である。その名のとおり相手の太刀を打ち払ぅ身の垣である。鏡は八民の心入れ物なれば八咫鏡という。天地歌のアは天と父、ワは母ぞ。ヤは吾が身なり。このアワヤは国を治（し）らする種なればアワは天地国。ヤは八方の青人草の名も八民、ヤは家居（いゑゐ）、タは治む、ミは吾が身なり。天地国の宮（や）に居て八洲（やしま）治（し）らすれば、ヤは重ぬる節の八重垣（やえがき）ぞ。

㉓30　㉓31　㉓33　㉓33　㉓34

2374 ㉓35
八重垣(やえがき)は　物部(もののべ)の名(な)ぞ
てれば皇(すへら)の　代々(よよ)の垣(かき)
己(おの)が緒(お)なりと　誓(ちか)いなす

2375 ㉓35
宜(む)べなるや　奇彦(くしひこ)よ
大国主神(をこぬしかみ)の　名(な)も足(た)らず
二神(ふたかみ)賜(たま)う　逆矛(さかほこ)譲(ゆつ)る

2376 ㉓36
生(う)まれ素直(すなお)に　弥真瓊道(やまとち)の
教(おし)えに適(かな)う　皇(すへらぎ)の
八重垣(やえがき)の　大樹(おき)賜(たま)う名(な)も

2377 ㉓36
日本大国(やまとををこ)の　御霊神(みたまかみ)
時(とき)に奇彦(くしひこ)　畏(おそ)れ伏(ふ)し
暫(しば)し答(こた)えず　物部等(もののべら)

2378 ㉓36
然(さ)受(う)け給(たま)えと　進(すす)むれど
未(ま)だ項垂(うなだ)るを　児屋根(こやね)また
※・な深畏(ふかおそ)れそ・　受(う)け給(たま)え

八重垣は、物部の名であると、己が心に応え、そうだによって皇(すへらぎ)の代々の守り役で、これが己の本分であると心に誓った。天照神の御言宣「奇彦よ、大国主神の名も足らず。吾、伊佐那岐・伊佐那美の二神から賜わった逆矛を、幸いにその機を得れば譲るなり」。生まれ素直に弥真瓊道(やまとち)の教えに適う皇(すへらぎ)の八重垣の大樹(おき)、賜う名も日本大国(やまとををこ)の御霊神(みたまかみ)。時に奇彦は、畏れ伏し暫し答えず。物部等が「さ受け給え」と勧めても、まだ項垂るを天児屋根が、また、「な深畏れそ、受け給え」――。

※広辞苑〈な《副》②「な…そ」の形で同士の連用形(カ変・サ変では古い命令形の「こ」「せ」)を挟んで、相手に懇願してその行動を制する意を表す禁止の終助詞「な」よりも意味が婉曲である。「どうか…しないでおくれ」〉

2379
吾若けれど　子守とは
世々睦ましく　君の為
中子一つに　忠誠為さん

2380
御言宣　孫照彦の
翼の臣　太玉政務
香具山は　物主よ

2381
児屋根子守に　御言宣
汝等政務　怠らず
秀真成る時　八民安ぶらん

2382
奇彦既に　十二万八千年
三諸の山に　洞掘りて
逆矛提げて　豊受法

2383
直ぐなる主を　見分けんと
直ぐな標の　杉植ゆる
日輪分身の　大国の御霊ぞ

天児屋根―吾若けれど子守(三穂彦)とは、世々睦ましく君の為、中子(心中)一つに忠誠を尽くさん。(天照神)御言宣―孫照彦(飛鳥大君)の翼の臣、太玉は政務、香具山長脛彦は大物主ぞ。六十の物部掌り民を治めよ―。又御言宣―清仁(原大君瓊瓊杵)翼の臣児屋根は政務、子守は大物主ぞ。皇孫瓊瓊杵に御言宣―汝等政務怠らず、秀真成る時、八民は安らかとなろう―。奇彦は大物主として既に四十三年余も極あれば、後の守りは豊受法(神上り法)と、三諸の山に洞を掘り天の逆矛提げながら静かに神上がり。直ぐなる主を見分けんと直ぐな標の杉を植えた(神社に杉の始まり)。日輪分身の大国の御霊ぞ(大神神社祭神)。

㉓36,37　㉓37　㉓38　㉓39　㉓40

梭（かひ）の二十四（ふそよ）
扶桑国原見山（こゑくにはらみやま）の綾（あや）

2401 ※抑々（そもそも）に　皇孫瓊瓊杵（みまごににきね）
新治宮（にはりみや）　筑波（つくば）に治（おさ）む
年既（としすで）に　三鈴（みすず）二千五十（ふちゐそ）　㉔1

2402 ※熟々（つらつら）と　思（おぼ）せば民（たみ）の
増（ふ）ゆる程（ほど）　田（た）は増（ま）さず
糧足（かてた）らず　高田（たかた）は雨（あめ）の　㉔1

2403 降（ふ）らぬ年（とし）　種（たね）を滅（ほろ）ぼす
川上（かわかみ）の　水（みづ）を懸樋（かけひ）に
運（はこ）ばせど　これも朽（く）ちれば　㉔1

※抑々　そもそも。原文は漢字以前の秀真文字で「ソモソモ」。
※熟熟　つらつら。つらつらも原文は「ツラツラ」で、いずれも縄文時代に始まる古代日本固有の大和言葉「ヤマトコトバ」です。
広辞苑では〈**そもそも**【抑・抑々】（「其（ソ）も」を重ねた語。もと漢文の訓読から）㊀《接続》物事を説き起こすときなどに文の冒頭に用いる語〉〈**つらつら**【熟々・倩々】《副》つくづく。よくよく。念入りに。徒然草「―思へば、誉れを愛するは、人の聞きをよろこぶなり」「―おもん見るに」〉

抑々（そもそも）に皇孫瓊瓊杵は新治宮を築き、水田を拓き、筑波に治めてから、年既に三鈴二千五十枝穂（四〇年余）経った。つらつら思ってみるに人口が増えるほどに田は増えないので食糧不足となる。平場の御田は水が絶えないが、高場の水田は雨の降らない年は種までも滅ぼしてしまう。上流から導水する木の懸樋も朽ちてしまえば―。

2404 井堰建て　堤築きて
山水を　取りて高田を
開かんと　稜威の鴨船

2405 伊勢に着け　巡り乞えども
許さず此処に　仮住まい
山田野高く　※宮川の

2406 上より井堰　堤築き
遂に高野を　田と成せば
五年の内に　瑞穂なる

2407 御言宣　八洲巡れと
触れ給う　日読の宮に
門出の御饗

2408 手力男の　子の叢雲が
暦成す　鏡曇れば
賜う名は　天二上なり

※宮川　みやがわ。**広辞苑**〈**みやがわ【宮川】**紀伊山地の大台ケ原山から発源し、北東流して伊勢神宮の近くを流れ、伊勢市北方で伊勢湾に注ぐ川。長さ九一キロメートル〉

瓊瓊杵は新しく導水の井堰を造り、堤を築いて山水を取水し、高地にも水田を開こうと稜威の鴨船（櫂船）を伊勢に着け、天照神に「各地を巡ること」を乞うたけれども許しがでなかった。そこで、ここに仮住まいをして、山際の高地にも宮川の上流から井堰、堤を築いて導水し、遂に高地の野も田と成したところ、五年の内に瑞穂が稔った。他にも十八か所にも井堰を完成させ、ようやく天照から「八洲巡れ」と御言宣があり、これを触れた。西紀前一一一〇年二月一日、日読の宮に門出の御饗。手力男の子・叢雲を暦の臣と成す。叢雲で鏡が曇ることになれば幸先が良くないからと天二上と名を賜わった。

㉔2　㉔2　㉔2　㉔3　㉔4

2409
御機典 御孫瓊瓊杵(に)
御鏡を 児屋根(に)御剣(を)
子守に賜う

2410
前に三種の 宝物
皇子忍仁に 賜いしは
兄皇孫得て

2411
太玉と 香具山(が)翼の
臣となる 児屋根・物主
清仁が 翼の臣なり

2412
光の鳥の 形は八民
首は君 鏡は左翼
剣(は)右翼 物部は足

2413
八咫臣は 稲穀生う業を
鑑みる目ぞ 垣臣は
物部の 税守る手ぞ

※践む ふむ。広辞苑〈ふむ【踏む・履む・践む】《他五》⑦その地位に身を置く。跡をつぐ。平家五「庸昧の身をもってかたじけなく皇王の位を―む」〉

八島巡りの門出に、御機織留の御典を皇孫瓊瓊杵に賜い、御鏡を天児屋根に賜い、御剣を子守(第三代大物主三穂彦・万木麿)に賜い、天照神の宣賜うは「前に三種の宝物を皇子忍仁に賜いしは、兄皇孫照彦を得て太玉と香具山祇が左右の翼の臣となった。児屋根と大物主子守は弟皇孫清仁(瓊瓊杵)の翼の臣である。君と臣が心一つにして、光の鳥の形は八民、首は君、鏡は左翼、剣は右翼、物部は足である。左翼の鏡臣が継ぎ滅べば民心が離れ日嗣が践※まれず、右翼の八重垣剣の臣が継ぎ滅べば物部が割れ世を割拠する。八咫の鏡臣は稲穀生う春の民業を鑑みる目。八重垣剣の臣は横魔を枯らし物部の税を守る手ぞ」―。

㉔5 ㉔5 ㉔5 ㉔6 ㉔7

2414
三種分け　典を皇孫に
御鏡は　春日に授け
御剣(は)子守

2415
先駆り手力男　三種櫃
八房御輦　次児屋根
駕篭馬八十の　物部等

2416
伊勢より発ちて　飛鳥宮
次西の宮　神崎と
先ず大井堀る

2417
真名井に至り　幣納め
扶桑根の国の　阿治波世が
峰輿捧ぐ

2418
白山峰も　斜めせず
菊栗姫曰く　この輿は
妹西王母　作るなり

三種宝を分けて授ける意は、永く一つに成る由を綾に記して御手つから御機織留の典(天成典)を皇孫瓊瓊杵に授けた。御鏡は中宮后瀬織津姫から春日(天児屋根)に、御剣は典侍妃速開津姫から子守(三穂彦)に授けた。然る後、三種宝を櫃に入れ、標は榊とした。先駆りは手力男、次は勝手(興津彦)、第二代大物主(奇彦)と三種宝櫃、次に皇孫瓊瓊杵の八房御輦、次天児屋根、駕篭馬八十頭を曳く物部等が伊勢を発ち、兄火明の飛鳥宮に挨拶、これより三津の西の宮に詣で、先ず神崎の大井を堀り、真名井に幣を納めた。扶桑根の国の阿治波世が捧げた峰輿で、白山峰も斜めせず。菊栗姫曰く、これは義妹西王母が作る――。

㉔8　㉔9　㉔9　㉔10　㉔10

2419
※崑崙毘津国の　※玄圃積后
険しき峰の　越す時に
峰輿作り　子を育つ

2420
皇孫喜び　平地は越
山は峰輿　その返礼に
三千実の桃を　国苞と

2421
弥生望　御饗の梅に
君笑みて　桜も良しと
折り髪挿し行く

2422
万木野の　音玉川の
白砂に　昼寝して居る
道岐神在り

2423
丈十七咫　面赤蛇
鼻七寸　鈿女※眼勝に
斯く居るは誰ぞ

※目勝　めかち。広辞苑は〈**めかち**【目勝】児童の遊戯。にらめっくら。もとは酒席の興ともなっていた〉〈**にらめっくら**【睨めっくら】(ニラメクラベの転)「にらめっこ」に同じ〉〈**にらめっこ**【睨めっこ】①互いに睨みあうこと。特に(子供が)二人睨みあって先に笑い出した方を負けとする遊戯。にらみくら〉

崑崙毘津国君の母玄圃積后西王母が険しい峰を越す時に峰輿を作り、子を育てた。

㉔11

※崑崙毘津国　ころびつくに。広辞苑〈**こんろん**【崑崙】①中国古代に西方にあると想像された高山。書経の禹貢、…山海経などに見える。②チベットと新疆ウイグル自治区の境を東西に走る大山系〉**※玄圃積**　くろそのつめる。崑崙毘津国の君。その后は西王母(にしのはははきみ)　広辞苑は〈**せいおうぼ**【西王母】①中国に古く信仰された女仙。周の穆王が西に巡狩して崑崙に遊び、西王母に会い、帰るのを忘れたという。また、漢の武帝が長生を願っていた際、西王母は天上から降り、仙桃七顆を与えたという〉

皇孫瓊瓊杵が地(平地)は越(輿)、山は峰輿と喜び、返礼に三千実の桃を国苞として与えた。

㉔11

弥生望(三月一五日)御饗の梅に君笑みて高島に到り、桜も良しと折り髪挿し行く

㉔12

万木野の音玉川の白砂に昼寝して居る道岐神あり、

㉔12

丈十七咫、面赤蛇鼻七寸。鈿女眼勝(にらめっこ)に、斯く居るは誰ぞ。

㉔13

2424 答(こた)え言(い)う　鵜川(うかわ)行宮(かりや)に
御饗(みあえ)して　相(あ)い待(ま)つ長田(ながた)
猿田彦(さるたひこ)なり

2425 又答(またこた)う　君行(きみゆ)きますは
高千穂(たかちほ)ぞ　汝吾(なんぢわ)が名(な)を
顕(あら)わさば　我(われ)も致(いた)さん

2426 皇孫喜(みまごよろこ)び　卯(う)の花(はな)も
又髪挿(またかざ)し行(ゆ)く　猿田(さるた)して
岳(だけ)の岩座(いわくら)　押(お)し放(はな)ち

2427 稜威(いつ)の道別(ちわき)の　万居崎(よろいさき)
積(つ)む三上山(みかみやま)　井堰築(ゐせきつ)く
猿田(さるた)を褒(ほ)めて　三尾(みお)の神(かみ)

2428 好(この)む鈿女(うすめ)を　賜(たま)わりて
その名顕(なあらわ)す　猿部等(さるべら)と
※神楽男(かぐらお)の子(こ)の　君(きみ)の元(もと)（祖）

答え言う。「鵜川行宮に御饗(みあえ)して、相い待つ長田猿田彦なり」。又答う。「君の行きます所は筑紫の高千穂ぞ。吾は伊勢の南長田川。汝吾が名を顕わさば、吾も同行致さん」。君は喜び卯の花も又髪挿し行く。猿田して岳の岩座を押し放ち、稜威の道別きの万居崎、岳や鏡の三尾の土を積む三上山、井堰築く、猿田を褒めて三尾の神（高島市三尾神社の祭神）。猿田彦に好む鈿女を賜わりて、その名を顕す猿部等と神楽男の子の君の元祖である。

㉔14　㉔14　㉔15　㉔15　㉔15

※**神楽**　かぐら。広辞苑〈**かぐら【**神楽**】**（「カムクラ（神座）」の転）①皇居および皇室との関連が深い神社で神をまつるために奏する歌舞。伴奏楽器は灼拍子・篳篥(ひちりき)・神楽笛・和琴(わごん)の四種。２と区別する場合は御神楽という。②民の神社の祭儀で奏する歌舞。１と区別する場合は里神楽という。全国各地に様々な継投がある〉

2429 田は此処に　三尾の道別きも
これ鏡　この行宮を
瑞穂と名づく

2430 多賀に行き　幣を捧げて
美濃に行き　大国玉の
喜びも　真桑一篭

2431 八十部喜びて　雲路分け
信濃諏訪より　導けば
原見山から　四方を見て

2432 裾野は広し　水を生み
裾野田にせよ　手力男
※八方に掘らしむ

2433 湖の名も　東は山中と
東北は明日見　北は河口と
北西本栖　西は西湖と

※八方に掘らしむ　やもにほらしむ。富士五湖は最初八湖であった。その謂れである。この時は西紀前1120年代で瓊瓊杵が手力男に掘らせた(㉔154)。前750年代にそのうち三湖は埋まった(前254年の500年前(㉜65))。①山中湖 ②明日見湖 ③河口湖 ④本栖湖 ⑤西湖 ⑥精進湖 ⑦四尾連湖 ⑧須戸湖の八湖であった。

皇孫瓊瓊杵の御言宣「三尾の道別きも田は此処に、これ鏡なり。行宮を瑞穂と名づく」。多賀に行き幣を捧げて美濃に行き、大国玉(金山彦の子。天照の南の局瓜生姫の兄)の喜びも、昔、春日(天児屋根)に瓜を得て、生む高彦根(大国玉の子の天稚彦と容姿が瓜二つであった)が奉げ物、各々真桑瓜一篭と、八十部喜びて雲路分け信濃諏訪より導けば――。瓊瓊杵が、原見山(富士山)から四方を見て「裾野は広し、水を生み(湖の語源)、裾野を田にせよ」との御言宣。手力男に八方に湖を掘らせた(西紀前一二世紀)。湖の名も、東は①山中湖、東北は②明日見湖、北は③河口湖、北西は④本栖湖、西は⑤西湖。

㉔16　㉔16　㉔16　㉔17　㉔17

2434
西南精進　南は四尾連湖
東南は須戸　新治の民が

2435
群れ来たり
湖掘り土を　峰に上げ
※八英量りと　天に応え
中の地もがな

2436
空雷が　淡湖浚い
三尾の地と　一担い来て
朝の間に　中峯成せば

2437
神の名も　稜威※朝間峰
山高く　湖深く
並び無し　峰に降る雪

2438
末九千里の　田と成りて
及ぶ三万民　二十年に
浚え為せとて　酒折宮に

※八英量り　やふさはかり。原文は〔ヤフサハカリ〕。「富士八峰」(また「八神峰」などともいう)の語源か。ここでは「八英山」をイメージした。「八湖を掘り土を峰に上げ、八峰」ができたとする比喩か。

西南は⑥精進湖。南は⑦四尾連湖。東南は⑧須戸湖の富士八湖である。

新治の民が群れ来たり、湖掘り土を峰に上げ八英量りと〔ア〕に応え、中の〔ワ〕もがな。空雷が淡湖(琵琶湖・近江のもと)浚い、三尾の地と一担い来て、朝の間に中峯成せば神の名も稜威(伊豆の語源)朝間(浅間の語源)峰、湖深く山高く並び無し。峰に降る雪池水の末九千里の田と成って、恩恵は三万民に及んだ。瓊瓊杵は「二十年ごとに浚渫するように」と言って酒折宮に入った。

㉔17　㉔17　㉔18　㉔18　㉔19

※朝間峰　あさまみね。朝の間にできたからという。原文は〔アサマミネ〕。「朝間」が「浅間」と漢訳され、「せんげん」と音読された。広辞苑では〈**せんげん【浅間】**―**じんじゃ【浅間神社】**(「浅間」は正式にはアサマと読む)静岡県富士宮市宮町にある元官幣大社。木花開耶姫命を主神とし、瓊瓊杵尊・大山祇神を配祀。富士登山路の表門戸とされる。世界遺産〉**補注**　世界遺産の構成資産でもある「浅間神社」九社のうち、山梨県富士河口湖町にある「浅間神社」だけは「あさまじんじゃ」と呼ばれる。富士山は古来、日本第一であるが『古事記』『日本書紀』には、祭神も、まったく記述がない。

2439 ※
預りの　大山祇が
御饗なす　葦津姫
一夜召されて　契り込む
㉔19

2440
還る新治に　悠紀主基の
宮に祈りの　※大嘗会
三種の受けを　天に応え
㉔20

2441
宮に納むる　その飾
香具八幡在り　その明日は
大御田族に　拝ましむ
㉔20

2442
児屋根鹿島に　年越ゆる
物主一人　日高見の
井堰為し成し　日隈まで
㉔21

2443
大祖父喜び　その父が
大和の神と　成りてより
孫に会いたく　年寄ると
㉔21

※大嘗会　おおなめえ。**令和の大嘗祭**（『岩手日報』2019.11.15）〈皇位継承の重要祭祀の中心儀式「大嘗宮の儀」が14日夜、皇居・東御苑に特設された大嘗宮で、公的な皇室行事として営まれた。即位した天皇が五穀豊穣や国の安寧を祈る儀式で秘事とされる。14日夜の悠紀殿供饌の儀と15日未明の主基殿供饌の儀がある〉

※預り　あつかり。**広辞苑**では〈**あずかり【預り】**⑤平安時代以降の公私各種の機関の職名。ある官署を預かり掌るもの〉

酒折宮を預かりの大山祇が御饗し、御膳を捧げた葦津姫が一夜召されて契り込んだ。皇孫瓊瓊杵は新治宮に還り、悠紀主基の宮に祈りの大嘗会を挙げ、三種の受けを天に応え宮に納め、その飾は香具八幡在り、明日には大御田族（百姓）に拝ませた。児屋根は鹿島に年を越し、大物主子守一人は日高見の井堰を整備しながら日隈（津軽）まで北上すると、大祖父大己貴は大変喜びその父奇彦が大和三輪山の神と成ってより、孫に会いたく年寄ると―。

※大嘗会　おおなめえ。広辞苑〈**だいじょう【大嘗】**大嘗祭。「即位―」。**―・え【大嘗会】**大嘗祭。また、その節会。**だいじょうさい【大嘗祭】**天皇が即位後、初めて行う新嘗祭。その年の新穀を献じて自ら天照大神および天神地祇を祀る。一代一度の大祭。祭場を二カ所に設け東を悠紀、西を主基といい神に供える新穀はあらかじめト定した國郡から奉らせ、当日、天皇はまず、悠紀殿、次に主基殿で神事を行う〉

2444 手つから※御饗　物主も
喜び曰く　吾が君の
山を八英の　居雪なす

2445 君は御祖ぞ　忠誠なせと
国境まで　送りてぞ
名残りあるなり

2446 海辺西　佐渡に渡りて
新田成す　越に戻りて
井堰成すかな

2447 時に君　思すことあり
児屋根して　新治に留め
勝手して　海辺を上る

2448 大山祇が　伊豆崎に
饗なす時　葦津姫
妹女孕めりと　申す故

※**御饗**　みあえ。広辞苑は〈みあえ【御饗】貴人の飲食のもてなしをすること。神武紀「一柱騰宮を造りて―奉る」〉(2916参照)

津軽の祖父大己貴は孫を自ら御饗した。孫の第三代大物主子守も喜び「吾が曽父君の山(頭髪)を八英の居雪なす」と白髪を冠雪の富士山に譬え矍鑠ぶりを讃えた。祖父は喜び驚き、「吾たとえ、新田開発に精を出してきたけれども苔(老化)を知らず。君は真の照らす神、君は代々の御祖ぞ、忠誠なせ」と、国境まで送ってくれ、名残りを惜しんだ。日本海東側の海辺を西に下り、佐渡に渡り新田開拓した。越に戻って井堰を成した。時に瓊瓊杵君は、考えるところがあって、天児屋根を新治に留どめ、勝手と共に海辺を上った。大山祇が伊勢崎に御饗なす時に津姫が妹女(私)孕みましたと―、申す故―

㉔21　㉔22　㉔22　㉔23　㉔23

2449
伊勢に告げんと　装いなす
時にその母　姉連れて
行宮に到り　目見え乞う

2450
妹さえ　言葉飾れば
君二心　姉磐長を
召せばその　容貌鋭く

2451
矢張り葦津と　宣給えば
父驚きて　妻叱る
妹陥さん　徒枕

2452
遂に偽り　白子屋で
君に聞こゆる　疑いに
夜半に発ち　伊勢に帰えます

2453
姫一人　寝覚めて行けば
松阪に　塞き止められて
吾が恥雪げ　この桜

※装い　よそい。広辞苑〈**よそい【装い】**①とりそろえること。したくすること。また、そのもの。用意。準備〉

天照神の座す伊勢に告げんと装いをしている時に、母が姉を連れ行宮に到り、目見えを乞うた。

㉔23

「妹さえ、吾が慈愛の姉あり」と言葉飾れば君二心あり、姉磐長姫を召した。

㉔24

※広辞苑〈**さえ**《助詞》②程度の軽いものをあげて、それ以上のものを推測させる〉〈**ふたごころ【二心】**①心を両様に持つこと。二人の女を共に愛すること〉〈**あだまくら【徒枕】**「あだね」に同じ〉〈**あだね【徒寝】**②かりそめの契り。あだまくら〉

容貌鋭く雅変え、矢張り葦津姫と宣給えば、父大山祇が驚いて妻を叱った。「このようになるのではないかと出ださぬを、急ぎ帰れ」と追いやれば、母姉恨み、下女をして妹を陥いれようと徒枕、遂に偽り白子屋での下女の中傷で君に聞こゆる疑いに瓊瓊杵は夜半に発ち伊勢に帰ります。姫一人眼覚めて行けば松阪に塞き止められて「吾が恥雪げこの桜」。

㉔24　㉔25　㉔25

2454 大内に植えて　伊勢の道
桜意有らば　吾が孕み
※徒種ならば　花萎め

2455 正種ならば　生む時に
咲けと誓いて　ここに植え
里に帰ます

2456 十二満ちて　水無月初日
三つ子生む　その胞衣の綾
梅　桜　卯花と変わる

2457 怪しめば　君に告ぐれど
返事なくて　姫は裾野に
無戸室し　柴垣なして

2458 徒種ならば　滅びんと
火をつけ焼けば　熱がりて
這い出でんとす

※徒種　あだたね。　広辞苑〈**あだ**【徒・空】①実(じつ)のないこと。うわついているさま。伊勢「―なる心なかりけり」②はかないこと。かりそめ〉
補注　霊験の秘儀「御室焼」現代に脈々　正式名称は「天孫御光臨式年大祭」―岩手県一関市配志和神社(『日本の誕生』658頁および次頁囲み参照)。

昔曽祖父桜内大人が、この桜の花を天照大御神に捧げた故事にならい、大宮内に植えて伊勢の道が成るか。離れるかを諮った。桜よ心(気)が有るならば、吾が孕みが徒種ならば花萎め、正種ならば生む時に咲けと誓ってここに植え、里に帰った。十二月満ちて水無月に二十日三つ子を生む。その胞衣の模様が、梅・桜・卯花と変ったので怪しく思い、瓊瓊杵君に告げたけれども返事がなくて葦津姫は富士の裾野に、出入りの出来ない無戸屋を成して回りに柴の垣根を作り、母子が誓い、その中に入り「徒種ならば滅びるであろう」と、火をつけて焼けば三人の御子は熱がって這い出ようとした(次頁囲み参照)。

㉔26　㉔26　㉔26　㉔27　㉔27

2459 峰の龍　水吐き掛けて
一人づつ　導き御子を
這い出だす
㉔28

2460 諸人驚き　火を消して
姫引き出だし　神輿以て
宮に送りて　伊勢に告ぐ
㉔28

2461 白子の桜　生まれ日に
咲きて絶えねば　天御孫
鴨舟早く　飛ばさせて
㉔28

2462 沖津に着けば　雉飛びて
酒折に告ぐ　姫恨み
衾被りて　答え無し
㉔28

2463 君暫し　思いて和歌の
歌身染め　興津彦をして
早牡鹿人　姫戴きて
㉔29

―すると峰の龍が来て、水を吐き掛けて一人ずつ導き御子を這い出させた。

諸人が驚き、火を消して葦津姫を引き出だし、神輿で酒折宮に送り伊勢に告げた。

※参考『御室焼』〈安産の神として知られる木花咲耶姫が火中の産室で三柱の子を出産する。天照大神の孫の瓊瓊杵尊の妻となり一夜で妊娠したことを疑われたため「天神の子なら無事に生まれる」と潔白を晴らした。岩手県一関市配志和神社の式年大祭では燃えさかる産室の周りを幕で覆い再現する。神事の中で最も神秘性があり公開されない。無事に生まれた三神のうち二神が海幸彦と山幸彦で山幸彦の孫が初代天皇(神武)とされる。今は全国でも珍しいという〉『岩手日報』(2010.10.24)の抜粋。『日本の真実』658頁参照。

白子の桜が生まれた日に咲いて絶えなかった。天御孫瓊瓊杵が鴨舟を早く飛ばさせて沖津に着けば雉(急使)が飛び酒折に告げた。姫は恨み、衾を被って答えなかった。君暫し思って和歌の歌身(短冊)を染め興津彦を早牡鹿人に―。姫戴き―

2464
沖津藻(おきつも)は　岸辺(へ)には寄(よ)れども
さ寝床(ねどこ)も　能(かな)わぬかもよ
浜(はま)つ千鳥(ちどり)よ

2465
この歌(うた)に　恨(うら)みの涙(なんだ)
解(と)け落(お)ちて　肝(きも)に応(こた)えの
徒裸足(かちはだし)　裾野(すその)走(はし)りて

2466
沖津浜(おきつはま)　君喜(きみよろこ)びて
輿並(こしなら)べ　酒折宮(さかおりみや)に
入(い)りまして　諸神聞(もろかみき)けよ

2467
吾前(われさき)に　花(はな)を髪挿(かざ)して
影透(かげとお)る　これ胞衣(えな)の綾(あや)
諱成(いみなな)すなり

2468
火明(ほのあかり)　諱梅仁(いみなむめひと)
次火進(つぎほのすすみ)　桜杵(さくらきね)
彦炎出見(ひこほおでみ)の　卯津杵(うつきね)ぞ

沖津藻は岸辺(へ)には寄れども
さ寝床も能わぬかもよ
浜つ千鳥よ

瓊瓊杵の託したこの歌に、葦津姫はこれまでの恨みの涙が解け落ちて、肝に応えて、裸足のまま裾野を素走って沖津浜へ着いた。瓊瓊杵君も喜んで輿を並べ、葦津姫の父香具山祇の道迎えで、諏訪が準備した三か所の御饗は素通りで酒折宮に入り、宣べられた。「諸神聞けよ、吾前に花を髪挿して影が透る、これ胞衣の綾諱成す。初に出る子の名は火明諱梅仁(後・原大君)、次の子は火進諱桜杵(後の海幸彦・鵜川君)、末は名も彦炎出見の諱卯津杵(後の山幸彦・筑紫大君・神の世第四代)ぞ」。

㉔29　㉔30　㉔30　㉔31　㉔31

2469
葦津姫　子を生む日より
花絶えず　故に木花
咲耶姫なり

2470
人並りに　蟹瘡なせば
酢芹もて　民　蘇える
将来受くる　宮居是哉

2471
都鳥　莱蓬莱投
鳥襷　子守画になす
千代見草　御衣裳に染みて

2472
大嘗の　御衣は山鳩
苦蓬莱菜　根は人の形
花八重顔よ

2473
莱は葉桑　艾蕪葉
血を増して　老いも若やぐ
稚産霊　扶桑根の国ぞ

※鳥襷　とりだすき。次頁下段画参照。

※民蘇える将来て　たみよみがえる　はたきて。蘇民将来のもと。広辞苑〈**そみんしょうらい【蘇民将来】**疫病除けの神の名。…〉**補注**　日本三大奇祭ともされる裸祭りの黒石寺など「岩手の蘇民祭」は国の選択無形民俗文化財に選択されている。

葦津姫が子を生む日より花絶えず。故に称名は木花咲耶姫で、新たに宮を造って御座しました。夏目の神が産着をつくり、三人とも母の乳で育てました。それで姫は子安の神でもあります。人並り(人並のもと)に桜杵が蟹瘡(蟹屎)なせば酢芹草を掃いて瘡枯れが癒ったので名も酢芹、それ故、白髭の酢芹を以って民蘇る守とし、将来て(「蘇民将来」のもと)受ける宮居が、これ哉。都鳥に莱葉菜を投げれば鳥襷模様で子守がこれを画にして御衣裳に染めた(次頁)。綾に葉を留め錦に織った大嘗祭る御衣はこれ。蓬生菜を食めば千代(長寿)を得る。根は人の形(人参)花八重顔、莱は葉桑、艾、蕪葉血を増し老いも若やぐ扶桑根の国ぞ。

㉔31　㉔32　㉔33　㉔34　㉔35

2474
鳥襷(とりだすき) 天(あめ)に捧(ささ)げて
又西の 母が土産と
世に遺(のこ)るなり

2475
阿佐姫(あさひめ)に 蚕養絹織(こかいきぬおり)
裁縫(たちぬい)の 道教(みちおし)ゆれば
多賀(たが)の扶桑国(こえくに)

2476
傷(いた)み治(た)す 百草(ももくさ)有(あ)れど
蓬莱參(はらみ)の三(み) 三草(みくさ)を褒(ほ)めて
※蓬莱參山(はらみやま)なり

2477
二神(ふたかみ)の 国中柱(くになかはしら)
沖(おき)の壺(つぼ) 天照神(あまてるかみ)の
日高見(ひたかみ)の 方丈宮(けたたけみや)の

2478
中柱(なかはしら) 方壺(けたつぼ)の典(ふみ)
稜威神(いつかみ)の 蓬莱參(はらみ)蓬壷(はつぼ)は
四方八方(よもやも)の 中柱(なかはしら)

※蓬莱參山　はらみやま。原見山とも当てる。富士山の古名。その語源の出典は『秀真伝』三十二綾 藤と淡湖瑞の綾で、天鈴463(西紀前254年)田子の浦人が、第7代孝霊天皇に藤の花を奉げた故事にある。田子の浦からの富士は絶景で飛地ではあるが富士山世界遺産に追加登録された。その五百年前に富士山噴火地震で裾野八湖(2433参照)のうち三湖が埋まったとある(㉜65)。

大物主子守は北より巡り扶桑国に来て彼(か)の画を勧む。菊桐姫が綾に織りなす鳥襷を天照神に捧げて、又西(にし)の母(はは)(西王母(せいおうぼ))の土産と世に遺る。

鳥 襷(広辞苑第7版)

多賀に至ると阿佐姫が出迎えた。桑の良いのを見て蚕養、絹織、裁縫の道を教えれば御国魂(をこたま)の神(奇彦)を祀り、五臓(ゐくら)(0105参照)神足し御衣差(みはさし)を作り御国(おこ)の里とよばれた。御孫が腹痛む時子守がこれを治す。百草有れど蓬莱參(はらみ)の三(み)、三草(みくさ)を褒め蓬莱參山(富士)。二神の国中柱沖の壺、天照神の日高見の方丈宮(かたたけみや)の中柱・方壺(けたつぼ)の典(ふみ)、稜威神の蓬莱參蓬壷(はつぼ)は、四方八方の中柱である。

㉔35　㉔36　㉔37　㉔38　㉔38

2479
磯輪上の　三柱の儘
成る如く　祭政秀真に
整いて　暦成す頃
㉔39

2480
国の名も　磯輪上秀真
遍くに　映り楽しむ
世々豊か　八万年経て
㉔39

2481
日高見の　君より召せば
諸共に　宮に登れば
父御門　御子二方に
㉔39

2482
御言宣　今より兄も
名は大和　飛鳥大君と
原大君　共に睦みて
㉔40

2483
兄弟神の　その日その民
守る如く　兄弟確かと聞け
國民を　我物にせな※
㉔40

※な　広辞苑〈な《副》①動詞の連用形(カ変・サ変では古い命令形の「こ」「せ」)の上に付けて禁止の意を表す。…するな。万四「わが背子は物―思ひそ事し…」〉

磯輪上の三柱(国づくりの三つの中柱、沖壺・方壺・蓬壺)のままに成るごとく、祭政秀真に整いて二万八千(九年余)を経て三十鈴(西紀前一一三七年)暦成す頃、国の名も磯輪上秀真と遍くに映りわたり楽しんだ。世々豊かに八万年(三十六年余)を経て日高見の忍穂耳君より召されて、二人共に山手宮に登ると、父御門(忍穂耳・忍仁君)が皇子二方に御言宣「吾齢老い(一二〇余歳)日足る(天寿)故、今(前一一一〇年)より兄(奇玉火明・諱照彦)も名は大和とする。兄飛鳥大君と弟原大君(瓊瓊杵・諱 清仁)は共に睦ましくし、ヱト神のその日その民を守るように、兄弟確かと聞けよ、決して國民を吾が物に(私物化)してはならないぞ」―。

2484 君はその 民の君なり
父は箱根 二枝恵みぞ
君は陰も無し 二も無し

2485 終に掘る 伊豆尾走の
洞穴に 自ら入りて
箱根神 遺言あり

2486 二民の 争い有れば
何事も 古民を立てて
新民の 欠けは※原より

2487 償わす 故に世の中
睦まじき 兄弟を名付けて
※同胞と 言う本折ぞ

2488 原大君 汝 山咋
山後 野を掘り大日
山遷すべし

※原より はらより。ここでの、新民の欠け(新しく移住した住民の不利)は「原宮より償わす」が「同胞」の語源。**同胞** はらから。広辞苑〈**はらから【同胞】**①同じ母親から生まれた兄弟姉妹。転じて一般に兄弟姉妹。②同国民〉

「君は、その民の君である。父(忍仁)は箱根の洞に神上がりしても、二枝恵み(平等)ぞ。君は陰も日向も無い、二心も無い。神の鏡の天照らす日嗣の君と守る箱根ぞ」。終に掘る伊豆尾走りの洞穴に自ら入りて箱根神となる。原大君は遺言にしたがい、新古二民の争い有れば何事も古民を立て、新民の欠け(不利益)は原(見宮)から償わす。故に世の中は睦まじく、兄弟を名付けて原から(同胞)という本折(由縁)であるぞ(不均一課税の起源)。原大君は伊豆崎宮に箱根神を祀り、三年後に沖壺の峰から眺め御言宣「汝山咋よ、山後(古く「山代」「山背」とも書く。京都南部)の野を掘り上げ大日の山(富士)を遷すべし」。一枝に足り日枝の山。

㉔40 ㉔41 ㉔41 ㉔42 ㉔42

2489
池水が　田の稲に乗り
御稲池　鳴神鎮む
香具土と罔象女

2490
雷　別けて　神を生む
別雷の　天君と
璽賜わる

2491
広沢を　太田に掘らせ
陸地と成す　遍く徹る
秀真振り　楽しみ歌う

2492
津軽には　沼掘り上げて
田水生む　阿曽辺の丘の
居雪山　七万里生みて

2493
数島や　数魚※なれば
この魚を　新田※に入れて
地を肥やすなり

※数魚　かずうお。有機質肥料「魚肥」の始まり。**※新田**　あらた。**(参考)垂柳遺跡**　たれやなぎいせき。弥生時代中期末の水田跡。数万個に及ぶ弥生人の足跡を含む水田遺稿。出土土器は東北北部の土器編年上標識遺跡として重要。(青森県田舎館村教育委員会)

野を掘り上げて出来た池水が田の稲に乗り稔ったので御稲池(京都上賀茂「深泥池」)と呼ばれた。随在池(自然池)の西岩屋で石魚を選り分けて流す石川に導水の堰を入れ荒地(アレワ)を開拓し鳴神を別けて鎮めた。㉔43

香具土と罔象女を生む葵葉と桂葉に伊勢の神の御言宣。天は降り照り全きは雷を別けて神を生む。別雷の天君と璽を賜わった。㉔44

広沢を太田に掘らせ陸地と成した。遍く徹る秀真振りを楽しみ歌う。㉔44

津軽には沼を掘り上げて田水を生んだ。阿曽辺の丘の居雪山(岩木山)、七万里を生んで数島や、数峰山と島間に、数魚なれば、この魚を新田に入れ地を肥やした。魚肥を有機質肥料とした水田が始まっている。㉔45 ㉔45

2494 天児屋根 大和川を掘りて
三笠山 伊予の息吹は
天山に 写し田を成す

2495 飛鳥君 香具山寫し
宮の名も 初瀬川掘りて
飛鳥川 渕を田となす

2496 諌むれば 女の政
何処ある 菅田を避りて
初瀬姫を召す

2497 酒折の 原朝間宮
装いは黄金 珠台
漆懸橋 旅姿

2498 尚十万年 民安く
庭に住む鶴 池の亀
御心尽す 秀真なるかな

天児屋根も春日国で大和川を掘って三笠山を造った。伊予の息吹戸主は天山に見立てて写し田を成した。飛鳥君の火明諱照彦は香具山を写し、宮の名も香具宮とした。また、初瀬川を掘って飛鳥川とし、禊池の渕を田となした。后菅田姫が「これ悪し、昔奇彦が、これを諌めたのを嘲る穢れ禊なす。何処に神が在ろうか」と諌めたが、香具山大君は是を聞かず、「女の政治何処に在る。汝はこの田に子は生えず妻にならぬ」と、菅田姫を離縁し豊窓の娘の初瀬姫を召した。瓊瓊杵の酒折の原朝間宮、装いは黄金珠台、漆塗懸橋が滑れば木綿の足袋姿。尚豊かで十万年(三三年余)、瑞穂登熟すれば民安く庭に住む鶴、池の亀、御心を尽す御孫の秀真であるかな。

㉔46 ㉔46 ㉔47 ㉔48 ㉔49

梭の二十五 彦命鉤を得るの綾

2501
三十二鈴　二十三穂ツウヱ
卯月初　別雷の
天君は　深き思いの

2502
有るにより　大島※をして
淡湖の　瑞穂の宮を
造らしめたり

2503
成れば日を見て　遷らんと
前に父親御　日足る時
箱根の洞に　入りますを

※をして　―して。広辞苑〈して [二]《助詞》サ変動詞「す」の連用形「し」と接続助詞「て」との結合したもの。一説に、「し」を指定の働きの語とする。❷〈格助詞〉①ある人の命令を受けて、その事をする人を指す。使役の助動詞と呼応する場合が多い。漢文訓読では、多く「を―」の形をとる。…を使って。…に命じて。源夕顔「小君―小桂の御返しばかりは聞こえさせたり」〉

三十二鈴二十三穂ツウヱ卯月初(ツウヱは秀真ヱト二三番で二十三穂(年)に同じ。鈴紀六四三年・皇紀前四一五年・西紀前一〇七五年四月一日)、別雷の天君瓊瓊杵は深い思いがあるにより、大島に命じて淡湖(琵琶湖・近江)の瑞穂の宮(多賀大社)を造らせた。工事が完成すると太占の占の吉日を選んで遷ろうと、前に乳親御(忍仁)が日足る時箱根の洞に入り、神上がりしたのを―。

㉕1　㉕1　㉕1

2504 母千乳姫は　事ありて
伊勢に至りて　御神に
朝夕仕え　奉らしむ

2505 淡湖の　瑞穂の国に
宮遷し　梅仁は原
児屋根※預り

2506 物主は　伴なす故に
溝杙を　副物主と
原の守役

2507 新治酢芹　鵜川宮
卯津は大津　磯の宮に
山幸彦と　海幸彦と

2508 ※山表　井堰堤に
新田成す　※木無き禿山
※有木とは如何

※預り　あつかり。広辞苑は〈**あずかり【預り】**⑤平安時代以降の公私各種の機関の職名。ある官署を預り、その事務をつかさどるもの〉**※山表**　やまおもて。「山陽」の語源。**※木無き禿山**　きなきはげやま。山表は製鉄が盛んで燃料に木を切り尽くしたからか。**※有木**　あき。「木が有った」頃の「有木」の名残り。安芸の語源。

母栲機千乳姫は、事情があって伊勢に行き天照御神に朝夕仕えさせた。次男瓊瓊杵は、十万年(三三年余)を経て今、父忍穂耳を祀る伊豆尾走の箱根宮に詣で幣を奉げて、伊勢に御幸し、祖父天照御神および母栲機千乳姫を拝んだ。瓊瓊杵による淡湖(近江)の瑞穂の国瑞穂宮への宮遷し(多賀大社)が成った。長男梅仁(火明)は原見宮(浅間大社)に留まり、天児屋根を預り(後見)とした。大物主子守は瓊瓊杵に伴をするため三島溝杙を副物主として原宮の守役とした。新治に座す酢芹宮(次男桜杵)は鵜川の宮に、二荒の裾野の鵜津宮(三男桜杵)は大津磯の宮を賜り山幸彦、酢芹は海幸彦。山表(山陽)に井堰堤に新田成す。木無き禿山を有木(安芸)とは如何——。

㉕1　㉕2　㉕2　㉕3　㉕4

2509
※大蛇在り　土地守の姫
飲む故に　焼けば皆逃げ
簸川に斬らる

2510
今に樵の　暇空き
天君笑みて　赤土に
教えて禿山　桧杉

2512
種植え十年　篭らせば
田水も絶えず　国豊か
また山陰の　田も拓く

2511
時に君　筑紫は糧の
足らざるか　※てれば行き見て
田を増さん

2513
磯の宮を　筑紫大君と
御言宣　故　梅仁を
原大君とす

※大蛇　おろち。八岐大蛇伝承のもと。2508 では製鉄用の薪炭を切り尽くしたとしたが、ここでの姫を飲んだ大蛇地を追うためというのは譬か。広辞苑は〈**やまたのおろち【八岐大蛇】**記紀神話で出雲の簸川にいたという大蛇〉※**てれば**　そうであれば。「である」の仮定「であれば」の転か。広辞苑〈**である**ニテのつづまった「で」に、動詞「ある」が付いたもので指定の意を表す〉

それは―以前に大蛇がいて土地守の姫を七人も飲んだので、山の木を皆焼いたら逃げ去り出雲の簸川で斬られた。今に樵の仕事が無くなって暇空き(安芸に掛ける)である。天君瓊瓊杵は笑み、土地守足撫槌の兄赤土に教えて、禿山に桧と杉の種を植えたところ十年で山が篭り田水も絶えず土地が豊かになった。また山陰(山陰)も巡って所々に井堰成し高田も拓いて帰り豊かな年三ヶ(一〇年)を経た。時に筑紫が治まらず、皇子の御降りを乞う故に磯の宮(三男卯津杵)を筑紫大君と御言宣した。ところが筑紫の乱れは食糧の不足と分かり、そうであれば自ら行って田を増さんと、長男の火明　梅仁を原宮大君とした。

㉕4　㉕5　㉕5　㉕6　㉕6

2514 児屋根物主　祭政聞け　卯津杵酢芹　北の津に　言然々訳有り　慎めよ

2515 天君は　西宮より　亀船に乗り　筑紫美ましの　鵜戸に着き　遍く巡る

2516 終日に　月澄むまでも　身を尽くし　三年に指画　略成りて　造り治める

2517 後に瑞穂に　還え坐せば　梅仁大君　磯輪上の　秀真の宮に　還ります

2518 試みに　海幸彦が　幸換えん　共に幸無く　弟は鉤を取らる

※聞け　きけ。広辞苑は〈きく【聞く・聴く】《他五》❶⑤よく聞いて処理する。「訴えを―く」〉　※言然々訳有り　いささわけあり。些か訳あり。越前の国一之宮気比神宮祭神伊奢沙別命のもと。※身を尽くし　みをつくし。広辞苑〈みおつくし【澪標】①水脈の「串」の意。通行する船に、通りやすい深い水脈を知らせるために立てた杭。（万葉集など）歌で多く「身を尽くし」に掛ける〉

天児屋根と大物主奇彦（子守）諸共に此処に留まり祭政聞け。卯津杵（三つ子の三男。山幸彦とも。後に第四代天君を嗣ぐ彦炎出見）と酢芹（三つ子の次男で桜杵。海幸彦とも。白髭）は北の津（気比）に言然々訳（伊奢沙別命のもと）あり、慎めよ。天君瓊瓊杵は西宮より亀船に乗り、筑紫美ましの鵜戸（日南市）に着き遍く巡り、井堰堤に新田成す。終日に月澄むまで身を尽し（澪標）、三年に指画（計画図）が略出来て、水田を造成し治めさせる。後に瑞穂（滋賀・多賀の宮）に還り坐せば、梅仁大君は磯輪上の秀真の宮（富士原見）に還ります。海幸彦・山幸彦の兄弟が北津（敦賀）に居て海幸彦が試みに「幸換えん」と言って鉤（釣針）と弓を取り換えたら共に幸（獲物）が無く弟は鉤を取られた。

㉕7　㉕7　㉕8　㉕8　㉕9

2519
太刀を鉤※に　一箕に盛れど
兄は怒り　多無き元の
鉤を徴る　徴られて弟は

2520
浜に憂れうる　雁罠に陥つ
これを解く　塩爺故問い
歌札付けて　君鴨船放つ

2521
筑紫美ましの　鵜戸に着き
鴨船捨て到る　襲緒の波提衹
譲葉敷きて　居寝もせで待つ

2522
天の戸も　明けて群れ出る
若姫が　椀に若水
汲まんと釣瓶

2523
撥ぬれば水に　影映る
驚き入りて　父母に告ぐ
空つ神かは　稀人と

※鉤　ち。釣針。広辞苑〈ち【鉤】釣針。神代紀下「其の故の―を責る」〉
※台　うてな。高殿。三内丸山遺跡の六本柱跡もその高殿跡か。広辞苑〈うてな【台】四方を観望できるように作った高い土壇・建物〉

弟の山幸彦が新しい鉤を求め渡そうとしたが兄は受けず元の鉤を徴る。弟は自分の太刀を鋳潰して鉤にし、箕一杯に盛れど兄は尚怒り、多なき(二つと無い)元の鉤を徴る。弟は困り果て浜に項垂れる時、雁が罠に陥つ。自分が兄の奸計に落ちた心境から同情しこれを解く。塩土の老爺が歌札付け君を載せて鴨船を放つ。筑紫美ましの鵜戸の浜に着き、鴨船も堅綱も捨てて襲緒の波提衹守の屋敷に行き到る。※台輝く日も暮れて、歯朶葉譲葉を敷物にして居寝もせで待つ。天(雨)の戸も明けて群れ出る若姫が椀に若水を汲もうとして釣瓶を撥ねれば水に影映る。驚き入りて、父母に告ぐ「空つ神かは稀人(貴人)」と―。

㉕9　㉕9,10　㉕11　㉕11　㉕12

2524
父は御衣裳を　望み見て
※八重の畳を　敷き設け
　引き入れまして

2525
故を問う　君在る容
宣給えば　波提守暫し
思う時　鵜戸守来たり

2526
堅綱の　誰が鴨舟かある
年の朝　歌身染むるを
　取り見れば　和歌の歌あり

2527
塩土が　目無し堅綱
張るべらや　満ち干の玉は
　波提の神風

2528
目無し網　四方鰭取れば
大鯛が　口を噛み裂き
元鉤得るなり

父の波提祇は御衣裳を望み見て畳を八重に敷き設け、引き入れまして故を問う。 ㉕12

※八重の畳　やゑのたたみ。広辞苑　**やえだたみ【八重畳】**㊀《名》幾重にも敷物を重ねて敷くこと。また、そのもの。神代紀下「海神是に――を敷設きて」〉　**注**　『秀真伝』では「八重」は、単に幾重にもではなく、君の「九重」に次ぐ皇子の「八重」を意味しています。

君は、今の在る容を宣給えば、波提祇守が暫し思う時鵜戸守が来て「誰か堅綱の鴨舟がある」と告げ、 ㉕12

元日の朝その舟にあった歌身を染めた札を取り見れば「塩土が目無し堅綱張るべらや　満干の玉は波提の神風」と和歌の歌があった。 ㉕13

波提祇が諸海女を召してこれを問い、赤目に添えて目無網で四方の鰭を取れば、 ㉕13

大鯛が口を噛み裂き前に寄り、赤女は口に、元の鉤を得て、鯛に「生簀で待つべし」と告げた。波提は前にこれを夢で知っていた――。 ㉕14

2529 御言宣　鯛は魚君
御食の物　※標は鱗
三つ山の鯛
㉕15

2530 志賀の守　鰐船に乗り行き
是昔　弟君が借り
取られし鉤ぞと　奉る
㉕15,16

2531 吾が鉤ぞと　言いつつ立つを
袖控え　※待ちぢと言えば
宮は怒りて
㉕16

2532 道無く吾を　何故呪う
兄には弟から　上る筈
答えて否や
㉕17

2533 朽ち糸を　替えて貸す筈
知れば幸　知らねば弟へ
駒這いに　詫言あれと
㉕17

三鱗
広辞苑(第七版)

※標は鱗三つ山の鯛　しるしはうろこみつやまのたい。三鱗のもと。広辞苑では〈**みつうろこ【三鱗】**紋所の名。三個の三角形を「品」の字形に並べたもの。北條氏の紋所〉

波提祇の夢に鯛来て「吾魚の由無き為に仕える事が出来ないので口を捧げる。吾を御食に」と。山幸彦の卯津杵が御言宣「鯛は魚君御食の物、標は鱗三つに山」写して帰す。三つ山の鯛(紋所)は是なり。志賀神が鰐船に乗り行き磯の宮(敦賀)に、「是昔、弟君が借り取られし鉤ぞ」と奉る。兄宮が窺がい見て「吾が鉤ぞ」と言いつつ立つを袖控え「待ちぢ」と言えば、兄宮は怒りて「道なく吾をなぜ呪う、兄には弟から上る筈」。志賀が答えて「否や、朽ち糸を替えて貸す筈。知れば幸い、知らねば弟へ駒這いに詫び言あれ」と—

※待ちぢ　まちぢ。原文は[ヲシテ文字]（マチチ）。『**古事記**』は「貧鉤(まぢち)で貧乏な鉤」と、『**日本書紀**』も「貧鉤(まぢち)とあって、マヂはマヅシの語根マヅの転」とあります。『**秀真伝**』では、原文は「[ヲシテ文字]」（マチヂ）とあって、筆者は「待ちぢ」と訳し、「待って！」の意と解しています。

2534 言えば尚　怒りて船を
漕ぎ出だす　玉を投ぐれば
海乾く　志賀追い行きて

2535 船に乗る　宮飛び逃ぐる
山杙も　馳せ行き宮の
手を引けば　志賀又投ぐる

2536 玉の水　溢れて既に
沈む時　汝助けよ
吾長く　弟の※駒這して

2537 糧受けん　ここに許して
迎い船　宮に還りて
睦みてぞ去る

2538 筑紫三十二の　守集め
吾妻入れん　諸如何
昔母君　天君に

―言えば尚、怒りて船を漕ぎ出だす。志賀が満干の玉を投げれば海乾く。志賀追い行きて船に乗る。宮飛び降り逃げる。山杙も馳せ行き宮の手を引けば、志賀又投げる、満干玉の水溢れて既に沈む時、「汝助けよ、吾(兄桜杵・海幸彦)長く、弟(海幸彦の弟・山幸彦・諱卯津杵・後の神の世四代彦炎出見)の駒這して糧受けん」。ここに許して、迎い船で宮に還り、睦みてぞ去った。

> ※**駒這**　こまばい。狛犬のもとか。**広辞苑**は〈**こまいぬ【狛犬】**高麗犬の意。神社の社頭や社殿の前に据え置かれる一対の獅子に似た獣の像。魔よけのためといい、昔は宮中の門扉などの動揺するのを止めるためにも用いた〉
> **補注**　狛犬が左右一対で口に咥える玉は、満・干の玉か。

卯津杵君は、筑紫三十二県の守を集め、「吾は妻入れん。諸如何」と。穂高見が「昔母君(木花咲耶姫)が天君瓊瓊杵に―

㉕17　㉕18　㉕18　㉕18　㉕19

2539
一夜契りて　後に召す
君先ず諮る　尚良しと
鹿児島宮に　還ります

2540
豊玉姫を　御后に
玉笠揃え　玉椀も
六人に持たせ　水捧ぐ

2541
※花婿に　水参らしょう
参らしょう　三十二の守の
万と楽しむ

2542
然る後　前に御幸の
井堰皆　御心添えて
新田成すなり

2543
年々に　稔りも増えて
国豊か　今年植え付け
照れど皆良し

※花婿に水 はなむこにみつ。水掛け祭りの始まり。宮城県加美町、福島県いわき市、静岡県沼津市、岩手県一関市などに伝わる奇祭、水かけ祭り。これらは、西紀前千年に神の世第四代彦炎出見(卯津杵)の水で結ばれた「花婿に水」が源流とみられます。広辞苑では「水掛け祭り」は「タイの伝統」とあります。

―一夜契りて後に召す。君は先ず事前に諮るのは、尚良し」と、鹿児島宮に還ります。豊玉姫を御后に、典侍・内も二人侍・下侍ずつ六局も成り整えば、その明日三日に豊祇彦が玉笠を揃え、玉椀も六人に持たせ水捧ぐ。声を揃えて桃雛木、目合い(男女の交際)後の三日の日の川水浴びて大湟煮の上から下へ花婿に、水参らしょう、参らしょう。この時に三十二県の守が歌い万と楽しむ。然る後、前に御幸の井堰皆、御心添えて新田成す。筑紫三十二を御巡りて鹿児島宮に還り坐す。年々に稔りも増えて国は豊かとなり、今年植え付けした作物は日照りあれども実り皆良し。

㉕20　㉕20　㉕21　㉕21　㉕22

2544
宇佐の県に　流行らせて
皐月の望の　春祝い
秀真遊の　瑞穂歌

2545
豊の国　三十二県に
皆流行る　門松・穂長※
譲葉も　春敷き飾る

2546
加須峰の　加須魚入れて
田を肥やし　陽炎の陽の
阿蘇の肥国

2547
油粕　入れて粕谷の
地に満つる　休まで民を
治す故后　局も子無し

2548
豊玉姫　連れて暫く
鵜戸にあり　筑紫の民を
思うばかりぞ

※穂長　ほなが。広辞苑〈**ほなが【穂長】**②ウラジロの別称(季 新年)〉〈**うらじろ【裏白】**④(植)ウラジロ科の常緑シダ。葉の裏は帯白色。葉は正月の飾りに用いる〉

うらじろ
広辞苑(第七版)

宇佐の県(宇佐市宇佐神宮のある辺り)に流行らせて、皐月の望(五月十五日)の春祝い。餅に歯朶葉を敷き、保食神に祝う穂長と譲葉の秀真遊の瑞穂歌。

楽しく賑わう豊の国三十二県に皆流行る。門松・歯朶葉・譲葉も春敷き飾る本折(正月飾の始まり)である。豊(豊前・豊後)が賑わいて六万年(二〇年)経ても、阿蘇国は未だ肥えず、阿蘇宮を造って遷り坐す。地を考えて加須峰の加須魚を入れて田を肥やし陽炎の陽の阿蘇の肥国。此処にも六万年(二〇年)経たが志賀(福岡)の神田(神田)は未だ満てず筑紫宮に遷り、地に油粕入れ此処にも二〇年――休まないで民を治す故后局も子が無く豊玉姫を連れ暫く鵜戸にあり筑紫の民を思うばかりぞ。

㉕22　㉕23　㉕24　㉕25　㉕26

梭の二十六
鵜萱葵桂の綾

2601 昔新治の　宮を建て
原見も成りて　秀真成り
別雷の　神と成る

2602 三十一万年　治むれば
齢も老いて　天の日嗣
今卯津杵に　譲らんと

2603 牡鹿到れば　三十二守
慕い惜しめど　御言宣
定まる上は　万歳を

あおい　かつら
（広辞苑第七版）

234頁2623 ※葵桂葉　あおいかつらば。葵と桂の葉の葉脈は主軸に対して左右対称であることから夫婦はどちらも一方が欠けるようなことがあってはならないという説話に掛けたもの。瓊瓊杵の豊玉姫に諭す「葵と桂葉」のこの綾のくだりは、京都賀茂祭の由来として伝える髪飾り。フタバアオイの葉を冠に挿し、または、御簾にかけて物忌としたもの。祭神の別雷神の故事によるものという。

三十六鈴三十四枝三十八穂弥生望（西紀前九七九年三月一五日）瓊瓊杵は諸臣召して御言宣「昔新治の宮を建て原見（富士山麓）の水田開発も成り三十万民（百人）を治し、終に磯輪上秀真が成って別雷の神と称名も賜わった。三十一万年（百年余）も治めれば齢も老い、天の日嗣を今、卯津杵に譲らん」と、牡鹿が到れば筑紫三十二守が慕い惜しめど御言宣が定まる上は万歳を――

㉖1　㉖2　㉖2

2604 祝いて後の　御幸乞う
志賀船問えば　和仁が言う
大亀船ならば　月越えん

2605 鴨船は一月　大鰐船は
早々と申せば　宣給わく
父召す時は　早捗なり

2606 志賀の浦　吾は大鰐
綱解きて　疾風に北の
津に着きて　瑞穂に還る

2607 これの前　后孕みて
月臨む　故に後より
鴨船にて行かん

2608 産屋葺く　棟合わぬ間に
鴨船着きて　早や入り坐して
御子を生むなり

日嗣となることを祝って後日の御幸乞うた。㉖2
志賀守が船はどれが良かろうかと問えば、
大物主和仁彦が「大亀船ならば一月を越え
よう。鴨船は一月、大鰐船は早々に着きま ㉖2
しょう」と申せば、卯津杵皇子が宣給わく
「父が召す時は早捗なり。吾は大鰐船（帆掛
船）、姫は鴨船（櫂船）で後に送れ」と、志賀の ㉖3
浦から大鰐船の綱を解き、疾風に北の津（敦
賀）に着いて伊奢沙別より瑞穂宮に還ると、
天君も臣も喜んだ。これの前「后豊玉姫が ㉖3
孕んで月臨む（「臨月＝出産予定の月」の語源）。
故に後より鴨船で北津（敦賀市）に行かん。
産屋をなして待ちたまえ」と御言宣。松原 ㉖4
の産屋を葺く。棟が合わないうちに鴨船が
着き御子を生んだ（鵜萱葺不合の名のもと）。

2609 ㉖4
勝手は椅子も　御湯も上ぐ
卯萱の湯とは　この花の
白き香に咲く　子は卯の芽

2610 ㉖4
又甘蔓　菊もあり
酢芹宮より　御湯進め
※海人草と共に　※蟹を治す

2611 ㉖5
故長らえて　十四鈴の
齢鶉川の　宮褒めて
白髭神と　名を賜う

2612 ㉖5
予ねて勝手が　申さくは
君は産宮を　な覗きそ
七十五日は　遺る法なり

2613 ㉖6
臍の緒切るも　原の法
物主鳴らす　※桑の弓
羽々矢※引きめぞ

※**海人草**　まくり。広辞苑〈**まくり**【海人草・海仁草】海産の藻類に甘草・大黄などを加えた回虫駆除薬〉※**蟹**　かに。広辞苑〈**かにくそ**【蟹屎】赤子が生後初めてする大便。色黒く粘り気がある。かにばば。胎便〉

勝手（諱安彦・助産師の元祖）は椅子も御湯も上げた。卯萱の湯とは、この花の白き香に咲く子は卯の芽。又皇子が蟹唾を吐けば薬草の甘蔓、菊もある。酢芹宮（桜杵）より御湯を進め海人草と共に蟹（唾・屎）を治す。故長らえて十四鈴（二百八十歳）まで長生き。鶉川の宮（酢芹）を褒めて白髭神と名を賜う。予ねて勝手が申すには、君は産宮を覗いてはいけない。七十五日は遺る法、臍の緒を切るも原宮の代々の法であり、大物主が鳴らす桑の弓、羽々矢の引き初めである。

※**桑の弓**　くわのゆみ。広辞苑〈**くわゆみ**【桑弓】桑で作った弓。男児誕生の時、この弓に蓬茎ではいだ矢をつがえて四方を射て立身出世を祝った〉※**引きめ**　ひきめ。広辞苑〈**ひきめのほう**【蟇目の法】妖魔降伏のため弓弦を打ち鳴らして蟇目を射ること。↓鳴弦〉〈**めいげん**【鳴弦】②弓の弦を鳴らして妖魔をはらうまじない。天皇の入浴・病気、出産、夜中の警護、不吉な場合などに行われた。御湯殿の儀式のものは盛大。弓鳴。ゆみづるうち〉↓読書鳴弦の儀（略）

2614 児屋根神　諱考え　鴨仁と　母より渚※　武卯萱　葺不合と

2615 故は筑羅に　鴨破れて　渚に落ちて　溺るるを　猛き心に　泳がせば

2616 君松原に　進み来て　産屋覗けば　腹這いに　装無ければ　恥つかしや

2617 産屋出て　遠敷に至り　皇子抱き　御目御手撫でて　母は今　恥ぢ帰るなり

2618 目見ゆ折　もがなと捨てて　朽木川　上り山越え　漸三日に　罔象女の社に

※　秀真伝	渚武鵜萱葺不合（漢訳は筆者）	
古事記	天津日高日子波限建鵜葺草葺不合命	
日本書紀	彦波瀲武鸕鷀草葺不合尊	

天児屋根神が諱を考えて「鴨仁」と、また、母豊玉姫からは、渚武卯萱葺不合（原文は※ナギサタケウガヤフキアワセズ）と名を賜わった。㉖6

その故は、筑羅に鴨船が難破して姫も建祇、穂高見も、渚に落ちて溺れたのを母の勇猛な心で泳がせば、龍や蛟の力を得て恙もなく磯に着いた。㉖6

釣船よりぞ美保崎（島根半島）の鰐船得て此処に着くことも御種思えば渚猛け母の御心顕れる。㉖7

君松（待つ）原に進み来て産屋覗けば腹這いに装い無ければ枢引く音に目覚めて恥づかしや、産屋出て遠敷（小浜市）に至り皇子㉖8

抱き御目御手撫でて「母は今、恥ぢ帰る、なり、目見ゆ折もがな」と捨てて、朽木川上り山越え、漸三日に罔象女の社に休む。㉖8

2619
波提祇と　乙玉姫と
山背に　至りて乞えど
姫は上らず

2620
乙玉を　捧げとあれば
諸共に　上り申せば
妹を召して

2621
天つ日嗣を　若宮に
授け給いて　※太上君
磯の宮に座す

2622
新治の例　※大嘗会
三種の受けを　天に応え
青人草を　安らかと

2623
太上皇　明くる年
※葵桂葉　袖に掛け
豊玉姫に問う　是如何

※ **葵桂葉** 230頁**2600**参照。

※ **太上君**　おおゑきみ。太上皇(おおゑすべらぎ)とも(㉖107)。広辞苑は〈**じょうこう【上皇】**(古くはショウコウ)天皇譲位後の尊称。おりいのみかど。太上天皇。太上皇〉 **※大嘗会**　おおなめ。広辞苑は〈**だいじょう【大嘗】**大嘗祭。「即位—」**—え【大嘗会】**大嘗祭。また、その節会。**—きゅう【大嘗宮】**大嘗祭を行うために宮中に仮設される古式の宮殿。悠紀殿・主基殿・廻立殿などからなる。**—さい【大嘗祭】**天皇が即位後初めて行う新嘗祭。その年の新穀を献じて…〉

これを瑞穂に告げると驚いて、留めさせようと弟穂高美が遠敷(小浜市)の雉(急使)として飛び(派遣)、朽木谷(高島市)を西から南へ山超えて罔象女宮(貴船神社)で乞えども帰らず、姫の父筑紫の波提祇と姫の妹乙玉姫と鰐船で上り西宮から山背(京都)に至り問えども姫は上らず、妹乙玉姫を捧げよとあれば、諸共に上り申せば、妹を召した。天つ日嗣を若宮卯津杵(彦炎出見)に授けて瓊瓊杵君は、太上君(現上皇)として磯の宮(大津)に座す。瑞穂(近江)では新治の例により大嘗会で三種宝の受けを天に応え、青人草を安らかにと保つ八豊幡の花飾り。明くる年、太上皇瓊瓊杵が葵葉と桂葉を袖に掛け豊玉姫に問うた、是如何——と。

㉖9　㉖10　㉖10　㉖10　㉖11

2624
豊玉答え　※葵葉ぞ
又※桂葉ぞ　※太上君
汝世を捨て　道欠くや

2625
姫は畏れて　欠かねどみも
腹這いの恥　重ぬ身は
豈上らんや

2626
これ恥に似て　恥ならず
※七十五日に養す　※慎まざ
覗く恥　汝に有らず

2627
龍の子は　海山里に
※千穂住みて　三息悟りて
君と成るなり

2628
汝渚に　落ちんとす
御種思えば　猛心
為して泳ぎて　長らえる

※千穂 次頁参照

※葵葉・桂葉 2600 参照。**※太上君** 2621 参照。**※七十五日に養す** なそゐかにたす。産後「七十五日」は慎まなければならないの語源。**※慎まざ** つつしまざ。広辞苑〈**ざ**《助詞》（ズハの転）…なくては。…なければ。「ざあ」とも。浄、傾城阿波鳴門「起き—起こしに行ぞよ」。「行か—なるまい」〉

豊玉姫が答えた―「葵葉ぞ」、また「桂葉ぞ」と。太上君瓊瓊杵（称名別雷）が「汝、世を捨て、道欠くや」というと、姫は畏れて「道葉欠かねども、渚に泳ぐ嘲りに、腹這いの恥を重ねた身は、どうして宮に上れようか」。すると、太上君は「これ恥に似て恥ならず。然かと聞け、子を産む後は七十五日（「産後七十五日」の起源）に養す慎しまざ。更絶ち養せず。勝手神が予ねて申していたとおり。覗く恥は汝にあらず。竜の子は千穂海に棲み竜田知る。千穂山に棲み竜経ると、千穂里に棲み付く離る。海・山・里の三息悟りて君と成る。汝渚に落ちんとす。御種思えば猛心を為して泳ぎて長らえた―。

㉖11　㉖12　㉖12　㉖12,13　㉖13

2629
是地息知る　宮に立ち
降りて嘲り　免かるる
是　天息知る

2630
葵桂の　伊勢を得ば
人息悟る　三つ知れば
竜君如く　神と成る

2631
竜は鰭　三つ知る故に
鱗君　神・祇・鬼を
三つ知れば　人は神なり

2632
大上君　心な痛め
給いそよ　君と姫とは
日と月と　睦ましなさん

2633
建祇に　豊玉姫養せと
河合の　国賜りて
室津に亀船の　迎い待つ

2627 **※千穂**　ちほ。千年。「海千山千」のもと。広辞苑〈**うみせんやません【海千山千】**（海に千年山に千年住んだ蛇は竜になるという言い伝えから）せちがらい世の中の裏も表も知っていて、老獪な人。「―の事業家」〉

これ地息知る宮に立ち、降りて嘲り免かるる。これで天息を知る（「海千山千」の語源）。いま一つ、葵桂の伊勢（妹背の奥義）を得、地息・人息を悟る。この三つを知れば竜君の如く神と成ったのである。竜は鰭を付けているが、この三つを知る故に鱗君である。（天）神・（地）祇・（人）鬼を三つ知れば人は神なり」。姫は恥ぢに落ち入り言葉が出なかった。三穂津姫（第三代大物主大上皇美穂彦の母）は御幸を送って此処に在り。「大上君、心な痛め給いそよ。君と姫とは日と月と睦ましなさん」と申す時、大君笑みて建祇に「豊玉を養せ」と河合の国を賜り、谷を出て室津に亀船の迎い待つ、門出で送り御幸成す。

㉖13　㉖14　㉖14　㉖15　㉖15

2634 亀船に乗り行く　鹿児島や
襲緒※高千穂の　日に辞む
日向う国と　秀真国

2635 予ねて会う日の　朝間の日
姫は※朝間に　辞む月
向いて共に　神と成る

2636 豊玉姫は　別雷山に
喪は四十八　年の祭も
御饗　なすなり

2637 沖津島　鴨船着く島に
吾が寝し　妹は忘らじ
世の事々も

2638 忌と言い　穢と断つる
日の本の　神の心を
知る人ぞ神

※ **高千穂・朝間**　瓊瓊杵は,高千穂の峰(日に向かう国=日向の語源)で、朝間(富士山)の方から昇る朝日に向い、后木花咲耶姫は、朝間(富士山)で、高千穂の峰に沈む夕日に向かい、予ねての約束どおりに、同日同刻に共に辞み神と上がった。木花咲耶姫は朝間の神、瓊瓊杵は高千穂の神のいわれである。
補注　記紀には富士山の記述はなく、高千穂は瓊瓊杵が天降った峰とある。

卯津杵君へ瓊瓊杵大君の遺言「天に日月、照る人草も闇には冷やすぞ。地君も闇に民枯るぞ。政事は天児屋根と大物主子守が共に治せ。宮内の治は三穂津姫」と。大君は亀船で鹿児島へ。夕は襲緒高千穂の日に辞む、朝は妻木花咲耶姫の朝間(富士山)の日に向う、日向う国と秀真国。姫は朝間に居て辞む、月が高千峰に入り神となる、朝間(浅間)の神や子安神。予ねて会う(約束)の日に稜威の神、向かいて共に神と成る。豊玉姫は別雷山に篭り喪は四十八日。年の祭りも。磯依姫に託し彦炎出見君「沖津鳥鴨着く島に吾が寝し　妹は忘らじ夜(世)の言(事)々も」。磯依姫「忌と言い穢と断つる日の本の、神の心を知る人ぞ神」。

㉖16　㉖16,17　㉖18　㉖19　㉖19

2639 ㉖20
反(かえ)し歌(うた) ※紙(かみ)に包(つつ)みて
※水引草(みひきぐさ) ※文箱(ふばこ)に収(おさ)め
君(きみ)解(と)き読(よ)めば

2640 ㉖20
沖津鳥(おきつとり) 鴨(かも)を治(おさ)むる
君(きみ)ならで 世(よ)の事々(ことごと)を
得(え)やは防(ふせ)せがん

2641 ㉖21
この歌(うた)を 三度(みたび)に涙(なんだ)
落(お)ちかかる 膝(ひざ)の葵葉(あおいば)
裳(も)に染(し)みて 迎(むか)いの輿(こし)に

2642 ㉖21
豊玉(とよたま)の 天(あ)の宮入(みやい)りと
喜(よろこ)びて 綾(あや)に写(うつ)させ
織(お)る錦(にしき) ※小葵(こあおい)の御衣(みは)

2643 ㉖21
菊(ここち)散りと ※山鳩色(やまばといろ)の
三(み)つの綾(あや) 神(かみ)の装(よそ)いの
御衣裳(みはも)なる哉(かな)

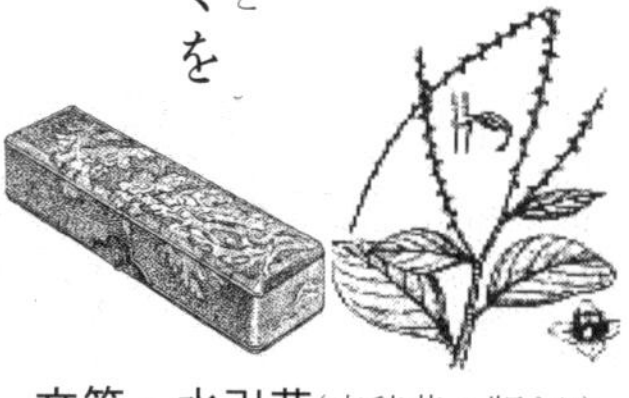

文箱・水引草(広辞苑７版より)

※紙 かみ。原文は「カミ」。広辞苑では〈**かみ【紙】**①植物などの繊維を膠着させて製した薄片。…後漢の蔡倫の発明といわれてきたが前漢期遺跡から古紙が出土し、前漢初期の開発。推古紀「—墨を作り」〉

豊玉姫の返しは葵、君の桂を紙に包みて水引草、文箱に収め奉る。君自らに結いを解き、その歌を詠めば「沖津鳥鴨を治むる君ならで世(夜)の事(言)々を得や(穢病)は防せがん」。この歌を彦炎出見君は三度重ねて読むに涙(なんだ)が落ちかかり膝の葵葉裳に染みて迎えの輿に豊玉姫の天の宮入りと喜びて綾に写させ織る錦は、今の小葵の御衣菊散りと山鳩色の三つの綾、神の装いの御衣裳である。

※小葵 こあおい。広辞苑〈**こあおい【小葵】**①[植]ゼニアオイの異称。唐花唐草文様の一種で花がゼニアオイに似るもの。天皇・東宮の下襲・袙・半臂・直衣などに用いる〉**※山鳩色** やまばといろ。〈**やまばといろ【山鳩色】**青みがかった黄色。また、くすんだ青緑色とも〉

小 葵(広辞苑７版より)

梭の二十七
御祖神船魂の綾

2701 この時に　瑞穂の宮は
豊玉の　再び上る
喜びに沸く

2702 天児屋根と　物主と　三千物部
真手に侍りて　八百万草も　治めしむ

2703 積葉建経津　息吹宮
秀真道は　鹿島押雲
日高彦して　治めしむ

この時に瑞穂の宮（滋賀県多賀町多賀大社）は豊玉姫の再び（最初は筑紫宮）上る喜びに沸いた。天児屋根と第三代大物主三穂彦（子守）は真手に（左右の臣として）侍り、三千（多くの）物部らと八百万草（総べての民）を治めさせた。前に第二代事代主積葉八重と建経津彦に息吹宮（四国）で二十四県を、秀真道の関東は鹿島と天押雲に、東北は日高彦（角田市熱日高彦神社）に治めさせた。

㉗1　㉗1　㉗1

2704
三島溝杭　原宮に
筑紫神立　物主と
積葉事代　飛鳥宮

2705
建祇は　乞うは畏るる
天のまま　磯依姫賜う
河合の館も

2706
鵜川宮　娶る酢芹姫
御子を生む　諱鵜津彦
姉玉根　原君后

2707
玉根姫　国照宮と
武照と　生めば夏女が
産着なす　※幸　菱ぞ

2708
これ昔　無戸屋囲む
竹焦げて　捨つれば生える
斑竹　写した綾ぞ

※幸菱　さいわいびし。広辞苑では〈**さいわいびし【幸菱】**織紋様の四花菱四個を組み合わせて一組とし、これを配列して繁文とした装束地に対する近世武家の呼称。公家の間では先間菱という〉

三島溝杭を原宮（富士宮市浅間大社）に百県、筑紫は、神立を大物主として波提祇と共に三十二県を治めさせた。故に積葉を第二代事代主として飛鳥宮に侍らせた。　㉗2

妃豊玉姫の弟鴨建祇に、彦炎出見大君が、妃の中から磯依姫を河合の館と共に賜った。　㉗3

鵜川宮（桜杵・海幸彦）の妻酢芹姫が鵜津彦御子を生んだ。姉玉根姫が原大君梅仁の后となり、国照宮（後の飛鳥大君饒速日）と　㉗4

武日照宮と生めば夏女が産着を作って着せた。その紋様は幸菱であった。　㉗4

昔、無戸屋を囲む竹が焦げて捨てれば生えた斑竹を写した紋様であるぞ。　㉗4,5

幸 菱(広辞苑7版より)

2709
臍の緒切れる 竹もこれ
時に飛鳥の 宮罷る
母の嘆きは 嗣子も無や

2710
原宮の 国照を嗣子
天照らす 饒速日君
十種譲らる

2711
前に御子無く 香具山が
天道根を 言名して
兄田栗が子 ※猶子となせど

2712
初瀬姫は 頓と憎みて
捨てさしむ 君又怒り
初瀬姫を捨つ

2713
太玉の 孫御炊屋を
妻として 宇摩志麻治生む
※長脛彦は 大物臣なり

※**猶子** なおこ。広辞苑では〈**ゆうし【猶子】**①兄弟・親戚、または他人の子を養って自分の子としたもの。養子〉 ※**長髄彦** ながすねひこ。飛鳥宮国照大君の大物主。彦炎出見の長兄火明梅仁の養子で饒速日と改名した国照の后御炊屋姫の兄。広辞苑では〈**ながすねびこ【長脛彦】**神話上の人物。神武天皇東征のとき、大和国生駒郡鳥見地方に割拠した土豪。孔舎衛坂で天皇に抵抗、饒速日命に討たれた〉

臍の緒を切る斑竹もこれで、伊勢の御衣、 ㉗5
産着に用いる本折である。時に飛鳥の宮
の照彦君(瓊瓊杵の兄奇玉火明)が罷った。
忍穂耳君の神上がりの後、伊勢の天照神 ㉗6
に侍っていて母千乳姫の嘆きは嗣子の無
いこと—大神の教えにより彦炎出見大君 ㉗6
の長兄原見大君梅仁の長男国照を嗣子、
名を天照饒速日君と改め喪に入り、後に
十種宝を譲り受け、飛鳥の神と祀った。
この前—御子が無く、香具山が子天道根 ㉗7
を言名(許嫁)し兄田栗の子を猶子(養子)と
したが后初瀬姫は頓と憎んで捨てさせた。
照彦君がまた怒り、初瀬姫を離縁した。
太玉の孫御炊屋姫を妻として宇摩志麻治
を生む。妻の兄・長脛彦は大物臣である。 ㉗7

2714 都には　君睦ましく
※八緒冠　皇子を召す
児屋根は左　三穂彦は右

2715 天君は　御機の典を
御皇子に譲り　真后は
春日に授く　八咫鏡

2716 大典侍は　太刀捧げ持ち
子守に与う　君と臣
謹しみ受ける

2717 天君と　后諸共
磯の宮に　下り居てここに
神と成るなり

2718 君の喪祭　※四十八済み
御遺言に任せ　御遺骸は
伊奢沙別宮　気比の神

※八緒冠　やをかふり。八方の意の八本の紐を垂らした冠か。**広辞苑**は〈**はっこう【八紘】**［准南子地形調］四方と四隅。地のはて。転じて、天下。全世界〉**※四十八**　よそや。天地歌の数。四十九日に喪が明ける。広辞苑は〈**しじゅうくにち【四十九日】**（仏）①人の死後四九日間のこと。②人の死後四九日目に当たる日〉

㉗7 都の瑞穂宮には彦炎出見天君と后・豊玉姫が睦ましく八緒冠で安泰。筑紫十八（六〇年）と合わせ在位四十五万（一五〇年）であった。

㉗8 天児屋根は左、三穂彦は右に在って天君は御機典（瓊の奥義・道奥）を御皇子鵜萱葺不合に譲り、真后・豊玉姫は八咫鏡を捧げ持ち、春日（天児屋根）に授けた。

㉗8 大典侍の元姫は八重垣の太刀を捧げ持ち、子守（三穂彦）に与えた。鵜萱葺不合君、左の臣・天児屋根と右の臣・三穂彦は謹しみ受けた。

㉗9 天君彦炎出見と后豊玉姫は、諸共に磯の宮に下り居て神と成った。時に鈴八百五十枝極年（エトの最後六十番目）ネウト（西紀前八二一年）であった。

㉗9 君の喪祭り四十八日。御遺言に従い御遺骸は伊奢沙別宮に納め気比の神と祀った。

2719
鉤を得たる　門出の笥飯ぞ
姫囹象宮　田水を守り
船を生む　※貴船の神ぞ

2720
島津彦　沖津志賀彦
金析に　豊玉囹象
六つ船魂ぞ

2721
宮遷し　御位に就く
綾錦　玉飾り付け
※冠衣　足袋沓　原の法

2722
キアト夏　御位成りて
伊勢に告ぐ　天照神の
御言宣―

2723
吾が御孫　多賀の古宮
造り替え　都遷せば
天に次ぎて　地の二神ぞ

※貴船の神　きふねのかみ。貴船神社の祭神。総本社は京都市貴船町にある元官幣中社。**※ 冠衣足袋沓**　かむりはびくつ。神の世第五代鵜萱葺不合の即位装束姿か。次頁重要文化財「土偶」参照。**補注**　この土偶は一般には遮光器土偶と呼ばれる。

故は塩土翁に笥飯を得て巡り開ける兄の鉤を得たり。門出の笥飯ぞ膳は。豊玉姫は御遺骸を囹象宮、昔渚に誓して御稲竜の御魂得て、名も天居稲の神と成る。田水を守り船を生む、※貴船の神は船魂か。島津、沖津、志賀に金析、豊玉、囹象女と船造る神、六つ船魂ぞ。鵜萱葺不合君御位に就く装束(※次頁神像参照)、綾錦着て玉飾、冠衣足袋沓、原の法。華を尽くし、その明日は大御田族に拝ませた(次頁図)。キアト夏、御位成りて伊勢に告ぐ。天照神の御言宣―吾が御孫多賀の古宮造り替え都遷せば天に次ぎて地の二神ぞ。

※貴船神社　青森県大鰐町
ほつま文字で伝わる神璽
クラオカミカミマモリ
ミスハノメカミ

㉗10　㉗11　㉗11　㉗12　㉗13

2724
吾昔　天の道得る
香具の典　御祖百編を
授く名も　御祖天君
㉗13

2725
この心　万の祭政を
聞く時は　神も降りて
敬えば　神の御祖ぞ
㉗14

2726
この道に　国治むれば
百司　その道慕う
子の如く　是も御祖ぞ
㉗14

2727
民を恵みて　わが子ぞと
撫づれば返る　※人草の
御祖の心　総べ入れて
㉗14

2728
百の璽の　中に在り
綾繁ければ　味見えず
錦の綾を　織る如く
㉗15

※人草　ひとくさ。広辞苑〈**ひとくさ【人草】**もろもろの人。人民。あおひとくさ。記上「汝(いまし)の国の―」→**あおひとくさ【青人草】**（人のふえるのを草の生い茂るのにたとえていう）民。民草。国民。蒼生。記上「うつしき―」〉出例⓪61,…。

吾昔、天の道を得ることができたのは香具の典で、この御祖百編を鵜萱葺不合に授ける。称え名も御祖天君と。この御祖天君の心で万の祭政を聞くときは神も降りて敬えば神の御祖ぞ。この道に則って国を治むれば、百司がその道を慕う子のように是も御祖と言えるぞ。この子末である民を恵みてわが子ぞと撫でれば信頼を寄せて返る。人草の御祖の心の総べてを香具の典に籠め入れて百の璽の中に在り。綾繁ければ味見えず、錦の綾を織る如く―。

前頁 2721※冠衣足袋沓
神の世五代鵜萱葺不合の即位装束姿か(西紀前879)。『日本の誕生』76 頁参照。

宮城県大崎市出土「土偶」青森県つがる市・岩手県盛岡市出土とともに３点が重要文化財（東京国立博物館蔵）

2729 緯部経道に　経を分け　闇路の処は　明かりなす　春日　子守と

2730 味知らば　※天津日嗣の　栄えんは　天地暮れど　窮め無き哉

2731 ※冬至る日に　大祭　天神と代々　皇神　悠紀主基の宮　山海と

2732 臣言霊は　地主基の　嘗会に告げて　人草の　祝ぎ祈るなり

2733 二神は　常に糺すの　殿に居て　遍く治む　民豊かなり

※天津日嗣の栄えんは　天地暮れど窮め無き哉　あまつひつぎのさかえんは　あめつちくれどきわめなきかな。天照神から神の世最後第五代鵜萱葺不合に賜わった御言宣。「天壌無窮の神勅」のもと。広辞苑では〈**てんじょうむきゅうのしんちょく【天壌無窮の神勅】**（日本書紀神代紀一書による）天孫降臨の時、天照大神が皇孫、瓊瓊杵尊に賜ったという神勅。→**てんじょうむきゅう【天壌無窮】**天地とともにきわまりのないこと。永遠に続くこと〉　**※冬至る日**　ふゆいたるひ。冬至。広辞苑〈**とうじ【冬至】**二十四節気の一つ。太陽の黄経が二七〇度に達する時で、北半球では正午における太陽の高度は、一年中で最も低く、また、昼が最も短い〉

緯部経道に経を分け、闇路の処には明かりなす。春日（天児屋根）と子守（第三代大物主美穂彦）とが、香具の典に込められた枢要な趣の味を知れば、天津日嗣の栄えることは天地が暮れても窮め無いことであろう。君受けて、牡鹿手力男の去る時に御言宣―。冬至る日に大祭り。天神と代々皇神は悠紀・主基の宮に祀り、山や海の神と臣や言霊は地主基の大嘗会に告げ青人草（国民）を祝ぎ祈るのである。鴨仁と玉依姫の二神は常に糺すの殿に居て遍く治め民は豊かである。

㉗15　㉗15　㉗16　㉗16　㉗16

※糺すの殿　ただすのとの。糺の森の宮殿。広辞苑は〈**ただすのかみ【糺の神】**京都の下鴨神社およびその摂社などの祭神〉〈**ただすのもり【糺の森】**京都市左京区下鴨神社の称。賀茂・高野両川の合流点に近い原生林〉

2734
されど君(きみ) 代々(よよ)の御祖(みをや)の
嗣子無(つぎこな)し 十二(そふ)の妃(きさき)も
如何(いか)なるものや

2735
世継典(よつぎふみ) 児屋根太占(こやねふとまに)
占(うらな)えば 八一(やひ)の五中八(ゐなかや)
八瀬姫(やせひめ)良(よ)けん

2736
世継社(よつぎやしろ)に 祈(いの)れば験(しる)し
五津瀬(ゐつせ)生(う)む 八瀬神(やせかみ)と成(な)る
御乳(みち)無(な)く尋(たづ)ぬ

2737
玉依(たまより)を 生(う)みて両親(たらちね)
神(かみ)と成(な)る 河合(かあい)の神(かみ)ぞ
玉依(たまより)は 喪祭(もまつり)なして

2738
ただ一人(ひとり) 別雷神(わけつちかみ)に
又詣(またもう)で 木綿(ゆう)捧(ささ)ぐれば
空雷問(うつろいと)わく

析鈴(さくすず)なれば植継ぎて七鈴(一四〇年)に及べどなお豊か。四十九の鈴九百十一枝初穂キアエの初三日(西紀前七三九年正月三日)に天児屋根が申した。

㉗17

「君は今、御祖の道に治む故、人草の親と慕われ天地の神も降れば御祖神と称えられるが代々の御祖の嗣子無し。十二の妃も如何なるや」。時に天君鴨仁が「吾、十三鈴(二六〇年)老いて種有らじ」。

㉗18

子守が「世継典在り」。押雲が世継社成す。天児屋根が太占を占えば八一(やひ)の五中(ゐなか)の八(や)、八瀬姫が良い。

㉗19

世継社に祈れば験(しるし)、五津瀬生む。母八瀬姫神と成る。御乳無く尋ねた。

㉗20

磯依姫(いそよりひめ)が玉依姫生みて両親神と成る。河合の神ぞ。玉依姫は喪祭りなしてただ一人、別雷に又詣で木綿捧げれば、空雷問わく——

㉗20

2739 姫一人 別雷神に
仕うかや 答え然らず
又問わく 世に因むかや

2740 姫答え 何者なれば
嚇さんや 吾は神の子
汝はと 問えば空雷

2741 飛び上がり 鳴る神してぞ
去りにける ある日また出で
禊をなせば

2742 白羽の矢来て 軒に挿す
主の汚経の 止どまりて
思わず男の子 生み育つ

2743 三つの年 父と言う時
矢は上る 別雷の
神なりと 世に鳴り渡る

—これの前、鴨武祇彦と磯依姫と十三鈴(二六〇年)までも子無き故、別雷神瓊瓊杵に祈る夜の、夢に賜る玉の名の玉依姫を生んで後、養育して齢十四鈴(二八〇歳)に父母共に神上がりし河合の神となっていた—。空雷「姫一人別雷神に仕うかや」。玉依姫答「然らず」。又問わく「世に因むかや」。玉依姫答「何者なれば嚇さんや、吾は神の子。汝は」と、問えば、空雷は飛び上がり、鳴る神して去った。ある日、また出で禊をなせば白羽の矢が来て軒に挿さった。玉依姫の汚経(月経)が止まって、思わず男の子を生み育てた。三歳になる年、軒の矢を指して「父!」という時、矢は上った。別雷の神であろうと世間に鳴り渡った。

㉗20 ㉗20 ㉗21 ㉗21 ㉗21

2744 姫御子を　諸神乞えど
頷かず　高野の森に
隠れ住むなり

2745 神の子なれど　隠れ住む
森に五色の　雲起こる
出雲路森と　名付くなり

2746 来ぬ故は　別雷神を
常祀る　召せば祀りの
欠くる故なり

2747 波提祇が孫　子は父も無く
雷ぞ　名無く人呼ぶ
出雲の御子と

2748 言葉も精し　透き徹る
玉の姿の　輝けば
御言宣して　中局

玉依姫と御子を諸神が乞えど、姫頷かず。高野の森に隠れ住み、別雷の祠成し、常に御影を祀った。御触れに依って申すには「比叡の麓に姫在りて、乳良き故に民の子の痩せるのに乳を賜われば忽ち肥ゆる。是昔神の子なれど隠れ住む、森に五色の雲起こる。出雲路森と名付くなり。諸神乞えど参らねば、早牡鹿(若い勅使)為され然るべし」。時に岩倉彦が伺って使いを遣れど来なければ、返言は「牡鹿人ならで来ぬ故は、別雷神を常日祀る。召せば祀りの欠くる故なり」。御言宣して召す時に氏名を問えば姫答え「波提祇が孫の玉依。子は父も無く雷ぞ。名無く人呼ぶ出雲の御子」と。言葉も精く玉の姿の輝けば、御言宣して中局妃—

㉗22　㉗23　㉗23　㉗24　㉗25

2749
御子(みこ)の名(な)も　御気入御子(みけいりみこ)ぞ
中局(うちつぼね)　として生(う)む御子(みこ)
稲飯君(いないいきみ)ぞ

2750
御后(みきさき)と　なりて生(う)む皇子(みこ)
神日本(かんやまと)　磐余彦(いはわれひこ)の
命(みこと)なりけり

2751
時(とき)に※種子(たねこ)が　武仁(たけひと)と
諱(いみな)鏤(ちりば)め　奉(たてまつ)る
天君皇子(あまきみみこ)に

2752
御言宣(みことのり)　※十九(つづ)の御歌(みうた)に
これ璽(をして)　豊経(とよへ)る幡(はた)の
十九音(つづね)にぞなせ

2753
これの前(さき)　原(はら)の押雲(おしくも)
召(め)し上(のぼ)す　弟常陸(おととひたち)は
若(わか)き故(ゆえ)　阿波(あわ)の事代(ことしろ)

※種子 天種子(あまのたねこ)。　第五代 高見産霊(たかみむすび)(豊受)─兵主(つわものぬし)　(尾走)──興瓊産霊(こことむすび)(春日)─
伊佐那美(いさなみ)── 天照(あまてる)(若仁)　天児屋根(あまのこやね)(若彦)──天　押雲(あまのおしくも)──天種子(あまのたねこ)

※十九の御歌　つづのみうた。十九音の御歌、十九歌(つずうた)とも。　五・七・七計十九音で成る歌。また、最後が十九音で結ばれる歌。連歌とも当てる(㉛56 ㉝55,66 ㊴270,274)。広辞苑では〈**つず【十・十九】**とお。10。誤って一九に用いる〉

八瀬姫の子で長男の五津瀬皇子を養育し、連れ子ではあるが次男として出雲の御子は名も御気入御子ぞ。中局妃として生む稲飯君御子ぞ。　御后(みきさき)(正后)となって生む皇子は神日本(かんやまと)　磐余彦命(いはわれひこのみこと)である。　時に、天種子が武仁(たけひと)と諱(いみな)を鏤(ちりば)め　奉(たてまつ)った。鵜萱葺不合天君(うかやふきあわせず)　(鴨仁(かもひと))　が武仁皇子(たけひと)に十九(つづ)の御歌(みうた)で御言宣(みことのり)をした。

これ璽　　これをして　　(五)
豊経る幡の　　とよへるはたの(七)
十九根にぞなせ　　つづねにぞなせ(七)
(五七調は五七五七、十九音(つづね)は五七七の一九音)

これの前、原(富士山麓浅間大社)の押雲(天児屋根の子)を召し上(のぼ)す。弟常陸(おととひたち)は若き故、阿波の八重事代主が侍る宮──

㉗25　㉗25　㉗26　㉗26　㉗26

2754
同胞なれば　西東
通い勤めて　要占む
名も積葉八重　事代が
㉗27

2755
三島に至り　原に行き
又三島より　伊予に行く
玉櫛姫も　孕む故
㉗27

2756
鰐船乗り阿波へ　帰る中
生む子の諱　和仁彦は
※櫛甕玉ぞ
㉗27

2757
先に筑紫の　神立は
襲緒の船津の　太耳を
夜須に娶りて　葺根生む
㉗28

2758
後諸共に　神と成る
大物主は　葺根なり
豊祇彦と　治めしむ
㉗28

※櫛甕玉　くしみかたま。第六代大物主諱和仁彦。秀真伝の前半二十八綾編集・奉呈者。積葉八重事代主と玉櫛姫との子。鰐船の中で生まれたから鰐彦。妹は踏鞴五十鈴姫で人皇初代日本磐余彦(神武天皇)の后。末裔・三輪の臣季聰·大直根子が後半十二綾を編集、合わせて四十綾として景行天皇に奉呈。大物主櫛甕玉の七八世穎孫和仁估安聰が安永４年(西紀 1775)に書写した漢訳本が現存する最古の写本。

是の前——原宮(富士山麓浅間大社)の押雲を召し上す。弟の常陸(日立)は若き故阿波の事代が侍る宮、同胞なれば西東通い勤めて要を占める。名も積葉八重事代主が、三島に至り原に行き、また三島より伊予に行く。ついに因みて、三島溝杭の娘で八重事代主の妻玉櫛姫も孕む故——鰐船に乗り阿波へ帰る途中の鰐船の中で生む子の諱和仁彦(和仁彦と当てた「和仁」は「鰐船」に由来)は櫛甕玉ぞ。次の子は、諱仲彦 櫛梨ぞ。青垣殿に住まわせる。先に筑紫の神立は、襲緒の船津の太耳姫を夜須(福岡県旧野洲町)に娶って葺根生む、後諸共に神と成る。第五代大物主は葺根である。襲緒の波提祇の子豊祇彦(妻は磯依姫)と治めさせた。

2759 野業教えて　民を生む
一人治むる　大己貴
自ら褒めて　葦の北南

2760 八万に誰か　又有らん
海原光り　現れて
吾在らばこそ　汝その

2761 大凡に為す　労わりぞ
葦根問う　汝は誰ぞ
吾は汝の　前御霊

2762 奇業御霊　さて知りぬ
祀る前霊　何処に住む
いや神住まず　汝をば

2763 ※青垣山に　住ませんと
宮造りして　其処に居れ
子無が故に　乱るるぞ

> **※青垣山**　奈良盆地の四周を囲む山地にある大和青垣国定公園は、単に自然的・地形的にとどまらず、古代大和の文化の残像を色濃く残す特異な公園です（奈良県ＨＰ）。広辞苑では〈**あおかき【青垣】**垣のようにめぐっている緑の山を形容する語。記中「大和は国のまほろばたたなづく―山こもれる大和しうるはし」〉

野業（食用作物栽培の野良仕事）を教えて民を増やした。自分（葦根）は、一人で治める「四代前の大己貴の生まれ変わりである」と自ら褒めて、「この葦原の北にも南にも自分の外八万人に誰か有ろうか無いだろう」と自慢すると、海原を光らせて現れた者が「吾有らばこそ、汝葦根その大凡に為す労わりぞ」と言うので、大己貴を自認する葦根が「汝は誰ぞ」と問うと、大己貴の霊が「吾は汝の前御霊の奇業御霊である」というと、葦根が「さて知りぬ（そうですか）、祀る前霊何処に住む」。大己貴霊が「いや神住まず。汝をば青垣山に住まわせん。宮造りして其処に居れ。汝葦根は子無き故に乱れるぞ」といった。

㉗29　㉗29　㉗29　㉗29　㉗29

2764　事代主が　兄弟の子の　櫛甕玉を　請い受けて　嗣子となすべし　御教に

2765　※三諸の傍に　殿成して　請えば給わる　儲けの子　櫛甕玉と　吾が妻の

2766　差国若姫　諸共に　住ませて主は　筑紫治す　日足るの時に　これを告ぐ

2767　この叢雲は　生れませる　御子の祝に　捧げよと　言いて妹夫背　神と成る

2768　和仁彦に　筑紫牡鹿の　御言宣　母に請われて　この牡鹿棄つ

※三諸　みもろ。広辞苑〈**みもろ【御諸・三諸】**神の鎮座するところ。神木・神山・神社など。記下「―の厳白檮(いつかし)がもと」　**―つく**【三諸つく】(枕)(「つく」は築く意。一説に斎(いつ)く意)「鹿背山」「三諸山」にかかる〉

「積葉八重事代主の子、櫛梨(仲彦)の兄の櫛甕玉(和仁彦)を請い受けて継ぎとなすべし」との、大己貴の御霊の教えに、櫛甕玉を養子にと、三諸の傍に殿を成して請えば給わる儲けの子(後継)櫛甕玉と吾葺根の妻の差国若姫と諸共に住まわせて、主葺根は筑紫(九州)を治めた。天寿と悟った日足るの時にこのことを告げると母子(差国若姫と櫛甕玉)が到れば「この叢雲剣はやがて生まれくる御子の祝に捧げよ」と遺言し妹夫背(葺根と差国若姫)共に神と成った。和仁彦が夜須(福岡県朝倉郡)に納めて祀る後、和仁彦に筑紫牡鹿の御言宣。その後に弟櫛梨が神と成った。母に留まるようにと乞われ、牡鹿の職を棄て(辞退し)た。

㉗30　㉗30　㉗30　㉗31　㉗31

2769 時に五津瀬に御言宣
多賀の大君と 押雲と
櫛甕玉と 真手にあり

2770 種子は皇子の 大御守
御子武仁は 年五つ
岩倉は 局預かり

2771 天君は 大亀船に召して
鵜戸の浜 三十二巡り見
絶え足し直す

2772 十年に民も 賑わいて
※万歳歌う 宮崎の
君の御心 休まれば

2773 齢も老いて 早雉の
多賀に告ぐれば 驚きて
御子武仁と 守種子――

※**万歳**　よろとし。万歳（ばんざい）のもと。広辞苑では〈**ばんざい【万歳】**（古くはバンゼイ。マンザイとも。「万才」とも書く）①長い年月。よろずよ。②いつまでも生きること。いつまでも栄えること。③めでたいこと。祝うべきこと。⑤祝福の意を表すため両手をあげて唱える語。「―を三唱する」〉

時に、五津瀬皇子に鵜萱葺不合君の御言宣、「五津瀬を多賀の大君に」と。押雲と櫛甕玉と真手（左右）に在り。天種子は武仁皇子の大御守。皇子武仁は鵜萱葺不合の正后となってからの玉依姫の子で年まだ五歳。また岩倉姫は宮中の局預り（大奥を任された）。鴨仁天君（鵜萱葺不合）は、大亀船に召して鵜戸の浜（宮崎県日南市）に着き鹿児島宮に入った。三十二県の守が御行を乞えば巡り見て、井堰など稲作施設の老朽化で廃れたものは直し、絶えたものは足し、みんな治まったが、もともと雷神（瓊瓊杵）の遺功があってのこと、十年で民も賑わい万歳歌う。宮崎の君の御心が休まれば齢も老いて早雉（急使）の多賀に告げれば、皇子武仁と守種子――

㉗32　㉗32　㉗32　㉗33　㉗33

2774
多賀より出でて　西宮
大鰐船乗りて　鵜戸の浜
宮崎宮に　至ります

2775
御祖天君　御言宣
武仁種子　確かと聞け
吾※熟々と　惟みれば

2776
天照神も　還らせば
天の道守る　人も無し
諸共褒むる　神も無し

2777
五津瀬は子無し　武仁は
年十五なれば　吾が代り
種子が輔け　治むべし

2778
白羽矢の璽　武仁に
国を治らする　百の典
種子に譲る

※熟々　つらつら。広辞苑は〈**つらつら【熟々・倩々】**《副》つくづく。よくよく。念入りに。徒然草「―思えば、誉れを愛するは、人の聞(きき)をよろこぶなり」。「―おもんみるに」〉

多賀(滋賀県多賀町)より出て西宮(兵庫県西宮市)から大鰐船に乗って鵜戸(日南市)の浜に着き、宮崎宮に至った。御祖天君鵜萱葺不合が、御言宣した。「武仁と種子確かと聞け。吾、熟らつらと惟んみれば、人草の御食繁る故、生まれ賢く、長らえ(寿命)も、千代(長寿)は百代(短命)となり、枯れて、吾が八十万歳(二六〇余歳)も百年(一〇〇歳)も、天照神も還らせば、天の道守る人も無し、諸共を褒める神も無し。汝二人も長らえず。五津瀬は子無し。武仁は世の御祖なり。種子らもヱト六十内(六〇年以内)に妻入れて、世継ぎを生せよ。武仁は年十五なれば、吾が代わり、種子が輔けて治むべし。白羽矢の璽を武仁に、国を治らする百の典は種子に譲る。

㉗34　㉗34　㉗34　㉗35　㉗35,36

2779 前に鏡は ※押雲に
又八重垣は 和仁彦に
授くを姫が 預かりて

2780 別雷宮に 治め置く
秀真成る時 自つから
三種の宝 集まりて

2781 御祖と成すが 秀真ぞと
※宮崎山の 洞に入り
吾神平と 上がります

2782 三十二集まり 武仁に
筑紫皇 大君を
日向の神と 祀りなす

2783 後に玉依 神と成る
河合に合わせ 御祖神
婦夫の神とて 著るき哉

※押雲 おしくも。天押雲。天児屋根の子・天種子の父。のちに神武の鏡臣。その時の剣臣は第六代大物主櫛甕玉和仁彦で、のちに『秀真伝』の前半二十八綾を編むこととなる。**※宮崎山の洞** みやざきやまのほら。日南市の鵜戸崎の北方、日向灘に面した断崖の中腹に、宮崎県内で最も有名な(日南市観光協会HP)鵜戸神宮が鎮座している洞窟。広辞苑〈うどじんぐう【鵜戸神宮】宮崎県日南市宮浦にある元官幣大社。祭神は鸕草葺不合尊(うがやふきあえずのみこと)〉

吾が心である―前に渡した鏡は天押雲に また、八重垣は櫛甕玉和仁彦に授けるのを后玉依姫が預かって、別雷宮に納め置く。国の治めが整い秀真国と成る時、自つからこれら三種の宝が集って武仁を正式に大君と成すのが真の秀真ぞ―と、宮崎山の洞に入り吾神平と神上がりました。三十二県の守が集まり、武仁皇子に捧げ上げる名は筑紫皇。この由を多賀に告げれば喪に入りて、神上がりされた鵜萱葺不合大君を日向の神と祀りなす。遠敷(福井県小浜市旧遠敷郡遠敷村)に祀る賀茂の神、吾平津山は御祖神として祀る。後に玉依姫も神と成る。河合に合わせ祀り御祖神「婦夫の神」として著るしき哉。

㉗36 ㉗36 ㉗37 ㉗37 ㉗38

椌の二十八

君臣遺し宣りの綾

2801 ※五十鈴の　千枝の二十年
※天君替る　暦未だとて
伊勢に詣て　これを問う

2802 二重是より　伺わで
国府殿に受く　喜びと
共に至れる　大内宮

2803 春日に会いて　元を問う
翁答えて　この鈴は
天地開く　常立の

※**五十鈴の千枝の二十年**　いそすずのちゑのはたとし。皇紀(神武即位)前58年。西紀前718年。※**天君替る**　あめかわる。神の世第五代諱鴨仁·鵜萱葺不合から人の世初代諱武仁・神日本磐余彦天君（神武天皇）へと譲位されます。また、鈴暦から天鈴暦へと暦が替わります。

260頁2820 ※知ろし召す しろしめす。広辞苑は〈**しろしめす【知ろしめす】**《他五》（「知る」の尊敬語「しろす」よりさらに敬意の強い言い方。上代には「しらしめす」とも）①お知りになる。ご存じである。源花宴「くはしう—し調へさせ給へるけなり」②領せられる。お治めになる。古今仮名序「皇の、天の下—すこと」。平家一一「ただ世の乱れをしづめて、国を—さんを君とせん」③お世話なさる。源夢浮橋「更に—すべきことは、…」〉

五十鈴の千枝の二十年(皇紀前五八。西紀㉘1前七一八)、神の世最後・第五代鵜萱葺不合が皇子武仁に譲位、宮崎山の洞に神上がり、天皇が㉘1替わる。暦が未だで大物主櫛甕玉が伊勢に詣でて、暦をどうしたらよいかを問うた。二重(叢雲)が是より国府殿に伺いができる喜びで、共に大内宮に至り春日㉘2(翁・天児屋根)に会い、その由来から聞いた。翁答えて「この鈴は天地開く国常立の」—

2804
宮の※真榊　天枝千枝に
析鈴となる　植え継ぎの
五百に至れば　※三百億

2805
万歳満ちて　五百継ぎの
天の真榊　年の穂の
十年には五寸　六十年に

2806
三咫伸ぶヱトの　一巡り
明くる年成る　三咫の天枝
成れば二ヱト　キアヱより

2807
枝と穂を数え　一枝六十
十枝は六百年　百枝は六千
千枝に六万を　天守の

2808
一巡りづつ　暦成る
故千枝の年　種植えて
明くれば生ゆる　真榊を

※真榊　まさかき。暦である木。広辞苑は〈**まさかき【真榊・真賢木】**（マは接頭辞）榊の美称。太玉串として神に奉り、また、神籬として神の憑代とすることもある。神代紀上「天香山の五百箇の―を掘（ねこじにこ）じて」〉　**※三百億**　みもはかり。数字が大きすぎて難解であるが、拙著『甦る古代 日本の誕生』では「鈴木は齢二十歳の伸びもこの木の天の命（同書㉘250）などから、一鈴を二〇年とみて計算している」（同書「年代の数え方について」551頁参照）。

国常立の宮に植えた暦の真榊が天枝（天命として）千枝で枯れ、析鈴（種切れ）となり、植え継いで五百回に至れば、※三百億万歳（一万年。いわゆる縄文時代）に満ちて、五百継ぎの天の真榊が年の穂の十年には五寸、六十年に三咫伸びて秀真ヱトの一巡りとなる。明くる年になって、三咫の天枝が成れば、二ヱト（二巡）目の秀真ヱト一番キアヱより枝と穂を数え一枝六十年、十枝は六百年、百枝は六千年となり、千枝に六万年を天守の一巡りずつ暦が成るのである。故に千枝の年に種を植えて、翌年になれば生える真榊を――

㉘2　㉘2　㉘2　㉘2　㉘2

2809
葉木国宮に　常立の
植えて国名も　※日高見の
高見産霊の　植え継ぎの

2810
二十一の鈴の　百枝後
五代玉杵の　伊佐子姫
七代の神の　※高仁と

2811
高日の西南の　築波宮
領き合見て　岐・美合いて
名も伊佐那岐と　伊佐那美の

2812
日の輪の御霊　分け降し
天照神を　生み賜う
時二十一鈴　百二十五枝

2813
三十一キシヱの　初日の出
若日と共に　生れ坐せば
諱若仁　産宮は

※日高見　ひたかみ。古代日本の最初の国名。今の仙台を中心とする東北地方。広辞苑では〈**ひたかみのくに【日高見国】**古代の蝦夷地の一部。北上川の下流地方。すなわち仙台平野に比定。景行紀「蝦夷既に平らげて、―より還りて」〉
※高仁　たかひと。天の世の最後第七代伊佐那岐・諱高仁。日嗣の皇子の諱に「仁(ひと)」の付く始まり。神の世初代天照は若仁(2813参照)。現天皇の諱は徳仁。

―葉木国宮に天の世初代国常立が植えて、国の名も日高見となった。国常立の八降り子の一人である初代高見産霊が植え継いで、二十一の鈴の百枝後(西紀前一三一六年)に第五代高見産霊諱 玉杵(称名豊受)の娘・伊佐子姫と天の世最後となる第七代の高仁と高日(日高見)の西南の筑波の伊佐宮で領き合い見て、岐・美(「気味」にも掛けたか)名も伊佐那岐と伊佐那美となり、日の輪の御霊を分け降し、天照神を生み賜う。時に、二十一鈴百二十五枝三十一穂キシヱ(西紀前一二八五年)の初日の出の若日と共に生れ坐せば、諱若仁(天照の実名)の産宮は―

㉘3　㉘3　㉘3　㉘4　㉘4

2814
※原見酒折(はらみさかおり)　緒(を)の胞衣(ゑな)を
根(ね)に納(おさ)むれば　良(よ)く守(まも)り
災(わざわ)い有(あ)るも　科替(しなか)えて

2815
防(ふせ)ぎ払(はら)えば　和(やわ)らぎて
魂(たま)の緒(お)長(なが)く　是(これ)により
大山祇(おおやますみ)が　巡(めぐ)り見(み)て

2816
根(ね)の尾(お)に納(おさ)む　恵那(ゑな)が岳(たけ)
※若仁至(わかひといた)る　※日高見(ひたかみ)の
天(あめ)の宮(みや)にて　道学(みちまな)ぶ

2817
三十穂(みそほ)に知(し)ろし　宮造(みやつく)り
大日山本(おおひやまと)に　祭政(まつりと)執る
天譲(あめゆづ)り受(う)け　天日(あひ)の皇子(みこ)

2818
十二(そふ)の局(つぼね)に　置(お)く妃(きさき)
典侍(すけ)内侍(うち)下女(しもめ)　月(つき)の宮(みや)
瀬織津姫(せおりつひめ)を　御后(みきさき)と

※若仁至る日高見 わかひといたるひたかみ。若仁(天照の諱・実名)は16歳の時、日高見の国に御幸(④166)、母方の祖父(伊佐那美の父)から11年間、天成る道(瓊の教え、いわば帝王学)を学び、27歳で原見宮(富士山麓)に還幸(⑥4)、神の世初代天日の位を宣る(⑥25)。**※日高見の天の宮** ひたかみのあめのみや。日高見国山手宮。広辞苑は〈**ひたかみのくに**【日高見国】古代の蝦夷地の一部。北上川の下流地方、すなわち仙台平野に比定。景行紀「蝦夷既に平らげて、一より還りて」〉

※原見酒折宮 山梨・静岡両県に数社ある。ここでは甲府市酒折にある旧村社酒折宮か。また富士宮市宮町にある元官幣大社浅間神社か。今は世界文化遺産に登録されている数社の浅間神社の内いずれかか。広辞苑には〈**さかおりのみや**【酒折宮】日本武尊が東征の途中立ち寄ったという伝説の地。甲府市の酒折宮がその址とされる〉とある。

天照神の産宮は、原見(富士山麓)酒折宮。緒の胞衣を根(北)に納めれば良く守り、災いがあっても科替えて、防ぎ払い和らいで魂の緒を長く保つことができる。これにより大山祇が巡り見て緒の胞衣を恵那が岳に納めた。若仁は日高見に行き天の山手宮で天成道(帝王学)を学ぶこと十一年。原見に還幸して新宮を造り、大日山本(おおひやまと)に祭政を執る天の位を譲り受けた。局に置く妃は典侍、内侍、下女各四人で月の数の十二人、うち瀬織津姫を御后に。

㉘5　㉘5　㉘5　㉘6　㉘6

2819
天に納めて　※大弥真瓊
日高見安の　祭政事
※聞こせば民も　穏やかに

2820
二十五万年　天日嗣
皇子忍仁が　譲り受け
元の高日に　※知ろし召す

2821
西は安河　思兼
牡鹿人分けて　外国は
月読治む　白山は北に

2822
天照神は　扶桑国の
伊雑大内の　宮に居て
民の教えは　伊勢の道

2823
その神風の　伊勢の国
羨み拗け　化物が
自ら褒めて　※破垂君

※聞こせば　聞こし召せばの約。広辞苑〈**きこしめす【聞し召す】**《他五》④「治む」「行う」などの尊敬語。お治めになる。万二「我が大君の―背面(そとも)の国」〉**※知ろし召す**　しろしめす。広辞苑は256頁2800参照。ほかに「知ろし」(㉘54)、「知ろして」(㉙386)、「知ろし召し」(⑫18, ㉙356)。「知ろし召せ」(㉙125,㊴79)。「知ろす」(⑫23,⑯7)などの用例がみられる。**※破垂**　はたれ。58頁0806参照。

※大弥真瓊　原文は⊡ミ⊕⊕(オオヤマト)。オオに当てた「大」は賛美の意の接頭語。ヤの「弥」は「いやまし」の意のイヤの約音の副詞。マの「真」は「まこと・真実である」の意の接頭語。トの「瓊」は、この語の核心・三種宝の第一「日本の国の存立の基本理念・人成る道の教え」で「瓊の教えの真に徹り整った国」の意。「倭」「大和」「大日本」の語源といえる。

㉘6

瀬織津姫が天照の御后に納まって、大弥真瓊日高見(東北)安国の祭政を聞こせば民も穏やかに ㉘6

二十五万年(在位八三年余)、天の日嗣を皇子忍仁が譲り受け、元(高見産霊)の高日(日高見)に知ろし、 ㉘7

西(中国)は安河(滋賀県野洲市)で思兼、牡鹿人(勅使)を分けて外国(四国)は月読、白山姫は北の国(北陸・山陰)を治めた。 ㉘7

天照神は扶桑国(東海道)の伊雑(三重県志摩市)の大内宮に居て冠の八つ(八方)の御耳に聞こし民の教えは伊勢(妹背)の道、ここでもその神風に治まっている伊勢の国を羨み、心の拗けた化物(破垂)が自ら褒めて破垂君― ㉘8

2824
国を乱れば　住吉
香取鹿島や　伊吹主
荷田手力男　楠日神

2825
時に六破垂　皆降る
皇子忍仁も　三十万は
治めて皇子の　火明

2826
十種宝に　駆け巡り
空見つ大和　飛鳥宮
弟清仁は　新治宮

2827
新田拓きて　民治む
十八万年に　事終えて
水際分かる　新治振り

2828
天より三つの　神宝
君臣分けて　賜われば
心一つに　国の名も

破垂が国を乱せば住吉(金析)、香取(経津主)、鹿島(武甕槌)や伊吹戸主、荷田麻呂、手力男、楠日神らが皆器を備えて、この破垂を討つ。 ㉘8

その内に、錦大蛇、榛名羽羽道、気空道、狐狗道、飯綱道、天狗道の六つの破垂集団は皆降った。これ皇神天照神の御言宣— ㉘9

日高見山手宮の皇子忍仁も三十万(百年)は治め、その皇子兄火明(照彦)は十種宝に駆け巡り、空見つ大和の飛鳥宮。弟皇子清仁 ㉘9

(瓊瓊杵)は筑波の新治宮に居て、新田を拓き民を治め、十八万年(六〇年)に事終えて水際を分けるように、際立った鮮やかな ㉘9

新治振りで天御祖天照神より三つの神宝(三種の神器)を、君・臣に分けて賜われば心一つに国の名も— ㉘10

2829
磯輪上秀真　顕わるる
三十万経れば　天の名も
別雷の　天君と

2830
三人生む時　信濃より
四科縣の　主来たり
胞衣請三胞衣　尾に納む

2831
弟卯津杵は　田を肥やし
筑紫十八万　本国の
日嗣を受けて　※笥飯神

2832
皇子鴨仁は　多賀の宮
治むる民を　子の如し
神の名も　御祖天君

2833
時に伊雑の　天つ神
十二の妃も　神となり
瀬織津姫と　大御神

※**笥飯**　けゐ。原文はケヰ。「御遺言に任せ　御遺骸(卯津杵・彦炎出見)は　伊奢沙別宮気比の神　故は翁(塩土)に笥飯を得て　巡り開ける門出の笥飯ぞ」(㉗89)とあることから笥飯とあてた。広辞苑は〈**けひじんぐう【気比神宮】**福井県敦賀市曙町にある元官幣大社。祭神は伊奢沙別命(気比大神)ほか六神。越前の国一の宮〉

—国の名も、磯輪上秀真国として顕われた。三十万(百年)を経れば、天(瓊瓊杵)の名も別雷の天君と称えられ、六十万(二〇〇年)治めた御恵みぞ。前に瓊瓊杵の妻木花咲耶姫が三人(竹子・湍子・栩子の三つ子)を生んだ時に、信濃(科野がもと)より四科県の主(県主)が来て胞衣を請う時に天照神の例(埴科恵那岳に若仁)がありと波閉科、更科、妻科にこの三胞衣をその尾根に納め守るべしと御言宣した。末弟皇子卯津杵(彦炎出見)は田を肥やし、筑紫十八万(六十年)本国の日嗣を受けて六十万(二〇〇年)治め、笥飯(気比)の神。皇子鴨仁は多賀宮で民を子の如く、神の名も天つ神御祖天君。天照神の十二の妃も神となり、瀬織津姫と大御神—

㉘10　㉘11　㉘11　㉘12　㉘13

2834
都遷さん　※御裳川に
天昇る道得て　精奇城
宇治の宮居に　二万穂経る

2835
時に五十鈴　宮に生え
熟つら思す　吾が命
天が知らすと

2836
八百神召して　辞まんと
猿田に穴を　掘らしむる
真名井に契る　朝日宮

2837
同じ所と　宣給えば
諸驚きて　止どむれど
否とよ吾は　民の為

2838
苦きを食みて　百七十三万
二千五百年を　長らえて
天の楽しみ　※覚ゆれば

※覚ゆ　おぼゆ。広辞苑は〈ゆ《助動》活用は下二段型。平安時代以後の「る」に相当した語で、四段ナ変・ラ変の動詞の未来形に付く。「おぼゆ」「きこゆ」などは、それぞれ動詞「おもふ」「きく」に「ゆ」が付いたものから転じた語〉

※御裳川　原文、[ヲシテ文字]（ミモカワ）とあるのはここ一か所、他の五か所には同意で[ヲシテ文字]（ミモスソ）とある。広辞苑では〈**みもすそがわ**【御裳濯川】五十鈴川の異称。→**みもすそがわのすえ**【御裳濯川の末】天照大神の子孫。すなわち皇統〉

㉘13

都遷そう御裳川に、天昇る道を得て精奇城に上る前の宇治の宮居に二万年（六年余）を経る。

㉘13

時に、五十鈴（暦の本とする鈴木）が宮に生え、熟つら思すに植えずして生えるも天命よ、吾が命を天が知らすと、

㉘14

八百神召し世を辞もうと、猿田に穴を掘らせた。

㉘14

真名井（京都市籠神社摂社真名井神社）に契る朝日宮（天照が青年時代、祖父豊受から天成る道を学んだ日高見朝日宮に因む）の同じ所と宣給えば、皆驚いて止どむれど――。

㉘14

否とよ、吾は民の為、苦きを食みて百七十三万二千五百年（五七七歳。『甦る古代』554頁参照）を長らえて、天の楽しみを覚えれば――

㉘14

2839
世に遺す歌
常に聞く 早牡鹿八咫の
吾が冠 衣臣裳民に

㉘14,15

2840
緒を届け 天地を束ねて
日嗣なす 裳裾を汲めど
君民の 教え遺して

㉘15

2841
天に還る ※とてな悼めそ
吾が御霊 人は天の物
上に在る 吾は冠

㉘15

2842
人草は 耳近き緒ぞ
胸清く 身は垢付けど
早牡鹿が見て 天に告ぐれば

㉘15

2843
早牡鹿の 八つの聞こえに
現れて 祈れ※もがもと
御裳裾の 民を撫でつつ

㉘16

※とて　とて。広辞苑〈とて《助詞》(格助詞「と」に接続詞「て」の付いたもの)①…と言って〉 ※とてな悼めそ　とてないためそ。広辞苑〈な《副》動詞の連用形。②「な…そ」の形で動詞の連用形(カ変・サ変では古い命令形の「こ」「せ」)を挟んで、相手に懇願して。その行動を制する意を表す。禁止の終助詞「な」よりも意味が婉曲である。どうか…しないでおくれ。万二「放ち鳥」荒び―行きそ君いまさずとも」〉

※広辞苑〈もがも《助詞》(終助詞モガにさらにモを添えた語。主に奈良時代に用いられ、平安時代にはモガナに代わった) 体言、形容詞の連用形、副詞などの連用成分に付き、その受ける語句が話し手の願望の対象であることを表す。…があるといいなあ。…であるといいなあ。万五「梅の花散るべくなりぬ見む人―」万一七「我が背の君はなでしこが花に―な朝な」〉

天照神の世に遺す歌―
常に聞く 早牡鹿(勅使)八咫の 吾が冠
衣臣裳民に 緒を届け 天地を束ねて
日嗣なす 裳裾を汲めど 君民の
教え遺して 天に還る とてな悼めそ
吾が御霊 人は天の物 上に在る
吾は冠 人草は 耳近き緒ぞ
胸清く 身は垢付けど
早牡鹿(勅使)が見て 天に告ぐれば
早牡鹿(冠の耳)の 八つの聞こえに
現れて 祈れもがもと
御裳裾の 民を撫でつつ

2844
早牡鹿の　清きに神は
在りと答えき　反し宣歌
人常に　神に向わば

2845
世の耳の　清め賜いて
精奇城の　恩頼の鏡に
入ると思えば

2846
瀬織津は　広田に行きて
若姫と　吾は豊受と
男背を守る　伊勢の道なり

2847
奇彦は　三諸に入るも
時待ちて　道衰ろわば
又出でて　興さん為や

2848
冠と衣裳は　※菊桐ぞ
※真名井にて　天照神は
内つ宮　豊受は外宮

※菊桐　ここちり。原文は ココチリ とあるので菊桐(ここちり)と当てた。広辞苑では〈**きくきり【菊桐】**皇室の紋章で、菊の紋章と桐の紋章→**きく【菊】**…原産は中国大陸、日本には奈良時代以後に渡来〉また、〈**きり【桐】**…原産は中国大陸、日本各地に栽培。菊とともに皇室の紋章ともされ、神紋にも用いる〉

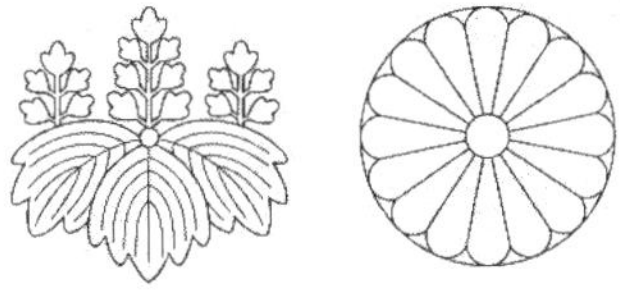

菊花　　五七桐

早牡鹿の　清きに神は　在りと答えき。
反し宣歌 ― 人常に神に向わば 世の耳の
清め賜いて　精奇城の
恩頼の鏡に　入ると思えば
瀬織津は　広田に行きて
若姫と　吾は豊受と
男背を守る　伊勢の道なり
奇彦は　三諸に入りて
時待つも　道衰ろわば
また出でて　興さん為や
汝天児屋根又、鏡の臣は軽ろからず
神の璽と早牡鹿の冠と衣裳は菊桐ぞ。
真名井にて天照神は内つ宮、豊受は外宮。
春日は送って後、三笠宮で魂返しをした。

※真名井　まなゐ。真名井神社を奥宮とする丹後一之宮籠(この)神社（京都府宮津市大垣）を元伊勢籠神社ともいうもと。

㉘16　㉘16　㉘17　㉘18　㉘19

2849
精奇城　宇治改めて
内つ宮　※胙　捧げ
伊勢の道受く

㉘20

2850
六万年　経て去年尽きる
析鈴ぞ　昔春日に

㉘21

2851
御言宣　二十六の鈴を
吾植えて　君御座さねば
如何にせん　辞むも仕う
神在すべし

㉘21

2852
春日殿　国々巡り
事代が　館に入りて
鈴苗有りや　嘗なし

㉘22

2853
物主が　翁植えんや
吾は臣なり　君植ゆる
天の真榊　如何にせん

㉘22

※胙　ひもろげ。原文はヒモロゲ。７例がひもろげ、１例だけひもろけ。胙。神への供え物。広辞苑では〈**ひもろぎ【胙】**(神籬に供える物の意から)往古、神に供える米・餅・肉など。→**ひもろぎ【神籬】**(古くは清音)神霊が宿ると考えた山・森・老木などの周囲に常盤木を植え、玉垣で囲んで神聖を保ったところ。後には室内・庭上に常盤木を立てた。現在は荒薦を敷き、八脚案を置き、さらに枠を組んで中央に榊の枝を立て、木綿と垂とを取り付ける。ひぼろぎ。万一「神奈備に─立てて」〉

国が治まれば枯れ(衰退・滅亡)も無く、春日(天児屋根)は祀りの綾を三つ染めて、その一つを日読の天二上に授け、御裳裾の精奇城宇治を改め、天照神の内つ宮とした。胙捧げ伊勢の道を受けて六万年(二十年)を経て去年尽きた析鈴ぞ。昔春日に御言宣─「二十六回目の鈴木を吾植えて、後の二十五鈴(五〇〇年)も御言宣を受け、巡り植える宮の前、君天照神が御座さねば如何にせん」。天二上「春日殿が引退された三笠宮も、今伊勢の仕える神の在すべし」。是理と国巡る。伊予に到り八重事代が館に入り、春日「鈴苗有りや」。事代「嘗てなし」。物主櫛甕玉「翁植えんや」。春日「吾は臣なり。君植えるべき天の真榊を如何にせん」─

2854
治を捨つや　※落涙して曰く
道は捨てず　天の真榊
植ゆを畏れて

2855
臣を以て　未だ君とせず
君は今　若き武仁
時に姫　父親に借り

2856
鈴木は齢　二十歳の
伸びもこの木の　天の命
春日も高齢　名付くべし

2857
春日漸笑み　暦名を
天鈴とせんや　時に姫
諸神共に　宜なりと

2858
天鈴に窮め　二十一穂の
キナエの春は　天二上
天鈴暦と　梓に彫りて

※落涙して　ほろして。広辞苑では〈**ほろっと**《副》①　小さい、軽いものがもろく散り落ちたり溶けたりするさま。「涙が―こぼれる」②わずかな苦みや酔いを快く感じるさま。③情緒を刺激されて感動するさま。「人情話に―する」〉

大物主櫛甕玉「治政を捨つや」。春日落涙して曰く「道は捨てず、植ゆを畏れて」。物主又も問う「息吹(戸主)神かや」。時に伊吹戸主神の妻で天照の娘棚子姫が居て答え云う「昔二神は日の神を君、月読は次ぐ、次ぐは臣、この陪臣なり。臣を以て未だ君とせず。日の神の嗣を得て植える君は今は若き武仁(後の神武)…」。時に姫棚子が父親神(天照の口調)に借りて「鈴木は齢二十歳の伸びも、この木の天の命(天命)、春日も齢長ければ、是を名付くべし」。春日はやや笑み「暦名を天鈴とせんや」。時に姫も諸神も、共に「宜なり」と天鈴に窮め、二十一穂のキナエの春(西紀前六九七年)は、天二上が「天鈴暦」と名を改えて梓に彫って(「梓暦」とも)奉った。

㉘23　㉘24　㉘25　㉘25　㉘25

2859
棚子姫　息吹戸宮に
三人生む　伊予津　土佐津に
宇佐津彦　是

2860
厳島宮　善知鳥神
善きを知る名ぞ　大蛇なる
恥に自ら　流離いて

2861
善知鳥を知れば　大己貴
一姫を娶る　子の島津
三姫祀る　外ヶ浜

2862
善知鳥安方　神の御食
食む善知鳥あり　九頭の
※大蛇が食めば　島津大人

2863
大蛇斬り居れば　逃げ至り
越の洞穴　掘り抜けて
信濃に出れば　是を告ぐ

※大蛇　おろち。「はは」とも。八岐大蛇(やまたのおろち)伝承のもと。広辞苑では〈**おろち【大蛇】**(「お」は「峰」、「ろ」は接尾辞、「ち」は霊威ある者の意)きわめて大きな蛇。うわばみ。大蛇。記上「高志の八岐の—」〉

天鈴暦を諸受けて、この世の業を鑑みる、暦是なり。棚子姫が息吹戸宮(金刀比羅)に三人生む。兄は伊予津彦、次土佐津彦、次宇佐津彦。お供に行きて筑紫の宇佐に住み、母棚子姫も宇佐にて神(宇佐神宮)となる。

㉘26

厳島宮(広島廿日市市。古くは伊都岐島神社)善知鳥神(旧青森県社。青森市安方町)は善きを知る名ぞ。大蛇なる恥に自ら流離いて、

㉘27

善知鳥を知れば大己貴(天照の弟素佐之男の子)、一姫を娶る、大己貴の子の島津。三姫(竹子・湍子・棚子)を祀る外ヶ浜(青森県外ヶ浜町)

㉘27

善知鳥安方(青森市)神の御食食む善知鳥あり。九頭の大蛇が食めば島津大人

㉘27

大蛇斬り居れば逃げ至り、越(新潟)の洞穴掘り抜けて、信濃(長野)に出れば是を告ぐ。

㉘27,28

2864
伊勢の戸隠　馳せ帰り
汝は恐る　これ如何
答えて昔　二大蛇

2865
姫に生まれて　君召せば
持子は御子生み　典侍となる
早子は姫生み　内侍局

2866
瀬織津姫が　御后に
なるを持子が　殺さんと
妬めば早子は君を強い

2867
弟君乞えど　顕われて
共に流離う　赤土が
娘を弟君に　因むをば

2868
早子が大蛇に　咬み殺す
弟足撫が　娘を乞えば
七姫までは　咬み喰らう

伊勢(三重)の戸隠(手力男)が馳せ帰り「汝は恐れる、これ如何した訳か」。答えて昔、二大蛇(持子と早子)が姫に生まれて、君(天照神)が召せば、姉持子は御子棚仁を生み典侍妃となり、妹早子は竹子・湍子・棚子の三人の姫を生み内侍局妃となった。瀬織津姫が中宮后になって皇子忍仁を生み、棚仁は棚杵となったことで、持子が殺そうと妬めば、早子は天照君を強い、弟君素佐之男を乞うたことが露顕して、二人の姫は共に流離いの身(二流離)となった。赤土の娘早吸姫を弟君素佐之男に因んだのを早子が大蛇に化って咬み殺した。赤土の弟足撫の娘を乞えば、八姫のうち七姫までは咬み喰らった。

㉘28　㉘28　㉘28　㉘28　㉘29

2869
時に素佐之男　これを斬り
身を※安方と　祀る故

2870
また山祇の　娘と生まれ
妹を妬む　罪の鳥

2871
また持大蛇　瀬織津姫を
咬まん咬まんと　百五十万穂
※蝦夷白竜の　岳に待つ
今神となる　虚しさよ

2872
戸隠曰く
汝今　日三火の尾を
断つべしぞ　わが御食食みて
下に居れ　清噛みを守れば

2873
罪消えて　又人成ると
尾を斬れば　万穂の御田雨の
山ぞ箱崎

※安方　やすかた。広辞苑〈**やすかた**【安方】善知鳥安方に同じ〉〈**うとうやすかた**【善知鳥安方】陸奥国外ヶ浜にいたという鳥。親が「うとう」と呼べば、子が「やすかた」と応えるという〉〈**うとう**【善知鳥・烏頭】能。陸奥国外の浜の猟師が善知鳥を殺した報いで、地獄で化鳥に苦しめられる様を描く〉
補注　善知鳥の原文「うとう」は「[illegible]」で、ここだけ。ほかに、善知鳥と当てた「[illegible]」（イトウ）が四か所ある。

時に、素佐之男がこれを斬り、身を安方と祀る故、また、山祇の娘と生まれ妹（葦津姫、後に木花咲耶姫）を妬む罪の鳥（姉　磐長姫）、また、持子大蛇が瀬織津姫を咬まん咬まんと百五十万穂（五百年）蝦夷白竜の岳に待つといま神となる虚しさよ。戸隠曰く「汝今、日に三度の火の尾を断つべしぞ。わが御食を食みて下に居れ。清噛みを守れば罪消えて又人成るぞ」と尾を斬れば、万穂の御田雨の山ぞ箱崎（長野市戸隠神社内九頭龍社か）。

※蝦夷白竜　えぞしらたつ。世界遺産白神山地内、青森県西目屋村にある暗門の滝に立つ岩盤の双壁は昇り龍を彷彿とさせる。

㉘29　㉘29　㉘29　㉘29　㉘29

2874 竹子姫　木の葉写して
琴作る　名は琵琶打
島湖の　名も琵琶湖

2875 湍子姫　相模江の島
神となる　春日二上に
神伯父授く

2876 白膠木夏青 秋紅葉
冬は落ちても　な怨めそ
陰の忠誠為せ　木の芽出る

2877 天児屋根は　小塩に納む
東向き　息栖の宮の
西向きに建つ

2878 猿田彦　胸騒ぎして
馳せ上る　乞い許されて
神輿開ければ

これの前、竹を割ったような性格の竹子姫は多賀（琵琶湖東）に詣でて大物主櫛甕玉の館で亡くなり、枇杷島に御遺骸を納め竹生神となった。昔流離い琴を弾き、霞が枇杷の木を打つ響きが妙だったので、その葉を写し琴を作った。名も琵琶打、島湖の名も琵琶湖。 ㉘30

湍子姫は相模江の島の神となる。 ㉘31

天鈴三十三穂（西紀前一〇七八）、春日神は百五十六万二十五（五二〇歳）と齢窮まる故に神伯父を天二上に譲る。 ㉘32

「汝押雲然と聞け、春は白膠木葉夏青く紅葉は強く冬は落つ。仮令落ちても怨むでないぞ。陰の忠誠なせ木の芽出る」。 ㉘33

天児屋根を小塩（京都市西京区）に納む東向き、（妻の姫神祀る）息栖の宮（息栖市）の西向きぞ。猿田胸騒して馳せ上り、乞い許されて神輿開ければ— ㉘34

2879
児屋根神 時に目を開き
よく来たる ※御裳裾これと
猿田に授く

2880
その後に 御裳裾問えば
猿田彦 昔破垂を
破らんと 禊なすとき

2881
神の裳の 岩に懸りて
直た引けば 滝落ち降る
早降傾り 天に祈れば

2882
葛流れ ※蝮足を咬む
追い詰めて 止まるを蕨
括り捨つ 裳裾の葛に

2883
破る故 ※六道を破り
治む民 皆御裳裾の
流れなりけり

※御裳裾 みもすそ。天照の子孫。広辞苑は〈**みもすそがわのすえ**【御裳濯川の末】天照大神の子孫、すなわち皇統。「御裳濯川の流れ」とも〉**※蝮** はみ。まむし。広辞苑は〈**はみ**【蝮】マムシの古名。和名抄十九〉**※六道** むみち。六集団の破垂(はたれ)。大蛇血脈道(おろちしむみち)・榛名羽羽道(はるなははみち)・気空道(いそらみち)・狐狗道(きくみち)・飯綱道(いつなみち)・天狗道(あえのみち)。詳しくは、57 頁 **0801**「梭の八 魂返し破垂討つ綾」参照。

時に天児屋根神、目を開き曰く「汝良く忘れず来たる。御裳裾よ、乞うは是ぞ」と猿田彦に授けた。猿田彦は受け取り問おうとすれば、早や目を閉じて応え無し。猿田彦「吾常に乞うた魂返し、御家と天二上(叢雲)に一書あり。今吾一人受けざる」と千々にぞ悔やむ。御逝き事成りその後に御裳裾問えば、猿田彦「昔破垂を破らんと禊なす時、天照神の裳が岩に懸かりて直た引けば、滝落ち降る早降傾り、天に祈れば葛流れ、蝮が足を咬む。追い詰めて止まるを蕨で括り捨つ。裳裾の葛に破る故煤葛用いこれを治す。血脈道破る器得る。皆禊して器得て六道の破垂を破り治める民は皆、御裳裾の流れなりけり(**2834** 注参照)。

㉘3　㉘34　㉘35　㉘35,36　㉘36

人の世の巻

桉の二十九
武仁大和討ちの綾

2901
神日本　磐余彦の
※皇は　御祖天君
四つの御子　母は玉依姫

2902
兄宮の　五津瀬は多賀の
大君なり　御祖天君
筑紫治す　十年治めて

2903
日足る時　天君の瓊を
武仁に　授け吾平の
神と成る　君宮崎に

> ※皇　すめらぎ。原文は〔スメラギ〕であるが、多くは、〔スメラキ〕、〔スヘラギ〕、〔スヘラキ〕ともある。ここではとくに「〔メ〕」には異字体の「〔メ〕」が使われている。いずれ「皇」を当てた初出であるが、「天皇」とも当てられる。〔アメスメラギ〕も二例だけではあるが、これは間違いなく「天皇」と当てられる。以前の綾ではスヘラ・スベカミ・スヘギミ・スヘラギ・スヘラカミなどとある。広辞苑では〈すめら【皇】《接頭》神や天皇に関する物事の上に冠して用いる語。すべら。「—みかみ」〉〈すめらぎ【天皇】(古くはスメラギ・スメロキとも)①地方豪族の首長。②日本国の首長。天皇。すべらぎ〉〈すめらみこと【皇尊・天皇】①最も尊敬されるべき行為者。常陸風土記「倭武の—」②天皇の尊称。神武紀「神日本盤余彦天皇」③天皇の父、皇太子の父に追号する称〉〈すめろぎ【天皇】(古くはスメロキ)スメラギの転。万一五「—の遠の朝廷と」〉

神日本磐余彦（諱武仁・称名神武・人の世初代神武天皇）の皇は御祖天君（鵜萱葺不合・神の世最後・第五代）の四男の御子、母は玉依姫（金析の子・襲緒（九州）の波提祇の子・建祇彦の娘）、兄宮（八瀬姫との子・五男）の五津瀬は多賀の大君である。

御祖天君筑紫治す。十年治めて日足る時（天寿を悟った時）天君の瓊（三種宝の第一）を武仁に授け吾平の神と成った。君（武仁）は宮崎宮に—

㉙1　㉙1　㉙1

2904
種子等と 祭政執る故
静かなり 香具山の臣
長脛が 儘に振えば

2905
騒がしく 原の大君は
糧止どむ 故に長脛
船止どむ 大物主が

2906
討たんとす 多賀の大君は
驚きて 筑紫に下り
共に治す 物主一人

2907
民治む 時に武仁
吾平姫 娶り生む皇子
手研耳 君年四十五

2908
物語り 昔御祖の
高見産霊 日高見生みて
百万穂過ぎ 天日御神

武仁君が宮崎で天種子等と祭政を執る故、 ㉙2
静穏な世が続いていた。ところが香具山で
は大物臣の長脛彦が気儘な振舞をし、市中
が騒がしくなった。原宮の大君武日照は ㉙2
食糧供給を止めた。すると長脛は船の往来
を止めた。第六代大物主櫛甕玉が討とうと
すると武仁君の兄、多賀宮の五瀬大君は ㉙2
驚いて筑紫に下り弟君の武仁と共に治す。
大物主櫛甕玉(和仁彦・秀真伝の編纂者)が
一人で多賀の民を治めた。時に武仁君が ㉙3
吾平姫を娶り生む御子は長男手研耳で、
武仁君は年四十五歳であった。以下は昔
物語――昔、御祖の初代高見産霊が日高見 ㉙3
を(西紀前一七一八年)生んで百万穂(ざっと
三三〇年)過ぎ、天日の御神天照大神が――

2909
天成(あめな)る道(みち)に　民(たみ)を治(た)す
皇子(みこ)の忍仁(おしひと)　譲(ゆつ)り受(う)く
御孫清仁(みまこきよひと)　又受(またう)けて

2910
別雷(わけいかづち)の　天君(あまきみ)と
光重(ひかりかさ)ぬる　年(とし)の数(かず)
※百七十九万二千四百七十穂(ももなそこよろふちよももなそほ)

2911
村(あれ)も乱(みだ)れず　天(あめ)の道(みち)
世(よ)に流行(はや)る歌(うた)　乗(の)り下(くだ)せ
秀真道弘(はつまぢひろ)む　天(あま)の磐船(いわふね)

2912
塩土翁(しほつ)勧(すす)めて　饒速日(にぎはや)が
如何(いかん)ぞ行(ゆ)きて　平(む)けざらん
諸御子(もろみこ)も実(げ)に　灼然(いやちこ)と

2913
先(さき)に璽(おして)の　応(こた)えつら
君速(きみすみ)やかに　御幸(みゆき)なせ
天鈴(あすず)キミヱの　神無月三日(かんなみか)

> ※ **百七十九万二千四百七十穂**　ももなそこよろふちよももなそほ。穂は天鈴暦で年の数。1,792,470年は、天照生誕(1,207,531穂=西紀前1,285)から武仁が東征に宮崎宮を出立(3,000,001穂=前667年)までの歳月618年でした(日本の原典p84)。

天照大神が天なる道に民を治し、日高見の忍仁皇子(忍穂耳(おしほみみ))が譲り受け、御孫清仁(瓊瓊杵(ににきね))が又譲り受け、別雷の天君と称えられるまで稜威の道が開けた。この御祖に仕える道が開いて以来、光を重ねる年の数百七十九万二千四百七十穂(ももなそこよろふちよももなそほ)(天照誕生からこの時まで六六七年)を経るまで遠近も、潤う国の君があって村も乱れず天の道が行きわたっていた。世に流行る歌――「乗り下せ、秀真道弘む天の磐船」。塩土の翁(塩竈)が勧めて飛鳥の饒速日を如何ぞ(どうして)行きて平けずにおられようか。諸御子も実に灼然(もっとも)と、先に璽の応えつら(応えたろう)、武仁君速やかに御幸なせ。天鈴キミヱ(西紀前六六七年)の十月三日――

㉙3　㉙3,4　㉙4　㉙4　㉙5

2914
天皇子自ら　諸引きて
御船の到る　速吸門
寄る海人小舟　天日別が

2915
問えば国守　珍彦ぞ
迎うは御船　導くか
あいと答えて　船を曳く

2916
宇佐津彦　一段高床間に
御饗なす　安芸に年越し
吉備高島に　三年整う

2917
御津岬　名も浪速の
港より　山跡川を
遡り　龍田の道は

2918
並び得ず　生駒越ゆれば
長脛が　軍起こして
我国を　奪わんやわと

天皇子武仁が自ら諸を率いて御船が速吸門に到ると海人の小舟が寄って来たので天の日別が問うと、土地の国守の珍彦で、「迎えに来たからには、御船の先導をするか」というと「あい」(はい)と答えて船を椎竿で曳いたので、椎根津彦の名を賜った。宇佐津彦(月読の孫)が、一段高床間(床の間の源流)で御饗をした。安芸(広島市)で年を越し、吉備高島に三年間滞在して、中国の祭政を治め、この間に準備を整えて出発した。天鈴五十五穂(皇紀前三年。西紀前六六三年)如月に御津岬、その名も浪速の港より山跡川(後の大和川)を遡った。竜田の道は狭くて並び得ず。生駒越えれば長脛が軍起こして「我国を奪わんやわ」と――

㉙5　㉙5　㉙6　㉙7　㉙7

2919 ※孔舎衛坂　戦い合わす
五津瀬御子　肱を射られて
進み得ず　山城に罷る

2920 怨み身を投げ　海の神
辻風船を　漂わす
稲飯哭ざち　三毛も又

2921 皆疲れ伏し　眠る時
高倉下に　夢の告げ
剣下さん　神も宜なり

2922 武甕槌の　経津の御魂を
倉に置く　これ奉れ
あいあいと　高倉下が

2923 夢醒めて　倉を開けば
底板に　立ちたる剣
進むれば　君も汚穢覚め

※孔舎衛坂　くさえさか。原文は（クサエサカ）。広辞苑では〈**くさえのさか【孔舎衛坂】**（一説に、「衛」は「衙」の誤りかという）「くさかざか」に同じ。→**くさかざか【孔舎衙坂】**生駒山を河内から大和へ越える山道。神武天皇東征の時の古戦場とされ、五瀬命の戦傷の地という。孔舎衙の坂〉

孔舎衛坂（生駒山を河内から大和へ超える山道）で戦いを合わせた。長兄五津瀬御子は肱を射られて進み得ず。皇は「吾は日の孫、日に向うのは天に逆らうことになる」と八尾（八尾市）に退けば敵も迫らず。五津瀬御子が茅渟（大阪府南部）の山城で罷り、竈山（和歌山市）に送らせた。名草邑の戸部がそれを拒んだので罰し、佐野熊野邑へと向かった。磐盾を超えて沖を漕ぐと辻風が船を漂わす。三男稲飯は哭ち身を投げ海の神、次男三毛も又逆波を怨み投身し、海の神となった。皆も汚穢吐き疲れ眠る時、高倉下に夢の告げ「国平け剣下さん」と神も宜なり。「武甕槌の経津の御魂を倉に置く、これ奉れ」。「あいあい」と、高倉下が夢醒め倉を開き底板に立つ剣を進むれば君も汚穢覚め――

㉙7　㉙7　㉙8　㉙9　㉙10

2924
軍立(いくさだ)ち　山路険(やまぢけわ)しく
末絶(すえた)えて　野(の)に※蹙(しぢ)まいて
皇(すめらぎ)の　夢(ゆみ)に天照(あまてる)

2925
神(かみ)の告(つ)げ　※八咫(やた)の烏(からす)を
導(みちび)きと　醒(さ)むれば八咫(やた)の
烏在(からすあ)り　大祖父(おおぢ)が穿(うが)つ

2926
飛鳥道(あすかみち)　軍勢(いくさ)率(ひ)き行(ゆ)く
道臣(みちおみ)が　峰(みね)越(こ)え宇陀(うだ)の
穿村(うがちむら)着(つ)く

2927
穿主(うがぬし)召せば　兄(あに)は来(こ)ず
弟(おと)は詣(もふ)でて　告(つ)げ申(もふ)す
兄逆(あにさか)らえど　御饗(みあえ)して

2928
謀(はか)る※枢(くるり)を　知(し)ろし召(め)せ
故(かれ)に道臣(みちおみ)　捜(さが)すれば
仇(あだ)なす言(こと)を　雄叫(おたけ)びて

※蹙まいて　しぢまいて。原文はシヂマヒテ。広辞苑では〈**しじまう**【蹙まふ・縮まふ】《自四》(「シジム」の未然形に接尾辞「ふ」のついた語)進むことも退くこともできないでいる。神武紀「棲遑ひて其の跋渉む所を知らず」〉　**※枢**　くるり。床や天井が枢によって落ちるように造った「陥れ(おとしいれ)」の仕掛け。

諸が醒めれば軍立ち、山路険しく末絶えて行き止まりとなり、野に蹙(しぢ)まいて進むことも、退くこともできなくなってしまった。皇(すめらぎ)の夢に天照神の告げが「八咫の烏を導き」と。醒めれば八咫の烏在り、大祖父(おおぢ)(金山彦)が穿つ飛鳥道を軍勢率き行く道臣(久米道臣・もと天照の后で高倉下の妻小百合姫の父)が穿った峰越え宇陀の穿村に着く。穿主を召せば兄は来ず、弟は詣出て告げ申す。兄は逆らえど弟は御饗して兄の謀る枢の仕掛けを知ろし召せ。故に道臣が捜せば、仇なす言を雄叫びて――

※八咫の烏　やたのからす。人の名、八咫烏。金山彦の末裔という。金山彦は、天照神の南の典侍妃瓜生姫永子の父。昔、中山道(なかやまみち)を開鑿した人(⑩66)。広辞苑では〈**やたがらす**【八咫烏】(ヤタはヤアタの約。咫は上代長さの単位)①記紀伝承で神武天皇東征のとき、熊野から大和に入る険路の先導となったという大鳥。姓氏録によれば、賀茂建角身命の化身と伝えられる。記中「今、天より―をつかはさむ」〉

㉙11　㉙12　㉙12　㉙13　㉙13

2929
汝が作る　家に居れと
剣よ弓と　攻められて
己が枢に　罷るなり

2930
弟は持てなす　君臣も
吉野尾上の　井光も
磐別守も　出で迎う

2931
高倉山の　麓には
兄磯城が軍　※磐余の
要に抝りて　道塞ぐ

2932
皇　祈る　※夢の告げ
神を祀れよ　香具山の
※埴の葉盤に　胙と

2933
弟穿主来て　磯城梟帥
葛城甘樫も　皆拒む
君を思えば　香具山の

※埴の葉盤　はにのひらで。土で作った平たい皿。広辞苑では〈**ひらで【枚手・葉手・葉盤】**数枚の柏の葉を細い竹串で刺し止め、盤のようにした器。後世ではその形の土器をいい、木製・陶製もある。神饌の祭具として使用。ひらすき。記中「箸と―とを多(さわ)に作りて」〉

兄宇穿主は、道臣に、汝がつくる家に居れと、剣よ弓と追い責められて、否む所無き天の罪、自分が仕掛けた枢に自分が罷った。弟宇穿主が持て成す御饗に、君臣も吉野尾上の井光も磐別守も皆出で迎えた。高倉山奈良県(宇陀市と桜井市の境)の麓には、兄磯城の軍勢がいて磐余の要に抝って道を塞いだ。皇武仁が祈る夢の告げ「神を祀れよ、香具山の埴の葉盤に胙」と神の教えになさんとす。弟穿主は来たが、磯城梟帥、葛城甘樫も皆、来るのを拒んだ。そこで君を思えば香具山の―

※磐余　いはわれ。原文は〔イハワレ〕。〔リ〕は助詞としての現代語の発音はワ、したがって「いわわれ」と読む。広辞苑では〈**いわれ【磐余】**桜井市南西部。香具山東麓一帯の古地名。神武天皇伝説では、八十梟帥征討軍の集結地〉

※夢の告げ　ゆめのつげ。広辞苑〈**ゆめのつげ【夢の告げ】**神仏が夢枕に立って御告げになること。夢のさとし〉

㉙13　㉙13　㉙14　㉙14　㉙14

2934
埴の葉盤の　胙に
天地祀り　後討たん
弟穿主が告も　※夢合わせ
㉙14

2935
椎根津彦は　蓑と笠
箕を持つ穿主　老爺老婆の
民の姿で　香具山の
㉙15

2936
峰の埴取り　代詞は
御代の※占形　※努努と
慎み取れと　御言宣
㉙15

2937
香具山の　埴取り厳瓮
※丹生川の　天照豊受
宇陀に二祀り
㉙16

2938
阿多根して　別雷山の
御祖神　三日祀らせて
敵を討つ　国見が丘に
㉙17

※丹生川　にぶがわ。原文は〔ニブカワ〕。広辞苑は〈**にうのかわかみ**【丹生川上】奈良県吉野郡川上村から東吉野村にかけての地域の古称。神武天皇が即位前三年、天下平定の為天神地祇を祀ったという所。丹生川上神社(上·中·下社)がある〉

埴の葉盤の胙に天地を祀ってから討とうと弟穿主が告も、皇と夢合わせが一致した。椎根津彦は蓑と笠、穿主は箕を持つ老爺老婆の民の姿で香具山の峰の埴を取ってきた。代詞(合言葉)は「御代の占形努努と慎み取れ」と御言宣。香具山の埴で厳瓮を作り丹生川の天照神と豊受神を宇陀に二柱合わせて祀り阿多根に別雷山の御祖神を三日祭らせて敵を討つ。国見が丘に——

※夢合わせ　ゆめあわせ。広辞苑〈**ゆめあわせ**【夢合わせ】夢を考え合わせて吉凶を占うこと。夢判じ。夢とき。いめあわせ。盛衰記一五「いかさまにも末たのおしき事にこそと—し給ひて」〉　**※占形**　うらかた。広辞苑〈**うらかた**【占形·卜兆·占象】占いの結果現れた形。亀卜·太占に現れた縦横の亀裂〉
補注　秀真伝には亀卜はなく、**太占**は一二八首の歌で占う。
※努努　ゆめゆめ。広辞苑〈**ゆめゆめ**【努努】《副》(ゆめ(努)を重ねた語)①(禁止の語を伴い)必ず必ず。きっときっと。決して。源槿「もらし給ふなよ—」。「—疑うことなかれ」〉

2939
軍立て 作る御歌に
神風の 伊勢の海なる
古の 八重這い求む

2940
※細螺の 吾子よ よ 吾子よ
下民の ※い這い求めり
討ちてし止まん

2941
この歌を 諸が歌えば
敵が告ぐ 聞く饒速日
軍を退けば 味方笑む

2942
根月弓張 磯城彦を
雉子に召せど 兄は来ず
又遣る八咫の 烏鳴き

2943
天神の皇子 汝召す
※いさわいさわぞ 兄磯城聞き
善知鳥なす神 緒得ぬ時

※い い(―這い求めり)。広辞苑〈い《接頭》主として動詞に冠し、語調をととのえ、意味を強める。紀中「―這いもとほり」〉 ※いさわ 広辞苑〈いざわ《感》(「いざ」に終助詞「わ」を添えた語)さあ。さあさあ。万一三「童ども―出で見む」〉

国見が丘に軍立てして、作る御歌に 神風の伊勢の海なる古の(流離した素佐之男が)八重這求む細螺(下民)の吾子よ、よ、吾子よ下民の、い 這い求めり、討ちてし止まん」この歌を諸が歌えば、これ聞いた饒速日はしばし考え「流離男止す」と、雄叫んで軍を退けば味方笑む。根月弓張(十一月七日)磯城彦を雉子(急使)に召したが兄は来ず。又遣る八咫の烏鳴き、天神の皇子が汝を召したのだ。いさわいさわぞ。天照の坐す伊雑の宮(三重県志摩市磯部町)にかける。兄磯城聞き善知鳥なす神が緒を得ぬ時——

※広辞苑〈しただみ【細螺】「きさご」に同じ。記中「―のいはひもとほり」。きさご【細螺】キウズガイ科の巻貝〉
きさご(広辞苑7版)

㉙17 ㉙17 ㉙18 ㉙18 ㉙18,19

2944
徒鳥とて　弓引けば
弟が館に行き　君召すぞ
いさわいさわと　烏鳴く

2945
弟磯城怖じて　態度変え、
神の善知鳥に　吾畏る
ゑゑ汝とて　※羽盛饗

2946
儘に至りて　吾が兄は
仇すと申す　時に君
問えば皆言う　弟に諭し

2947
教えても来ぬ　後討つも
良しと高倉　弟磯城と
遣りて示せど　※肯けがわず

2948
珍彦が討つ　女坂
道臣が討つ　忍坂と
兄磯城の逃げる　黒坂に

※肯けがわず　うけがわず。原文は[ヲシテ文字]（ウケガワズ）。広辞苑〈**うけがう【肯ふ】**《他下二・四》承知する。承諾する。うべなう。がえんずる〉

徒鳥といって弓引けば、弟が館に行き「君召すぞ、いさわいさわ」と烏が鳴いた。　㉙19

弟磯城は怖けて態度を変え神の善知鳥に吾は畏れた。ゑゑ汝といって羽盛饗した。　㉙19

※羽盛饗　はもりあえ。広辞苑〈**はもり【羽盛】**鵜・鴫などの焼き物で、翼・頭・両足を飛ぶ時のさまにして盛った料理。古来、朝廷や武家の礼式の際に用いた〉

そのうちに打ち解けて、「吾が兄は敵対す」と申した。時に君が問えば皆言う。　㉙19

「弟に諭し教えても来ぬならば、その後、討つもよし」との御言で高倉下と弟磯城とを遣って、このことを伝えても肯けがわなかった。　㉙19

そこで久米道臣は忍坂から、珍彦（神武の船を椎棹で速吸門に出迎えて椎根津彦の名を賜わった）は女阪から討ち、兄磯城の逃げた黒坂に――　㉙20

2949 挟みて撃てば　梟師共
悉く斬れども　長脛が
戦い強く　中られず

2950 時に忽ち　氷雨降る
※黄金鵄の鳥　飛び来たり
弓弭に止まる　その光

2951 照り輝けば　長脛が
戦い止めて　君に言う
昔天照　神の御子

2952 磐船に乗り　天下り
飛鳥に照らす　饒速日
妹御炊屋を　后とし

2953 生む御子の名も　宇摩志麻治
吾が君は是　饒速日
天照神の　神宝

道臣軍と珍彦軍とで黒坂に挟み撃ちして梟師共は悉く斬ったけれども、長脛彦は戦い強く、射る矢に中らなかった。

その中に忽ち氷雨が降り、黄金色の鵄の鳥が飛んで来て神武の弓弭に止まった。

> **※黄金鵄の鳥** 古事記には無く、日本書紀に「金色の霊しき鵄ありて飛び来たりて皇弓の弭に止まれり。その鵄光り輝きて状流電の如し」とある。広辞苑では〈きんし**【金鵄】**神武天皇東征の時に弓の先に止まった金色のトビ〉

その光が照り輝くと長脛彦が戦いを止めて神武君に言った。「昔、天照神の皇子忍仁君の皇子の奇玉火明（諱照彦）が、天の磐船に乗り天下りして飛鳥に照らし、これを継いだ饒速日大君は、吾長脛彦の妹の御炊屋姫を后として生む御子の、名も宇摩志麻治であり、吾が君はこれ饒速日で、天照神の神宝」――

㉙20　㉙20　㉙20　㉙21　㉙21

2954
十種宝(とくさ)を授(さっ)く　豈他(あにほか)に※
神(かみ)の御孫(みまご)と　偽(いつわ)りて
国奪(くにうば)わんや　是如何(これいかん)

2955
時(とき)に皇(すめらぎ)　答(こた)え言(い)う
汝(なんだ)が君(きみ)も　真(まこと)なら
璽(をして)有(あ)らんぞ　長脛(ながすね)が

2956
君(きみ)の靫(ゆき)より　※羽羽矢(ははや)手(て)を
天(あめ)に示(しめ)せば　神璽(かんをして)
又皇(またすめらぎ)も　徒靫(かちゆき)の

2957
出(い)だす羽羽矢(ははや)の　神璽(かんおして)
長脛彦(ながすねひこ)に　示(しめ)さしむ
進(すす)まぬ軍(いくさ)　守(まも)り居(い)る

2958
懇(ねんご)ろを知(し)る　饒速日(にぎはやひ)
吾(わ)が長脛(ながすね)の　生(う)まれ付(つ)き
天地(あめつち)分(わ)かぬ　頑(かたくな)を

※豈　あに。広辞苑〈あに【豈】《副》（上代を除き、多く漢文訓読の文脈で、①（打消しの語を伴う）何も。②なんで。どうして）〉

十種宝(とくさのたから)を授かった。豈他に、神の御孫と偽りて国を奪おうとするのか。㉙21

時に皇が答え言う。「汝が君も真なら璽（署名）があろうぞ」。㉙22

長脛彦が饒速日君の靫より取り出して羽羽矢手の神璽を天に示せば、㉙22

また、皇神武も徒靫から取り出して、羽羽矢の神璽を長脛彦に示させた。㉙22

※羽羽矢　天神の日嗣であることを秀真文字で署名した白羽の矢。広辞苑では〈ははや【羽羽矢】「はは」は大蛇で、大蛇のように威力のある矢、大蛇を射倒す矢か。また羽の広く大きい矢ともいう。神武記下　天の―を賜ひて遣わす」〉

膠着状態のまま進まない両軍が見守り居ると、皇武仁の懇ろな心遣いを知る饒速日が、吾が（后御炊屋姫(きさきみかしやひめ)の兄で、大和朝廷の大物主でもある）長脛彦の生まれ付き、天地の区別も分からぬ頑固(かたくな)さを――㉙23

2959
切りて諸率き　服ろえば
君は元より　※国照の
忠誠を現し見　磐余の

2960
小屋に※瓮を練り　年超えて
巨勢の祝や　※土蜘蛛等
網張る者を　皆殺す

2961
物主考え　葛網を
結い被らせて　漸殺す
総べ治まれば　筑紫より

2962
上る種子と　物主に
都遷さん　国見よと
御言を受けて　巡り見る

2963
橿原良しと　申す時
君も思いは　同じくと
天富をして　宮造り

※瓮　べ。厳瓮。いづべ。原文は（イヅベ）。広辞苑〈**いつへ【厳瓫・厳瓮】**(「いつ」は神聖・厳粛の意。「へ」は容器)神聖な土器。主として神酒を盛り祭祀に用いる。神武紀訓注〉**※土蜘蛛**　つちくも。広辞苑は〈**つちぐも【土蜘蛛】**①じぐもの別称。〈書言字考〉②(「土雲」とも書く)神話伝説で、大和政権に服従しなかったという辺境の民の蔑称〉

※国照　くにてる。天照の嗣子忍穂耳(忍仁)日高見大君の長男奇玉火明(照彦)の弟が瓊瓊杵(清仁)。その長男火明(梅仁)の長男が国照。国照は照彦の養子となり、饒速日と改名する前の名。

長脛彦の頑固さを断ち切って諸率き服ろえば、武仁君は元より国照(饒速日)の忠誠を目の前にしていた。磐余の小屋に厳瓮を練り、年超えて巨勢の祝や層富戸部と猪の祝等も、土蜘蛛も網張る者を皆殺す。高尾張部が背低くて、脚長雲の大力、岩や木を振り回して寄せ付けず。多賀の宮を守る大物主櫛甕玉考え葛網を結い被らせて漸殺す。総べて治まれば、筑紫から上って来た、種子と大物主櫛甕玉に「都を遷そうと思うので適地を見よ」との御言を受けて巡り見る。橿原が良しと申す時、君も思いは同じと、天富に橿原宮を造営させた。

㉙23　㉙23,24　㉙24　㉙24　㉙24,25

2964
后立てんと　諸に問う
宇佐津が申す　事代が
玉櫛と生む　姫※踏鞴

2965
五十鈴姫は　国の色
皇　笑みて　后とす
事代主を　恵美須神

2966
孫の櫛根を　県主
社造らせ　芽の二十日
祀る大三輪　※神奈美ぞ

2967
神選り瓊名も　神日本
磐余彦の　天君と
遍く触れて

2968
年サナト　橿原宮の
初年と　御代神武の
大いなる哉

※踏鞴五十鈴姫。八重事代主が妻玉櫛姫と生む姫「踏鞴五十鈴姫」。**古事記**の「比売多多良伊須余理比売」・**日本書紀**の「媛踏鞴五十鈴媛」は、秀真文字での「玉櫛と生む姫、踏鞴五十鈴姫」の「ぎなた読み」とみられる。**補注 ぎなた読み** 広辞苑〈**ぎなたよみ**【ぎなた読み】(「弁慶が、なぎなたを持って」と読むべきところを「弁慶がな、ぎなたを持って」と読むように、句読点を間違えた読み〉

后立てんと諸に問う。宇佐津彦(素佐之男の子伊吹戸主の子)が申す。積葉八重事代主が玉櫛姫と生んだ姫・踏鞴五十鈴姫は国の色(国を代表する美人)阿波宮に居座す。

㉙25

是良けん」というと皇も笑みて后とした。時に武仁五一歳、五十鈴姫は二一歳。

㉙25,26

※神奈美 かんなみ。原文は(ヲシテ文字：カンナミ)。**広辞苑**では〈かんなび↓かむなび。**かむなび**【神奈備・神南備】神の鎮座する山や森。神社の森。みもろ。祝詞、神賀詞「大三輪の―」。**かむなびやま**【神南備山】神の鎮座する山の意。出雲風土記に四か所見えるほか、次のものが有名。三宝山。三諸山〉

八重事代主を恵美須神、孫の櫛根を県主とした。

㉙26

社造らせ芽(十月)の二十日、祀る大三輪神奈美ぞ。神選り瓊名も神日本磐余彦の天君(神武天皇)と遍く触れて

㉙26

年サナト(これが皇紀元年。西紀前六六〇年)橿原宮の初年と、御代神武の大いなることよ。

㉙26

梭(かひ)の三十(みそ)　天君(あまきみ)※都鳥(みやこどり)の綾(あや)

3001
天君(あまきみ)の　本(もと)は御孫(みまご)の
雷(いかづち)を　別(わ)けて治(おさ)むる
別雷(わけいかづち)ぞ

3002
三種(みくさ)も分(わ)けて　天皇孫(あめみまご)
左春日(ひだりかすが)と　右子守(みぎこもり)
代々(よよ)是(これ)を継(つ)ぐ

3003
御祖(みをや)筑紫(つくし)に　下(くだ)るとき
璽(をして)は持(も)ちて　御鏡(みかがみ)は
左臣(ひだり)　押雲(おしくも)

天君の本は天照神の御皇孫の御孫瓊瓊杵(ににきね)の、雷を火と水に別け治めて活かした功(いさおし)を稜威の顕れと褒めて、別雷(わけいかづち)の天君と称名(たたえな)を賜ったことである。三種の宝(三種の神器)も分けて天皇孫の左の鏡臣(かがみとみ)春日(天児屋根)と右の剣臣(つるぎとみ)は子守(三穂彦・万木麻呂・三代大物主)が代々これを継いだ。御祖(鵜萱葺不合(うがやふきあわせず))が筑紫に下る時、璽は御祖が自ら持って、御鏡は、左の鏡臣押雲(天児屋根の子)に——

㉚1　㉚1　㉚1

都鳥（ゆりかもめ）
（広辞苑第七版より）

※都鳥　みやこどり。国の組織機構を鳥の体に譬えたもの。「日の臣謡う都鳥　天地を治す　天皇(あますめらぎ)の双翼臣(もろはとみ)　春日と子守　君臣の　心一つに都鳥　形は八民　首は君　鏡と剣両手の翼　物部は足」
（290 頁 3016,3017 参照）
広辞苑〈**みやこどり【都鳥】**①チドリ目ミヤコドリ科の一種。大型で背面黒く腹面は白色。嘴は長く黄瀬気色。二枚貝の殻をこじ開けて食べる。主にユーラシア大陸の寒帯で繁殖し、日本には旅鳥・冬鳥として海岸に飛来。②ユリカモメの雅称。古くから和歌・歌謡・物語などに現れる。うわちどり。万二〇「来居つつ鳴くは—かも」。伊勢「名にし負はばいざ事問はむ—」〉

3004
八重垣は　櫛甕玉に
授け置き　御祖筑紫に
日足るの時に
㉚1

3005
神の璽は　武仁に
鏡は河合　八重垣は
別雷宮に　預け置く
㉚2

3006
長脛彦は　山崎に
川船拒む　物主が
討たんとすれば　五津瀬皇子
㉚2

3007
恐れ多賀より　行く筑紫
櫛甕玉は　押雲と
長脛討てば　逃げ行くを
㉚2

3008
追いて河内に　留まりて
武甕槌遺りと　天上諸
大和の層富に　防がしむ
㉚2

八重垣の剣は右の臣櫛甕玉（和仁彦・六代大物主）に授け置き、御祖が筑紫に日足るの（天寿を覚った）時、神の璽は武仁（後の神武天皇・一五歳）に直接授け、鏡は河合の宮に、八重垣の剣は別雷宮に（まだ幼年のため）預けて置いた。香具山（飛鳥朝）の臣長脛彦が儘に振舞い市中が騒いだので原宮の大君武日照は食糧を止めた。これに対し長脛彦は山崎に川船の往来を拒んだ。そこで大物主櫛甕玉が討とうとすると、五津瀬皇子（神武の長兄）は恐れて多賀より筑紫へ行った。櫛甕玉は押雲と共に長脛を討てば逃げて行くのを追って河内に留まり、武甕槌の遺り（末裔）と天上諸が、大和の層富戸部にこれを防がせた。

3009
物主帰り　押雲は
河内に行きて　※枚岡の
社祀りて　神となる

3010
筑紫の種子　喪を納め
四神祀りて　天上諸
河内を兼て　治めしむ

3011
淡湖の　※大国宮を
造り替え　民治まりて
天君と成る

3012
宇摩志麻治　十種宝を
奉る　天種子は
古事記し　奉る

3013
七草味噌も　とんど火も
神在粥も　行われ
サアヱ日嗣と

※枚岡の社　ひらおかのやしろ。広辞苑〈**ひらおかじんじゃ【枚岡神社】**東大阪市出雲井町にある元官幣大社。枚岡連の族祖神である天児屋根命・比売神を祀ったのに起こり、のち、武甕槌・斎主の二神を配祀したという。河内国一の宮〉

大物主櫛甕玉は帰り、天押雲（天児屋根の子）は河内に行って、小塩（京都市大原山）より春日（天児屋根）を招き枚岡の社を祀って神と上がった。筑紫の種子（天押雲の子）が喪を納め、武甕槌・経津主・天児屋根とその妻一姫（武甕槌の一人娘で名は無い）の四神を祀り、天上諸が河内を兼ねて治めさせた。淡湖（琵琶湖）の大国宮を櫛甕玉が造り替え、民が治まって武仁（神武天皇）は、人の世初代天君と成った。宇摩志麻治は十種宝（初代飛鳥大君で瓊瓊杵の兄・奇玉火明が斑鳩へ下る時高見産霊から賜わった）を奉る。天種子は古事記し奉る。七草味噌もとんど火も神在粥も行われ、サアヱ（五八穂。皇紀元年。西紀前六六〇年）に日嗣――

※大国宮　おおくにみや。三代大物主三穂彦（万木麻呂・子守神）から養蚕・絹織・裁縫を教えられて、その大物主を祀った社。

㉚2　㉚2　㉚3　㉚4　㉚5

3014
天富は　別雷の
剣持ち　阿多根は鏡
持ち登る

3015
天種子は　褥三重
櫛甕玉は　褥二重
君高御座　褥九重

3016
日臣謡う　都鳥
三重下りて聞く　天地を治す
天皇の　双翼臣

3017
春日と子守　君臣の
心一つに　都鳥
形は八民　首は君

3018
鏡と剣　真手の翼
物部は足　鏡臣
継ぎ滅ぶれば　民離れ

※都鳥　みやこどり。287頁3000参照

高御座
（広辞苑第七版より）

※高御座　たかみくら。広辞苑は〈**たかみくら【高御座】**①天皇の位の称。天位。万一八「―天の日嗣と」②天皇の玉座。平安時代以来、大極殿または紫宸殿に安置し、即位・朝賀・蕃客引見などの大礼の際に用いた。現今も即位の礼に用いる〉**※天皇**　あますめらぎ。広辞苑は〈**すめらぎ【天皇】**（古くはスメラキ・スメロギとも）②日本国の首長。天皇〉

天富は別雷宮の剣を持ち、阿多根は鏡を持ち登る。君は高御座に褥九重、天種子は褥三重、櫛甕玉は褥二重、日臣が謡う「都鳥」を三重下りて聞く。

天地を治す　天皇の　双翼臣
春日と子守　君臣の　心一つに
都鳥　形は八民　首は君　鏡臣と剣臣
真(両)手の翼　物部は足
鏡臣　継ぎ滅ぶれば　民離れ

㉚5　㉚5　㉚5　㉚6　㉚6

3019
日嗣践まれず　剣臣
継ぎ滅ぶれば　※物部割れ
世を奪わるる

3020
八咫臣は、稲穀生う春に
民業を　鑑みる目ぞ

3021
垣臣は　横魔を枯らし
※武士の　力守る手ぞ
この故に　三種を分けて
授くるは　長く一つに

3022
成る由を　綾に記して
授けます　瀬織津姫は
御鏡を　持ちて春日に

3023
授けます　速開津姫は
御剣を　持ちて子守に
授けます　三度敬い

〔補注〕**物部**　ものぶ。下の囲み参照。もののべとも。広辞苑〈**もののべ【物部】**古代の大豪族。姓は連。饒速日命の子孫と称し天皇の親衛軍を率い、連姓諸氏の中では大伴氏と共に最有力となって、族長は代々※大連に就任したが、六世紀半ば仏教受容に反対し、大連の守屋は大臣の蘇我馬子および皇族らと戦って敗死。律令時代には一族の石上・榎井氏らが朝廷に復帰〉**※大連**　おおむらじ。3104の囲み参照。

日嗣が践まれず　剣臣継ぎ滅ぶれば　物部割れ　世を奪わるる　八咫臣は　稲穀生うる春に　民業を鑑みる目ぞ　垣臣は横魔を枯らし物部の力守る手ぞ

※物部　ものぶ。ものへ・ものべ・もののへ・もののべとも。広辞苑は〈**もののべ【物部】**①大和政権で、軍事・警察・裁判を担当した品部。②律令制で、刑部省囚獄司・衛門府・東西市司に属し、刑罰を担当した下級官人〉**※武士**　もののふ。広辞苑〈**もののふ【武士・物部】**①上代、朝廷に仕えた官人。万一八「―の八十氏人も」②武勇をもって仕え、戦陣に立つ武人、武者〉

この故に三種宝〈後の三種の神器〉を分けて授けるのは、長く一つになる由を綾に記して授けたのである。瀬織津姫〈向津姫〉は御鏡を持って春日に授けた。速開津姫は御剣を持って子守に授けた。子守は三度敬い―。

㉚6　㉚6　㉚6,7　㉚7　㉚7

3024
皆受くる(みなうくる) ※弥真瓊日嗣(やまとひつぎ)の
都鳥(みやこどり)かな 日の臣(ひのおみ)は
璽(しるし)の御箱(みはこ) 奉る(たてまつる)

3025
阿多根(あたね)は鏡(かがみ) 天富(あめとみ)は
八重垣(やゑがき)持ちて 天種子(あめたねこ)
櫛甕玉(くしみかたま)に 授く(さつく)なり

3026
君臣元(きみとみもと)の 褥(しとね)敷く
臣百司(とみももつかさ) ※言祝(ことほぎ)し
※万歳(よろとし) 謡う(うたう)

3027
御鏡(みかがみ)は 五十鈴姫(ゐそすずひめ)に
八重垣(やゑがき)は 阿平津姫(あひらつひめ)に
御璽(みしるし)は 君(きみ)の身(み)に添え

3028
三種(みくさ)とも 中つの宮(うちみや)に
原見(はらみ)の例(ためし) 中宮(うちみや)と
讃ゆ元(たたゆもと)なり

※弥真瓊　原文は[ヤマト]。「いよいよ真の瓊の道」が盛んになるの意。「弥真瓊徹る 弥真瓊国 真瓊の教へは 昇る日の 本なる故に **日の本**や」(㉓41)。広辞苑では〈**やまと【大和・倭】**(「山処」の意か)①旧国名。五畿の一つ。今の奈良県。もとは今の天理市付近の地名。初め「倭」と書いたが、元明天皇のとき国名に二字を用いることが定められ、「倭」に通じる「和」に「大」の字を冠して大和とし、また「大倭」とも書いた。②日本国の異称。おおやまと。③唐に対して、日本特有の事物に関する語。「―言葉」〉**補注** 国号「日本」は「[ヒノモト]」に当てた漢字の音読みから。

皆受くる弥真瓊日嗣の都鳥かな。日の臣は御璽(みしるし)の御箱を奉った。阿多根は鏡を持ち、天富は八重垣を持って、天種子に鏡を、櫛甕玉に八重垣を授けた。　㉚7,8

君も臣も、それぞれ元の相応の褥(しとね)を敷く。臣百司が言祝し、万歳謡う。　㉚8

※言祝　ことほぎ。広辞苑〈**ことほぎ【寿・言寿・言祝】**(上代は清音)ことほぐこと。言葉による祝福。ことぶき。ことほがい。祝詞、大殿祭「―と言へるは今の寿觴の言葉の如し」〉**※万歳**　よろとし。万歳のもと。バンザイは、大和言葉の「よろとし」に、漢字の「万歳」を当て、音読みで「ばんざい」となったもの。広辞苑では〈**まんざい【万歳】**①よろずよ。万年。まんぜい。神楽歌、千歳法「―、―や」〉

御鏡は后五十鈴姫に、八重垣は阿平津姫(即位前からの妃)に預け、御璽は君の身に添え、三種(瓊(と)の璽・鏡・剣(をして))とも中つの宮に預り、原見(はらみ)(宮・浅間神社(せんげんじんじゃ)のもと)の例として中宮(うちみや)と称えるもとである。　㉚8　㉚8　㉚8

3029
御言宣　宇摩志物部
道臣は　築坂と久米
鵜津彦は　大和国造

論功行賞の御言宣—思えば忠節は宇摩志麻治で代々物部を継げ。道臣には望みのまま築坂と久米を賜う。鵜津彦（珍彦・椎根津彦）は船と埴の功によって大和国造に。

㉚9

3030
弟穿主猛田　黒速磯城
天日別　伊勢の国造
阿多根上賀茂　剣根葛城

弟穿主は猛田県主、黒速は磯城県主に。天日別は伊勢の国造、阿多根は上賀茂の県主。勝手の孫の剣根は葛城国造に。

㉚10

3031
八咫烏孫　葛野主
三穂の五月雨　四十日降り
疫病流行りて　稲熱病

八咫烏孫は葛野主に。三穂（神武三年。西紀前六五七年）、五月雨が四十日降り疫病が流行、稲熱病も発生した。

㉚11

3032
君に告ぐれば　天種子
櫛甕玉が　安河の
行宮に祈り　傷み去る

君に告げれば御言宣があって、天種子と櫛甕玉が安河の行宮に祈ったところ疫病の流行も止まり稲熱病も直った。

㉚11

3033
直りの祓い　行えば
疫病も治り　稲治る
御祖奇彦　諫め入る

そのように直りの祓い行えば疫病も稲も直り、故に御言宣があった。和仁彦の御祖奇彦が諫め入る—

㉚11

3034
直(なお)きに賜(たま)う　弥真瓊神(やまとかみ)
三世輪(みよわ)の直(なお)き　功(いさおし)しに
直物主(なおりものぬし)　神賜(かみたま)う
㉚11

3035
種子(たねこ)も御祖(みをや)　若彦(わかひこ)が
直(なお)き鏡(かがみ)の　事継(ことつ)げば
直(なお)り中臣(なかとみ)　神賜(かみたま)う
㉚12

3036
都鳥(みやこどり)　わが身(み)を照(て)らし
敵(あだむ)平けて　天富(あめとみ)に
賀茂(かも)を遷(うつ)させ
㉚12

3037
祀(まつ)る榛原(はりはら)　鳥見山(とりみやま)
阿多根(あたね)を賀茂(かも)の　建祇(たけすみ)の
祀(まつ)り継(つ)がせて
㉚12

3038
国造(くにつこ)ぞ　※睦月十一日(むつきそひか)は
県主(あがため)召し　神酒(みき)を給(たま)わる
始(はじ)めなるかな
㉚12

その実直さに賜う弥真瓊神。三世輪(みよわ)(親・子・孫の三代にわたって＝三輪の語源)の直き功しに、直物主の神名を賜う。天種子も祖父の若彦(天児屋根)が直き鏡の臣の事を継げば、直り中臣の神名を賜う、共に継ぐべし。四穂如月(神武四年二月)ネウヱのキナヱに御言宣—御祖の神の都鳥、わが身を照らし敵を平けて、皆治む故天富に賀茂を遷させ御祖神を祀ったのが榛原鳥見山、阿多根を賀茂の建祇の祀り継がせて国造ぞ。睦月(正月)十一日は県主を召し、神酒を給わる始めであるかな。

※睦月十一日　むつきそひか。鏡開きを正月一一日とする起源。広辞苑は〈**かがみびらき**【**鏡開き**】(「開き」は「割り」の忌み詞)①正月一一日ごろ、鏡餅を下げて雑煮・汁粉にして食べる行事。近世、武家で、正月に男は具足餅を、女は鏡台に供えた餅を正月二〇日(**のち一一日**)に割って食べたのに始まる。鏡割り〉

桉の三十一

直り神 ※三輪神の綾

3101 ※橿原の八穂 ヲヤヱ秋 総鹿人 高倉下が 漸帰り 告げ申さくは

3102 臣昔 御言を受けて ※外国より 筑紫三十二も 山陰も 巡り治めて

3103 越後 弥彦山辺に ※土蜘蛛が ※札割る故に 矛用い 五度戦い

※三輪神 みわかみ。大己貴の子で三諸の山に神上がりした、第二代大物主奇彦である。**広辞苑**は〈**みわやま**【三輪山】大和国の歌枕。奈良県桜井市にある山。古事記崇神天皇の条に活玉依毘売と蛇神美輪の神とによる地名説明伝説が見える。杉と共に詠まれる。三諸山〉〈**おおみわじんじゃ**【大三輪神社】奈良県桜井市三輪山にある元官幣大社。祭神は大物主大神。大己貴神・少彦名神を配祀。わが国最古の神社で三輪山が神体。本殿は無い。二十二社の一。大和国一の宮。すぎのみやしろ。三輪明神〉〈**みわみょうじん**【三輪明神】大神神社の俗称〉 **※橿原の八穂ヲヤヱ** かしはらのやほをやゑ。橿原宮に神武が即位して八年、即ち皇紀八年。西紀前六五二年。ヲヤヱは、ほつま「ヱト」（原文はヱトで兄弟が語源）の五八番。ただし、神武の即位は前年の五七年で、それから八年は六五番目。すなわち「ヱト」二巡目の五番の年ということになる。**※外国** とくに。海外にある国ではなく、都のある橿原の外の国。ここでは伊豆・阿波・四国など。

※土蜘蛛 つちぐも。広辞苑は〈**つちぐも**【土蜘蛛】①ジグモの別称（書言字考〉②（「土雲」とも書く）神話伝説で、大和政権に服従しなかったという辺境の民の蔑称〉 **※札割る** ふだわる。高札に従わず破壊する。

橿原宮の八穂（皇紀八年。西紀前六五二年）ヲヤヱ秋に総鹿人（総勅使）高倉下が漸く帰り、告げ申すには、

㉛1

臣（自分）が昔、御言を受けて外国（伊予、阿波・四国）より、筑紫三十二県も山陰も巡り治めた。

㉛2

越後（越後）弥彦山辺に土蜘蛛（辺境の民）が掟に叛き高札を割ったので矛を用い五度戦って皆殺した。

㉛2

3104
二十四治むと　国総絵
捧ぐれば君　高倉を
紀の※国造の　※大連

3105
越後　※初穂納めず
又向かう　高倉下は
太刀抜かず

3106
皆服ろえば　御言宣
高倉褒めて　国守と
璽賜わる　弥彦神

3107
君世継ぎ無し　久米が子の
椅城依姫　御下女に
召せば后に　咎められ

3108
百合姫となり　殿居せず
后孕みて　神八井耳の
皇子を生む　諱意保仁

※国造　くにつこ。秀真伝では宮造(みやつこ)とは別。広辞苑では〈くにのみやつこ【国造】(「国の御奴」の意)古代の世襲の地方官。ほぼ一郡を領し大化の改新以後は多く郡司となった〉※大連　おおむらじ。広辞苑〈おおむらじ【大連】大和政権の執政者。連の姓を持つ諸氏中の最有力者が任ぜられ、普通世襲する〉〈むらじ【連】古代の姓の一種。大和政権時代に、主として神別の諸氏が称した。臣と並ぶ有力豪族が多く、大伴連・物部連からは大連が任ぜられて政務を担当〉※初穂　はつほ。秀真伝では水稲栽培が始まって以来、いわば直接国税。広辞苑では〈はつほ【初穂】④その年はじめて収穫した穀物を、神仏または朝廷に最初に奉るもの。また、その代わりに神仏に捧げる金銭・米穀・食物・酒など。「―料」〉

二十四県を治めたと、国の総絵図(地図)を捧げたら、君は高倉下を紀の国造の大連。越後は初穂納めず。又向かう高倉下は太刀を抜かずに皆服ろわせれば御言宣。高倉下を褒めて国守と璽賜わる弥彦神。長く住む故妹婿の天の道根を国造に任じ、紀の舘を賜う。神武君世継なし。久米が子の椅城依姫を御下女に召せば后踏鞴五十鈴姫に咎められ、百合姫となり殿居せず。后孕みて明くる夏皇子を生む、諱は意保仁。

㉛1　㉛2　㉛2　㉛2　㉛2,3

3109
二十六冬　政務御幸の
綏纓に　神淳川耳の
御子生みて　諱綏杵

3110
弥彦上りて　拝む時
肴に給う　御下女ぞ
七十七の夫に　二十歳女と

3111
越に嫁ぎて　男女を生む
先に小百合の　花見とて
一夜寝ねます　久米が家に

3112
葦原の　繁濃き小屋に
清畳　弥清敷きて
吾が二人寝ん

3113
これに召し　局に在るを
手研耳皇子　深く焦がれて
父に乞う

橿原二十六(皇紀二六年。西紀前六三四年)冬政務御幸の綏纓に神淳川耳の御子を生む、諱綏杵。サミヱ(二七年)夏、弥彦上りて拝む時、天の杯を数重ねる。皇問う「昔得ず今飲む如何」。その答「わが国寒く常飲めば自ずと好けり」。君笑みて「汝は神酒に若やぎつ、酒の肴に給う御下女ぞ」。七十七の夫に二十歳女と、越に嫁ぎて男女を生む。これの前、小百合の花見とて、君の御幸は佐惟川に一夜寝ねます久米が家の椅城依姫が膳に御食進むれば、皇(神武)はこれを召さんと告げの御歌に「葦原の繁濃き小屋に清畳、弥清敷きて吾が二人寝ん」。椅城依姫をこれに召し、局に在った時、手研耳皇子が深く焦がれて父に乞う。

㉛3　㉛3　㉛3,4　㉛4　㉛4

3114
覚る姫　操十九歌※
天つ地　執ります君と
何ど避ける利目※※
㉛5

3115
手研耳皇子　進み答えて
若乙女　唯に会わんと
吾が避ける利目
㉛5

3116
※やは無きを　追ってと言えば
皇子も去る　事女が告ぐる
櫛甕玉　君に申さく
㉛5

3117
血脈の恥　君密かにし
この度賜う　御下女は
この百合姫ぞ
㉛5

3118
年サミト　卯月初日に
腋上の　頬間の丘に
御幸して　巡り望めば
㉛6

※十九歌(つずうた) 五・七・七計一九音の短か歌。小百合姫の一九歳にも掛けたか。また、続き歌の意とも取れる連歌の結句が五・七・七計一九音でなることにも関わるか。広辞苑では〈つず【十・十九】①とお一〇。誤って一九に用いる〉※る利目(るとめ) 十九歌(つずうた)の結句「る止め」にも掛けたものか。※利目 とめ。広辞苑〈とめ【利目】するどい目。記中「など黥ける―」〉※やは 原文は「[illegible](ヤワ)」。広辞苑〈やは《助詞》(疑問・反語の係助詞「や」に係助詞「は」の付いたもの)③(「―・ぬ」の形で)それが実現することを望む意を表す。…ないも望むか。…てほしい〉

領き奪う父が呼ぶ。父の怪しき利目を覚る椅城依姫が操十九歌「天つ地、執ります君と何ど避ける利目」。君神武の妃阿平姫との長男手研耳皇子が進み答えて「若乙女、唯に会わんと吾が避ける利目」。やわ無きを、姫が「追って」と言えば皇子も去る。このことを異女(侍女)が告げる。櫛甕玉が君に申す「血脈の恥」と。君は密かにし、この度賜う御下女は、この百合姫ぞ。年サミト(西紀前六二九年)卯月初日に腋上の頬間の丘(御所市国見山)に御幸して、巡り望めば――

3119
※あな柔愛(にゑ)や　得(ゑ)つは※虚木綿(うつゆう)
真幸国(まさきくに)　※形蜻蛉(かたちあきつ)の
※臀舐(となめ)せる　これ秋津州(あきつしま)
㉛6

3120
天神(あまかみ)は　大和浦安(やまとうらやす)
扶桑北国(こえねくに)　大和日高見(やまとひたかみ)
細矛千足(そこちたる)　磯輪上秀真(しわかみほつま)
㉛6

3121
大己貴(おおなむち)　玉垣内宮(たまがきうちつ)
饒速日(にぎはやひ)　空見(そらみ)つ大和(やまと)
四十二初三日(よそふはつみか)　神淳世継皇子(かぬよつぎみこ)
㉛6

3122
鏡宇佐麿(かがみうさまろ)　櫛根物主(くしねものぬし)
皇子(おみこ)の双翼(もろは)ぞ　七十六年(なそむとし)
睦月(むつき)の望(もち)に　御遺言(みことのり)
㉛7

3123
吾既(われすで)に老(お)い　政事(まつり)を任(まか)す
若宮(わかみや)立てよ　内(うち)に入(い)り
弥生十日(やよそか)キヤヱ　神(かみ)と成(な)る
㉛7

※形蜻蛉の臀舐めせる　これ秋津州　雌雄の蜻蛉が臀舐めし合っている形の日本、それで秋津洲(あきつしま)という。広辞苑は〈**となめ【臀舐】**トンボの雌雄が互いに尾を含み合い輪状になって飛ぶこと。神武紀「蜻蛉(アキズ)の—の如くにあるかな」〉
補注 秋津　蜻蛉の臀舐に似ているからか。銅鐸に蜻蛉の絵、方言にもアキツがある。

※あな柔愛や　あなにゑや。広辞苑〈あなに《感》強い感動の語。ああ、ほんとうに。たとえようもなく。万八「桜の花のにほひはも—」↓**あなにえや【**美哉・妍哉**】**(「え」「や」は感動、「し」は強めの助詞)ああ美しいことよ。あなにえや。記上「—えをとこを」〉**※虚木綿**　うつゆう。広辞苑〈**うつゆうの【**虚木綿の**】**《枕》(ユフは幣帛で、四方に垂らして神に祈ることから、また、ウツは中空、ユフは繭で、繭の中の狭いことからなどという)「こもる」「まさき」にかかる。万九「…」〉

ああなんと柔和で、いとおしい国なことよ。

得たのは虚木綿の真幸国、その形は蜻蛉(あきづ)の臀舐めしたような—これ、秋津島である。

天照神は、大和浦(心)安国、扶桑国、北国、大和日高見国、細矛千足国(さほこちたるくに)、磯輪上秀真国。

大己貴は玉垣内宮。饒速日は空見つ大和。

神武四十二年一月三日キミヱ、神淳川耳を世継皇子とし、鏡の臣は宇佐麿、天立櫛根(あたちくしね)剣臣大物主で皇子の双翼。七十六年睦月望(むつきもち)「吾既に老い政を任す」と言いて内に入り、弥生十日キヤヱ、神と成った(一四八歳?)。

3124　阿平津姫と　物主の
櫛甕玉と　洞内に入り
生き座すの　如に勤むる　㉛8

3125　若宮に　送り諮れば
手研耳皇子　一人で祭政
執らんとす　直り三人は　㉛8

3126　天種子　櫛根宇佐麻呂
若宮に　問えど答えず
喪に入り双翼　任すべき　㉛8

3127　御送りも　拒みて延ばす
手研耳皇子　二弟を断つ
畝傍根の　佐惟の花見と　㉛8

3128　御饗して　室屋に召せば
生母五十鈴　歌の直しを
乞わしむを　若取り見れば　㉛9

阿平津姫と第六代大物主の櫛甕玉とが内に入り、生きている時と同じ如くに喪を勤めた。天種子が天立櫛根と宇佐麻呂を若宮のもとに送り諮れば、手研耳皇子は二人の意見を聞くこともなく、自分一人で祭政を執ろうとした。直り中臣の天種子、天立櫛根、宇佐麻呂ら三人は、若宮(手研耳皇子)にそれではいけないのでないかと、詰問したけれども答えず、喪に入りて双翼(天立櫛根と宇佐麻呂)に任すべきを御送り(葬送)も拒んで延ばしていた。手研耳皇子が二人の弟(神八井耳と神淳川耳)を断とうと企んで畝傍根の佐惟の花見と御饗して、室屋に召せば生母五十鈴が歌の直しを乞うてきたのを、若宮(神淳川耳)が取り見れば——

3129
佐惟川ゆ　雲立ち渡り
畝傍山　木の葉さやぎぬ
風吹かんとす

3130
畝傍山　昼は雲と居
夕去れば　風吹かんとぞ
木の葉さやぎる

3131
若宮は　この札歌を
考えて　佐惟に害なう
事を知る　神八井皇子に

3132
物語り　昔　妃を
犯せしも　親子の情け
内に済む　今の祭祀も

3133
我儘な　兄が拒みて
送りせず　我ら招くも
偽りぞ　これ謀らんと—

生母亡き父君の后踏鞴五十鈴姫が詠む歌—
佐惟川ゆ　雲立ち渡り　畝傍山
木の葉さやぎぬ　風吹かんとす
畝傍山　昼は雲と居　夕去れば
風吹かんとぞ　木の葉さやぎる

若宮神淳川耳は、この札歌を考えて、兄手研耳皇子が畝傍山の麓の佐惟川に二人の弟の殺害の企みを察知した。

神八井皇子に纏わる物語りがある—昔、父の妃を犯したのも、親子の間柄の情けで内輪に済ませたのを、いまの祭祀の我儘も、本来は臣に授けて退くべきなのに、また、弄う(干渉する)とは、如何ぞや—。兄手研耳皇子が拒んで亡き父君の送りせず、我ら招くも偽りぞ。これ謀らんと—

㉛9　㉛9　㉛9,10　㉛10　㉛10

3134
若彦に　弓を作らせ
神八井皇子に　靫負わせ
兄弟至る　片岡室の

若彦に弓を作らせ、次男神八井耳御子に靫を負わせ、三男の兄が到着すると片岡室の長男手研耳御子は、ちょうど昼寝の時で床に伏していた。

㉛10,11

3135
手研耳皇子　折に昼寝の
床に伏す　突き開け入れば
兄怒り　斬らんと掛かる

皇御子が神八井耳御子に宣給うは―、兄弟の互いに軋らうは預かる人なし。吾入らば射よ―とて、室の戸を突き開け入れば兄手研耳が怒り斬らんとす。

㉛11

3136
八井御子手足　戦慄けば
皇御子弓矢　引き取りて
一矢二矢と　中て殺す

次男神八井耳御子は手足が戦慄けば、三男神淳名川耳皇御子が弓矢を引き取り一矢二矢と中てて殺した。

㉛11

3137
八井皇子恥じて　躬禅津彦と
名を変え常の　神の道
兄が祀りも　懇ろに

次男神八井耳は恥じ躬禅津彦と名を変え、神の道に兄の祀りを常の行いとした。

㉛11

3138
新都　葛城に建てて
宮遷し　綏杵五十二
日嗣受け継ぎ　初暦

新都を葛城に建て宮遷す。時に天鈴百三十四年(西紀前五八三)、諱綏杵五十二歳、日嗣を受け継ぎ神淳名川耳天君(二代綏靖)と高丘宮の初暦。母を挙げ御上后と。

㉛12

3139　長月十二日　御遺骸樫尾
吾平津姫と　和仁彦と
君臣共に　洞に入り　㉛13

3140　問わず語りを　なし侍る
神と成ること　明日聞きて
追い罷るもの　三十三人　㉛13

3141　世に歌う歌　天皇子が
天に還れば　三十三追う
忠誠も操も　徹る天かな　㉛13

3142　二年春　三鈴依姫
中つ宮　典侍勾当内侍
内侍妃下女妃に　又侍女三十　㉛14

3143　吾聞く昔　大己貴
事成す時に　三諸神
事成さしむる　幸御魂　㉛15

九月十二日、君の御遺骸を樫尾（奈良県吉野町）に送り、妃吾平津姫と大物主和仁彦とが問わず語りをしながらお側に侍った。君臣共に洞に入り神と成ったことを、その明日聞いて追い罷る者三十三人（殉死の始まり）。世に歌われた歌——「天皇子が天に還れば三十三人追う　忠誠も操も徹る天かな」。綏靖二年（皇紀七七年。西紀前五八三年）春、三鈴依姫（大物主和仁彦の娘）を中つ宮、磯城黒速娘河派姫大典侍妃、阿田織姫典侍妃、糸織姫を勾当内侍御子長橋を璽守、葛城国造剣根の娘葛姫内侍妃、妹葛依姫と天富娘紀佐姫侍妃。又、侍女三十人。吾聞く昔、大己貴（を名乗る葺根が）事成す時に三諸神（奇彦）が事を成さしむる幸御魂——

3144 又業魂は 和仁彦ぞ
故大己貴 継となす

3145 三人目の 和仁彦までが
三輪の神 天立櫛根に
大三輪の 姓賜わる

3146 前に五月雨 六十日降り
稲熱病直りの ※風生祭為す
※穂積の祭り 民の※産土

3147 二十五年 磯城仁立てて
世嗣皇子 天種子去る
百八十七歳 宇佐磨三笠臣

3148 時天鈴 百七十ネアト
皇子の磯城仁 天日嗣
玉手看天の 皇君

※風生祭 かぜふのまつり。大己貴が出雲で始めたという。広辞苑は〈**あめかぜまつり**【雨風祭】(東北地方で)農作の雨風の害を避けるため、男女二体の人形を作り、村境まで送って棄て、あるいは焼く祭〉 **※穂積** ほつみ。稲の刈取りの原初、穂だけを刈り取った。 **※産土** うぶすな。広辞苑〈**うぶすな**【産土】(ウブ(産)スとナ(土・地)との結合したもの。人の生まれた土地。生地。本居。→**うぶすなかみ**【産土神】生まれた土地の守り神。近世以降、氏神・鎮守の神と同義となる〉

また業魂は和仁彦ぞ。故に大己貴(奇杵)は和仁彦を継とした。三度巡りて事成せば一人別れて三人目の和仁彦(一九二歳)までが三輪の神。代々皇の守りと(し)て天立櫛根に大三輪の姓を賜わった。筑紫より御幸を乞えば県なる三十二の主も宣りを受けた。前に五月雨六十日降り、早苗稲熱病に傷む故、稲直りの祓い風生の祭りなす。民の産土と祀る住吉物主と中臣合わせ直り神。磯城仁を立てて世嗣御子。天種子去る(一八七歳)。御遺骸納む三笠山。春日の殿に合い祀る。宇佐麻呂に賜う三笠臣(綏靖三十六・西紀前五四六年)皐月、皇罷る(八十四歳)。翌年、磯城仁皇子の歳三三、天日嗣を受け継ぎ玉手看天の皇君(人の世三代安寧天皇)となる。

㉛15　㉛15　㉛16　㉛17　㉛18

3149
昔菊花の　花見とて
美鈴依姫　磯城が館
玉手取り上げ　玉手看ぞ

3150
片塩の　浮穴都
中つ宮　淳名襲姫生む
大日本彦　鉏友ぞ

3151
三十八サミヱの　師走六日
皇　罷る　若宮の
喪衣入四十八　祝もなし

3152
天鈴二百八穂　如月四日
大日本彦　鉏友天日嗣
暦改め　軽曲尾と

3153
住江に御幸　海松布を見て
中宮の生む　皇子香殖稲の
諱海松布仁

㉛19 昔、菊の花見とて后美鈴依姫が妃河派姫と磯城が館(河派姫の生家)に行き御子生まんと三日病んだ時、乞えば玉手彦が来て安く取り上げ、御名玉手看(磯城仁・三代安寧)ぞ。

㉛20 片塩(固塩)の浮穴都中宮の淳名襲姫が生む皇子は大日本彦鉏友(諱懿仁・四代懿徳)ぞ。

㉛21 安寧三十八(皇紀一四六、西紀前五一四年)、サミヱの師走六日、皇(安寧)罷る。若宮の喪衣入四十八日、祝ぎ(正月行事)もなし。秋御遺骸を畝傍山御陰(橿原市)に送る(七〇歳)。

㉛22 鈴紀(千)二百八穂(皇紀一五一・西紀前五〇九年)二月四日、若宮が天日嗣大日本彦鉏友天皇。軽曲尾に新都、暦名も曲尾暦と改める。

㉛23 住江に御幸し、海松布を見て中宮天豊津姫の生む皇子香殖稲(諱海松布仁・五代孝昭)ぞ。

3154
三十四年　長月八日に
君罷る　若宮の喪衣
一穂まで御饗　織沙渓に送る

懿徳三十四年（皇紀一八四、西紀前四七六年）九月八日懿徳君罷る（七〇歳）。若宮の喪衣は一年、御饗をなして生き坐す如くに。翌冬畝傍の織沙渓に送る。

㉛24

3155
天鈴二百四十三　睦月初九日
香殖稲　天皇と
葛城腋上　池心宮

天鈴二四三年（皇紀一八六、西紀前四七四年）日嗣受け香殖稲天皇（五代孝昭、三一歳）。葛城腋上に新都池心宮。

㉛25

3156
内侍六人　下女四人
青女三十　后世襲足
姫年十五ぞ

内侍六人、下侍四人、青女三十人。二十九年（皇紀二一四、西紀前四四六年）后世襲足姫年十五。

㉛26

3157
四十五年　皐月十五日に
后生む　諱押杵
天垂　彦国の皇子

昔、弥彦に百合姫賜い、子の天五陀宜、その子天忍男の孫娘がこれ。孝昭四十五年皐月十五日、后世襲足姫が生む諱押杵天垂彦国の皇子。

㉛26

3158
押仁を　若宮となす
年二十　兄押杵を
春日大君と

四十九年（前四二二）元旦、后世襲足姫が生む皇子諱押仁日本足彦国（六代孝安）（この時、君八〇、后三五歳）。六十八年一月押仁（二十歳）を若宮、兄押杵を春日大君とす。

㉛27

3159
八十三葉月に　君罷る
年百十三ぞ　臣 后妃
皆留まりて　御遺骸に仕う

3160
皇子神祀る　年三十五
御祖に仕えて　民治む
故 兄大君　※諾ないて

3161
その子大宅等　十臣忠誠
君年毎の　葉月五日
八夜の喪祀　誠なる哉

3162
三百二十六年　初の七日
諱押仁　天津君
室秋津島　新都

3163
押姫を　入れて中宮
今年十三　三十三年後
御遺骸送る　博多洞

> **※諾ないて**　うえないて。原文は（ウエナイテ）。広辞苑では〈**うべなう【諾う】**《他五》（ウベは宣、ナウはスルの意）①いかにももっともだと思って承知する。承諾する。うけがう。神功紀「王の妻を殺して罪を—・ひき」〉

孝昭八十三（皇紀二六八、西紀前三九二年）八月五日に香殖稲（孝昭）君罷る。年百十三。臣、后、妃皆留まりて御遺骸に仕えた。
㉛28

皇子押仁が祭主となり、神を祀る。年三十五歳であった。御祖に仕え民を治める。故、兄大君押杵も諾ないて、その
㉛28

子の大宅、粟田、小野、柿本、市志ら十臣が忠誠を尽くす。年毎の命日には八夜の喪祀り。真心であることよ。天鈴
㉛28

三百二十六年（西紀前三九一）、天津君諱押仁、位成る（六代孝安）。室秋津島（奈良県御所市）に新都。西紀前二八九年、押姫
㉛29

を入れて中宮、今年十三歳。三十三年後葉（八）月十四日、御上の御遺骸（孝安）を博多の洞（御所市腋上博多山陵）に納めた。
㉛30

3164
臣侍女の遺骸も　皆納む
生きる三人も　追い罷る
天皇子法や
㉛30

3165
五十一年　長月初日
后生む　諱根子彦
大日本　太瓊の皇子ぞ
㉛31

3166
根子彦の　年二十六立つ
世嗣皇子　九十二年春
駿河宮　祝主原の絵
㉛31

3167
奉る　皇子申せども
君受けず　御代百二年
君罷る　歳百三十七
㉛31

3168
御遺骸を　玉手に送り
五人追う　共に納めて
秋津神哉
㉛31

臣侍女の遺骸も皆納めた。生き残っている三人も追い罷った（殉死）——天皇子法である。（神の世初代神武のときに始まるもの）　孝安五十一年（前三四一）長月（九月）初日后生む。諱根子彦大日本太瓊の皇子（後、七代孝霊）。七十六年（前三一六）睦月（一月）五日、根子彦の年二十六歳、世嗣皇子に立つ（立太子）。九十二年（前三〇〇）春、駿河宮（現浅間大社）の祝主から原（富士山）の絵が献上された。根子彦皇子が進言しても押仁君は受けず。孝安在位の御代百二年（鈴紀一四二七、天鈴四二七、皇紀三七〇、西紀二九〇）睦月（一月）九日、孝安君罷る。歳百三十七。長月（九月）三日、御遺骸を玉手（御所市玉手）に送り、五人追う（殉死）。共に納めて秋津神かな。

桜の三十二
藤と淡湖 瑞の綾

3201 時天鈴 四百二十八年
初十二日 日嗣受け継ぎ
日本太瓊の 天つ君

3202 諱根子彦 諸諮り
宣を以て 民に拝ませ
母を挙げ 御上后と

3203 去年師走 四日に黒田の
盧戸宮 遷して今年
初暦

時天鈴四百二十八年（鈴紀一四二八、皇紀三七一・西紀前二八九）初（一月）十二日、天津日嗣を受け継いで（七代孝霊）日本太瓊の天津君諱根子彦が諸に諮り、天の御孫の法、即ち瓊瓊杵の即位の例に倣って、亡き孝安の御霊を民に拝ませ、母押姫を御上后（皇太后）と挙げた。去年の師走（十二月）四日に、新都を黒田の宮（奈良県磯城郡田原本町黒田盧戸の宮）に遷し、暦も改め、今年は初暦盧戸暦元年である。

㉜1 ㉜1 ㉜1

3204
二年如月　細姫后
典侍妃には　山香姫
内侍四人に　御下侍も四人

3205
日本国香が　三つ子生む
名は皆日本　百襲姫
五狭芹彦に　稚屋姫

3206
葉枝姫も又　三つ子生む
兄稚武彦　中彦狭島
弟稚武彦

3207
十八穂春　初望后
生む皇子は　大和根子彦
国索の　諱元杵

3208
二十五春　何時も初十一
御言宣　若し一産
三子生むあれば　賜物ぞ

孝霊二年如月(二月)十二日、磯城大目の娘細姫を后に立て、典侍妃に春日千乳速の娘山香姫、十一真襲緒の娘真下姫が勾当内侍と成った。内侍四人に御下侍四人も整った。孝霊三年春、日本国香姫が三つ子を生む。名は皆頭に日本が付いて、日本百襲姫、日本五狭芹彦、日本稚屋姫、母も日本大宮姫である。日本国香姫の妹葉枝姫も又、三つ子を生んだ。兄稚武彦、中彦狭島、弟稚武彦である。孝霊十八穂(年)春初望国索の后細姫生む皇子大和根子彦諱元杵。孝霊二十五春、何時も(例年どおり)初(正月)十一日(鏡開きの始まり)、御言宣「若し、一産に三つ子を生む者があれば告げよ。下民であっても賜物(御褒美)があるぞ―

㉜1　㉜2　㉜2　㉜2　㉜3

3209 その故は　天の御孫の
咲耶姫　三つ子生むより
後聞かず　吾今三つ子

3210 生むに付き　仄かに聞けば
三つ子をば　間引くと
名付け　殺すとや

3211 今より有らば　罪人ぞ
吾が子も人は　天の種
鹿犬千より　人一人

3212 諏訪祝主　原山の絵を
奉る　君是を褒む
同じ時　白髭の孫

3213 天御影　淡湖の絵を
奉る　君面白く
賜物給う

その故は、天の御孫の木花咲耶姫（葦津姫）が、神の世三代瓊瓊杵との三つ子（長男梅仁、次男桜杵、三男卯津杵＝神の世四代彦炎出見）の後、聞いたことがない。吾、今三つ子生むに付き、仄かに聞けば三つ子をば間引くと名付け、殺すとや、今より有らば罪人ぞ。吾が子も人は天の種である。鹿犬千匹より人一人が大切である。これは建御名方の御言である」――と、七代孝霊天君の御言宣が定まり、国司が民に「間引き禁止令」を触れようと皆帰った。

明日十二日の朝、諏訪祝主（建御名方の末裔）が原見山（富士山）の絵を奉る。君がこれを褒めた。同じ時、白髭神（瓊瓊杵の三つ子の次男桜杵・鵜川君）の孫天御影が淡湖（琵琶湖）の絵を奉る。君は喜んで是に賜物を賜った。

㉜3　㉜3　㉜3　㉜4　㉜4

3214
ある日春日に　宣給うは
吾昔　この絵を見れど
当て撫で高く　これを捨つ

3215
今山沢の　絵合わせは
割札合わす　良き徴し
原見の山の　良き草も

3216
五百年前に　焼け失せし
種も再び　生る徴し
千代見る種も　生ゆるぞと

3217
三十六年　初春十日に
元杵を　世継となして
御機織留　授けまし

3218
弥生中　原見に御幸
黒田より　賀茂諏訪を経て
酒折の　武照御饗

孝霊君がある日、兄春日君に宣給うには、吾昔（日嗣皇子当時）、この絵を見て父君に進言したが、父君（押仁・六代孝安）は当て撫で高く（誇張？）これを捨てたものだった。今見ると山沢の絵合わせ（大日山＝富士山と麓の五湖、日枝の山＝比叡山と琵琶湖の取り合わせ）は、割札（割符）を合わせたような良き徴し（吉兆）である。原見の山（富士山）の良き草も、五百年前（西紀前八百年頃）噴火で焼け失せた種も再び生る徴しで、鳰湖山を潤せば千代見る種も生ゆるぞ——と、三十六年（前二六五）初春十日に元杵（八代孝元）を世継として御機織留（天神の璽）を授けた。弥生中（三月中旬）原見山へと御幸。黒田より賀茂諏訪を経て酒折の宮で武日照が御饗——。

㉜4　㉜4　㉜4　㉜5　㉜5

3219
春日申さく 峰に得る
御衣の綾草 千代見かや
煮て苦し 誰も※得食わず

3220
中峰の 当ては淡湖
裾野八湖 三つ埋まり
焼くれど 中は変わらずと

3221
御作りの歌 中は震り
半ば沸きつつ この山と
共鎮まりの この山よ是

3222
斯く詠みて 山の新名と
思すとき 田子の浦人
※藤の花 捧ぐる縁り

3223
原見山 一向る咲けよ
藤蔓の 名をも縁の
この山よ是

※得 ゑ。広辞苑は〈え【得・能】《副》(動詞「得ウ」の連用形から)よく。あえて。②否・反語表現を伴って不可能の意を示す。万一二「度寝―せめや…」〉※藤の花 ふぢのはな。フヂノハナ ハラミヤマ
[illegible]。[illegible](原深山)が富士山と変わったもと。西紀前254年。次頁参照。

酒折宮を発ち原見山を登り、下りは須走 ㉜6
の裾野を巡り梅大宮(富士宮市本宮富士浅
間神社)に入った時、兄の春日が申された。
峰に得た御衣の綾草は千代見草だろうか。 ㉜6
煮て苦くて誰も得食わない。中峰の当は
淡湖で、富士山の噴火で裾野八湖の三つ
は埋まり、焼けたけれども中は変らずと、 ㉜6
君の御作りの歌―
中は震(古)り 半ば沸(湧)きつつこの
山と(日本) 共鎮まりの この山よ是 ㉜6
こう詠んで、原見山の新名(新しい名)をと
思った時、田子(静岡県富士市)の浦人が藤
の花を捧げてきた縁を得て名を生む御歌― ㉜7
原見山 一向る咲けよ 藤蔓の
名をも縁りの この山よ是

3224
是よりぞ　名も※藤の山
南路を　都に還り
梅宮に　四神遷さす

3225
時武日照　神宝書
奉る　武斗米を臣
武田の祖ぞ　出雲に納む

3226
兄稚武彦　吉備上道
弟稚武彦　吉備下道
伊奢沙別へは　彦狭島

3227
七十六如月八日　君罷る
年百十八ぞ　喪衣四十八
六年まで　座ますの御饗

3228
時五百四　日本国牽
天津君　四年の弥生
新都　軽境原

※藤の山　ふじのやま。原見山を改名するもと(前頁参照)。富士山の原名。広辞苑は〈**ふじさん【富士山】**(不二山・不尽山とも書く)静岡・山梨県境にそびえる日本第一位の高山。典型的な円錐状火山で、美しい裾野を引く。頂上には深さ220㍍ほどの火口があり、火口壁上では剣ケ峰が最も高く3,776㍍。史上たびたび噴火。立山・白山と共に日本三霊山の一つ。世界文化遺産〉　**補注**　記紀には富士山の噴火はない。

この時より名も原見山から藤(富士)の山となったのだ。南路を都に還り、梅宮の祝主穂積の牡鹿人に稜威(瓊瓊杵)・朝間(木花咲耶姫)・皇子(瓊瓊杵次男梅仁)・山祇(咲耶姫祖桜内)の四神を安河原(野洲市御上神社か)に遷して祀らせた。時(孝霊三十六年。西紀前二五四)に原大君武日照(梅仁次男)が玉川の神宝書を奉る。子の武斗米を臣に乞う。武筒草の祀継ぐ武田の祖ぞ。神宝書を出雲に納む。兄稚武彦を吉備上道、三男弟稚武彦を吉備下道、伊奢沙別へは中彦狭島、越国を治す。孝霊七十六年二月八日君罷る、年百十八ぞ。喪衣四十八日六年まで座ますの御饗。五百四穂(西紀前二一三)日本国牽を天津君(八代孝元)四年弥生、新都を軽境原(奈良県橿原大軽町か)。

㉜7　㉜8　㉜8　㉜9　㉜10

3229
七穂師走　太日桜皇子生む
※九穂雨四十日　淡湖溢れ
　早稲も稲熱病　御食主祈る

3230
三尾田中神　風生祭りは
大己貴　出雲田中の
　例もて　祭る風生ぞ

3231
綜杵が　大和生贄に
御饗なす　膳に召す
　娘の活色謎姫　中后今年十四

3232
二十二睦月十二日　皇子の太日桜
世継ぎ成る　皇子今年十六
　活色謎彦孫　武内麻呂ぞ

3233
五十七長月　二日罷る
皇の年　百十七ぞ
　御遺骸納む　剣島

※九穂雨四十日　淡湖溢れ　こほあめよそかあわうみあふれ。孝元天皇九年（西紀前207年）雨が四十日続き、琵琶湖が溢れ、早稲は稲熱病の被害を蒙った。

七穂師走初日の出に、后鬱色姫が生む皇子諱太日桜稚日本根子彦（日本敢国大彦の弟であるが母が正后となってからの出生で日嗣）。
㉜11

九穂（孝元九年。西紀前二〇七）雨四十日降り淡湖（琵琶湖）溢れ、早稲も稲熱病、御食主が淡国三尾田中神に祈り祓いをした。これは大己貴が出雲田中神に祈り田に額づいたら甦り瑞穂がなった例を始めとする風生である。
㉜12

綜杵が大和生贄に孝元君を御饗の時、膳に召した娘の活色謎姫（一四歳）を中宮とした。
㉜13,14

孝元二十二年正月十二日、皇子の太日桜の世継ぎ成る（一六歳・九代開化）。后活色謎の彦孫が武内麻呂ぞ。
㉜14

孝元五十七年九月二日皇罷る（一一七歳）。生き坐せるままに御饗、六年後御遺骸を剣島（橿原市）に納めた。
㉜14

3234
五百六十芽十二　春日率川
新都　皇子日嗣受け
稚日本根子彦　天皇

3235
十二の妃も　先に在り
七年初十二　活色謎
立てて中宮

3236
これの前　君召す時に
大御食主　諌め申さく
君聞くや　白人胡久美

3237
母犯す　禍名今に有り
君真似て　禍名を被るや
鬱色男　答え姪

3238
母ならず　曰く伊勢には
女嫁ぎて　生みの親なし
昔叔母姪　今は係累

天鈴五百六十一穂(開化元年。西紀前一五六)芽(一〇月)十二日春日率川(奈良市油阪町)に新都。皇子五十一歳、天津日嗣を受継ぎ諱太梭日稚日本根子彦天皇(九代開化)と装を民に拝ませ母鬱色謎も御上后と挙げ、十二の局妃も先に整い、明くる年初、率川暦に改めた。開化七年初十二日、活色謎姫(元亡父孝元の妃活色謎姫)を中宮に立てた。これの前、君が召した時、大御食主(櫛甕玉和仁彦の末裔)が諌め申した——君も聞いてるだろうが、白人胡久美が母を犯した禍名(汚名)が今に伝わっている、君も真似て汚名を被るか——と。活色謎姫の父鬱色男「姪であり母ではない、伊勢の道には娘が嫁げば生みの親はないとある。昔は叔母姪であったが今は係累——

㉜15　㉜15　㉜16　㉜16　㉜16

3239 生む子有り 連なる枝の 忍信 母は違いぞ 又答え 天に月一つ

3240 母は月 下女は星よ これを召す 嘆きて曰く 大御神 天の道成す

3241 代々の君 継ぎ受け治む 天日嗣 汝が祭政 諌めずて ※阿り君を

3242 穴にする 心穢し 君如何 わが御祖神 離れんや 穢食まずと

3243 言い終わり 帰れど君は これ聞かず 御食主親子 ※噤み居るなり

※ **阿り** おもねり広辞苑〈**おもねる【阿る】**《自五》(一説に、「おも」は面、「ねる」は錬る、顔を左右に向ける意〉相手の気に入るような言動をとる。へつらう。追従する。「上役に―る」「権勢に―る」〉※ **噤み入る** つぐみいる。蟄居する。広辞苑は〈**つぐむ【噤む・鉗む】**(古くはツクムと清音)口を閉ざしてものを言わない。だまる。もだす。太平記四「群臣口を一み、」〉

―生んだ子がある。連なる枝の忍信の母で、君の母は活色謎姫の叔母の鬱色謎姫であって違うぞ」、また続けて「天に月一つ、母は月、下女は星よ。君は、その星を召したのだ」。御食主は嘆き「天照大御神が天の道を成し代々の君が、これを継ぎ受け治めてきた。その天日嗣の君を、后の兄であり食国臣である汝、鬱色男が君の祭政の在り方を諌めずして、逆にへつらい、結局は君を間違った道に陥れることになってしまう。その心が穢い。君は、これをどう思うか。わが御祖神奇彦の御霊も離れよう。穢れ食まず」と言い終わり帰ったのだ。最後まで君は聞き入れなかったので御食主親子は隠遁することになった。

㉜16 ㉜17 ㉜17 ㉜17 ㉜17

3244
八穂弥生　春日姥津姫
典侍妃が生む　諱有祇
彦坐

3245
十穂皐の十二日
御間城入彦　諱五十瓊殖
生む中宮の　父の綜杵
なる大臣　北の斎主

3246
二十八睦月に　世継ぎ立つ
五十瓊殖の皇子　今年十九

3247
六十年の夏　卯月九日
君罷る　年百十一ぞ
皇子の喪衣入り　四十八後
政事聞き

3248
臣留め　坐すの御饗
芽月三日　御遺骸納む
率坂ぞ是

八穂(開化八年・西紀前一四九)弥生(三月)、典侍妃春日姥津姫が諱有祇彦坐を生んだ。十穂(十年)皐(五月)十二日中宮后活色謎姫が御間城入彦諱五十瓊殖(十代崇神)を生んだ。六月十二日、国索君(元杵・八代孝元)の后の兄綜杵(活色謎姫の父・鬱色男)が大臣になり北の斎主に昇格した。十三年(前一一四)一月五日に后活色謎姫がまた御真津姫を生む。二十八年(前一二九)一月五日、五十瓊殖皇子を世継ぎに立てた。今年十九歳。六十年(前九七)の夏四月九日、君(九代開化)、罷る。百十一歳。五十瓊殖皇子の喪衣入り四十八日後、政事を聞き、臣を留め、君が坐すの如くの御饗をした。十月三日に御遺骸を率坂(奈良市油坂町・春日率川坂上陵)に納めた。

㉜18　㉜18　㉜19　㉜19　㉜19

綾の三十三
神崇め疫病治す綾

3301 時天鈴　六百二十一年
キナヱ春　五十瓊殖の皇子
年五十二　天の日嗣を
3302 受け継ぎて　御間城入彦
天津君　三種宝勅使も
天例　民に拝ませ
3303 母を挙げ　御上后と
百二十一　大母の年
百六十二　大御后

時天鈴六百二十一年(鈴紀一六二一、皇紀五六四、 ㉝1
西紀前九六)キナヱ(ホツマヱト二一番、ここでは
天鈴暦一一巡目の二一番=60×10(=600)+21)春、正
月十三日、五十瓊殖の皇子五十二歳、天津 ㉝1
日嗣を受け継ぎ御間城入彦天津君(一〇代
崇神)となられた。三種宝勅使も天(瓊瓊杵)の
例で飾りを民に拝ませ、母活色謎(百二十一 ㉝1
歳)を御上后(皇太后)へと、大母(祖母)欝色謎
(百六十二歳)を大御后(太皇太后)へと挙げた。

3304
今年十一　召して后の
御間城姫　眴姫内侍女
大典侍に　八坂権※典侍
㉝2

3305
眴姫豊鉏姫　日本彦生む
八坂生む　八坂入彦
三穂瑞籬に　新都
㉝2

3306
四穂芽末三日　御言宣
御祖の授く　三種宝物
国常立は　神璽
㉝3

3307
天照神は　八咫鏡
大国魂は　八重垣と
常に祀りて　身と神と
㉝3

3308
際遠からず　殿床も
器も共に　住み来たる
漸稜威畏れ　安からず
㉝3

※権　かり。広辞苑では〈ごん【権】〈呉音〉①官位を示す語に冠して、定員以外に置いた地位を示す語「―大納言」〉〈ごんかん【権官】正員以外に、権に任ずる官。権大納言・権帥の類〉

崇神初年（西紀前九七）二月十六日、大彦の娘今年十一歳の御間城姫を召し后とし、荒河戸部の娘眴姫を内侍女から大典侍に昇格、淡湖の八坂振姫を権典侍妃、大海女内侍女を長橋の璽執守と。これの前、眴姫が生む豊鋤姫、日本彦諱五十杵。八坂姫が生む八坂入彦諱大杵ぞ。母活色謎を御上后に挙ぐ。三穂（前九五）磯城瑞籬に新都。四穂（前九四）芽（一〇月）末三日（二三日）御言宣―御祖の授く三種宝物、国常立は神璽（瓊）、天照神は八咫鏡、大国魂（奇彦）は八重垣剣と、常に祀って身と神と際遠からず、殿床も神器も共に住み来たる―漸稜威畏れ安からず。

3309
天照神は　※笠縫に
豊鋤姫に　祀らしむ
大国魂は　淳名城姫

3310
※山辺の里に　祀らしむ
石凝姥の　孫鏡
天目一神の　孫剣

3311
新に造らせ　天照らす
神の御璽と　この三種
天津日嗣の　神宝

3312
五年疫病す　半ば枯る
六年民散る　治し難し
夙に起き　罪神に請う

3313
二宮を　新に造らせ
六年秋　大国魂の
神遷し　長月十六日夜と

※笠縫　かさぬい。広辞苑〈**かさぬいのむら**【笠縫の邑】日本書紀の伝承に、崇神天皇が天照大神を皇女豊鍬入姫に祀らせたと伝える所。遺称地が奈良県磯城郡にある〉〈**かさぬい**【笠縫】菅笠を縫って作ること。また、その人。七十一番職人尽歌合「世に隠れなき—よ」〉〈**かさぬいくさ**【笠縫草】スゲの古名〉**※山辺の里**　やまべのさと。桜井市大神神社か。広辞苑〈**おおみわじんじゃ**【大神神社】奈良県桜井市三輪にある元官幣大社。祭神は大物主大神。大己貴神・少彦名神を配祀。日本最古の神社で、三輪山三輪山が神体。本殿はない。酒の神として尊崇される〉

天照神は笠縫(磯城郡)に豊鋤姫に祀らせた。大国魂(奇彦)は淳名城姫に山辺の里(桜井市)に祀らせた。石凝姥の孫鏡と天目一神の孫剣を新たに造らせ、天照らす神の御璽と、この三種が天津日嗣の神宝である。崇神五年(皇紀五六七・西紀前九三)疫病が流行した。民の半ば枯る(死亡)。六年民散る、治し難し。夙(早朝)に起き罪を神に請う。その告げにより二宮(国魂・天照)を新たに造らせ、六年秋、大国魂の神遷し。長月(九月)十六日夜と――

㉝3　㉝3　㉝3　㉝4　㉝4

3314
明日の夜は　天照神の
宮遷し　豊の灯の
色も良し　いざ供神は

3315
降ります　色の十九歌
いざ遠し　幸の宜しや
大夜※すがらも

3316
吾が世汚穢　祀り届かぬ
咎め有り　※蓋し由るなり
湯花宣心地　颯颯※十九歌

3317
※去る民も　十九に祀らで
汚穢に乱るさ　君問うて
斯く教ゆるは　誰神ぞ

3318
吾地津神　大物主ぞ
吾が裔子　大直根子に
祀らさば　皆平れようぞ

※十九歌　つずうた。五七七の十九音でなる歌。広辞苑では〈**つず【十・十九】**①とお。一〇。誤って十九に用いる〉**※去る民も　十九に祀らで　汚穢に乱るさ。**
→・・・・　　　　　　　　・・・・←
さるたみも　つずにまつらで　おえにみだるさ。→ ←倒置法にも掛けている。

(前夜と)翌日の夜は笠縫へ天照神の宮遷し。豊の灯の色も良し。いざ供神は降ります。色の十九歌—いざ遠し幸の宜しや大夜すがらも。七穂(崇神七年・皇紀五六九・西紀前九一)如月(二月)御神言宣「吾が御祖が開く基は盛んなり。吾が世に当たり汚穢有るは、祀り届かぬ咎め有り。蓋し極めて由るなり」と。朝日の原に御幸して八百万神招く湯の花の百襲姫して宣心地に颯颯十九歌「去る民も十九(津々)に祀らで汚穢に乱るさ」。君問うて斯く教ゆるは誰神ぞ」。神答えて「吾は地津神大物主奇杵ぞ。吾が裔子(末裔)大直根子に祀らさば等しく平れ外国も服らおうぞ」。

※すがら。広辞苑〈**すがら**(一説に、スガは「過ぐ」と同源。ラは状態を表す接尾語という)㊀《名》(多く「に」を伴って、副詞的に用いて)始めから終わりまで、途切れることなく通すこと〉**※蓋し**　けだし。広辞苑〈**けだし【蓋し】**《副》①まさしく。ほんとうに。たしかに〉

㉝4　㉝4　㉝5　㉝5　㉝6

3319
君八十臣と　茅渟に御幸し
直根子に　誰が子と問えば
大三輪神の　裔子なり

3320
大直根子を　斎主
遍く触れて　神崇め
※神名帳成し　神部して

3321
八百万神を　祀らしむ
疫病平け癒え　稲穀稔り
民豊かなり

3322
八穂卯四日　高橋活日
神酒造り　三輪大神に
奉る　君の御歌に

3323
この神酒は　吾が神酒ならず
大和なる　※大物主の
神の御酒　杉葉活日さ

※杉葉 すぎば。広辞苑〈**すぎだま【杉玉】**酒林に同じ〉〈**さかばやし【酒林】**①(酒壺を「みわ」といい、酒の神を祭る三輪神社で、杉を神木とする縁によるという)酒屋で杉の葉を束ねて球状にし軒先にかけて看板とするもの。杉玉。杉林〉

㉝7 君が八十臣と茅渟(堺市)に御幸、直根子に誰が子と問えば、「昔物主陶つ身が活玉と生む二代大物主大三輪神の裔子なり」—と。

㉝8 大直根子を斎主と定め、遍く触れ神を崇め神名帳を成し神部に八百万神を祀らせたら疫病平け癒え、稲穀稔り民が豊かになった。

※神名帳 かみなふみ。広辞苑は〈**じんみょうちょう【神名帳】**神祇の名称を記した帳簿。特に延喜式巻九・巻一〇の神名式をいい、毎年祈年祭の幣帛にあずかる宮中・京中・五畿七道の神社三一三二座を国郡別に搭載する。しんめいちょう〉

㉝8 崇神八穂(前八九)卯(四月)四日、高橋活日が神酒造り三輪大神に奉る。その味美味し。

㉝9 師走八日神祀らせて御幸成る。活日が酒に御饗なす。君の御歌に—この神酒は吾が神酒ならず大和なる大物主の神の御酒、活日授くる杉葉活日さ。

㉝9

酒　林
広辞苑第７版

3324
甘酒に　身は三輪の殿
朝門にも　押し開かねよ
三輪の殿門を

3325
赤白黄矛　立て神祀り
疫病去る　遠つ荒人
法未だ平けず

3326
※四方に御師　遣わし法を
教えしむ　教え受けずば
綻ばせ　大彦到る

3327
奈良坂に　乙女が歌に
見よ御間城　入彦あわや※
己が庶兄　窃み弑せんと

3328
窺わく　入彦あわや
大彦は　胸騒ぎして
立ち帰りけり

※四方に御師　よもにおし。四道の軍（㉞49）に同じ。広辞苑は〈**しどうしょうぐん【四道将軍】**〉326頁 3406 参照。**※あわや**　広辞苑〈**あわや** [二](副)すんでのところ。あやうく。すわや。「—車にひかれるところだった」〉

御饗終え臣等歌うて「甘酒や身は三輪の殿朝門にも　出て行かなん三輪の殿門を」。五十瓊殖君の返歌「甘酒に身は三輪の殿朝門にも、押し開かねよ三輪の殿門を」。

(崇神)九穂(前八八)弥生(三月)望(一五日)の夜、夢に神の告げ「赤白黄矛立て神祀れ」。漸く汚穢は去ったが遠国の荒人等法まだ平けず。四方に御師を遣わし法を教えた。教を受けずば綻ばせ。越の御師大彦が到る奈良坂で乙女が歌に「見よ御間城入彦あわや己が庶兄、窃み弑せんと窺わく、知らじと御間城入彦あわや」。大彦がこれを問うに、乙女は「吾は歌、歌うのみ」といって消え失せた。大彦は胸騒ぎして立ち帰った。

㉝10　㉝11　㉝12　㉝13　㉝13

梭の三十四

御間城の御代任那の綾

3401 越の御師　大彦帰り
申さくは　行く奈良坂に
乙女歌　入彦あわや

3402 ※百襲姫　君に申さく
これ徴し　※武埴安の
叛くなり　吾聞く妻の

3403 阿多姫が　香具山埴を
肩布に入れ　祈りて国の
※物実と　是に事有り

※物実　ものざね。広辞苑は〈**ものざね【物実】**物種に同じ。記上「三柱の女子は―汝が物に因りて成れり」→**ものだね【物種】**①物のもととなるもの。材料。ものしろ。→**ものしろ【物代】**物の本となるもの。材料。物実。物種(崇神紀訓注)〉

※任那　みまな。『日本の誕生』に「任那国 是建ち初めぞ」(㉞151)とあり、西紀前三十四年に建国されたとあります。しかし『古事記』には任那の記述は見えず、『日本書紀』では「垂仁紀二年(西紀前二七)十月」の条に出てきます(『日本の真実』「**154** 昔新羅皇子・天日槍 聖君に服う」450頁参照)。広辞苑での任那国の説明は**3429**の囲み(331頁)参照。

※百襲姫　大日本太瓊根子彦(七代孝霊)の三つ子の姉(後箸塚)、中の弟皇子が**日本五狭芹彦**(次頁**3405**参照)。**※武埴安**　たけはにやす。大日本太瓊根子彦と埴安姫の子。根子彦の后細姫との子が日本根子彦国牽(七代孝元)で武埴安はその子。

磯城瑞垣宮の十穂(崇神一〇年、皇紀五七三西紀前八七)長(九月)の十七日、越の御師大彦帰り申さく「山背の奈良坂で、乙女の歌に『見よ御間城入彦あわや、己が庶兄(母違いの伯父)窃み…(**3327**参照)』前兆か」と。君是諮る。百襲姫、生まれ聡くてこれを知り、君に申さく「これ徴し、武埴安の叛くなり。吾聞く、妻の阿多姫が香具山埴を肩布に入れ、祈りて国の物実と。これに事あり―

㉞1　㉞1　㉞1

3404
早や諮れ　諮るうち早や
武埴安と　阿多姫と
軍起こして　共に襲うを

3405
五狭芹御子を　大坂へ
向かい阿多姫　討ち破り
終に殺しつ

3406
奈良坂に　埴安を討つ
内は平けれど　外国荒るる
※四道の軍　発つべしと

3407
百襲姫　大物主の
妻となる　夜には来たりて
昼見えず　明けなば君の

3408
御姿を　見んと留むれば
吾明日　櫛笥に居らん
吾が姿　な驚きそと

※な驚きそ　なおどろきそ。驚かないでおくれ。広辞苑〈**な**《副》②「な―そ」の形で動詞の連用形。禁止の終助詞より婉曲である。どうか…しないでおくれ〉

―早や諮れ」と。君諮るうち、早や既に、武埴安と阿多姫と軍起こして山背と、妻は大阪道分けて共に襲うを、御言宣。五狭芹御子（前頁冒頭注参照）を大阪へ、阿多姫を討ち破る。

㉞1,2

彦国葺は山背の和爾武鍬に斎瓮据え軍立て、戦先ず勝つ奈良坂ぞ。また、大彦は下道に彼方我方と相挑む。埴安が射る矢中たらず、奈良坂に討ち殺す。内は平けれど外つ荒るる。四道の軍発つべしと、四方の教人。

㉞2　㉞3

※四道の軍　よみちのいくさ。広辞苑では〈**しどうしょうぐん【四道将軍】**　記紀伝承で崇神天皇の時、四方の征討に派遣されたという将軍。北陸は大彦命、東海は武渟川別命、西道（山陽）は吉備津彦命、丹波（山陰）は丹波道主命。古事記は四道を欠く〉

日本百襲姫が大物主三輪神の妻となる。夜には来たりて昼見えず。明けなば君の御姿を見んと留めれば神の告げ「吾明日、櫛笥に居らん。吾が姿をな驚きそ」と―

㉞4　㉞4

3409 明くる朝 櫛笥を見れば
子蛇居り ※姫驚きて
叫び哭く ※大神恥じて

3410 人となり 汝偲びず
吾が恥と 大空踏んで
三諸山 姫仰ぎ恥ぢ

3411 衝き居るに 箸に御陰を
突き罷る 太市に埋づむ
※箸塚や 昼は人手に

3412 夜は神の 大坂山の
石運び 諸相い次ぎて
※手越しが手 墓成るの歌

3413 大坂も 月の光を添え
石群を 手越しに越さば
越し難てんかも

※手越しが手 手渡し。広辞苑〈**たごし【手越】** 手から手へと渡して運ぶこと。崇神紀「大阪につぎのぼれる石群を—に越さば越しがてむかも」〉
補注 記は箸墓の記述はなく、美和山の神を鴨君の祖とする。

心怪しく明くる朝、櫛笥を見ると子蛇居た。姫が驚いて叫び哭くと大神恥じて人となり「汝偲びず吾が恥」と大空踏んで三諸山。 ㉞4

※姫＝日本百襲姫 やまとももそひめ。大日本太瓊諱根子彦第七代孝霊天皇と妃日本国香姫との娘で、三つ子の長女。**※大神＝三輪大神** 三諸の山の洞に神上りした第二代大物主奇彦。広辞苑では〈**おおみわじんじゃ【大神神社】**…元官幣大社。祭神は大物主大神。日本最古の神社で三輪山が神体、本殿はない〉 ㉞5

姫仰ぎ恥ぢ衝き居るに箸に御陰を突いて罷った。太市に埋づむ箸塚（紀は箸墓）である。 ㉞5

※箸塚 はしづか。広辞苑では〈**はしはかこふん【箸墓古墳】**奈良県桜井市箸中にある最古の前方後円墳の一つ。…葺石や最古の埴輪があり、三世紀中葉から後半の築造とされる。崇神紀に**倭迹迹日**、**百襲姫命**の墓とする伝説があり、卑弥呼の墓とする説もある〉 ㉞5

昼は人手に夜は神の、大坂山の石運び。諸相い次いで手から手へ渡して運んだ。墓成るの歌——「大坂も月の光を添え石群を手越しに越さば越し難てんかも」。 ㉞5

3414　十一卯月　十六日四道の
夷平け　君に告ぐれば
国安く
㉞6

3415　秋直根子に　折れ枯れの
緒解く祭りを　箸塚に
成せば輝く　法の市
㉞6

3416　十二弥生十一　御言宣
天津日嗣を　吾嗣ぎて
天の覆いも　安からず
㉞6

3417　陰陽誤りて　序せず
疫病起りて　民汚穢す
罪祓わんと　改めて
㉞6,7

3418　神を敬い　教え垂れ
※長と幼の　道も明け
民に負おする　暇空け
㉞7

十一(崇神一一、皇紀五七四、西紀前八六)年卯(四)月十六日、四道の夷平け君に告げた。国は平安に治まり、その秋、大直根子に、折れ枯れ=不慮の死を遂げた日本百襲姫の緒を解く祭りを箸塚に挙げたところ無事に緒が解け、法の市が輝き賑わった。十二(崇神一二、皇紀五七五、西紀前八五)年弥生(三月)十一日、御言宣―天津日嗣を吾(崇神天皇)が継いで以来、天の覆いも安からず(天候不順か)、陰陽誤りて序せず、疫病が起り民が汚穢に苦しんだ。これらの罪を祓おうと改めて神を敬い、教えを垂れ、長と幼の道も明け民に課した賦役を休ませた。

※長と幼の道も明け　おさといとけのみちもあけ。広辞苑は〈**ちょうようのじょあり**〉**【長幼の序あり】**［孟子藤文公上］年長者と年少者の間には守るべき順序があるものだということ〉
補注　孟子(もうし)は、紀元前三七二年―同二八九年の人。戦国時代中国の思想家。…仁義礼智の徳の発揮を説いた。

3419
弓弭手末の　御調止め
民賑わせて　収穫の時
直りて安く　この御世を

3420
※果つ国治らす　御間城の代
民楽しめば　民安く
后妃も整えて　典侍八坂

3421
十市に詣で　生む御子は
十市丹入姫　二十六年
根月初日に　御間城姫

3422
磯城に生む皇子　豊城彦
諱磯城仁　二十九年
初日ヲウトに　后又

3423
生む皇子活目　入彦の
諱五十幸　三十八年
后の妹　国方内侍女

※果つ国　はつくに。古事記は「初国」、日本書紀は「肇国」とある。※果つ　はつ。広辞苑は〈はつ【果つ】はてる〉

弓弭手末の御調(現物納税)を止め(免税し)て民の暮らしを賑わせ、秋の収穫の時は立ち直って平安を取り戻し、荒れ果てたこの御世**果つ国**を立て直し治めた御間城の御世と楽しめば民の暮らしも国も安定した。十二妃も整え終え、典侍妃の八坂姫が十市に詣で生む御子は十市丹入姫。二十六年(前七一)根(一一)月初日に、后御間城姫が磯城に生む皇子は豊城彦諱磯城仁。二十九年(前六八。皇紀五九二)初日ヲウトに后が、また、皇子活目入彦諱五十幸(十一代垂仁)を生んだ。三十八年(前五九)秋葉月(八月)——

※果つ国治らす　はつくにしらす。天候不順、疫病流行で疲弊し果てた国を立て直した。**補注**　古事記は「人民が富み栄え、初めて男の弓端・女の手末の調を貢がせ」「初国知らしし御間木天皇」。日本書紀は「始めて男の弭調、女の手末調を科す」。**広辞苑**では〈**はつくにしらすすめらみこと【始馭天下天皇・御肇国天皇】**はじめて造った国を統治される意。すなわち神武天皇、また崇神天皇。神武紀「始馭天下天皇」。崇神紀「御肇国天皇」〉

㉞7　㉞7　㉞8　㉞8　㉞8

3424 生む御子は　千々衡輪姫　四十睦月　生む五日鶴の　諱千代杵　㉞8

3425 ※夢為させ　弟活目を　世継ぎ皇子　兄豊君は　秀真司ぞ　㉞9

3426 瑞垣の　五十八穂葉月　御幸して　笥飯大神に　詣でます　諸祝う時　㉞10

3427 角一つ　有る人此処に　漂えり　言葉聞き得ず　原の臣　曽呂利良竹　㉞10

3428 問わしめば　韓国の皇子　角鹿阿羅志徒　父が名は　宇志岐阿利斯止　㉞10

※夢為させ　ゆめなさせ。御間城入彦五十瓊殖(第十代崇神天皇)は、日嗣を決めるにあたって二人の御子に、共に湯浴みして夢見をさせ、「三諸上の四方に縄を張り雀を追う」と答えた次男活目入彦五十幸を世継皇子(第十一代垂仁天皇)に、「三諸上に東に向き矛弓削し」と答えた長男豊城入彦磯城仁を秀真司とした。

后の妹の国方内侍女が生む御子は千々衡輪姫。崇神四十年（皇紀六〇三、西紀前五七）睦月（正月）末八（二八）日生む五日鶴の諱千代杵。崇神四十八年（皇紀六一一、西紀前四九）初（正月）、十日豊城彦君と活目入彦君に御言宣「汝ら恵み等しくて継ぎ知ることの夢すべし」。君その夢を聞き判断して弟活目入彦諱五十幸（後、一一代垂仁天皇）を世継皇子、兄豊城入彦は秀真司ぞ。磯城瑞垣の五十八穂（皇紀六二一、西紀前三九）葉（八）月、御幸して笥飯大神（敦賀市・気比神宮）に詣でた。皆が祝う時、角が一つある人が漂って来た。言葉が聞きとれず、原見宮の臣曽呂利良竹は通訳が良く出来るのでこれに問わせた。その答は「吾は韓国君の皇子角鹿阿羅志徒で、父の名は宇志岐阿利斯止である」。

3429
忠誠有りて　五年に賜う
名は任那　帰る阿羅志徒
※任那国　これ建ち初めぞ

3430
これの前　物負うせやる
牛見えず　祀るを得んと
神の白石　化る乙女

3431
姫浪速　比売許曽を出て
豊国の　比売許曽宮に
神と成る

3432
時に阿羅志徒　本国に
帰えさに土産　奪われて
新羅の国と　仇起こる

3433
任那の使　告げ曰く
我国東北に　三生えなり
国広く　民豊かなり

※任那国 みまなくに。広辞苑〈**みまな【任那】**四～六世紀、朝鮮半島の南部にあった伽耶諸国の日本での呼称。実際には同諸国のうち金官国(現、慶尚南道金海)の別称だったが、日本書紀では四世紀後半に大和政権の支配下にはいり、日本府という軍政府を置いたとされる。この任那日本府については定説がないが、伽耶諸国と同盟を結んだ倭・大和政権の使節団を指すものと考えられる。にんな〉

日知り(聖)の君に服らうと穴戸(長門)に至る。忠誠を尽して五年後(西紀前三四年)、賜う名は任那。阿羅志徒帰って任那国建ち初めぞ。これの前、物(国苞)負うせやる牛見えず。翁曰く「推測るに邑君が食おうと既に殺した」。これを祀ろうと持ち帰った神の白石が乙女に化った。阿羅志徒がこれに嫁ごうと思いゆく間に姫が失せた。帰り驚き妻に問うと「乙女は東南に去る」。後を追い船を浮かべて終に入った大和浪速の比売許曽宮(大阪府東成区)を出て豊国の比売許曽宮(大分県国東郡)に神と成る。時に阿羅志徒、本国に帰りに土産を奪われ、新羅の国と仇(戦)が起こる。任那の使が曰く。「我国は東北に三生なり。上・中・下の国広く土肥えて民豊かである」。

㉞11　㉞12　㉞13　㉞13　㉞13

3434 ※新羅の敵に　治め得ず
国葦の孫　塩乗津彦
※任那御師　外国を平く

3435 六十文月十四　御言宣
武日照　昔捧げし
神宝

3436 出雲に在るを　見まく欲し
武諸祇を　遣わせば
神主振根

3437 言祝ぎに　筑紫に行きて
弟飯入根　宮より出だし
弟甘斯

3438 韓日狭と子の　鵜濡渟
副えて捧ぐる　後振根
帰えて飯入根　責め曰く
幾日も待たで　何ど畏る

これの前、新羅の敵に治め得ず、国平けの御師を請う。君、諮り「国葦の孫塩乗津彦、是良しぞ。塩乗津彦を任那御師、行き外国を平く道司」。帰れば吉と姓を賜わった。

> **※新羅**　しらぎ。広辞苑では〈**しらぎ**【新羅】（古くはシラキ）古代朝鮮の国名。三国の一つ。前五七年頃、慶州の地に赫居世が建てた斯蘆国に始まり、四世紀、辰韓諸部を統一して新羅と号し、六世紀以降伽耶諸国を滅ぼす〉
> **※任那御師**　みまなおし。「おし」の原文は（ヲシ）。教えに従わないものは綻ばせ（殺せ）との「璽（ヲシテ）」が与えられた。

六十（前三七）文（七）月十四日、武日照が、昔捧げた神宝が出雲にあるのを見たいと思い、武諸祇を遣わしたら、神主振根は、言祝に筑紫に行って留守の間で、弟飯入根が宮より出して、弟甘斯、韓日狭と子の鵜濡渟副えて捧げた。後に、振根が帰って飯入根を責め曰く「何日も待たないで何で畏れる」。

㉞14　㉞15　㉞15　㉞15　㉞15

3439
出雲は神の　道の本
※八百万書を　隠し置く
後の栄えを　思わんや

3440
容易すく出すと　怨みしが
忍び殺すの　心有り
兄の振根が　欺きて

3441
止屋の玉藻　※花日読
行き見んとてぞ　誘い来る
弟頷きて　共に行く

3442
兄は木太刀を　抜き置きて
水浴び呼べば　弟も侭
兄先ず上がり　弟が太刀

3443
佩けば驚き　飯入根も
上がりて兄の　木太刀佩く
兄太刀抜きて　斬り掛くる

※花日読　はなかよみ。日読みは暦の語源か。広辞苑では〈**はなごよみ【花暦】**花の咲く時節を四季の順に記し、各条の下にそれぞれの花の名所を掲げたもの〉

※八百万書　やもよろふみ。やもよろの原文は[illegible]。古事記・日本書紀は「[illegible]（モ）」を[illegible]（ヲ）」と誤訳したものか。広辞苑では〈**やおよろず**　ヤホヨロヅ【**八百万**】数が極めて多いこと。チヨロズ。記上「―の神」〉とある。

出雲は神の道の本で八百万書を隠し置く。後世末代の栄えを思わないのか。容易すく出したことを怨み、忍び殺すの心有り。兄の振根が止屋（島根県出雲市斐伊川の塩冶町あたりか）で花日読（花暦）にある名所の玉藻を見に行こうとの誘いに、謀略とも気づかず、弟飯入根は共に行った。兄は木太刀を抜き置いて、水浴びに呼べば弟も太刀を置いて川に入った。兄が先ず上がり弟の太刀を佩けば、弟飯入根は驚いて上がり、兄の木太刀を腰につけた。兄が太刀を抜いて斬り掛ってきた。

㉞15　㉞16　㉞15　㉞16　㉞16

3444
抜かれぬ太刀に　飯入根は
止屋深淵に　消え失せぬ
世に歌う歌

3445
八雲立つ　出雲猛が
佩ける太刀　葛多巻き
哀れ錆無し

3446
韓日狭は　君に告ぐれば
御言宣　振根討たれて
出雲臣　畏れて神の

3447
祀りせず　ある日氷香戸辺
若宮に　告ぐる吾が子の
この頃の歌　玉藻倭文

3448
出雲祀らば　※楣※蟲
日読御師振根　妬み鏡
※(次頁注)三十九神器の　御神器主

※**楣**　まぐさ。広辞苑〈**まぐさ【楣・目草】**出入り口の扉の上に渡した横木〉
※**蟲**　まじ。広辞苑〈**まじ【蟲】→まじもの【蟲物】**①災厄が人に及ぶように神霊に祈祷すること。また、その法術。祝詞、大祓詞「―する罪」〉

刀身のない木太刀に弟飯入根は止屋(斐伊川)の深淵に消え失せた。世に歌う歌「八雲立つ出雲猛が佩ける太刀　葛多巻き哀れ錆無し」――もっともらしく鞘の部分に葛の蔓を沢山巻き付けてはいるが哀れなことに肝心の錆が付く刀身がない。韓日狭は甥鸕濡渟を連れ上り、この事を君に告げれば、吉備彦と武沼別とに振根討ちの御言宣があった。振根が討たれて出雲の臣たちは君を畏れ振根の祭事をしなかった。ある日、氷香戸辺が若宮(活目入彦諱五十幸)に告げた吾が子のこの頃の歌――玉藻(裳)倭文(織)出雲祀らば楣蟲(門横木上の呪)日読(暦)御師振根の妬み鏡三十九神器の御神器主――

㉞16　㉞16　㉞17　㉞17　㉞17

3449
谷み括りみ　魂鎮か
甘美御神は　御神器主やも
歌の綾　神の告げかと

3450
君に告げ　出雲祀れと
御言宣　桑間の宮に
御幸成す　六十五穂文月

3451
任那国　蘇那加志知して
御調なす　北へ二千里
海隔て　新羅の西南

3452
六十八年　君事切れて
物言わず　居寝座す如し
明くる年　山辺に送る

3453
この君は　三種宝を
改むる　その言宣は
大いなる哉

（前頁3448）※ **三十九神器。** みそこたから。宝に神器を当てたのは三種宝（三種の神器）の例による。一九九六年、弥生時代の加茂岩倉遺跡（島根県雲南市加茂町）で発見、国宝に指定されている三十九個の銅鐸は、狭く長い谷の最奥部、眺望のよくない斜面の畳一畳分に埋められていたという。秀真伝の「西紀前三十五年」「三十九個」は、「谷み括りみ」「魂鎮か」と共に、出土の裏付けといえるか。

御神器主、谷み括りみ魂鎮か。甘美御神は御宝主であろうか。歌の綾は「神の告げ」かと君に告げると出雲祀れと御言宣。桑間の宮に御幸成す。六十五穂（前三二）文月（七月）任那国が蘇那加志知して御調なす。筑紫より北へ二千里海隔て、新羅の西南ぞ。崇神六十八年（皇紀六三一、前二九）師走（十二月）ヲナヱ初五日、御間城入彦君（第十代崇神）、事切れて物言わず（一一九歳）。居寝座す如し。明くる年初三日天日嗣。葉月十一日神上がりぞと、世に触れて御遺骸を山辺（奈良県天理市）に送る。この君は神を崇めて疫病治し、三種神器（宝）を改める。その言宣は大いなる哉。

㉞17　㉞18　㉞18　㉞19　㉞19

桉の三十五
日槍来たる相撲の綾

3501
時天鈴　六百八十九年
ネヤヱ春　睦月ツアト初
諱五十幸　年四十二

3502
天つ日嗣を　受け継ぎて
活目入彦　天君と
飾を民に　拝ましむ

3503
君生まれ付き　正直く
心秀真に　驕り無く
母今七十九　御上とし

時天鈴六百八十九年(鈴紀一六八九年、天鈴 ㉟1
六八九・皇紀六三二・西紀前二八年)ネヤヱ
(秀真ゑと一二巡目の二九番=天鈴 689-60×
11=29)春睦月(正月)ツアト(一四番)初ヲミヱ ㉟1
(一五番)、諱五十幸が年四十二歳で天日嗣を
受け継いで活日入彦天君(一一代垂仁)となり
即位の飾を民に拝ませた。君は生まれ付き ㉟2
正直く心秀真に驕り無く夢の徴に御代の初
秋天に送れ冬納め母今七十九歳御上とし——

3504
大母今年　百八十九
二年如月　狹穂姫を
中宮に立つ

3505
新都　遷す※纏向
珠城宮　師走生む皇子
誉津別　敢え物言わず

3506
任那より　蘇那加志知して
御調上げ　初御世祝う
大御神酒　賜物五つ色

3507
数峰錦　綾百衣
任那の君に　賜わりて
潮乗津彦が　幟立て

3508
国に送れば　道開く
三穂諸助を　臣に召す
昔日槍が　土産物

大母（祖母。祖父開化天皇の后。活色謎姫）は今年百八十九歳垂仁二年（西紀前二七）如月狹穂姫（開化天皇の子の彦坐の子。丹波道大人・沙穂彦の妹）を中宮（正后）に立てた。 ㉟1

新都を纏向（真東向き。纏向の語源）に遷し珠城宮。 ㉟2

※纏向珠城宮　まきむきたまきみや。纏向の原文は「マキムキ」でマキ（真東）にある巻向山に向かっての「真東向き」にある珠城宮。
補注　広辞苑では〈まきむくいせき【纏向遺跡】奈良盆地南東部、桜井市にある三～四世紀集落、墳墓遺跡。出土した多くの土器から東海・山陰・山陽地方との交流が推定される。↓まきむくやま【巻向山・纏向山】奈良県中部、桜井市北部の山。痛足山とも〉 ㉟2

師走（十二月）に、活目入彦の妃沙穂姫が生んだ皇子誉津別は敢え物言わず。 ㉟2

任那より蘇那加志知して御調上げ、初御世を祝う大御神酒を給い、賜物百五つ色の数峰錦綾衣を任那の君に賜わって、潮乗津彦が幟立て、国に送れば道を開けた。三穂（前二六）諸助を臣に召す。昔日槍が土産物— ㉟2,3

3509
衣細足高　鵜鹿河珠
出石小刀　出石槍
日鏡熊の　胙箐

3510
出浅の太刀　この八種
但馬に納む　瑞垣三十九
播磨より　到る宍粟

3511
曰く新羅の　君の吾子
名は※天日槍　弟知古に
国を譲りて　僕は

3512
聖の君に　服ろいぬ
国を巡りて　阿名邑に
また若狭　住む但馬

3513
麻多塢を娶り　諸助を
諸助比奈を　比奈清彦を
清彦は　田道間守生む

※ 天日槍（新羅君の兄皇子）（第十二代景行天皇）日本陽代別 — 日本武（皇子７人）— 弟橘姫
麻多塢 — 諸助 — 比奈羅木 — 清彦 — 田道間守 — 弟橘姫
（『真実の日本建国史 人の世の巻』143頁参照）

①衣細　②足高　③鵜鹿河珠　④出石小刀　㉟3
⑤出石槍　⑥日鏡　⑦熊の胙箐　⑧出浅の太刀、天日槍は、この八種を但馬に納めた。磯城瑞垣宮の崇神三十九年（皇紀六〇二年、西紀前五八年）、天日槍は播磨から宍粟（兵庫県宍粟市）に到った。㉟3

その時に大友主（大直根子の孫）と大三輪の守・長尾市を播磨に遣り問わせると「名は天日槍、弟の知古に国を譲ってきた。自分は聖の国日本の君に仕えたい」といった。㉟3

使が帰り告げると君は「播磨の出浅邑、また淡路宍粟にままに居れ」と。日槍は「住む所を許し給わば巡ってみたい」と、宇治川を上り淡湖の阿名邑に住み、若狭を巡り、但馬 ㉟3,4
に住み麻多塢を娶り諸助を、諸助は比奈羅木、比奈羅木は清彦を、清彦は田道間守を生んだ。㉟4

3514 四穂長月　ツウヱ初ヲナヱ
狭穂彦が　后に問うは
兄と夫　何れ篤きぞ

3515 后つい　兄と答うに
汝色以て　仕ゆれど
色衰えて　恵み去る

3516 豈長からん　願わくは
吾と汝と　世を践まば
安き枕や　保たんぞ

3517 君を弑いせよ　吾が為と
※紐刀持て　授く時
諌も聞かぬ　兄が※心根

3518 狭穂姫は　中子慄き
※為ん方無くも　紐刀
隠し諌の　瀬水無月

※心根　こころね。広辞苑〈**こころね【心根】**心の底。本性。和泉式部集「—の程を見するぞあやめ草。「—はやさしい」〉**※為ん方無くも**　せんかたなくも。広辞苑〈**せんかたない【為ん方無い・詮方無い】**《形》図せんかたな・し（ク）なすべき方法がない。しかたがない。こらえようがない。平家灌頂「身の衰へぬる程も思ひ知られて、今更—うこそおぼえさぶらへ」〉

垂仁四穂(鈴紀一六九二年、天鈴六九二、皇紀六三五、西紀前二五)長月(九月)ツウヱ(二三)初ヲナヱ(四五)、狭穂彦が后(妹狭穂姫)に問うには「兄と夫(君)、何れ篤きぞ」、后つい、「兄」と答うに、「汝色以て仕ゆれど、色衰えて恵み去る、豈長からん。願わくは吾と汝と世を践ま(跡を継ぐなら)ば安き枕や保たんぞ。君を弑いせよ吾が為」と、紐刀を持って授ける時、兄の心根は妹の諌めをも聞かないことを知っていれば狭穂姫の中子(心中・本心)は慄き紐刀を為ん方もなく袖内に隠し諌の瀬水無月(瀬の六月)——

※紐刀　ひぼがたな。ひもかたなとも。紐の原文は㊂㊃(ヒボ)が2例(㉔115・㉟66)、㊂㊁(ヒモ)が2例(㉟70,94)見える。広辞苑は〈**ひもがたな【紐小刀】**細い紐を鞘につけて懐中に納めた小さな刀。刀子。懐剣。垂仁紀「—を取りて皇后に授けて」〉〈**ひぼ【紐】**ヒモの訛。浜松一「から組の—長やかに」〉

㉟5　㉟5　㉟5　㉟5　㉟5

3519　初日皇　御幸して
久米高宮に　膝枕
后思えば　この時と　㉟5

3520　※涙流るる　君の顔
君夢醒めて　宣ふは
今わが夢に　色小蛇　㉟6

3521　首に纏えて　狭穂の雨
面濡らすは　何の※祥禍
后答えて　隠し得ず　㉟6

3522　伏し転びつつ　※明らさま
君の恵みも　叛き得ず
恐れ悲しみ　血の涙　㉟6

3523　子蛇は是と　紐刀
出せば皇　御言宣
八綱田をして　討たしむる　㉟7

※涙 なんだ。広辞苑では〈**なんだ。**ナミダの転。天草本平家「ともしび暗うしては数行虞氏が―」〉**※涙** なみだ。広辞苑は〈**なみだ【**涙・渧・泪**】**（古くは清音であったが、奈良時代には濁音化していた）①…。目汁。万二〇「ま袖もち―を拭(のご)ひ」〉**補注** 縄文時代からの秀真伝では、濁音のナンダです。

初日（一日）に皇が御幸して久米（橿原市）高宮（久米御縣神社か）に后（狭穂姫）の膝枕で寝転んだ。后が「この時」と思えば、涙が君の顔に流れ落ちた。君が夢から醒めて宣うには「今わが夢に色小蛇が現れ首に纏わりついて佐保（佐保川の流れる佐保と狭穂姫に掛けたか）の雨が顔を濡らすは何の祥」。后答えて隠し得ず、伏し転びつつ明らさま君の恵みも叛き得ず、告げれば兄を滅ぼし、告げなければ君を傾けることになる。畏れ悲しみ血の涙、夢は必ずこの答え、子蛇は是と紐刀を出せば、皇は御言宣して沙穂彦の追討に近県にある八綱田を向かわせた。

※祥禍 さが。広辞苑〈**さが【**祥**】**（相・性　さがと同源）①前兆。きざし。垂仁紀「是何の―ならむ」〉**※明らさま** あからさま。広辞苑〈**あからさま**（「偸閑」「白地」とも当てる）④かくさず、ありのまま。はっきりしているさま。あらわ〉

3524 時に狭穂彦　稲城なし
難く防ぎて　降り得ず
后悲しみ　吾仮令

3525 世に在るとても　血脈枯れて
何面白と　皇子抱き
稲城に入れば　君赦し

3526 有れど炎に　城崩れ
狭穂彦共に　后も罷る
八綱田を誉め　武日向彦

3527 七穂文月　初七夕の
神祭り　ある臣君に
申さくは　當麻蹶速

3528 大力　地鉄を延ばし
角を裂く　鉄弓作り
常語り　是を踏み張る

時に狭穂彦は、稲城で柵をなし、難く防いでなかなか降らなかった。后は悲しみ「吾仮令、世に在るとても血脈枯れて何面白」 ㉟7

と、皇子を抱いて稲城に入れば、御言宣―后と皇子を出すべし―とあったが出さず、八綱田が火攻めにすると后が皇子を抱かせ ㉟7

稲城を越え、君に「仮令罷っても御恵は忘れません」と。君の赦が有った時に炎が起こり稲城が崩れ、狭穂彦と共に后も罷った。 ㉟8

八綱田の功を褒め武日向彦の名を賜わった。垂仁七穂(皇紀六三八、西紀前二二)文月初、樺井月姫を后、妹香久耶姫を内侍妃に立て、 ㉟9

初七夕の神祭の時、ある臣の君に申さくは「當麻蹶速は大力持で地金を延ばし角を裂く。鉄弓作り常語り、是を踏み張る― ㉟9,10

3529
我(わ)が力(ちから) 世(よ)に競(くら)べんと
求(もと)むれど 無(な)くて罷(まか)るや
ひたすら嘆(なげ)く

3530
君諸(きみもろ)に問(と)う 宿祢(すくね)あり
明日(あす)競(くら)べんと 御言宣(みことのり)
※相撲(すまい)の里(さと)に ※埴輪(はにわ)為(な)し

3531
當麻(たえま)は東(き)より 野見(のみ)は西(つ)に
相立(あいた)ち踏(ふ)めば 野見強(のみつよ)く
蹶速(くえはや)が腰(こし) 踏(ふ)み殺(ころ)す

3532
時(とき)に君(きみ) 団扇(うちわ)を上(あ)げて
響動(どよ)ませば 民(たみ)も喜(よろこ)び
蹶速(くえはや)が 鉄弓及(かなゆみおよ)び

3533
當麻国(たえまくに) 野見(のみ)に賜(たま)わり
家(いえ)は妻(つま) 継(つ)ぎなし野見(のみ)は
※弓取(ゆみとり)ぞ是(これ)

※**弓取** ゆみとり。広辞苑〈**ゆみとり【弓取】**④相撲で、勝者が賞として与えられる弓を取る儀式。現在は、結びの取組の勝力士に代わって一定の力士が行う〉
補注 日本の国技大相撲の起源(㉟138)。天鈴695穂(垂仁7年。西紀前22年)。

―我が力を世に競べんと求むれど誰も無くて罷るや」と嘆いている。垂仁君が諸に問うと「野見宿祢(のみのすくね)あり」と。長尾市をしてこれを召すと野見宿祢も喜び、明日、比べようと御言宣。相撲の里に埴輪なし、當麻は東(き)より野見は西(つ)に相立ち踏めば野見強く、蹶速の腰を踏み殺す。その時に君、団扇(うちわ)(相撲の軍配(ぐんばい)の起源)を上げて動響ましたところ民も喜び、蹶速の鉄弓及び當麻国を野見に賜わり、家は妻に与えて継がせ、野見宿祢は弓取の元祖を賜わった。

※**相撲** すまい。広辞苑は〈**すまい【相撲】**(スマ(争)フの連用形から) ①すもう。垂仁紀「捔力 スマイ とらしむ」〉
※**埴輪** はにわ。埴は土、すなわち土の輪。土俵のもと。広辞苑は〈**どひょう【土俵】**土を詰めた俵。③土俵場の略。→**どひょうば【土俵場】**力士が技を戦わす場所。一尺二寸から二尺の高さで、一辺を十八尺とした正方形に土を盛り、中に直径十五尺の円を土俵で作る。土俵〉

㉟10 ㉟10 ㉟11 ㉟11 ㉟11

桉の三十六
日本姫神鎮しむ綾

3601 珠城宮　十五年如月望
丹波道大人　五人の娘
日葉酢姫　后に立てて

3602 妹三人　典侍と内侍に
※竹野姫　一人返され
恥かしく　輿より落ちて

3603 罷る※落国　十八皐月
十日后　生む皇子
日本陽代別　諱足彦

※竹野姫　たけのひめ。京都府竹野郡丹後町宮に竹野神社がある。同府伏見区に「羽束師」の地名もある。**※落国**　おちくに。京都府南部の郡名「乙訓」の語源。

※笠縫(次頁3608)　かさぬい。広辞苑〈**かさぬいのむら【笠縫邑】**　日本書紀の伝承に、崇神天皇が天照大神を皇女豊鍬入姫に祀らせたと伝える所。遺称地が奈良県桜井市や磯城郡にある〉

珠城宮九年九月十六日、妃樺井月姫が夢に日本大国(奇彦)神の垂賜われば孕み三年後、日本姫を生む。十五年如(二)月望、召す丹波の五人娘の姉日葉酢姫を后に立て、妹三人(淳葉田瓊入姫、真砥野姫、浅見瓊入姫)は典侍と内侍に、竹野姫が一人返され恥ずかしく輿より落ちて罷る落国(京都府乙訓)垂仁十八(西紀前一一一)皐(五)月十日、后日葉酢姫の生む皇子(三男)日本陽代別諱足彦(十二代景行)。

㊱1　㊱1　㊱2

3604
誉津別　鵠飛ぶを見て
これ何や　捕り得て湯川桁
姓賜わる　鳥取部※

3605
わが御祖　御間城は聡く
秀真知る　誤り正し
謙り　故稲穀篤く

3606
民豊か　今わが世にも
怠らず　神祀らんと
二十五弥生八日　天照を

3607
豊鋤は　離ちて付ける
日本姫　昔豊鋤
神の告げ　御霊笥担ぎ

3608
与謝に行く　この橋立は
※笠縫の　榎より宮津の
松に雲　棚引き渡す

※鳥取部　とりとりへ。地名鳥取の語源。広辞苑〈**とっとり【鳥取】**①中国地方北東部の県。因幡・伯耆二国を管轄。②鳥取東部の市。もと池田氏三二万石の城下町〉**※笠縫**　かさぬい。前頁冒頭3600の囲み参照。

垂仁君と妃狭穂姫（丹波道大人の弟妹の兄の狭穂彦と共に謀反で八綱田に討たれ罷る）との遺児誉津別は髭が生え泣き哭ち物言わず、日本姫に祈らせたところ、鵠（白鳥）の飛ぶを見て「これ何や」と言った。君、喜び「誰かこの鳥を捕り得んや」と言うと湯川桁が但馬路出雲宇夜江（神庭）で捕り奉ると御子喜び物言えば、鳥取部（＝鳥取）の姓を賜わる。わが御祖の御間城入彦（一〇代崇神）は聡く秀真知る。誤り正し謙り故稲穀篤く民豊か。今わが世にも怠らず、神祀らんと二十五穂（西紀前四年）弥生（三月）八日、天照神を豊鋤は離ちて付ける日本姫、昔豊鋤、神の告げ御霊笥担ぎ与謝（丹後）に行く。この（天の）橋立は笠縫の榎より宮津の松に雲を棚引き渡す。

㊱3　㊱4　㊱4　㊱4,5　㊱5

3609
武御倉　斎主とし
坐の子　丹波道大人
御饌の守　天日置は

3610
神主に　振魂は祢宜
豊受神　天照神を
祀らしむ

3611
神恵み　良き御子得たり
豊鋤は　篠幡宮に
帰りますかな

3612
又神の告げ　大神の
形見戴き　淡海より
美濃を巡りて　伊勢飯野

3613
高樋　小川に　鈴止どむ
日本姫斎子　今年十一
神に御調の　※御杖代

※御杖代　みつえしろ。広辞苑〈**みつえしろ【御杖代】**大神、天皇などに、その杖代わりとなって奉仕する者。多く伊勢神宮の斎宮にいう。皇太神宮儀式帳「豊鉏入姉命を以て―とし」〉

瑞垣宮(垂仁)三十九(皇紀六七〇、西紀一〇)弥生三日御言宣し、食国の大臣武御倉を斎主、彦坐(九代開化天皇の妃姥津姫との子)の子の丹波道大人を御饌の守、天日置は神主、振魂は祢宜とし、豊受神と天照神を祀らせた。道大人の御饌の守の神の恵みで良い御子(活目入彦。一一代垂仁の樺井月姫との子)日本姫斉子を得て豊鋤姫は篠幡宮(奈良県宇陀市)に帰った。また、豊鋤に神の告げがあって、天照大神の形見を戴き淡海(近江)より美濃を巡って伊勢飯野(三重県松阪市)高樋小川で鈴音が止んだので、そこに高宮を造り鎮めた。垂仁二十二穂(西紀前七年)師走八日、日本姫斎子今年十一歳を神に御調の御杖代とした。

㊱5　㊱5　㊱5　㊱6　㊱6

3614
若子親子が　年越え初日
高宮に　※粥もて兄の
事祈る　故　飯宮

3615
三年後　豊鋤齢
百三で　御杖ならずと
斎子御神子に

3616
飯野より　磯部に遷し
鎮めます　若子を遣れば
※五十鈴川

3617
二百八万穂の
若子に曰く　吾昔
神の賜物　精奇城

3618
宇治宮に入れ　荒御魂
八万穂待ちし　神宝
逆矛木鈴　地息太刀

※粥　かゐ。原文は①円。カユの古語。広辞苑では、粥はカユの訛りとある。下の囲み「粥」参照。**※五十鈴川**　ゐすずがわ。本来は「いそすずがわ」の６音であるが、五七調の韻文上、５音の「ゐすずがわ」に約されることが多い。

年越え初日、若子親子が伊勢高宮に粥もて兄（誉津別）の事を祈る。故、高宮を飯宮という。

㊱6

※粥　かゐ。広辞苑では〈かい【粥】佳夕の鈍。↓かゆ【粥】水を多くして米を柔らかに炊いたもの。固粥と汁粥の総称。特に、汁粥。かい。新撰字鏡一二〉広辞苑〈かゆうらのしんじ【粥占の神事】神社で正月十五日に小豆粥を作る時、細い青竹または茅を入れて炊き、その管の中に入った粥または小豆の数によってその年の五穀の豊凶を占う神事。筒粥の神事〉

三年後（西紀前四年）、豊鋤姫の齢は百三歳で御杖代が容易でないと身習わせ、予ねて願えば日本姫斎子を内の御神子とし、飯野より磯部（三重県志摩市伊雑宮）に遷し鎮めた。良い所が南にありと若子を遣れば五十鈴川、二百八万穂（六九三歳）の猿田彦が若子に曰く「吾、昔、神の賜物を精奇城の宇治宮に入れ、荒御魂八万穂（二六年余）待ちし、天津日嗣の神宝の逆矛木、美しき鈴、地息太刀、この三種——

㊱7　㊱7　㊱7　㊱7

3619
羯鉦宣鼓（かかんのんでん）　時待（ときま）ちて
道顕（みちあら）わせと　子（こ）にも得（え）ず
その主（ぬし）を待（ま）つ　これ授（さつ）け

3620
宇治（うぢ）に至（いた）りて　日本姫（やまとひめ）
これ神風（かんかぜ）の　伊勢（いせ）の宮（みや）
三種源（みくさみなもと）　胡坐石（あぐらいし）

3621
五十鈴原（ゐそすずはら）の　草刈（くさか）らせ
大宮柱（おおみやはしら）　敷（し）き立（た）てて
千木（ちぎ）高（たか）しりて　宮成（みやな）れば

3622
二十六穂（ふそむほ）の　長月十六（なつきそむ）の暁（か）
大御神（ををんかみ）　五十鈴川（ゐそすずかわ）の
精奇城（さごくしろ）　宇治（うぢ）に渡坐（わたま）し

3623
十七日（そなか）の夜（よ）　御丈柱（みたけはしら）を
納（おさ）めしむ　神（かみ）も喜（よろこ）び
告（つ）げ曰（いわ）く　重浪寄（しきなみよ）する

羯鉦宣鼓（かかんのんでん）（神明法典、また原文⦶⦶⊗田⊗✣⊗（カカンノンデン）の⦶（カ）は鞨鼓（かっこ）、⦶⊗（カン）は鉦（かね）、田⊗（ノン）は宣言（のる）、✣⊗（デン）は太鼓（たいこ）とも当てられるか）、その時を待ち道顕わせと
㊱7
朧（おぼろ）げの物ならず。故に子にも得ずその主を待つ」。これ授け、宇治に至って日本姫が
㊱8
見て曰く「これ神風の伊勢の宮、三種は祀る源」と、敬い返す胡坐石。大畑主（おおはたぬし）と八十供に五十鈴原の草刈らせ、元末戻（もとすえ）し
㊱9
真中以て大宮柱敷き立てて千木高知りて宮成れば、御門（みかど）（帝のもと）に申し御言宣―
㊱9
垂仁二十六穂（皇紀六五七、西紀前三年）の長月（九月）十六日の暁に天照大御神の御霊が五十鈴川の精奇城である宇治に渡坐し、
㊱10
十七日の夜、御丈柱を納めさせた。天照神の霊も喜び告げ曰く。「重浪が寄せる―

3624
伊勢の宮　豊受の神と
諸共ぞ　日本姫より
これを告ぐなり
㊱10

3625
豊受の神へ　早牡鹿は
三輪の御食持ち斎人は
丹波道大人
㊱11

3626
国主の　神の教えは
大御神　嗣を思して
伊勢の道八百人草を
㊱11

3627
生け恵む　故※鰹八木
※千木の内　削ぐは内宮
内軽く　八民豊かに
㊱11

3628
又豊受　逆矛の法
天の星　※九座表わし
鰹九木　千木は外削ぐ
㊱11

伊勢の宮、長く鎮まり守るべし。豊受の神と諸共ぞ」。日本姫よりこれを告ぐなり。君喜び和幣を豊受の神へ捧げた。早牡鹿は三輪の御食持、斎人は丹波道大人。大国主奇彦の神の教えは大御神、嗣子を思ぼして伊勢の道、八百人草を生け恵む。故鰹八木、千木の内を削ぐのは内宮、内軽く八民豊かにと。また豊受の外宮は逆矛の法の天の星の九座表わし鰹九木、千木は外を削ぐ故に外宮である。内篤く稜威、民の父畏れ道を得よ、内宮は君が母の子を恵む法である。

※九座　こくら。太占の配座で中央の元元明の御祖神と、これを取り巻く内陣に配座する八元神との九星。また北極星と八惑星か。

千木(広辞苑第七版)

※鰹八木　かつをやぎ。棟の上の鰹木八本。広辞苑は〈**かつおぎ**【鰹木・堅魚木】神社本殿の大棟の上に横たえ並べた装飾の木。形は円柱状。古くは天皇の住居の象徴。勝男木。葛緒木。かつお。→千木〉
※千木　ちぎ。広辞苑は〈**ちぎ**【千木・知木】神社の屋上、破風の先端が伸びて交叉した二本の木。後世、破風と千木とは切り離されて、ただ棟上に取り付けた一種の装飾(置千木)となる。古名氷木〉

3703　　3702　　3701

梭(かひ)の三十(みそ)七(な)

鶏(とり)合(あ)わせ橘(たちばな)の綾(あや)

3701

珠城宮(たまきみや)　二十七穂葉月(ふそなほはつき)

軍器を(いくさつわ)　御幣に(みてぐら)

諸の社に(もろやしろ)　納めしむ(おさ)

3702

二十八穂神無月(ふそなほかんな)　五日罷る(いつかまか)

兄日本彦(あにやまとひこ)　根月二日(ねつきふか)

3703

御遺骸送る(おもむろおく)　桃花鳥坂に(つきさか)

侍る人等の(はべひとら)　生きながら(い)

埋めば叫び(うづさけ)　終に枯る(つひかか)

犬鳥食むを(いぬとりは)　聞こし召し(きめ)

※桃花鳥坂　つきさか。日本彦(垂仁天皇の兄)の墓所。桝山古墳(崇神天皇の皇子倭彦命墓)。ますやまこふん(すじんてんのうのみこやまとひこのみことのはか)。奈良市観光HP《桝山古墳は新沢千塚古墳群の東側・樫原高校の南東隣に位置しています。一辺約九〇㍍、高さ約一五㍍の規模を測る三段構成の方墳で日本最大規模を誇ります。表面で採取された埴輪から五世紀前半に築かれたと考えられます。航空写真では、北東に前方部を向ける前方後円墳に見えますが、これは幕末に行われた修稜によって改変を受けた姿なのです。第一〇代崇神天皇の皇子である倭彦命(やまとひこのみこと)と牟狭桃花鳥坂(むさのつきさかのはか)墓に比定されています》

伊勢に対し真東向(纏向(まきむき)の語源)の珠城宮、垂仁二十七穂(皇紀六五八、西紀前二)葉月(八月)七日、軍器を御幣に占問えば吉し、弓矢太刀、諸社に納めさせた。神部定めて度々に軍器に祀る始めである。二十八穂(皇紀六五九、西紀前一)神無月(一〇月)五日罷る兄日本彦を根(一一)月二日、御遺骸を送る桃花鳥坂に侍る人等の生きながら埋めば叫び終に枯る。犬鳥食むを聞こし召し──

㊷1　㊷1　㊷1

3704
生を恵ぐまで　枯らするは
痛ましいかな　古法も
良からぬ道は　止べしぞ

3705
御言宣　皇子五十杵と
足彦と　望むところを
申すべし

3706
兄弓矢　弟位得ん
望むまま　兄宮弓矢
弟は位　嗣ぐべしと

3707
三十二穂二月　六日罷る
后日葉酢の　見送りは
諸臣召して　御言宣

3708
先の追い枯れ　良からねば
この行いは　如何にせん
※野見宿祢が　申さくは

※**野見宿祢**　のみのすくね。広辞苑〈**のみのすくね【野見宿祢】**天穂日命の子孫。日本書紀に出雲の勇士で垂仁天皇の命により當麻蹴速と相撲をとって勝ち、朝廷に仕えたとあり、また、皇后の葬儀の時、殉死にかえて埴輪の制を案出し、土師臣の姓を与えられたという〉3530–3533参照。

生きを恵ぐまないで枯らするのは痛ましいかな。古法も良からぬ道は止むべしぞ—　㊲1

垂仁三十穂(皇紀六六一・西紀元年)御言宣。「皇子五十杵と足彦と望むところを申すべし」。五十杵曰く「弓矢得ん」、足彦は「位得ん」と—。　㊲1

君、御言宣—二皇子の望む侭にと兄宮五十杵(瓊敷入彦)には弓矢を賜わり、弟宮足彦は位嗣ぐべしと(日本陽代別・後一二代景行天皇)。　㊲2

垂仁三十二穂(年)(皇紀六六三・西紀三年)文月(七月)六日に罷る垂仁天皇の后日葉酢姫の見送りは諸臣召して御言宣—　㊲2

先の追枯れ(殉死)良からねば、この行いは如何にせん。野見宿祢が申さくは—　㊲2

3709
生けるを埋つむ　例とは
豈良からんや　図らんと
出雲の※土師部　百召して

3710
埴土偶及び　種々の
形作りて　奉る

3711
今より後は　※埴輪※立物
生けるに代えて　御陵に
植えて例と　為すべしや

3712
君喜びて　御言宣
野見宿祢を　篤く褒め
鍛所を　賜わりて

3713
土師の司ぞ
三十三年　三輪の直根子
山背が　館に到れば
不避問う　娘一人を――

補注 殉死の禁止。埴輪の起源(㊲7,30)。天鈴 716 穂（垂仁 38 年。西紀前 1 年）。

「生けるを埋つむ例とは、豈良からんや、図らん――」と、出雲の土師部百人を召して、埴木偶及び種々の形を作って奉る。 ㊲2

「今より後は土師物を、生けるに代えて御陵に植えて例と為すべしや」。君喜びて ㊲3
御言宣。「汝が計り吾が心、良し」と、埴輪の立物を後の例と定まりて野見宿祢を篤く褒め鍛所を賜わりて土師の司ぞ。 ㊲3

※土師部 はしべ。広辞苑は〈**はじべ【土師部】** 古代、大和政権に土師器を貢納した品部。北九州から関東地方まで各地に分布。埴輪の製作、葬儀にも従事。はにしべ。→**はじ【土師】**（ハニシの約）古代、大和政権で葬式・陵墓・土器製作などを担当した氏。はにし〉**※埴輪立物** はにわたてもの。**埴輪**→3530 参照。**※立物** たてもの。広辞苑は〈**たてもの【立物】** ①埴輪。垂仁紀「是の土物(ハニ)を号(ナヅ)けて埴輪と謂う」〉 ㊲3

垂仁三十三年（皇紀六六四・西紀四）三輪斎主の大直根子が山背の館に到れば大国不避問う。「娘一人を―― ㊲4

3714
三家に乞う　誰に遣りても
二は恨む　これ指し給え
明日賀茂神の　御前にて

3715
是定めんと　共に行く
御祖の神に　和幣為し
奉る和歌　天地の

3716
御代の栄えを　祝わるる
婦夫の御祖の　神ぞ尊き
御歌聞き　直根子曰く

3717
世の中に　物思う人
※百日詣でて　来たりませ
吾図らんと　行く貴船※

3718
直根子が歌　淡海の
安曇の神と　住吉も
共に貴船の　守神かな

※百日詣で　ももかもふで。広辞苑は〈**ひゃくにちもうで**【百日詣で】百日間同じ社寺に参詣すること。古くは百日間参籠することもあった〉

三家に乞う。誰に遣りても他の二家は恨む。「これ指し給え」。大直根子が答え言う。「明日賀茂神の御前にて是定めん」と、共に行く。御祖の神に和幣為し、奉る和歌―天地の御代の栄えを祝わるる婦夫の御祖の神ぞ尊き。時に神、告げの御歌に「世の中に物思う人の有りというは吾を頼まぬ人にぞありける」。神歌を聞き直根子曰く「是、迷う故なり。今よりぞ、百日詣でて来たりませ。われ図らん」と行く貴船。直根子の歌「淡海(近江)の安曇の神と住吉も共に貴船の守り神哉」。

※貴船　きふね。広辞苑〈**きぶね**【貴船】京都市左京区鞍馬にある町名。―**じんじゃ**【貴船神社】貴船町にある元官幣中社。祭神は闇龗神、また高龗神・罔象女神ともいう。古来、祈雨・止雨の神として尊崇される。二十二社の一つ〉【**上図**】青森県南津軽郡大鰐町大字居士字高野平にある貴船神社の神璽。秀真文字で「クラオカミ　ミズハノメカミ　マモリ」とある(243頁参照)。**補注**　編集協力者高橋聖貴氏によると同山林内にある十和田貴船神社でも同様の秀真文字による神印が発見されたらしいという。

㊲4　㊲4　㊲4　㊲4　㊲5

3719 和幣と和歌と　人草を
別雷の　守る故
御代は治まる　賀茂の神風

3720 直根子が　孫倉麻呂を
斎主　賀茂の社を
新に造らす

3721 賀茂祇が　新殿前に
鶏蹴合う　色良き鶏を
童が　いよ綺よ

3722 皇　問えば　流行歌なり
大国不避が　娘綺麗姫
天に輝く　故名付く

3723 道すがら　宇治の亀石
衝けば鳴る　これ徴
綺麗を妃　磐衝別を生む

> **※鶏蹴合う**　とりけあう。広辞苑では〈**とうけい【闘鶏】**鶏を闘わせて観覧すること。鶏合。宮中では平安時代から陰暦三月三日に行われた〉

賀茂に行き、別雷(瓊瓊杵)の神もまた、和 ㊲5
幣と和歌と人草を別雷の守る故、御代は治まる賀茂の神風。大直根子が帰り申さく。「鴨の宮、荒るるを伏して思みれば、 ㊲6
賀茂と伊勢とは御祖なり。既に破れて稜威細し、守り細きは衰いか」。君(崇神)聞こし召し、直根子の孫倉麻呂を斎主、名 ㊲7
も大賀茂と授け、賀茂社を新に造らせ根月望(十一月十五日)御祖渡坐し、明十六日別雷の宮遷しをした。翌年、弥生三日賀茂祇 ㊲8
が新殿前に鶏蹴合う。童が色良き鶏を――「いよっ――綺よ」。皇問えば、流行歌なり。不避の娘綺麗姫は美しく天に輝く故名付 ㊲8
けた。道すがら宇治の亀石衝けば鳴る。これ徴、妃とし磐衝別 諱 鶏彦 を生む。

3724 五十杵は 諸国八方に
池溝を 造り生業
増えて民富む
㊲9

3725 千剣を 打身で作り
赤裸伴 名を付けて
押坂に置く
㊲9

3726 この時に 倭文部楯部
大穴師 弓矢泊橿
玉部神 天の刑部
㊲9

3727 地の日置部 太刀佩部の
※十品部を 併せ賜わる
瓊敷皇子 千剣遷す
㊲10

3728 石上社 春日市河
瓊敷皇子 司と成して
告げ納めしむ
㊲10

※品部 しなべ。広辞苑は〈しなべ【品部】①世襲的な職業を通じて大和政権に隷属した人民の組織。平生は一般の農民・漁民として生活し、政権に対しては、毎年一定額の特産物を貢納するもの、交代で勤務して労働奉仕するもの、などの別がある。管理者は連・造・首などの姓を持つ豪族〉

※十品部 としなべ。①倭文部 ②楯部 ③大穴師部 ④弓部 ⑤矢部 ⑥泊橿部 ⑦玉造部 ⑧天刑部 ⑨地日置部 ⑩太刀佩部。

垂仁三十五穂(鈴紀一七二三年。天鈴七二三。皇紀六六六。西紀六)長月(九月)、五十杵(瓊敷入彦。日本陽代別・足彦・一二代景行天皇の兄)が高石(大阪府南西部)と茅沼(大阪府南部の和泉の国に当たる地域の古称)の池を掘る。その他諸国の八方に池溝(貯水池、用水路など)を造らせ生業が増え、民が豊になった。垂仁三十九穂(西紀一〇)、五十杵は、また、打身(鋳造ではなく鍛造で)千剣を作り赤裸伴と名を付けて押坂に置く。この時に①倭文部 ②楯部 ③大穴師部 ④弓部 ⑤矢部 ⑥泊橿部 ⑦玉造部 ⑧天刑部 ⑨地日置部 ⑩太刀佩部の十品部を併せ賜わる。瓊敷皇子が千剣を石上社に遷す。神が春日の市河に瓊敷皇子を司と成して告げ納めさせた。

3729
六十四年　五月雨四十日
稲熱病　風生の祭り
為せば若やぎ　瑞穂成る

3730
瓊敷皇子　妹大中姫に
宝守　※貉の腹に
八尺瓊の珠

3731
日槍が苞の　宝物
君見んとせば　奉る
衣細足高　鵜鹿河玉

3732
出石矛　日鏡熊の
神籬箕　出浅の太刀
出石小刀　隠し置く

3733
小太刀失せ　又来たれども
又失せぬ　神と祀りて
淡路島　※社を建てる

※貉の腹に八尺瓊の球　むじなのはらにやさかにのたま。『南総里見八犬伝』のもとか。**※社**　やしろ。出石神社。広辞苑は〈**いずしじんじゃ【出石神社】**兵庫県豊岡市出石町宮内にある元国幣中社。祭神は天日槍命。同命が将来したという八種の神宝を神体とする。但馬国一の宮〉

㊲11　垂仁六十四穂(皇紀六九五。西紀三五)、五月雨四十日降り続き稲田稲熱病に傷み枯れる。君自らに風生の祭り為せば若やぎ瑞穂成る。

㊲12　瓊敷皇子が妹大中姫に「吾、年老いぬ。御宝守れよ」。大中姫が辞みて曰く「手弱女に祠高くて」。又曰く「高ければこそ神の祠

㊲13　も懸橋の侭」。姫、十市根に又授く。丹波が犬噛み殺す貉の腹に八尺瓊珠、石上に納む。新羅皇子日槍が苞の宝物、君見んとせば

㊲14　曽孫清彦奉る。この(衣細・足高・鵜鹿河玉・出石小刀・出石矛・日鏡・熊の神籬箕・出浅の太刀)八つの内、出石小刀は袖に隠し置く。君神酒賜わ

㊲15　れば飲む時に、肌より落ちて現る。この小太刀が失せ、又来たれども又失せ自ずと到る淡路島に神と祀り社(出石神社)を建てる。

3734
※田道間守　香具を求めに
※常世行く　間に君罷る
年百三十七

3735
皇子の喪衣入り　四十八夜
埴立物し　見送りの
手火も輝く　神御幸

3736
明くる弥生に　田道間守
非時香具実　二十四篭
香具の木四棹　株四棹

3737
持ち来たる間に　君罷る
土産半ばを　若宮へ
半ばを君の　陵に

3738
捧げ申さく　これ得んと
遥かに行きし　常世とは
神の隠れの　及びなき

※田道間守　次頁参照。

※常世　とこよ。国常立の始めた日本最初の国。日高見国のもと。東北。広辞苑では〈**とこよ【常世】**①常に変わらないこと。永久不変であること。常世の国の略。→**常世の国**　①古代日本民族が、はるか海のかなたにあると想定した国。常の国。神代紀上「遂に—適てましぬ」②不老不死の国。仙郷。蓬莱山〉
補注　広辞苑では、常世国を海外としていますが、世界遺産に登録申請準備中の「北海道・北東北縄文遺跡群」は古代日本の原郷です。ヰモツキ(五百継。500×20=10,000年。②56参照)は考古学上の縄文１万年を裏付ける文献史料といえましょう。

垂仁九十穂(皇紀七二一。西紀六一)如月(二月)初日御言宣。「香具を求めに田道間守、常世に行けよ。吾が思う、国常立の御代の花」。九十九穂(西紀七〇)君罷る。年百三十七歳。　㊲15

皇子(陽代別)の喪入り四十八夜。埴立物し、師走十日、菅原伏見(奈良市)見送りの手火も輝く神の御幸ぞ。　㊲16

明くる年(皇紀七三一。西紀七一春弥生(三月)、昔の常世国から帰る田道間守が非時香具実二十四篭、香具の木四棹、株四棹、　㊲16

持ち来たる間に君(垂仁)罷る。土産半ばを若宮(陽代別)へ、半ばを君(垂仁)の陵に捧げ　㊲16

申さく。「これ得んと、遥かに行きし常世とは神の隠れの及びなき」—　㊲16

3739
風習を馴染むの　十年振り
豈思いきや　凌ぎ得て
更帰るとは　皇の
㊲16

3740
奇霊に依りて　帰る今
既に去り坐す　臣生きて
何か為んとて　※追い罷る
㊲16

3741
遺書　皇子見給いて
彼が妻　花橘を
忍山に　遣りて生む子に
㊲17

3742
御言宣　昔の人の
緒を止どむ　緒止橘と
名を賜い　似たる姿の
㊲17

3743
忍山に　嫁ぐ母子も
御恵み　深き縁の
例なるかな
㊲17

前頁 3734**※田道間守**　たじまもり(338 頁略系図・前頁 3734 参照)。広辞苑は〈**たじまもり**【田道間守】記紀伝説上の人物。垂仁天皇の勅で常世国に至り非時香菓(橘)を得て一〇年後に帰ったが、天皇の崩後であったので、香果を山稜に献じ、嘆き悲しんで稜前に死んだと伝える〉**※追い罷る**　おいまかる。殉死する。

昔、国常立が始めた日本最初の国・常世国であった日高見国、その土地の風習に馴染み、その土地の人に成りきる——非時香具実(ニホンタチバナの一種・宮城県地方に伝わるカボスが近いか)これを得るため気が付くと十年を凌ぎ得て、皇の奇霊に依り帰る今、皇は既に去っています。臣生きて何ができようかといって追い罷った(殉死した)。諸も涙で橘四本を若殿宮前に、株四本を菅原陵前に植えた。遺書を皇子陽代別が見給いて彼田道間守の妻花橘を忍山に遣り、生む子に御言宣「昔の人の緒を止どむ弟(緒止)橘姫」と名を賜い、似たる姿の忍山に嫁ぐ母子も御恵み、深き縁(日本武の妃となり七人の子の母)の例なるかな。

梭(かひ)の三十八(みそや)
日代(ひしろ)の世(よ)熊襲(くまそう)討つ綾(あや)

3801 陽代別(をしろわけ)　天皇(あめすめらぎ)の
年齢(とし)八十一(やそひ)　日嗣(ひつぎ)受(う)け継(つ)ぎ
三種宝(みくさたから)の　天牡鹿(あめをしか)

3802 八豊(やとよ)の御幡(みはた)　高御座(たかみくら)
御飾(みかざり)を　民(たみ)に拝(おが)ませ
若宮(わかみや)の　初暦成(はつこよみな)る

3803 二穂弥生(ふほやよい)　后大郎姫(ききさいらつめ)
去年卯月(こぞうつき)　孕(はら)みて産(う)まず
二十一月(ふそひつき)　経(へ)て師走望(しはすもち)

367頁3846 **※熊襲** くまそ。広辞苑は〈**くまそ**【熊襲】記紀伝説に見える九州南部の地名。また、そこに居住した種族。肥後の球磨(くま)と大隅(おおすみ)の曽於(そお)か。日本武尊(やまとたけるのみこと)の征討伝説で著名。景行紀「―反(そむ)きて朝貢(みつぎたてまつ)らず」。―**たける**【熊襲建】熊襲の族長。天皇の命を受けた小碓命(おうすのみこと)に討伐され、殺される前に日本武尊(やまとたけるのみこと)の名を奉った〉

補注 日本武尊(やまとたけるのみこと)は秀真伝ではヤマトタケ(日本武)です。

時天鈴七百八十八穂。垂仁九十九年文月（七月）一一日。（鈴紀一七八七・皇紀七三一・西紀七一一年）。日本陽代別諱足彦が日嗣を受け天皇(あめすめらぎ)（八十一歳。一二代景行）となる。三種宝の天牡鹿、八豊の御幡、高御座。御飾りを民に拝ませ初暦成る（纒向日代(まきむきひしろ)の若宮に改暦。後の景行元年）。二穂弥生（三月）大郎姫を后に立てる。去年卯（四）月孕み、二十一か月経て師走（一二月）望（一五日）に――

㊳1　㊳1　㊳1

3804
臼端に　※餅花なして
双子生む　餅仁大碓
花彦小碓
㊳2

3805
共に勇みて　人為りは
身の丈一丈　兄は弱く
弟は二十力
㊳2

3806
四穂如月望　美濃に行く
生簀を覗く　弟姫は
嫁ぎ好まず　姉八坂召す
㊳3

3807
八坂姫生む　菟道仁は
世嗣皇子　菟道麻呂孫は
竹内麻呂ぞ
㊳4

3808
綺麗妃の　子磐衝の子
水葉姫生む　五百野姫樟子
天照神の　三代御杖代
㊳5

※**餅花**　もちばな。**広辞苑**〈**もちばな【餅花】**　餅を小さく丸め繭や団子の形にして彩色し、柳の枝などに沢山つけて飾るもの。小正月に座敷に飾ったり、神棚に供えたりする〉**民族の事典**(岩崎美術社編)〈**もちばな【餅花】**　東日本に多く見られ、粟穂だけは九州四国にもある〉

臼(碓)端に餅花なして双子生む。兄の名は餅仁大碓皇子で弟の名は花彦小碓皇子(後の日本武)、共に勇みて人為りは身の長一丈、兄餅仁は弱く、弟花彦は二十人力。四穂(景行四年)美濃に行き、菊桐の宮に仮坐ます。生簀を臨めば差し覗く弟姫を召したが「嫁ぎ好まず」と断わられ、姉八坂入姫を召した。根霜(一一月)初日(一日)纏向日代新宮に入ります。根霜十五日、八坂入姫が生む菟道仁は世継皇子足彦(十三代成務)である。菟道麻呂孫は竹内麻呂で竹内の祖となる。綺麗姫の子磐衝の子水葉郎姫が生む五百野姫樟子は後、天照神の三代御杖代となる(㊳21)。

3809
男は五十五　女は二十六
総べ八十一　六人は御皇子
余り七十五子　国造県主

3810
美濃の国　神穂根が娘の
姉妹遠子　国の色在り
大碓を　遣りて呼ばしむ

3811
大碓皇子　美濃に至りて
姿見て　窃かに召せば
君咎め　都に入れず

3812
周防娑婆　熊襲叛きて
貢せず　神夏磯姫が
白幡を　舳に掛け迎う

3813
※鼻垂が　濫り跨り
名を借りて　宇佐に屯し
鳴り響く　又　耳垂も

※**鼻垂**　はなたれ。原文はハナタレ。卑しめていう破垂の一種で、耳垂もある(3813)。広辞苑は〈**はなたれ【洟垂れ】**「はなたらし」に同じ。→**はなたらし【洟垂らし】**①よく鼻汁を垂らしていること、またその人。はなたれ。②弱年で経験の浅い者や意気地のない人を卑しめていう語〉**補注**　日本書紀にも景行紀に「鼻垂(はなたり)」「耳垂(みみたり)」とでている。この記述は古事記にはない。

景行天皇の御子は男五十五人、女二十六人総べ八十一人である。妃播磨稲日太郎姫との大碓餅仁、小碓花彦(日本武)、后八坂入姫との五百城入彦(鈴杵)、妃水葉郎姫との五百野姫樟子、后八坂入姫との稚足彦(菟道仁・十三代成務)、妃御佩姫との豊国別(曽於仁)の六人は大御子、余り七十五人の子は国造や県主として分け治め、末裔が多い。美濃の国神穂根の娘の姉妹遠子は国の色(美人)で呼び人大碓皇子を遣った。大碓は美濃に至り姉妹の姿見て窃かに召し返え事せず、君が咎めて都に入れず。周防娑婆の熊襲が叛いて貢せず。神夏磯姫は白幡を掲げて天を出迎えた。鼻垂が宇佐に屯し鳴り響いた。又耳垂も――

㊳6　㊳7　㊳7　㊳8　㊳9

3814 貪りて 民を掠める 御木川上 又麻剥も 友集む 高衣川又

3815 土折と 猪折も隠れ 緑野の 川坂頼み 掠め取る 長と名乗るを

3816 討ち給え 時に武諸 計らいて 赤衣袴 ※引出物 これに惹かせて

3817 諸来れば 悉く殺して 御幸して 豊の長尾に 行宮処なす

3818 五土蜘蛛 力強きを 集め置く ここに皇 進み得ず 来田見の邑の

貪って民から略奪をした。御木川上流では、又、麻剥も輩を集めた。高衣川では又土折と猪折も隠れ、緑野の川坂を頼み掠め盗った。皆要路に集まっている輩の長と名乗る者を討ち給えと御言宣があった。時に武諸祇は計略をめぐらし、赤衣袴を引出物に引き出し、これに目を惹かせて諸来れば悉く殺して、御幸して豊の国（後、豊前・豊後に分かれる。福岡・大分の旧国名）の長尾に行宮処（都）をなした。速見邑に至ると青蜘蛛、白蜘蛛、打猿、八田、国麻呂の五土蜘蛛が輩の力強きを集め置き皇は進み得ず、来田見の邑の――

㊳9　㊳9　㊳9　㊳9　㊳10

※**引出物　ひきでもの**。広辞苑〈**ひきでもの**【引出物】饗宴の時、主人から来客へ贈るもの。古く馬を庭に、引き出したことから起こり、後には武具を贈った。現在は鰹節・砂糖など供応の膳に添える土産物、さらに広くは招待客への土産物をいう〉

3819
※行宮に　諮りて椿
槌となし　岩屋の蜘蛛を
皆打ち殺す

3820
打猿が　雨より繁く
横矢射る　これ討ち破り
行宮は　日向高屋ぞ

3821
熊襲兄弟　厚鹿文背鹿文
諸集め　頭の梟帥と
二娘　絹に欺く

3822
姉乾鹿文　酒を温に
父殺す　筑紫平けんと
六年まで　高屋の宮ぞ

3823
十七弥生　児湯県丹裳野
東を望み　昔を思ばす
※高千穂の　御祖天君

※行宮　かりみや。原文は（カリミヤ）。広辞苑は〈**かりみや【仮宮】**①仮に造った宮殿。②行宮に同じ。→**あんぐう【行宮】**（アンは唐音）天皇行幸の時の仮の宮殿〉

※高千穂　たかちほ。高千穂の峰は、瓊瓊杵が、妻木花咲耶姫の原見（富士山）の朝間（2437参照）と向かい合って、同時に神上がりしたところ（2634参照）富士山浅間神社の「センゲン」は「（アサマ）」の漢訳「浅間」を音読みしたもの。

来田見の邑の行宮で諮って言った。「諸が討たば蜘蛛らは恐れて隠れよう」と、椿を伐りて槌となし、勇猛な者に槌を持たせ山を穿ち、草を分け、岩屋の蜘蛛を皆打ち殺した。稲葉川辺（大分県竹田市）は血田となった。打猿を討とうと海石榴市より祢宜山を越す時、敵が雨より繁く横矢を射ってきた。八田を祢宜野に破り、打猿、国麻呂は許されず滝へ身を投げた。行宮は日向高屋。熊襲兄弟が諸を集め梟帥。姉妹二娘を絹に欺き召した。姉乾鹿文が酒を温に父厚鹿文を殺した。父殺しの姉を殺させ、妹は曽の国造に因ませた。十七弥生（景行十七年三月）児湯県丹裳野に東を望み、昔高千穂に神上がりの御祖天君瓊瓊杵を思ばし——

㊳10　㊳11　㊳12　㊳13　㊳14

3824
神祀り(かみまつり)　眺む(ながむ)御歌(みうた)に
愛しき(はしき)よし　吾家(わきべ)の方(かた)ゆ
雲居(くもい)発ち(たち)　雲(くも)は日本(やまと)の

3825
国(くに)の※真秀(まほ)　※又棚引く(またたなびく)は
※青垣(あおかき)の　山(やま)も籠れ(こもれ)る
山背(やましろ)は　命(いのち)の真麻(まそ)よ

3826
煙(けむ)いせば　※唯皇子思え(ただみこおもえ)
久(く)の山(やま)の　白樫(しらかし)が枝(え)を
髻華(うず)に挿せ(させ)　この子(こ)

3827
熊野県(くまのがた)　長熊津彦(おさくまつひこ)
兄弟(えと)を召す(めす)　兄彦(えひこ)は来れ(くれ)ど
弟拒み(おとこばみ)　来(こ)ず故殺す(かれころす)

3828
八代(やつしろ)へ　着く岸(つくきし)知れず
火(ひ)の光る(ひかる)　人(ひと)の火(ひ)ならず
※知らぬ火(しらぬひ)の国(くに)

※知らぬ火　しらぬひ。原文は〓〓〓〓(シラヌヒ)。広辞苑では〈**しらぬひ【**不知火**】**(景行紀の「火の国」地名起源説話から､後に「知らぬ火」と解釈して呼んだもの〉
補注　原文は「日」の意の「〓(ヒ)」ではなく「火」の意の異体字「〓(ヒ)」である。

神を祀り、声を長くひいて詠む御歌に──
愛しきよし　吾家の方ゆ　雲居発ち
雲は日本の　国の真秀　又棚引くは
青垣の　山も籠れる　山背は
命の真麻よ
煙いせば　唯皇子思え　久の山の
白樫が枝を　髻華に挿せ　この子

※真秀　まほ。広辞苑では〈**まほら**「まほ(真秀)に、漠然と場所を示す意の接尾語「ラ」の付いたもの)すぐれた良い所・国。まほらま。まほらば。まほろば。景行記「日本は国の──」〉**※又棚引くは**　またたなびくは。広辞苑では〈**たたなずく**《自四》幾重にもかさなり合う。また、かさなりつく。記中「──・く青垣」〉**※青垣**　あおがき。広辞苑では〈**あおかき【**青垣**】**垣のようにめぐっている緑の山を形容する語。記中「大和は国のまほろばたたなづく──山ごもれる大和しうるはし」〉**※唯皇子思え**　たゝみこおもえ。広辞苑では〈**たたみこも【**畳薦**】**㊀《名》畳にする薦。記中「──平群の山の熊白梼クマカシが葉を」〉

熊野(くまの)(球磨)県(がた)の長熊津彦(おさくまつひこ)兄弟を召すと兄彦は来たが弟彦は来ず、臣と兄とに諭させたが拒んだので殺した。八代(やつしろ)の岸へ着くと人の火ならず知らぬ火が光り(不知火(しらぬひ))の国。

㊳15　㊳15　㊳15　㊳16　㊳17

3829
阿蘇広く　家居見えねば
人在りや　君宣給えば
忽ちに　阿蘇津彦姫

3830
人無きやとは　君曰く
誰ぞ　答えて　国津神
社破れり　時に君

3831
御言宣して　社建つ
神喜びて　守る故
家居繁れり

3832
朝霜の　※御木の棹橋
前津君　弥渡らずも
御木の棹橋

3833
君問えば　翁の曰く
椽なり　倒れぬ前は
夕日影　阿蘇山覆う

※御木の棹橋　みけのさおはし。倒れぬ前は朝日の影が杵島峯まで延び、夕日の影は阿蘇山を覆った程だった椽の大御木を高田宮への参道の橋にしたもの。広辞苑では〈**さおばし【さ小橋】**(サは接頭辞)小さい橋。景行紀「朝霜の御木の―侍臣い渡らすも御木のさ小橋」〉とあり、大木の棹橋とは正反対です。これは「サオハシ」を日本書紀は「佐烏麼志」と当て、「さ小橋」と誤訳したことが明らかです。高田宮は福岡県旧三池郡高田町にあり、地名「三池」の語源は御木です。

高来県(長崎県元北高来郡高来町・現諫早市)の船渡し、玉杵名邑の土蜘蛛の津類を殺し、至る阿蘇国は四方広く、家居見えねば「人在りや」と君宣給えば、忽ちに、二神なりて阿蘇津彦と阿蘇津姫が「人無きやとは」と。君曰く「誰ぞ」。答えて「国津神なり。社破れり」。そこで君御言宣して社を建てた。阿蘇津二神喜びて守る故、家居繁れり。筑紫道後の高田宮(福岡県元三池郡高田町・現みやま市)、大御木が倒れ、木の長さ九百七十丈ぞ。人も踏み渡って行き来に歌う。

朝霜の　御木の棹橋　前津君
弥渡らずも　御木の棹橋

君問えば翁の曰く「椽なり」。倒れぬ前は朝日影杵島峰、夕日影阿蘇山を覆うた。

㊳18　㊳18　㊳18　㊳19　㊳19

3834
膳部　御皿忘れる
国言葉　御皿を受葉
飯葉もこれなり

3835
日本姫　今年百八つ
※御杖代　物部司も
五百野に遷す

3836
※竹内に　秀真知部の
御言宣　北より津軽
日高見や　香具の館に

3837
道を聞く　元彦曰く
国知るの　道は古
神の御食　神祈粥は

3838
黒豆と　大麦と小豆と
七の米粥　年越は
大麦と小豆と　米蒸ます

※竹内　たけうち。武内竹内麿諱高義。元杵（第十二代孝元天皇）の曽孫。竹内の祖となる。広辞苑では〈**たけうちのすくね【竹内宿祢】**大和政権の初期に活躍したという記紀伝承上の人物。孝元天皇の曽孫（一説に孫）で景行・成務・仲哀・応神・仁徳の五朝に仕え、偉功があったという。その子孫と称するものに葛城・巨瀬・平群・紀・蘇我の諸氏がある〉

膳部が御皿忘れる。長曰く「昔天皇子御行の日ここに御食なし、膳が受葉忘れり。国言葉（方言）で御皿を受葉（福岡県浮羽郡浮羽町の語源）という。飯葉もこれ、斯かる目出度き例なり」。㊳20

景行十九年纒向の宮に還る。日本姫今年百八つ（歳）。御杖代、吾が八十物部十二司を五百野姫樟子（十四歳）に転属す。㊳20

※御杖代　広辞苑〈**みつえしろ【御杖代】**大神・天皇などにその杖代わりとなって奉仕する者。多く伊勢神宮の斎宮にいう。皇大神宮儀式帳「豊耜入姫命を以て—とし」〉

㊳21

景行二十五年（皇紀七五五年、西紀九五）七月初日竹内宿祢に秀真知部の御言宣——北より津軽、日高見の香具の館で道を聞く。㊳22

元彦曰く——国知るの道は、古、神の御食、神祈粥は黒豆と大麦と小豆と七分の米粥、年越は大麦と小豆と米蒸ます（御強）。㊳22

3839
年徳八将　※鬼遣らい
睦月七朝は　※七草の
味噌に※五臓や　望の朝

3840
※六腑祭りは　米と小豆
神在り粥ぞ　土公の
血脈の祭は　大豆小豆に

3841
大角豆と　七の米炊ぎ
※天九の神の　御汁粥
身を知る技の　幾多に

3842
年長らえて　万人の
道の導と　ある書を
代々に伝うる

3843
竹内は　遂に長らう
道となる哉
根心を　明かし帰りて

※天九の神　あまこのかみ。天九は天空を模った太占図で、中央に坐ます元元明「アウワ」の天御祖神と「トホカミエヒタメ」の八元神。太陽系八惑星に北極星を加えた九星か。また、「九星暦」のもとか。

年徳八将神を祀り鬼遣らい。睦月(正月)七日朝は七草の味噌に五臓や望(十五日)の朝六腑祭りは米と小豆の神在り粥ぞ。土公(猿田彦)の血脈の祭は大豆小豆に角豆の三分に七分の米を炊いだ天九の神の御汁粥、身を知る技の幾多に、年長らえて万人の道の導とある書を代々に伝うる。竹内は遂に長らう道となる哉。根心を明かし帰りて――

※鬼遣らい　おにやらい。広辞苑〈**おにやらい【鬼遣らい】**追儺に同じ。→**ついな【追儺】**宮中の年中行事の一つ。大晦日の夜、悪鬼を払い疫病を除く儀式。鬼に扮装した舎人を内裏の四門を…〉**※七草**　広辞苑〈**はるのななくさ【春の七草】**正月七日に摘み取って七草粥に入れる若菜の七種。芹・薺・御形・繁縷・佛座・菘・蘿蔔の七種〉**※五臓**　ゐくら。広辞苑は〈①漢方で心・肝・肺・腎の五つ〉**※六腑**　むわた。広辞苑は〈**ろっぷ【六腑】**〈①漢方で六種の内臓、すなわち大腸・小腸・胆・胃・三焦・膀胱の総称。「五臓―」〉

㊳23　㊳23　㊳22　㊳23　㊳24

3844
二十七如の　十三日申さく
日高見は　女男の子髪を
※揚巻に　身を綾どりて

3845
勇み立つ　すべて※蝦夷の
地肥えて　服ろわざれば
取るも良し

3846
又侵す　※熊襲叛きて
神無月十三日　御言宣
小碓皇子して　討たしむる

3847
取石鹿文が　川上に
梟帥の輩　群れ寄りて
※安座なせば　小碓君

3848
乙女姿の　御衣の内
剣隠して　休みせし
携え入るる　※花筵

※揚巻・総角　あげまき。古代の少年の髪の結い方。頭髪を左右に分けて頭上に巻き上げ、角状に両輪をつくったもの。また、その角を結った一七、八歳の少年。角髪。神楽歌。総角「―早稲田にやりて」

揚巻結び　揚巻
（角川新版『古語辞典』）

景行二十七年（鈴紀八一四・皇紀七五七・西紀九七）如（二月）の十三日、竹内が申した。「日高見では女男の子が髪を揚巻にし、身を綾どりて勇み立つ。すべて蝦夷の地肥えて、服ろわざれば取るも良し」と。熊襲が叛いて又侵かす。神無（十）月十六日御言宣―、小碓皇子をして討たしむる。安座なせば、小碓君乙女姿の御衣の内に剣を隠して休みせし、携え入るる花筵―

※蝦夷　えみし。広辞苑は〈**えみし**【蝦夷】「えぞ（蝦夷）の古称。神武紀「―を、一人百な人、人はいえども手向ひもせず」。→**えぞ**【蝦夷】①古代の奥羽から北海道にかけて住み、言語や風俗を異にし、て中央政権に服従しなかった人びとえみし。②北海道の呼称。蝦夷地〉**※熊襲**　くまそ。記紀伝説に見える九州南部の地名。またそこに居住した種族。肥後の球磨と大隅の曽於か。日本武尊の征討伝説で著名。景行紀「―反きて朝貢らず」

※安座　やすくら。広辞苑では〈**あんざ**【安坐・安座】①落ち着いて座ること。特に、あぐらを組むこと。②安閑としていること〉**※花筵・花蓆**　はなむしろ。広辞苑〈**はなむしろ**【花蓆・花筵】①**はなござ**。花茣蓙。種々の色に染めた藺で山水や草花などの模様を織り出したござ。②花見の宴に使う蓆。転じて花見の宴〉

㊳24　㊳24　㊳25　㊳25　㊳26

3849
身を上げ神酒の　戯れや
夜更け酔えれば　小碓君
肌の剣を　抜き持ちて
㊳26

3850
梟帥が胸を　刺し通す
梟帥が曰く　今暫し
剣止どめよ　言有りと
㊳26

3851
待てば汝は　誰人ぞ
皇の子の　小碓なり
梟帥言う　奴が捧ぐ
㊳26

3852
名を召すや　君聞きませば
今よりは　※日本武とぞ
名乗らせと　言いつつ終わる
㊳26

3853
筑紫より　船路を帰る
日本武　皇褒めて
賜物なしき
㊳27

梟帥が身を上げ神酒の戯れや夜更け酔えればば小碓君が肌の剣を抜き持ちて、梟帥の胸を刺し通す。梟帥が曰く「今暫し剣止どめよ、言有り」と。待てば「汝は誰人ぞ」。小碓君が答えた「皇の子の小碓なり」。梟帥が言った「奴が捧げる名を召すや」。君聞きませば、「今よりは日本武とぞ名乗らせ」と言いつつ終わる。筑紫より船路を帰る。日本武を皇が褒めて御褒美を賜った。

※日本武　やまとたけ。広辞苑では〈**やまとたけるのみこと**【日本武尊・倭建命】古代伝説上の英雄。景行天皇の皇子でもとの名は小碓命。別名日本童。天皇の命を奉じて熊襲を討ち、のち、東国を鎮定。駿河で草薙の剣によって、野火の難を払い、走水の海では、妃弟橘媛の犠牲によって海上の難を逃れた。帰途、近江伊吹山の神を討とうとして病を得、伊勢の能褒野で没したという〉**補注**　広辞苑では「**やまとたけるのみこと**」とあるが、秀真伝では「**やまとたけ**」である。

校の三十九
秀真討ち十九歌の綾

3901
※纒向の　日代の四十穂
瀬水無月　秀真騒げば
酒折の　武日上りて

3902
御行乞う　君諸集め
宣給わく　※秀真の蝦夷
掠めると　誰人遣りて

3903
平けなんや　諸人言わず
日本武　東を討つは
餅仁ぞ　時に大碓

※秀真の蝦夷　ほつまのえみし。この頃（第12代景行40年・皇紀770・西紀110年）になると、「秀真国」は、未開の東国地方の代名詞ともなっていた。

纒向の日代の四十穂（景行四〇年・鈴紀一八二七・皇紀七七〇・西紀一一〇）の瀬水無月（六月）秀真が騒いだので、酒折宮の大伴武日が上って、御行を乞うた。景行君が諸臣を集め、「秀真の蝦夷が掠めるという。誰人を遣って平けようか」と宣給った。

諸人は誰も言わず、弟・日本武が言った。

「東を討つは兄の餅仁ぞ」。時に兄・大碓は――

㊴1　㊴1　㊴1

※纒向　まきむき。原文は〔マキムキ〕。真東向き。日代の宮が伊勢宮に対して真東向き。纒向の語源。広辞苑では〈**まきむくいせき**【纒向遺跡】奈良盆地南東部、桜井市にある三〜四世紀の集落墳墓遺跡。大型建造物群も発見。出土した多くの土器から東海・山陰・山陽地方との交流が推定される〉〈**まきむくやま**【巻向山・纒向山】奈良県中部、桜井市北部の山。標高五六七メートル。※痛足山。↓**まきもく**【巻目】（万葉集ではマキムク）大和国の歌枕。今の奈良県桜井市、纒向山のある一帯。万葉集の歌を本歌として多く読まれる〉

補注　※痛足の語源は、秀真伝の〔アナシ〕（天成）とみられる。

3904
戦慄きて　野に隠るるを
呼び召して　君責め曰く
強い遣らん　美濃守らしむ

3905
日本武　西平け間なく
又東　何時か及ばん
労わるとても　平けざらん

3906
吾聞く蝦夷　長も無く
相侵し得る　山荒らし
血脈道欠けて　穴に住み

3907
獣肉お食みて　毛衣着
恵み忘れて　仇を為し
天成る道に　服ろわず

3908
百力　行くに障らず
攻めば勝つ　即ち知れり
身は吾が子　真は神の

戦慄いて逃げ野に隠れたのを呼び召して君が責め言った。「汝を強いて遣らんや」と美濃を守らせることにした。時に日本武は雄叫んで「西平け間なく、又東、何時か及ばん仮令臣、労わるとても平ざらん」と悲痛な決意です。

補注　日本書紀でも、臆病な兄・餅仁については「汝が欲せざらむを、豈強に遣さむや何ぞ未だ賊に対はずして、予に懼るること甚だしき」と宣い、「此れに因りて、遂に美濃に封さす」とあります。ところが古事記では、「小碓命」は凶暴で、さきの熊襲討ちの時に既に、「兄大碓命を朝曙に厠に入りし時、待ち捕えて搤み批ぎて、その枝(手足)を引き闕ちて薦に裹みて投げ棄てつ」とあります。

時に皇は矛を持ち「吾聞くに蝦夷は相侵し山を荒らし、血脈道欠けて穴に住み、獣肉を食み、毛衣を着、恵み忘れて仇を為し、天成る道に服ろわず」。百力行くに障らず、攻めれば勝つ即ち知れり、身は吾が子、真は神の──

㊴1　㊴2　㊴3　㊴3　㊴4

3909 吾暗く　平けざる御代を
嗣がしめて　絶えざらしむる
汝こそ　天の下知る

3910 位なり　深く慮りて
稜威に伏せ　恵みに懐け
秀真なし　※姧者を

3911 神つ世に　服ろわせよと
授けます　御矛を受くる
日本武　昔御霊の

3912 恩頼により　態襲を平けぬ
今も又　敵の境に
行き臨み　服ろわざれば

3913 討つべしと　拝みて吉備の
武彦と　大伴武日
従えり　七掬脛※を膳と―

「吾（景行）暗く、平けざる御代を嗣がしめて、西東と平定に絶えることのない汝こそ天の下知る（天下を治める日嗣にふさわしい）位である。深く慮りて稜威に伏せ、恵みに懐け、親しませ秀真をなして、姦者を神の世に服ろわせよ」と矛を授けました。

※**姧者**　かたましもの。広辞苑は〈**かだまし**【奸し】①心がねじけている。景行紀（北野本）南北朝時代点「姦鬼カダマシキモノ有り」②怠慢である。無精である。日葡「カダマシイ」〉

御矛を受けた日本武は「昔御霊の恩頼により、態襲を平けぬ。今も又、敵の境に行き臨み、服ろわざれば討つべし」と、御矛を拝んで吉備武彦と大伴武日を従えた。七掬脛を膳と―

※**膳**　かしわで。広辞苑は〈**かしわで**【膳・膳夫】（古代、カシワの葉を食に用いたことから）①飲食の饗膳。供膳。②饗膳のことをつかさどる人。料理人。③（「膳部」）大和政権の品部…〉

㊴4　㊴4　㊴4　㊴4　㊴4

3914
膳と　神無月二日に
門出して　道を横切り
七日伊勢の　神に祈りて

3915
磯の宮　日本姫にも
暇乞い　君の仰せに
敵討ちに　※罷るとあれば

3916
日本姫　錦袋と
剣持ち　火水土の障り
祓うべし　昔出雲の

3917
国開く　※叢雲剣
これなるぞ　謹み受けて
敵平けよ　な怠りそと

3918
授けます　先に田道間が
遺し書　国染まざれば
香具の木を　得んと思えば

※**罷る**　まかる。広辞苑は〈**まかる**【罷る】《自五》…制約のもとで出入りする意①貴人・他人の前などから退出する。②都から地方へ行く。③「来る」「行く」の謙譲語〉

七掬脛を膳夫として、景行四十年神無(十)月二日に門出して、道を横切り、七日伊勢　395

の天照神に祈り、磯の宮の日本姫にも暇を乞い、君の仰せにより敵討ちに罷るとあれ　395

ば日本百襲姫が錦袋と剣を持って、大皇子日本武に言った。「この剣は、天御孫素佐之男が創めた、火水土の御祓いである。　395

火水土の障り(災)があるときは祓うべし。昔出雲の国を開いた叢雲剣とはこれであるぞ。謹み受けて敵平けよ。な怠りそ」と　395

授けました。先(景行二年)に田道間守の遺書—国染まざれば香具の木を、得んと思えば　396

※**叢雲剣**　むらくもつるぎ。広辞苑は〈**むらくものつるぎ**【叢雲の剣】天叢雲剣の略→**あめのむらくものつるぎ**【天叢雲剣】草薙の剣の元の名として、日本書紀の一書に見える称〉

3919
橘の ※元彦が家に
年経りて 馴染みて巡る
日高見と島津の君に

3920
相知りて 漸得て香具を
曳かぬ間に 君神と成る
今若宮に 奉る

3921
君僕が 元彦に
結ぶ雫の 源を
思して秀真 知ろし召せ

3922
ここに皇 竹内と
語り合わせて 秀真国
橘元彦を身になして

3923
橘姫と 穂積右近
桜根左近を 前に遣り
軍下れば日高見が

崇神天皇—垂仁天皇—景行天皇———日本武
天照后　　　　　　　　忍山　┬稚武彦外六男
　　　　　　　　　　　┬—弟橘姫
桜内┬大山祇—真占—元彦—花橘(連れ子)→
　　└瀬織津姫　　　※　　　┬—弟橘姫
(韓国皇子)
天日槍—諸助—比奈羅木—清彦—田道間守

田道間守が橘の元彦の家に十年も滞在し、馴染みとなって巡察し、日高見の道奥と島津道彦の君とも昵懇となって、漸く香具(橘)の木を得て持ち帰ってきたのに着かないうちに、垂仁天皇は神と成ってしまった。そこでこれを今、若宮(景行)に奉るところです。どうか君には僕(田道間守)が元彦と結んだ経緯の源を思い起こして秀真国(日高見から関東一円)を知ろし召せ——との遺言より皇(景行)と竹内(宿祢)と語り合わせ、ここに橘元彦を親代わりとなして弟橘姫と穂積右近、それに桜根左近を前に遣り、日本武の軍が下れば、日高見が——

㊴6　㊴6　㊴6　㊴6　㊴7

3924 招く元彦　頷かず
※相模の小野に　城構え
右近と左近等と　守り固む

3925 蝦夷の輩　攻め上る
裾野に出会う　日本武
蝦夷ら欺き　野の鹿が

3926 息切り立ちて　踏みしだく
細枝結いして　西煙り
敵に覆えば　道を知る

3927 敵野を焼きて　欺けば
知りて鑽火の　向かい火に
火水土の祓ひ　三度祈る

3928 東風吹き変わり　西煙
敵に覆えば　草を薙ぎ
焼き滅ぼせば　焼津野や

招く元彦は頷かず（首を縦に振らなかった）。 ㊴7

※相模　さがむ。広辞苑〈さがむ【相模】「さがみ」の古形。記中「さねさし―の小野に燃ゆる火の」〉補注3986参照。

相模の小野に城構え穂積右近と桜根左近等とで守り固めていた。攻め上る蝦夷の輩と日本武が裾野で出会った。蝦夷らが欺き野の鹿が息切り立てて荒れ足で踏みしだいた。 ㊴8

蝦夷らの計略と知りながら道しるべの細枝結いを辿って行くと西から煙が上がり、敵に覆えば道を知った。 ㊴8

敵が野を焼いて欺いてきたので、日本姫から戴いた錦袋を取り出し、鑽火で向かい火を起こし火水土の祓いで三度祈ると ㊴8

東風が吹き変わって西から煙が上がり、敵に覆えば、剣で草薙いで（草薙剣の語源）焼き滅ぼせば焼津野（静岡県焼津市）である。 ㊴8

3929
足柄山(あしがらやま)に　攻(せ)め到(いた)る
相模(さがむ)の小野(おの)の　城攻(しろせ)めに
七十日(なそか)日照(ひでり)に　火攻(ひぜ)め為(な)す

3930
髪梳(かみす)き清(きよ)め　白樫(しらかし)の
太刀(たち)を原見(はらみ)の　御柱(みはしら)と
祈(いの)る火水土(ひみつ)の　清祓(きよはら)い

3931
龍(たつ)の雨(あめ)　皆逃(みなに)げ散(ち)れば
弟橘姫(おとひめ)は　君(きみ)の手(て)を取(と)り
喜(よろこ)び涙(なんだ)　袖浸(そでひた)す

3932
軍船(いくさぶね)　漂(ただよ)う風(かぜ)を
鎮(しづ)めんと　弟橘(おとたちばな)は
舳(へ)に上(のぼ)り　波(なみ)に身(み)を投(な)ぐ

3933
香取時彦(かとりときひこ)　秀彦(ひでひこ)と
息栖乙彦(いきすおとひこ)　予(か)ねて待(ま)つ
葦浦(あしうらこ)越えて　勿来浜(なこそはま)

剣の名をも草薙ぎて足柄山に攻め到る。相模の小野の城攻めを固く守ると敵軍(あだいくさ)は四方に焚き木を積み上げ、七十日日照りに火攻めする。日本武は、髪を梳き清め白樫の太刀を原見の御柱と見立て、祈る火水土の清祓いをすると龍田の神が顕われて子(こ)の代池(しろいけ)の龍の雨が降り火を消せば宮軍は勇んで敵の半ば討つ。敵は皆逃げ散れば鬨(とき)を上げ、迎え入る時に弟橘姫は、日本武の手を取り喜びの涙で袖を浸した。軍船が漂う風を鎮めんと弟橘姫は舳に上り君の稜威を日本に立てさせようと龍になり御船を守らんと海に身を投げた。香取時彦、鹿島秀彦と息栖乙彦が予ねて待ち大鹿島が御饗し、葦浦越えて勿来浜。

㊴9　㊴9　㊴10　㊴11　㊴12

3934
日高見の　※道奥島津
国造五人　県主
百七十四人　万輩

3935
竹の水門に　拒む時
武日を遣りて　これを召す
島津の守は　服ろいぬ

3936
道奥曰く　今汝
人の皇　君として
仕える汝　衰えり

3937
今来て国を　奪わんや
武日の曰く　神の御子
汝を召せど　服ろわず

3938
故に討つなり　答え云う
それ我国は　大御祖
高見産霊の　この国を

※道奥　みちのく。原文は（ミチノク）。天成道の奥義の意。「瓊の教え 長く治まる宝なり 天の日嗣を受くる日の 三つの宝のその一つ　天成る典の道奥ぞこれ」(㉓56)。広辞苑は〈**みちのく【陸奥】**(ミチノオクの約)　磐城・岩代・陸前・陸中・陸奥五カ国の古称。おく。むつ。みちのくに。現在の東北地方全体を指す場合もある〉

日高見の道奥と津軽の島津彦が国造五人県主百七十四人ほか万輩を率いて、竹の港(水門が語源)に集結して拒んだ。そこで
㊴12

日本武は大伴武日を遣ってこれを召した。島津の守は予め威多に畏れ弓矢を捨てて御前に伏して服ろいだ。しかし道奥は直
㊴12

ぐには服ろわず、勅使武日を門に出迎え詰問した。道奥曰く「今汝、人の皇君として仕える汝は衰えたものだ。今来て国
㊴13

を奪おうとするのか」。すると、武日が言った。「神(日本陽代別)の御子(日本武)が汝を召せど服ろわず。故に討つなり」。

㊴13

道奥は答えた。「これは何の言い訳だ。それ、我国は、大御祖である高見産霊がこの国を――」

㊴13

3939
開（ひら）きて※七代（ななよ）　これを継（つ）ぐ
日（ひ）の神（かみ）ここに　道学（みちまな）ぶ
故日高見（かれひたかみ）ぞ

3940
天（あめ）の皇子（みこ）　千乳姫（ちちひめ）と生（う）む
兄（ゑ）は飛鳥（あすか）　弟（と）は原見宮（はらみみや）
※その時（とき）に　国賜（くにたま）わりて

3941
十四（そよ）の裔子（はつこ）の　吾（われ）までは
他所（よそ）の治（た）受（う）けず　それの君（きみ）
飛鳥（あすか）を討（う）ちて　国（くに）を取（と）る

3942
神（かみ）に違（たが）えり　故馴（かれな）れず
今又来（いまたき）たり　取（と）らんとす
これも神（かみ）かや　皇君（すめきみ）よ

3943
武日微笑（たけひほほゑ）み　これ汝（なんぢ）
井中（ゐなか）に住（す）んで　沢（さわ）を見（み）ず
事良（ことよ）きに似（に）て　当（あた）らずぞ

※七代　ななよ。天の世七代。初代国常立から第七代伊佐那岐・伊佐那美まで。この間、日高見は初代高見産霊(東の常立)から第六代高見産霊(八十杵)。第七代高見産霊(棚杵・振麿・高木とも)は神の世初代天照に仕える。天照の若仁時代(前13世紀)、母方の祖父第五代高見産霊(豊受)から山手宮で天成道を学んだ。**※その時**　神の世第二代忍穂耳から兄火明は飛鳥、弟瓊瓊杵は原見、日高彦が日高見を賜った時(前12世紀)。

「開いて七代これを継いできた。日の神天照が、ここで第五代高見産霊諱豊受から天の道を学んだ。だから日高見であるぞ。㊴13

天の皇子忍穂耳が后・栲機千乳姫と生む皇子は二人あった。兄奇玉火明（くしたまほのあかり）は飛鳥宮、弟瓊瓊杵（ににきね）は原見宮を賜わった。その時日高見の国を賜わって十四代の裔子の吾まで㊴14

他所（よそ）の治（た）を受けたことがない。それの君(神武（かんたけ）)は飛鳥を討って国を取った。これは㊴14

神の道に違えるものだ。それを今又来て、日高見の国を取ろうとする。だから吾は馴致（じゅんち）しないのだ。これでも神だというのか。皇君（すべぎみ）よ」。㊴14

武日は微笑んで言った。「これ汝井中（なんぢゐなか）(田舎（いなか）の語源)に住んで沢を見ず。事良きに似て当たらないぞ」。㊴14

3944 確と聞くべし 是説かん
昔飛鳥の 長脛が
典盗めども 飛鳥君
㊴14

3945 糾さぬ故に 世に歌う
乗り降せ 秀真道弘む
天も磐船
㊴15

3946 塩土翁が 進む故
鹿島の神に 御言宣
行きて討つべし
㊴15

3947 鹿島神 吾行かずとも
国平けの 剣下して
高倉に これ捧げしむ
㊴15

3948 武仁は 君たる威徳※
ある故に 天より続く
神の皇子 世々に天照る
㊴16

確りと聞きなさい。これを説きましょう。昔飛鳥の長脛彦が(子種祈る)典を盗み写したけれども飛鳥君は、これを糾さなかった故に「乗り下せ、秀真道弘む天も磐船」と世に歌われたのだ。塩土翁が「是行きて、平けざらんや」と勧める故に、大和のもともとを糺して天照大御神が鹿島の神に御言宣を下された。「行きて討つべし――」と。鹿島神と武甕槌は「吾、行かずとも」と答え、大和討ちの前例(㉙100)により、国平けの剣を下して高倉下に、これを捧げさせたのである。武仁には君たる威徳がある故に天の世より続く神の皇子で世々に天照る――

※**威徳** 広辞苑〈いとく【威徳】人を畏服させる威厳と人を心服させる徳。また、厳かで冒しがたい徳。狂、鐘の音「これも鐘の――でござる」。「――を備えた人」〉

3949 汝世々　君無く暦
何れぞや　答えて※伊勢暦と
又曰く　天照神

3950 暦成し　稲植えさせて
糧増やし　身を保たしむ
百七十九万　三千続く

3951 今日の輪内に　御座します
汝は世々に　稔り受け
命繋ぎて　未だその

3952 君に返言　申さぬは
その罪積り　幾らぞや
抜け道ありや

3953 吾が君は　神ならずやと
この時に　道奥及び
皆伏して　服ろいくれば

※伊勢暦　いせ。広辞苑〈いせごよみ【伊勢暦】伊勢神宮祭主藤浪家から奏して得た土御門家の暦の稿本によって、同神宮が刊行したカナ書きの暦。御師が大麻と共に全国に頒布した〉

大伴武日が道奥に言った。「汝、代々君を戴かないで暦は何を使っているのか」。㊴16

道奥は答えた「伊勢暦」と。武日が又言った。㊴16

「天照神が暦を成し、稲を植えさせて糧を増やし、身を保たせた。それ以来、㊴16

百七十九万三千穂(五九八年)続く、この世を見守り続け、今は日の輪の内に御座します。御孫の代々の民を治め、日に準えて天君ぞ。㊴16

汝は世々に稔りを受けて命を繋いで来たのに、未だその君に礼言を申さぬのは、その罪が積もりて幾らぞや、抜け道ありや」。吾が君は神ならずやと、この時に道奥及び皆伏して服ろいくれば——㊴17

3954
日本武 道奥赦し
勿来より 北は道奥
国の守 百県の初穂※

3955
捧げしむ 津軽蝦夷は
道彦に 七十県初穂
捧げしむ 南は常陸

3956
上総安房 三笠鹿島に
秀彦時彦乙彦の 三人には
御衣を賜わる

3957
蝦夷から 加須錦十衣
尖り矢百手※ 道奥よりは
黄金十大 熊征矢百手

3958
靫重く 侍四人
負い代わり 宮に日暮れて
手火遅く着く

※初穂 はつほ。現代でいえば国税。縣(あがた。耕地)に応じ稲穂を物納する。津軽は七十縣、道奥は百縣。その頃の筑紫は全土で三十二縣であった。広辞苑は〈**はつほ【初穂】**(室町・江戸時代はハツオと発音し、「初尾」とも書いた)④その年初めて収穫した穀物を、神仏または朝廷に最初に奉るもの。「—料」〉**補注** 現代でも神前に捧げる金銭を「初穂料」と呼ぶもと。

日本武は道奥を赦し、勿来より北は道奥に賜わり国の守に任じ、百県の初穂を捧げさせることにした。津軽蝦夷は道彦に賜わり七十県に初穂を捧げさせることにした。南は常陸と上総と安房は三笠鹿島に賜わり、鹿島秀彦と香取時彦と息栖乙彦の三人には御衣を賜わった。国造五人が神の道に同道したいと強く申し出たので、これらを召し連れ新治へと出発した。津軽蝦夷から加須錦十衣と鷲の羽の尖り矢百手を奉った。

※広辞苑〈て【手】㊀(名)❸⑤矢二筋を一組として数える語〉

日高見道奥からは黄金十大と熊征矢百手を奉った。その靫重く二百大あり、負い手の大伴の侍四人が負い代わり西南を経て到る。酒折の宮に日暮れて手火遅く着く——

㊴17　㊴17　㊴17　㊴18　㊴18

3959 何ど疲る　力厭わば
歌を詠め　※火点褒めて
※武田邑　賜わる

3960 武日をば　靫部を兼ねて
甲斐駿河　奴等※花振
曽呂利は武田　何の事

3961 武日の曰く　歌の事
又問う故は　天地ならず
何の歌ぞや　又曰く

3962 十九歌昔　小百合姫
年十九の時　手研耳皇子
慕い乞う故　その※父が

3963 呼び出す時に　覗く十九歌
天つ地　照ります君と
何ど避ける利目

※火点　ひとぼし。火を点す人。**※武田邑**　たけだむら。現茨城県勝田市武田。**※花振**　はなふり。広辞苑では〈**はなふりぎん【花振銀】**①江戸時代、灰吹銀の雑分を除くためにこれを灰吹鍋に入れ、堅炭で紅熱して得た純銀。②江戸時代初期、加賀で造られた銀貨の一種。十両・一両・豆板銀・鐨銀など種々ある。十両銀には、表面に「花振」「十両」の字を印する〉**※父**　武仁(神武天皇)。

叱れば答。「靫重く疲れ眠りて暮れ知らず」。武日又言う「四人相持ちぞ、汝ばかりが何で疲れる。力厭わば歌を詠め」 ㊴19
答えて「神の御世は歌。今は力よ」。君聞し召し、中重賜わる「新治つ筑波を過ぎて幾夜か寝つる」、諸為さず。火点与須奈が返し申さく「日々萎えて夜には九夜日には十日を」。 ㊴20
日本武、与須奈を褒めて武田邑賜わる。武日をば靫部を兼ねて甲斐・駿河。奴等花振(銀)。火点与須奈は武田邑何の事。 ㊴20
武日の曰く歌の事。また問う故は天地ならず何の歌ぞや。又曰く「十九歌は、昔、小百合姫年十九の時、手研耳皇子が慕い乞う故、父神武が呼び出す時に覗く十九歌。 ㊴20
『天つ地照ります君と何ど避ける利目』 ㊴20

3964
その十九(つず)す※　数(かぞ)えて中(なか)を
壺要(つぼかなめ)　折合(おりあ)わせ目(め)に
けりもあり　君(きみ)と吾(われ)とは
続(つづ)きけり

3965
邪禍(よこが)め取(ど)るを
逆(さか)しまに　る止(と)めに止(と)めて
断(た)ち切(き)れば　忠誠(まめ)も操(みさほ)も
表(あら)わせり

3966
故(かれそこ)十九(つず)も十九
物(もの)も十九(つず)※　連歌(つづきうた)なり

3967
七掬脛(なつかはぎ)　ここに居(い)て問(と)う
次有(つぎあ)りや　武日(たけひ)答(こた)えて
八十(やそ)ありて　初(はつ)は起(おこり)※と

3968
次(つぎ)は承(うけ)　三(み)つは転(うたた)に
四(よ)つ合(あ)わせ　五(ゐ)つは徒言(ただこと)
六(む)つは連(つ)れ　七(なな)は突詰(つきづめ)
八(や)つは継(つ)ぎ　表四連(おもてよつら)ね

※十九　つず。五・七・七計十九音。原文は(ツズウタ)(㉛56,㊴270)。広辞苑では〈つず【十・十九】①とお。誤って一九に用いる〉※連歌　つづきうた。原文は(ツズキウタ)(㊴285,325)。連歌のもと。広辞苑は〈れんが【連歌】和歌の上句と下句に相当する五・七・五の長句と七・七の短句との唱和を基本とする詩歌の形態…。短歌合作の形すなわち短連歌がもっぱら行われたが、…〉

その十九す」。数えて中を壺要とする。この歌に続き数えもの、折合わせ目に「けり」もあり、君と吾とは続きけり。　㊴21

邪禍(よこが)め取るを逆しまに「る止め」に止めて断ち切れば忠誠(まめ)も操(みさほ)も表せり。　㊴21

故十九(かれそこつず)も十九、物も十九(つず)、連歌(つづきうた)なり。　㊴21

七掬脛、ここに居て問う「次ありや」。　㊴21

武日答えて、「八十ありて初句(はつ)は起りと次は承け、三つは転に、四つ合わせ、五つは徒言、六つは連れ、七は突詰め、八つは継ぎ、表四連らね―　㊴21,22

※起　おこり。広辞苑では〈きしょうてんごう【起承転合】起承転結に同じ。→きしょうてんけつ【起承転結】①漢詩の構成法の一つ。漢詩では首聯で説き起こし、頷聯でそれを受けて展開し、頸聯で変化を起こし、尾聯で全体を締めくくる。日本では近世以降、絶句の各句の呼称となった。②転じて物事や文書の順序・組立。「―が整わない」〉

3969
忠誠操　両手に通わす
裏四連　初は頭の
※五璽へ　巡らし連らぬ

3970
その次は　※打越心
転去り　元に群がる
一連　十六を一折

3971
総べ五折　※八十を百とし
折は二十　故折止の
十九二十　折初の十九

3972
天一要　折詰の十九
三十九花　三の詰五十九
十九さ詰　四の詰七十九

3973
十九ふ詰　五の詰九十九
十九九十九　五節匂いの
花は百合　元歌は君

※五璽　ゐをして。天地歌の五母音「あいうえお」。**注　歌法**　うたののり。広辞苑は〈**かろん**【歌論】和歌に関する評論または文学論。歌の要素・本質・分類・風袋・詠作法などに対する見解〉**補注**　平安後期になって『俊頼髄脳』がある。

表四連ね忠誠操、両手に通わす裏四連れ。初は頭の五璽へ、巡らし連らぬその次は打越心　転去り、元に群がる一連ね。十六を一折り総べ五折。八十を百とし折は二十。

㊴22　㊴22　㊴22

※打越　うちこし。広辞苑〈**うちこし**【打越】①付句の前々句のこと。連歌・俳諧では、一巻の変化と展開を求めるため、付句の趣向・題材が打越と似通うこと（例えば、打越の「霧」に対して付句に「雨」「霧」などを用いること）を避けた〉

※八十を百　やそをもも。八十句を百句と数える。広辞苑では〈**ひゃくいん**【百韻】連歌・俳諧の基本形式で、発句から挙句までの一巻が百句あるもの。四折八面に記し、初表八句、初裏一四句、二の表一四句、二の裏一四句、三の表一四句、三の裏一四句、名残の表一四句、名残の裏八句から成る〉

故、折止めの十九を二十、折初の十九を天一要。折詰の十九を三十九と数え、花と呼ぶ。三の詰は五十九と数え、十九をさ詰と呼ぶ。四の詰七十九と数え、十九をふ詰と呼ぶ。五の詰俳諧九十九、十九を九十九、五節匂いの花は百合。元歌は君——

㊴23　㊴23

3974
その余り　枝や裔お
八十続き　尚深き旨
習い受くべし

3975
又問うは　八十お百とす
数如何ん　答えは要
又配る　元歌お二十

3976
十九の御璽や　流行謡
乗り降せ　秀真道弘む
天も磐船　大和討

3977
歌は国　力は値ひ
皆目詰む　睦月末八日
深雪降り　君橇に召し

3978
行き到る　野に片鐙
琥珀　拾い考え
鐙刺　今奉る

※あひつ　天日つ。折返の折句—のりくだせほつまぢひろむあまもいわふね—の「つひあ」を逆しまに読んで「あひつ」の類。広辞苑〈**おりく【折句】**短歌・俳句などの各句の上に物名などを一字ずつ置いたもの。…〉

その余り枝や裔を八十続き、尚深き旨習い受くべし」。又問うは「八十を百とす、数如何」。答えは「要、又配る。元歌を二十」。返し問う「小百合が初めか」。答え云う「神代にもあり。御祖神(天照神)十九の璽や、天皇子(神武)の日向に坐ます。大和路の流行謡にも『乗り降せ、秀真路弘む天も磐船』。これ折返に『※あひつ』有り。故、大和討を良しとなす。百合姫も一九、歌も一九。忠実と操と表せば連歌詠む法となる。終に秀真の祭政が天に徹れば悉く服らう時ぞ『歌は国　力は値』賜わりし」。君は神かと皆目詰む。去年より続き天晴れて(西紀一一〇)、睦(一)月末八(二八)日深雪降り君橇に召し相模の館に入り座せば野に片鐙、琥珀、拾い考え鐙刺を今奉る。

㊴23　㊴24　㊴24　㊴24,25　㊴25

3979
球飾(たまかざ)り　※球革鐙(たまがわあぶみ)
※武蔵国(みさしくに)　※相模国(さがむのくに)と
元彦(もとひこ)に　名付(なづ)け賜(たま)わる

3980
臣二人(とみふたり)　弟橘(おとたちばな)の
櫛(くし)と帯(おび)　得(え)れば嘆(なげ)きて
※連(つ)かり天引(あびき)の　祀(まつ)り為(な)す

3981
これ素佐之男(そさのお)の　大蛇(おろち)をば
連(つ)かり※安方(やすかた)　神(かみ)と成(な)し
七姫祀(ななひめまつ)る　例(ためし)以て

3982
形見(かたみ)を此処(ここ)に　塚(つか)と成(な)し
名(な)も吾妻森(あつまもり)　大磯(おおいそ)に
社(やしろ)を立(た)てて　神祀(かみまつ)る

3983
※花彦(はなひこ)は　吾(わ)が前御霊(さきみたま)
河合(かわあひ)の　野(の)に大宮(おおみや)を
建(た)てて祀(まつ)らす　※氷川神(ひかわかみ)

※球革　たまがわ。多摩川・玉川の語源。**※武蔵**　みさし。むさしの語源。**※相模**　さがむ。さがみの語源。**※連かり**　つかり。広辞苑〈**つがり**【連・鎖・縋】(ツカリとも)①つらなりつづくこと〉**※安方**　やすかた。青森市安方の語源(㉘275, 297)。

(琥珀(とらがしわ)は音読(おんよ)みの琥珀(こはく)のもとか)玉飾り褒めて賜わる村の名も珠革鐙武蔵国相模の国と元彦に名付け賜わる。地つ神の左近・右近臣二人が弟橘姫の櫛と帯を拾い得れば嘆きて連かり天引の祀り為す。これは素佐之男の大蛇をば連かり安方神(やすかたかみ)と成し、早吸姫(はやすうひめ)も足撫槌(あしなつち)が七姫を祀る例(ためし)で形見を此処に塚と成し名も吾妻森と名付け大磯に社を立てて神祀り、此処に留まった。花彦(素佐之男)は吾が(日本武の)前御魂と知ろし召し、河合の野に大宮を建てて氷川神として祀らせた。

※花彦　はなひこ。日本武。素佐之男(そさのを)を自分の前御霊とする。**※氷川神**　ひかわかみ。日本武が素佐之男を祀らす。広辞苑は〈**ひかわじんじゃ**【氷川神社】さいたま市大宮区高鼻町にある元官幣大社。祭神は素戔嗚尊・大己貴命・櫛稲田姫命。幸昭天皇の代に出雲大社から勧請したという。武運の守護神で武家の尊崇が厚かった。関東地方を中心に多くの分社がある。例祭は八月一日。武蔵の国一の宮。氷川大明神〉

㊴25　㊴25　㊴26　㊴26　㊴26

3984
軍器は　秩父山
服らう標　香具籠を
屋棟に奉げ　事治め

3985
碓氷の坂に　日本武
別れし姫を　思いつつ
※吾妻哀やと　嘆きます

3986
さ寝ざ寝し　相模の小野に
燃ゆる火の　火中に立ちて
問いし君はも

3987
一人行く　信濃木曽路は
山高く　谷幽かにて
九十九折り　懸け橋伝い

3988
馬行かず　雲別け歩み
飢え疲れ　御饗に白鹿
君蒜一つ　撃ち殺す

> **※吾妻**　あづま。東の語源。広辞苑〈**あずま【吾妻・吾嬬】**わが妻。記中「―はや」。**あずま【東・吾妻・吾嬬】**①(景行紀に、日本武尊が東征の帰途、碓日嶺から東南を眺めて、妃弟橘媛の投身を悲しみ、「あづまはや」と嘆いたという地名起源説話がある)日本の東部地方。古くは逢坂の関以東、また伊賀・美濃以東…〉

軍器は秩父山に納め、如月(二月)八日に国巡り。服らう標の香具駕篭を屋棟に奉げ事治め。秀真の世々の慣わせや。碓氷の坂に日本武が分かれた弟橘姫を想いつつ東西を望みて思いやり、形見の歌見取り出だし見て「さ寝ざ寝し相模の小野に燃ゆる火の火中に立ちて問いし君はも」。これ三度「吾妻哀や」と嘆きます。「東国」の語源。追分に吉備武彦は越路行く。国賢しらを見せしむる。武日は先に相模より蝦夷の土産持ち上り、帝に奉げ悉く服らう状を申さしむ。一人御幸の日本武、信濃木曽路は山高く谷幽かにて九十九折り、懸け橋伝ひ馬行かず。雲別け歩み飢え疲れ御饗に白鹿、君蒜一つ弾けば眼を撃ち殺す。

(39)26　(39)27　(39)27　(39)28　(39)28

梭の四十
熱田神 世を辞む綾

4001
※真東向きの　日代の暦
四十一春　日本武君
木曽路より　到る尾張の

4002
※武刀米が　孫の連の
家に入る　妻宮簀姫
今君ここに　月を越す

4003
君宣まわく　酒折の
宮は昔の　原の宮
寫して妻と　楽しまん

※**真東向き**　まきむき。景行天皇の日代の宮が天照神の伊勢の宮に対して真東向きであること。広辞苑では〈**まきむくやま【纒向山】**奈良県桜井市北部の山。痛足山。標高五六七メートル。→**まきもく【纒目】**(万葉集ではマキムク)大和国の歌枕。今の奈良県桜井市、纒向山のある一帯。万葉集の歌を本歌として詠まれることが多い〉〈**まきむくいせき【巻向遺跡】**奈良盆地南東部、桜井市にある三～四世紀の集落・墳墓遺跡。大型建造物群も発見。出土した多くの土器から東海・山陰・山陽地方との交流が推定される〉

纒向(真東向)の日代宮の暦(景行朝)四十一年春(皇紀七七〇・西紀一一〇年)日本武君が木曽路から尾張に到り武刀米の孫の連の家に入った。妻宮簀姫は父が都より送って父の家で待っていた。日本武君は今ここに月越していて宣たまった。酒折の宮は昔の原見の宮で、今なお長らえている。吾が願い、これを寫して妻と楽しもう。

※**武刀米**　たけとめ。瓊瓊杵の長男梅仁の次男武日照(長男は元飛鳥大君饒速日)の子、尾張武田の祖。

㊵1　㊵1　㊵1

4004 ※連（むらじ）申さく　臣（とみ）行きて
描き写（ゑがきうつ）さん　君笑（きみゑ）ゑす
連下（むらじくだ）りて　絵（ゑ）に写（うつ）し

4005 返言（かえこと）すれば　日本武（やまとたけ）
荒（あら）ぶる神（かみ）の　在（あ）るを聞（き）き
剣解（つるぎと）き置（お）き　軽（かろ）んじて

4006 到（いた）る神道（かみぢ）に　和幣（にぎてな）無く
行（ゆ）き過（す）ぐ道（みち）に　大蛇（おろち）為（な）し
神（かみ）とは知（し）らず　日本武（やまとたけ）

4007 豈求（あにもと）むるに　足（た）らんやと
踏（ふ）み越（こ）え行（ゆ）けば　※息吹神（いぶきかみ）
氷雨（ひさめ）降（ふ）らして　光（か）を奪（うば）う

4008 強（し）いて凌（しの）ぎて　押（お）し歩（あゆ）み
燃（も）ゆる如（ごと）くに　熱（あつ）ければ
泉（いづみ）に冷（さ）ます　醒（さめ）が井（ゐ）や

※息吹神　いぶきかみ。天照神の弟月読の子伊吹戸主諱望高。高野神。妻は天照の内侍妃園登姫姫早子の娘厳島姫棚子、三つ子三姉妹の末子。

※連　むらじ。広辞苑　**むらじ【連】**　古代の姓の一種。日本政権時代に、主として神別の諸氏が称した。臣と並ぶ有力豪族が多く、大伴連・物部連からは大連が任じられ政務を担当。六八四年の八色姓では第七位。大伴・石上（物部）ら有力な連は第三位の宿祢に昇格した。

連が言った。「臣が行って描き写さん」と。日本武君が微笑んだ。連は早速下って酒折宮を絵に写し返言すると、日本武は荒ぶる神の在るを聞き、剣を解き置き軽んじて、和幣も置いて行ったので到る神道に和幣は無く行き過ぐる道に、息吹神が大蛇を化して横たわっていたのを神とは知らずに、日本武は豈（何も）求むるに足らんやと踏み越えて行くと、大蛇の息吹神は氷雨を降らせて光を奪い辺りが真っ暗くなった。敢えて強引に逆らって押し歩み僅かに出て行くと心が酔った状態になり、燃ゆる如くに熱ければ泉に冷ます醒が井（滋賀県米原市）や。

㊵1　㊵2　㊵2　㊵2　㊵2

4009
御足痛むを　漸覚り
尾張に帰り　宮簀姫の
家に入らずて　伊勢の道

4010
尾津の一つ松　これ昔
秀真下りの　御饗時
解き置く剣

4011
松の根に　置き忘れしが
長らえり　故に※挙歌

4012
置忘れど　直に迎える
一つ松　天晴れ一つ松※
人にせば　絹着せまじお
太刀佩けまじお

4013
足痛み　三重に曲がれば
三重邑ぞ　能褒野に重く
命夕づく　天の法かな

※**挙歌**　あげうた。広辞苑〈**あげうた【挙歌・上歌】**①古代歌謡で、声をあげ高調子に歌われる歌。神代紀下「凡て此の贈答二首(ふたうた)を号(なづ)けて―と曰う」〉
※**まじお**　まじを。ましょうものを。広辞苑では〈**まじ**　《助動》(活用は形容詞型。付録「助動詞活用表」参照)ラ変以外の動詞型活用の終止形、ラ変型の連体形に付き、「べし」の否定の意を表す。推量・意志共に「じ」より確信をもっていうが、鎌倉時代に「じ」が衰えるにつれその意味でも使われるようになった〉

御足の痛むを感じるようになり、尾張(愛知県西部)に帰ったが，宮簀姫の家には入らないで伊勢の道をたどり、尾津の一本松のところへ通りかかるとその根元に、立て掛けたままの剣があった。これは、去年の暮(この時は景行四十一年二月)秀真下りの御饗時に松の根に解き置いたまま忘れ長く経ってしまった。故に挙(奉げ)歌。
置忘れど直に(ひたすら主を待ち)迎える一本松　天晴れ(殊勝にも)人待つ(一松)人にせば(人であったなら)絹着せまじを太刀を佩けまじを――。足痛み三重に曲がれば三重邑ぞ(三重県の地名語源)。能褒野に重く武彦を上せの書に「命夕付く日、何時の日か御言返さん。天の法(天命)哉」。

㊵3　㊵3　㊵3　㊵3　㊵4

4014
七掬脛して　花降を
皆分け給い　歌詠めば
※熱田の神と　早や成ると

4015
湯浴衣を替え　南に向い
人身辞むの　歌は是ぞと
熱田法

4016
※辞む時　東西の鹿道と
両親に　仕え満てねど
精奇城　※神の八手より

4017
道受けて　生まれ楽しの
帰さにも　誘い道辿る
懸け橋を　上り霞の

4018
楽しみを　雲居に待つと
人に答えん　百詠い
乍ら眼を閉じ　神と成る

※両親　たらちね。父母。原文は(タラチネ)。広辞苑は〈**たらちね**【足乳根・垂乳根】(乳を垂らす女、また乳の足りた女、満ち足りた女の意などという)①女親。母。たらちめ。②ふたおや。父母。③(母を意味する「たらちめ」の語から)父親〉
※神の八手　かみのやて。八元天神。ト・ホ・カ・ミ・ヱ・ヒ・タ・メの八神。

都の君への最後の文(遺言)を書き止めて、日本武君は言った。「吾は東西を平け事を成したが、彼等は身を呈して働き休む日も無かった」と、七掬脛に残っていた花降を皆に分け与えさせ給い、歌詠めば熱田の神と早や成ると、湯浴衣を着替え南に向い、人身辞む(辞世)の歌はこれぞと熱田宣―

辞む時　東西の鹿道と　両親に
仕え満てねど　精奇城　神の八手より
道受けて　生まれ楽しむ　帰さにも
誘い道辿る　懸け橋を　上り霞の
楽しみを　雲居に待つと　人に答えん

と百詠いながら眼を閉じ、神と成った。

※熱田の神　あつたのかみ。広辞苑では〈**あつたじんぐう**【熱田神宮】名古屋市熱田区にある元官幣大社。熱田大神を主祭神とし、相殿に天照大神・素戔嗚尊・日本武尊・宮簀姫命・建稲種命を祭る。神体は草薙剣〉

㊵5　㊵5　㊵5　㊵5　㊵5

4019　吉備上り　文捧ぐれば※
皇は　居も安からず
終日嘆き　誰と治めん

4020　神送り　時に御遺骸
化る白鳥　冠と笏
御衣裳留まる

4021　追い尋ぬれば　大和国
琴弾原に　尾羽四枝
河内にも四羽

4022　尾羽は恰も　神の世の
世掃使ぞ是　東西も皆
治せば罷れる　天法ぞ

4023　皇子の名を　梟帥が捧ぐ
日本武　改え討ち治む
天の誉や

※文　ふみ。広辞苑では〈ふみ【文】（「文」の字音フンからか）①かきしるしたもの。文字。続紀一〇「亀を奉る。…その背に―ありて云はく、『天王貴平知百年』といふ」②文書。書物。神代紀上「一書に曰く」「―読む月日」③手紙。書状。また特に恋文〉

注『秀真伝』では原文は「〓〓（フミ）」で、これに当てた漢字「文（フミ）」を音読みしたのが「文」、つまり字音について〈「ふみ」は「文」の字音フンからか〉とあるのは語源が反対とみられます。

吉備津彦が上り、文を奉げると皇（景行）は、居も安からず（安居もならず）何を食べても味がなく、ゆぐりも無くて（あまりにも突然のことで）赤ら目し、これは抑何の禍ぞ。終日嘆き、誰と御業を治めんや。諸に宣して御柩を見れば冠と笏と神送り。時に御遺骸化る白鳥。御衣裳留どまる。追い尋ぬれば大和国、琴弾原に尾羽四枝、河内の古市にも又四羽。尾羽は恰も神の世の世掃使ぞ。是東西も皆、治せば罷れる天法ぞ。吾に長けたは皇子ばかり、梟帥が捧ぐ日本武、名を改えて討ち治さむ、天の誉や。

㊵6　㊵7　㊵7　㊵7　㊵8

4024
日本武(やまとたけ) 両道入姫(ふたぢいりめ)と
御子(みこ)四人(よたり) 妻総(つます)べ四人(よたり)
十四男一女(そよをひめあ)有り

4025
先(さき)の妻(つま) 皆枯(みなか)れ今(いま)は
宮簀姫(みやずひめ) 寝間着(ねまき)のままに
出(い)で迎(むか)う 姫(ひめ)の裳裾(もすそ)に

4026
月汚経(つきおけ)の 染(し)みたるを見(み)て
日本武(やまとたけ) 短歌(みじかうた)して

4027
※遠方(とがも)より さ渡(わた)り来る日(※くひ)
※細手弱(ほそたはや) ※腕巻(かいなま)かんと
思(おも)えども 汝(な)が着(き)ける裾(そ)の
月経(つきた)ちにけり 反(かえ)し歌(うた)

4028
高光(たかひか)る 天(あめ)の日(ひ)の皇子(みこ)
休(やす)みせし 吾(わ)が大君(おおきみ)の
新玉(あらたま)の 年(とし)が来経(きふ)れば

※遠方 とがも。原文「(トガモ)」を記は「利鎌(とかま)」。※来る日 くるひ。記は「鵠(くひ)」。
※細手弱 ほそたはや。記は「弱細(ひははぼそ)」。※腕 かひな。記は手弱細(たわやかひな)とあります。

日本武が九代開化天皇の子彦坐(ひこいます)の孫の陀牟夜(たむや)の娘両道入姫との間に御子三人、女一人、吉備武彦の娘穴戸武姫(ひしどたけ)との間に御子二人、忍山の娘弟橘姫との間に御子七人、尾張の娘宮簀姫との間に御子二人、妻総べ四人十四男一女あり。先の妻皆枯れ宮簀姫一人、会わんと上れば寝巻のままに出で迎かう。姫の裳裾に月汚経の染みたるを見て日本武、短歌して

久方の 天の香久山 遠方より
さ渡り来る日 細手弱 腕を巻かん
とはすれど さ寝んとあれば 思えども
汝が着ける裾の 月経ちにけり

宮簀姫反し歌
高光る 天の日の皇子 休みせし
吾が大君の 新玉の 年が来経れば

㊵9 ㊵10 ㊵10 ㊵10 ㊵11

4029
宜な宜な　君待ち難に
吾が着ける　襲の裾に
月経たなんよ

4030
愛知田の　乙女が床に
吾が置きし　伊勢の剣の
立ち別るや

4031
白御輿　日代四十四穂
弥生十一　手火松御行
能褒野を東

4032
先行は　※猿田彦神
※御顔当　※御緒末は絹
二流れ　御子縋り行く

4033
夜中まで　斯く六夜到る
宮簀姫　鑽火の粥で
在つ世の　君が昼飯

※猿田彦　さるたひこ。広辞苑は〈**さるたひこ【猿田彦】**日本神話で、瓊瓊杵尊の降臨の際、先頭に立って道案内し、のち伊勢の国五十鈴川上流に鎮座したという神。容貌魁偉で鼻長七咫、身長七尺余と伝える。俳優・衢の神ともいう。中世に至り庚申の日にこの神を祀り、また、道祖神と結びつけた〉 **※御顔当**　みかほあて。広辞苑では〈**めん【面】**❷顔に似せて作ったもの。①神楽·能·演劇などで着用する、顔の表情の種々相を基本として作ったもの。おもて〉 **※御緒末**　みをずえ。絹二流れ四丈八咫。縁の綱の始まり。広辞苑では〈**えんのつな【縁の綱】**②葬送の際、棺につける白布の引き綱〉

宜な宜な　君待ち難に　吾が着ける
襲の裾に　月経たなんよ
日本武叔母より賜う草薙剣、姫の家に置き
愛しきやし　吾家の方ゆ　雲居立ち来も
能褒野にて神成る時に宮簀姫へと遺歌
愛知田の　乙女が床に　吾が置きし
伊勢の（草薙）剣の　立ち（太刀）別るや
白御輿、日代四十四穂弥生十一日手火松
御行、能褒野を東先行は猿田彦神の御顔当
（面）、神主八人は八本幡、大神主殿は冠御
衣、御柱は臣八人、世掃使六人、御緒末は絹
二流れ四丈八咫、御子縋り行く夜中まで
六夜到る。原宮の世に座す如く宮簀姫は
鑽火の粥を盛る平瓮、御前に供え申さく、
在つ世の　愛知田に待つ　君が昼飯

㊵11　㊵12　㊵13　㊵14　㊵15

4034
在つ世の　腹満つ欲しき
※御昼飯　世を辞む時

4035
ちり御昼飯と　遺るなり
※蝦夷五人　三諸の木伐り

4036
間間に分け　播磨安芸安房
伊予讃岐　佐伯部祖ぞ

4037
七草の　御饗に※歌の
日数経る　稚足彦と

4038
武内は　御垣を守る
太郎姫の　神送り法

熱田法　八色四十八の
幡持ち並ぶ

止む日無く　小碓が平けし
国巡り　伊勢経て尾張
津島に至る

※蝦夷五人　ゑぞゐたり。国造五人。日本武の帰途に自ら進んで同行した陸奥日高見国の国造五人で、後に播磨(兵庫県)・安芸(広島県)・阿波(徳島県)・伊予(愛媛県)・讃岐(香川県)のそれぞれに散って佐伯部五部の祖となった。※歌　新年の歌会始め。安楽日は警戒が必要だとして、稚足彦と竹内宿祢は屋敷の警護に当たった。これを君が聞し召し、稚足彦を世嗣皇子とした。稚足彦は日本武とは母違いの兄、後の第十三代成務天皇である。武内宿祢は皇子と同年で臣の棟梁となった。

※ちり御昼飯　ちりおひるめし。「ちり」は「ちりなべ」の「ちり」と同源か。「ひる」は「しる」にもかけたか。

⑷⒃
十六夜の月の明るい晩に日本武の化った位鳥の白雲から神の声で返しの十九歌。

⑷⒄
在つ世の腹満つ欲しきちり御昼飯。神送る時、世を辞むちり御昼飯と遺る謂れである。

⑷⒅
蝦夷五人が三諸山の木を伐ったので各地に分け置いた。七草の御饗に歌会の日数が長くなり、稚足彦と竹内は歌会には出席せずに御垣を守った。

⑷⒆
日本武の母播磨稲日太郎姫が神となり、送法は熱田法で御食炊ぎちり昼飯を平瓮に盛った。元元明神の八色旗、神宣言毎の四十八に分け染め生家の吉備の家臣が持ち並ぶ。

⑷⒇
景行五十三年、顧みれば止む日無く小碓が平けた国を巡り伊勢を経て尾張津島に至った。

4039 和幣立てて 曰く親子の
縁綯う 晴れて明るき
民の両親

4040 御言受け 東西平け帰る
神鎮か 目見えて両親
恵み倦まざる

4041 人は神 神は人なり
名も誉れ 人秀真行く
真神なり

4042 これ昔 鹿島神楽の
獅子舞も 猿田の神の
名にし負うなり

4043 時天鈴 八百四十三穂の
秋天日 三輪の季聰
謹しみて染む

> ※ **両親** たらちね。原文はタラチネ(垂乳根・両親)。はかにタラ(父母)、タラチ(※ **両親**・垂乳)、タラチメ(母)、タラチヲ(父)、タラチネノカミ(父母神)もある。
> ※ **獅子舞** ししまい。広辞苑では〈**ししまい【獅子舞】**①獅子頭をかぶって行う舞。アジアに多い。日本には唐から伝わり舞楽として演奏したが後に…〉

㊵21 君(景行)は大真の宮に入り自らつくる和幣を立てて、曰く「親子の縁綯う。別れ会わねば忘られず、自ら来りて和幣す」と悼ましむ。

㊵22 天法成せば教えの歌に「天が下、和して巡る日月こそ、晴れて明るき民の両親」。御言受け東西平け帰る神鎮か。目見えて両親恵み倦まざるや。

㊵23 昔曰く「人は神、神は人なり。名も誉、道立つ法の神は人。人素直にて秀真行く、真神なり」。

㊵24 鹿島神楽の獅子舞を問えば時彦、これ昔、伊予に渡りて獅子食むを、土公捕りて奉る。君楽しみて神楽獅子、八万鹿島に在る形障りなかれと弄ぶ、猿田の神の名にし負うなり。

㊵25 時天鈴八百四十三穂(景行五六・皇紀七八六・西紀一二六年)の天秋日是奉る。三輪の臣大直根子諱季聰が畏れ、秀真伝を謹みて染む。

スエトシ

季聰花押

三笠書(みかさふみ)

はじめに

『三笠書』はこれまでに、序文と言える「国撫が述ぶ(くになづ)」のほか、十綾が発見され、公表されていますが、中には『秀真伝』の記述との重複も見られます。この書では重複の多い四綾は省略し、序文のほか五綾を収載しています。現在発見されている分には『秀真伝』のような「梭番号(かひ)」はありませんので、編著者が便宜的に「その一」「その二」のように整理番号を付けています。序文以外のこれらは上下二段とも本文としました。

もっとも新しく発見されたものは「その五」ですが、これには綾名はありませんので、これも編著者が便宜上「昼子姫天地歌の綾(ひるこひめあわうたのあや)」としました。

『三笠書』には、秀真伝を補完する貴重な記述があります。さらに今後の発見に期待するところが大きいといえます。

三笠書

国撫が述ぶ

5001 神が代の　瓊矛の道も
漸栄う　故を治むる
日本武　神に還さの

5002 遺し書　君は※御機を
染めませば　臣も三笠の
書を染む　大直根子も

5003 秀真伝　染め捧ぐれば
三種宝典　備ふ宝と
御言宣

※御機　みはた。瓊の道である天成道を記した書か。まだ発見されていないが、それは『香具書』であったろうか。

神の代の瓊矛の道も漸に（しだいに）栄えてきた。これを治めてきて若くして神上がりした日本武の遺書を君（景行天皇）は、御機に染められたので、伊勢の神臣である大鹿島国撫も『三笠書』を染めた。三輪の臣大直根子諱季聰も、また、『秀真伝』を添え奉呈した。これら『香具書』『三笠書』『秀真伝』を君は三種の宝典として永く備えると御宣言をされた。

01　01　01

5004
然れど神代　今の世と
言葉違えば　道離る
是諸家の　伝え書

5005
今のテニハ※に　準えて
形と技と　その味を
篤と得ざれば　道奥を

5006
行き違うかと　畏るのみなり
真東向きの　日代の五十六
年ツミヱ　穂積初日に

5007
三笠臣　伊勢の神臣
大鹿島　二百四十七年
捧ぐ花押

5008
三笠書　捧げ給うを
三輪の臣　道褒め曰く
天地も　開けて神も

※テニハ　広辞苑は〈**てには【弖爾波・手爾波】**(三輪宗の仏家で用いた「ヲコト点」の四隅の点を、左下から左中・左上の順に読んだことに由来する名称)。「てをは」に同じ。↓**てをは【弖爾乎波・天爾遠波】**(博士家の用いた「ヲコト点」の四隅の点を、左下から左上・右上・右下の順に読んだことに由来する名称)①助詞・助動詞・接尾辞に用言の語尾を含めた汎称。また、主として、助詞、助動詞。てには。②助詞の称〉

然れど神代は今の世と言葉違えば道離る。

01

これ諸家の伝え書は今のテニ(ヲ)ハに準えて形と技とその味を、篤と得ざれば道奥(天成道の奥義)を行き違うかと畏るのみである。

02

真東向き(纏向)の日代の五十六穂(景行五十六・天鈴八四三・皇紀七八六・西紀一二六)年ツミヱ(秀真ヱト3番目。ヱト60×14回目=840年+3番=天鈴843年)穂積(八月)初日

02

三笠臣伊勢の神臣大鹿島・諱国撫二百四十七歳が花押を捧げます。

クニナヅ

国撫花押

02

この『三笠書』を捧げ給うを三輪の臣大直根子諱季聴が、これを褒めて曰く「天地も開けて—

02

5009
陰陽も分け　日も月も成り
※九曜の星　天常立と
地の十一も　葦牙日子道
03

5010
常立の　三代は三穂神
二柱　祀る瓊矛の
道あれど　天照神の
03

5011
八咫鏡　造り三種の
神宝　天の御孫に
瓊を授け　弥真瓊治むる
03

5012
御鏡は　児屋根に授く
神の胸　矛の源
御国の神　然れど道も
03

5013
諸家に　司違えば
秀真伝　顕わす時に
熱田神　告げて君には
04

※九曜の星　トホカミヱヒタメの八元神と中央の元元明の御祖神。八元神は、太陽系の惑星である水星・金星・火星・木星・土星・天王星・海王星・冥王星。また元元明は北極星と見ることもできるのは偶然であろうか。なお、冥王星は現在は準惑星として見直され、広辞苑でも第六版以降は惑星から消えています。

陰陽も分け、日も月も生り、九曜の星もできた。また、天の常立と地の十一神である暦の兄弟(ヱト)を構成するキツヲサネ(東西央南北)とアミヤシナウ(編み養う)の神も生った。これを葦牙日子道という。天照神の造らせた八咫鏡を足して三種の神宝(神器)が成った。天の御孫瓊瓊杵に天成道の瓊を授け、また、弥真瓊(倭・大和・日本)を治めさせた。天照神の胸の内を照らし合わせる御鏡は、天児屋根に授け、社会秩序を守るための矛は御国主の奇彦に授けた。然れど道も諸家に司違えば秀真伝を世に顕わす時に熱田神(日本武)に告げて、君(景行天皇)には――

5014
香具御機(かぐみはた)　押(を)させ給(たま)へば
鏡臣(かがみとみ)　麓社(ふもとやしろ)の
書捧(ふみささ)ぐ　吾(われ)も上(あ)ぐれば

5015
御言宣(みことのり)　三種(みくさ)の道(みち)の
備(そな)わりて　幸得(さちゑ)る今(いま)と
宣給(のたま)えば　各々御祖(おのおのみをや)

5016
祀(まつ)るべし　穂末栄(ほすえさか)える
その道(みち)は　三笠書(みかさふみ)なり
天照(あまて)らす　神(かみ)より授(さづ)く

5017
※道奥(みちのく)の　書敬(ふみうやま)いて
共(とも)に奉(ささ)げつ　大三輪(をおみわ)の
直根子(たたねこ)が年(とし)　二百三十四(ふもみそよ)

5018
慎(つつし)み述(の)べて　添(そ)える花押(はなをし)

香具の御機を押させ給えば鏡臣の大鹿島国撫が三笠山の麓社に三笠書を捧げた。吾大直根子も秀真伝を捧げたところ君日本陽代別（景行天皇）から御言宣があった。瓊と矛と鏡の三種（神器）の道が備わって、幸得る今と宣えば各々御祖を祀るべし、穂末である子孫が栄えるその道は三笠書である。天照らす神（天照神）より授かった道奥の天成書(あめなるふみ)を敬いて共に奉げます。

大三輪の臣(とみ)　大直根子(をおたたねこ)　諱(いみな)　季聴(すゑとし)　年二百三十四歳が慎み述べて、添える花押。

※**道奥の書**　みちのくのふみ。「道奥」を広辞苑では〈**みちのく**【陸奥】（ミチノオクの約）磐城・岩城・陸前・陸中・陸奥五カ国の呼称。むつ。みちのくに。現在の東北地方全体をさす場合もある〉とありますが、語源は『秀真伝』で「天の日嗣を受くる日の三つの宝のその一つ、天成書の道奥ぞ是」とあります。
補注　地名に使われている「道奥」は「天成道の奥義」でした。

スヱトシ

季聴花押

三笠書

その一

悠紀主基に高天成る綾

注 題名中「悠紀主基に」は原文にはみえませんが、本文5101–5102の「合わせ祀れば名も高天」の意を体し、かつ他の綾とも統一するため、十二音になるよう編者が加えています。

5101
山咋の　高天を請えば
草薙ぎて　九星を祀る
悠紀の宮　天常立と

[1]1

5102
主基殿に　美葦粥
日子道神　合わせ祀れば
名も高天　諸集まりて

[1]1

5103
故請えば　君狭穂彦に
御言宣　是玉杵(豊受)に
吾聞くは　天地未だ

[1]1

次頁5110の※1以下※6までの説明は、405頁下段囲みの中にあります。

5104
成らざるに　天の御祖の
生す息は　窮なく動く
天元神　水に油の

[1]1

5105
浮かむ様　巡る空の
その中に　天地届く
御柱を　巡り分るる

[1]1

5106
沫湼の　沫は清くて
胸陽神　湼は濁りて
水陰神　陽は軽ろ清く

[1]1

5107
天と成り　陰は重り凝る
地の球(地球)　太陽背の胸は
日の輪成る　太陰の源

[1]2

5108
月と成る　天元現れ
生みて乗る　空級戸に
地を巡り　有様成せば

[1]2

5109
月の水 海と湛えて
日に生める 空動きて
風と成る 風火と成れば
[1]2

5110
地も又 水埴と成る
※1この五つ 交わり成れる
神人は 天人地現る
[1]2

※1の説明は、405頁下段囲みの中にあります。以下同じ。

5111
御中主 地球八方に
万子生み 初に大湖(近江)の
兄弟の子の 兄御子天に継ぎ
[1]2, 3

5112
近江治す 弟御子の住む
[ヲシテ文字]下国 是今原(富士)の
宮の名も [ヲシテ文字]下と言いて
[1]3

5113
世々の名の 百十万(約四百年)後
弟([ヲシテ文字])の御子と 兄([ヲシテ文字])に受け治む
それよりぞ 代わる代わりに
[1]3

5114
世を継ぎて 天に還れば
御中主 及びヱヒタメ
トホカミも 天に配りて
[1]3

5115
星と成す 天常立の
神は是 後※十一の君
※東西央南北編み養う キツヲサネ アミヤシナウも
[1]3

5116
天に還り 精奇城にて
御言宣 皆星と成す
この神は 臓腑命
[1]3,4

5117
御食を守る 美葦粥
日子道神 故天御子と
地の御子と 国常立の
[1]4

5118
七代の神 皆精奇城
よりの星 天に現るる
日の直径 百五十トメヂ
[1]4

※十一の君 そひのきみ。秀真ヱトを構成する十一音の君。**※東西央南北編み養う** キツヲサネ アミヤシナウ。秀真ヱトの構成要素(426頁参照)。

5119
月の程　七十トメチ(7,700キロ)内
日の巡り　中節の外の
※2赤き道　八万トメチ(880万キロ)の
1 4

5120
月を去る　月の※3白道
四万(トメ)ヂ(440万キロ)内　地球直径
※百十四(トメ)ヂの
1 4

5121
一周三百六十　五トメヂの
月より近き　日は遠く
月は半ばに　近き故
1 4

5122
並べ見るなり　諸星は
天に懸りて　斑なす
十五は元の　色司
1 4,5

5123
※4二十三日星は　吉凶を
原野に示す　天巡り
日は大きくて　一遅れ
1 5

※百十四ヂ　モソヨヂ。ヂはトメヂの約。地球の直径(12,540キロ)は114トメヂ、外周(40,000キロ)は365トメヂ。
∴1トメヂ＝(地球の外周)40,000 km÷365トメヂ(1年)
＝109.6 km≒**110** km　となる。

5124
三百六十五度　一年の
※5春立つ日(立春)には　元に来て
一度元の　星に会い
1 6

5125
月は重くて　十三程を
遅れ日に会ふ　※6朔日ぞ
星に十三会ふ　天は胞衣
1 6

5126
日月人皆　天の胞衣
外は高天の　原周り
百万トメヂ　星までは
1 6

5127
十五万八千トメヂ　この外は
名も永久(百七十三万八千キロ)
八隅際　八色の幣束
1 6,7

5128
南青　西は紅
北は黄に　東は白く
藍藻色　御祖の側に
1 7

5129
八元神　守るトホカミ
ヱヒタメの　兄弟の寿
天並神　音声授けて
[1]6

5130
三十二神　見目容成す
下つ者　十六万八千と
守り得て　人生まる時
[1]6

5131
神と物魔　魂魄結ぶ
魂の緒と　五臓六腑も
その神の　十四経備え
[1]6

5132
人と成す　天の御祖の
大御丈　八百万トメチ（八億八千万キロ）
身の光　元元明の
[1]6,7

5133
天恵み　届く柱は
透き透る　中の管より
運ぶ息　車の腕木
[1]7

5134
九九の輪の　響きて回る
息の数　一万三千六百八十
糸の息　細波も是
[1]7

5135
トメヂとは　陰の三十六踏む
畝は十息　百息は町
三十六里　里三十八なり
[1]7

5136
御祖神　御幣染むる
春秋の　息は管より
狭霧成す　兄に譲る霧
[1]8

5137
日を招き　冬一陽返す
弟は夏に　月の陰返す
春秋ぞ　天譲る日は
[1]8

5138
天の狭霧　地譲る月
地の狭霧　てれば讃ゆる
御中主　天霧に乗りて
[1]8

5139 八方に 行き 日月の道を
譲り地に 天方の神の
色国と 名付け天の道 1 8

5140 地の道も 葦の如くに
立つ故に 四十九の神は
天に還り 元の高天の 1 8

5141 原にあり 地球精し
精奇城 故神祀る
地も高天 清の所は 1 8

5142 これに比べん
大御神 折の御幸に
聞きませば 九公百御子と 1 8

5143 三千彦も 皆謹みて
敬いにけり 1 8

【注】 5110 **※1 五つ** いつつ。空・風・火・水・埴の五要素が交わって人が成った。この五つは、天地歌四十八音の母音である五音、すなわち、☉(空)・⊡(風)・◬(火)・[illegible](水)・⊡(埴)でもある。5119 **※2 赤き道** あかきみち。広辞苑は〈**せきどう【赤道】**①地球の南北両極から九十度を隔てた大圏。赤道上では、春分、秋分のころ、太陽は真上から照らす〉5120 **※3 白道** しらみち。広辞苑は〈**はくどう【白道】** 月が天球上に描く軌道。黄道と平均五度九分の傾斜をなす〉5123 **※4 二十三日星** ふそみかほし。二十三夜。この夜、月待をすれば願い事がかなうという信仰があった。5124 **※5 春立つ日** はるたつひ。広辞苑は〈**りっしゅん【立春】** 二十四節気の一つ。太陽の黄経が三百十五度の時。春の初め。太陽暦の二月四日頃〉5125 **※6 朔日** ついたち。広辞苑は〈**ついたち【朔日・朔・一日】**（ツキタチ(月立)の音便。こもっている月が出はじめるの意）②月の第一日〉

補注 これらは、今から三千三百年前、縄文時代に青年天照に日高見山手宮で、第五代高見産霊諱玉杵称名豊受が説いた言葉の中に出ています。

三笠書

その二

家造り地鎮祭の綾

注　題名中「家造り」は原文にはみえませんが、本文5201の「家造りの法は天照」の意を体し、かつ他の綾とも統一し、十二音になるように編者が加えています。

5201
家造りの　法は天照
神の世に　天の御孫(瓊瓊杵)の
御言宣
[2]1

5202
大国主の神(奇彦)の　領きて
※1新治の宮の　宮造り
法を定むる　その上は
[2]1

5203
国常立の　神の世に
※2ムの手結相より　※3室屋成る
先ず地を均し　杉柱
[2]1

※ 注1～3の説明は408頁上段囲みにあります。

5204
棟を蔓に　結い合わせ
萱葺き済みて　木の実食む
教えを民に　習わせて
[2]1

5205
国常立の　神と成る
是より前は　天地の
成りて生れます　御中主
[2]1

5206
二十四に生める　民草の
穴に住まえば　人ならず
国常立の　室屋より
[2]1,2

5207
宮殿造る　婆娑羅民
傷め祟るの　折あれば
これ除かんと　思すなり
[2]2

5208
婆娑羅の民よ　当に知れ
先つ曳法は　地を均し
赤白黄の木綿を　中に立て
[2]2

5209
真白の木綿を　東北に立て
赤白の木綿を　西南に立て
青白の木綿を　東南に立て
②2

5210
黄白の木綿を　西北に立て
年徳玉姫(神)　八将神
土公の神も　地に祀り
②2

5211
歳月日日の　守は是
若しや横魔の　差配せば
粗鋼の地を　空雷の
②2,3

5212
大御将神の　鉞や
この地鎌鉱は　地曳きなす
鉛丸　鉄丸　明日地成す
②3

5213
銅丸斎杙　銀丸は
四方の綱長井　黄金丸は
垂地を葺きて　座摩すれば
②3

5214
総べて葺居の　金丸の
七(度)の鍛ひ(鍛造)の　生島や
足島神と　葺き撫ずる
②3

5215
門は櫛(間戸)豊(間戸)　磐間戸(窓)の
神の悠紀主基　透き徹る
大国主の神の　秀真法
②3,4

5216
布き坐す公を　座摩れば
縦令東北間に　五月蠅為すも
鐴より鍛ふ　片違ひ
②4

5217
粗鋼の地を　篤く錬れば
神の恵みに　適ふなる
この家造りの　秀真法
②4

5218
斎杙綱長井　地曳きして
明日は葺居の　柱立て
室屋宮殿　民の家も
②4

5219
棟は高天の　原までも
千木高知りて　障りなし
下は千尋の　石据え（基礎）の
[2]4

5220
柱は千度　根接ぐまで
布きます公の　長らえを
守る婆裟羅の　神鎮め
[2]4

5221
これ住吉の　座摩りを
大国主神の　説く法と
祀りの書に　曰して申す
[2]4

注1 新治の宮 にはりのみや。瓊瓊杵の新治宮造りは西紀前一三世紀（㉑1）。**2** ［ム］ ム。［ム］の手結印より室屋。**3 室屋** 広辞苑では〈**たてあなじゅうきょ【竪穴住居】** 地面を掘り、上方に屋根を掛けた半地下式の住居〉**補注** 地鎮祭は縄文時代の室屋から始まる。

［ム］の手結印は室屋、棟のイメージでもある。

三笠書　その三
※神形　嘗事の綾

※神形 秀真文字の起源を嘗事に掛けた象形文字の由来として神形であると説く。西紀前一三世紀縄文時代です。

注 題名中「神形」は原文にはみえませんが本文 5306 にある「上に柱立つ神形」の意を体し、かつ他の綾とも統一し、十二音になるよう編者が加えています。

5301
月隅の　志賀の命が
兄弟の神　［ト］（弟）より（先）の祝詞の
故を問う

5302
故に豊受の　嘗事ぞ
［ヱ］の嘗は［ネ］（北）に　霜の中
一陽を招けば　日詰神

5303
日道を北に引き　日を迎ふ
この初嘗は　今の祝詞
九星祀りて　陽巡りに

5304
黒豆飯の　力添ふ
師走(十二月)埴満つ　東は根差す
尚空寒く　月末は
[3]1

5305
塊皆競ゐ　漸開く
未だ空寒く　潤えず
漸嘗造る　埴水(己)の
[3]1

5306
上に柱立つ(⊥)　神形(己)
年分け(節分)の夜は　豆を炒り
皆鬼遣らふ
[3]1,2

5307
処を開き　注連引き塞ぎ
歯朶譲葉　麺に年越へ
皿の嘗は　西南に南東風の
[3]2

5308
初日より(正月)　二陽を和せて
朮焚き　若女水汲み
粢餅　糫・榧(の実)・栗(の実)
[3]2,3

5309
海菜・野老　香具・芋頭
血脈の寄(合)　弓(半)月の夜は
井の水に　鵺足持が
[3]3

5310
禍駄汚穢を　御形・繁縷菜
板平菜　菘・蘿蔔
酢芹・薺　七味噌に除く
[3]3

5311
陰陽生えば　望の朝は
胙の　小豆の粥に
穢病除け　笹・朮とんど(どんど)
[3]3,4

5312
餅焼きて　粥柱なす
神在の　粥太占や
如月(二月)は　芽を略柔し
[3]4

5313
萌し生ふ　種浸し祀る
稲生る神　乗馬弓開き
餅両手(‖)に　其処に吹き立つ
[3]4

5314
初日風（〓）　これ神形（〓）
〓の嘗は　三陽の天を受け
如月の　中より三陽を

[3]4

5315
※
陰に和わせ　人草育つ
糸遊ぞ　弥生の始め
桃柳　神酒雛祭

[3]4,5

5316
蓬餅　民苗代に
種を蒔く　弥生（三月）中より
陽炎いて　苗生い育つ

[3]5

5317
輪（〓）の中に　三光の足（〓）
中に満つ（三つ）　これ神形（〓）
〓の嘗は　太陰の妹水

[3]5

5318
卯月（四月）より　太陽を招きて
夏を告ぐ　御衣綿抜きて
月半ば　早開き祀る

[3]5

※糸遊　いという。〓〓〓〓。広辞苑〈いとゆう【糸遊】（「遊糸ユウシ」からか。歴史的仮名遣い「いとゆふ」とも）①陽炎　かげろう〉

5319
稲生る神　末は葵の
陰陽祭り　皐月（五月）に諸葉
生る露を　嘗めんと蓬

[3]5,6

5320
菖蒲葺く　颯颯は五腑
乗りは五五　水底（〓）に伏す
陰（〓）の情　これ神形（〓）

[3]6

5321
〓の嘗は　地に水潤ふ
皐月中　光透れは
日詰神　道を返して

[3]6

5322
日を乞えば　水引を招き
白道の　一陰を降して
埴伏せば　競ひ昇りて

[3]6

5323
五月雨るる　青葉繁れば
長らえの　清の香り受く
水無月（六月）は　漸埴満ちて

[3]6

5324
闘えば　雷暑く
末は尚　暑く乾けば
桃祭り　競ひ止むれば

③6

5325
一陰開く　熟瓜茅の輪に
抜け尽くる　水無(六月)の祓ひぞ
形方(□)　天の左右の気の

③6,7

5326
中に立つ(Y)　国治し成る
神形(⊗)　田の神東北に
嘗め受けて　地の二陰守りて

③7

5327
天文(七月)先づ　二陰に和して
風と成す　弓張りに生む
木綿と麻　弟七夕の

③7

5328
星祭り　望は御祖と
生霊に　胞衣の蓮食の
陰陽会えば　仰ぎ踊りて

③7

5329
気を受くる　穂積(八月)初日は
保食(神)祭り　二陰立つ風に
萱を伏す　節荒れ野分

③7,8

5330
稲汚穢は　級長戸(神)祭りに
野分打つ　穂汚の祓ゐぞ
形垣(□)　二柱(‖)立ちて

③8

5331
睦ましく　これ神形(▥)
⦶の嘗は　天の明り守る
穂月(八月)中　三陰に磨ぐ月

③8

5332
芋の子の　多収を祝いて
長月(九月)は　豊年告げる
菊の御衣　襲菊栗

③8

5333
一夜神酒　小望月には
豆を添ふ　望より冷むる
丘祭り　円(〇)の中の

③8

5334
御柱(みはしら)(ー)は [カ]の神形(かみかたち)
[ミ]の嘗(なめ)は その陰妙(めたえ)にて
神無月(かみなつき)(十月) 太陰退(うめしりぞ)けて
③8,9

5335
時雨(しぐれ)なす 漸底(やそこ)に満(み)ち
陽(を)を尽(つ)くす 故大己貴(かれをなむち)
神無月(かなつき)に 白膠木(ぬるて)を焚(た)きて
③9

5336
諸神(もろかみ)に 餅飯施(もちゐほどこ)し
霜月(しもつき)(十一月)は 漸陰(ややめ)が昇(のぼ)る
霜柱(しもばしら)(⊥) 柊(ひらぎ) 初草(はつくさ)
③9

5337
蕾(つぼみ)さす 埴(はに)より風(かぜ)の
一気立(ひといた)つ これ神形(かみかたち)([ヰ])
一年(ひとせ)これ 兄弟(エト)([エ][ト])に侍(はんべ)る
③9

5338
三十(みそ)の神(かみ) 日日(ひび)に替(かわ)りて
六十日守(むそかも)る 六輪(むわ)(年六巡)の嘗事(なめこと)
空居(うつろゐ)の 年越瀬前(としこえせまえ)
③9,10

5339
大晦日(おおみそか) 初六日十四日(はつむかそよか)
五(さ)(月)の三十日(みそか) 総(す)べ一年守(ひとせも)る
嘗事(なめこと)ぞ是(これ)
③10

5340
斯(か)く兄弟(えと)([エ][ト])の 弟(と)([ト])先(さき)の故(ゆえ)は
天御祖(あめみをや) 宣(のり)して兄(え)([エ])神(かみ)
冬(ふゆ)を守(も)り 弟(と)([ト])神(かみ)は夏(なつ)の
③10

5341
稲穀(ぞろ)を守(も)る 長(なが)く人草(ひとくさ)
潤(うるお)せば 神(かみ)に擬(なぞら)え
[ト]の霊(たま)に 名付(なつ)く弥真瓊(やまと)の
③10

5342
祝詞(のと)なれば 今新神(いまさらかみ)の
御言宣(みことのり) 受(う)けて定(さだ)むる
道説(みちと)けば 志賀遠近(しがおちこち)の
③10

5343
百司(ももつかさ) 皆文染(※みなふみそ)めて
帰(かえ)る是(これ)かな
③10

※**皆文染めて** みなふみそめて。原文は[ミナフミソメテ]。「紙に書き留めて」か。㉖卯萱葵桂の綾に「紙に包みて水引草 文箱に収め」(2639)との記述もある。

三笠書

その四

年中に行す事の綾

5401
ある日請う　兄大国(主)の神と
思兼(阿智彦)　一意質せば
玉杵(豊受)の　この行事を
④1

5402
宣給わく　ヱ(兄)はネの三つの
一陽神　日の道捧げ
ネ(北)に還す
④1

5403
一陽伏せても　天地悠紀
ト(弟)の神をして　初嘗会
師走れば(十二月)漸　地に満つ
④1

5404
万木根潤ひ　上寒く
末に日長けて　空寒く
形は上水(ミツ)　陽(ヲ)の柱
④1

5405
ヱ元の神の　別かる夜は
煎豆打ちて　鬼遣らゐ
柊・鰯は　魔物の垣
④1

5406
穂長譲葉　注連飾り
ヒ(日)は西南風の　二尾が陰
来れば開く　初日草
④1,2

5407
初日(元旦)祭りは　糫(餅)
山の榧・栗　海の布も
野老・橘　芋頭
④2

5408
血族の節会は　足る睦み
弓張(正月七日)祀る　味噌の菜は
鵺足持が　瘡腐を
④2

5409
御形・繁縷 板平子
菘・蘿蔔 酢芹・薺
この七草に 除くなり

④2

5410
望(十五日)の朝祝 小豆粥
寒さに破る 臓腑疫病
清け朮に とんど餅

④2

5411
穢去る神在り 如月(二月)や
垢離穢試み 馬祭り(初午)
万木日出る 神形

④2, 3

5412
[記号(タ)]は東空照る 三つ陽神
如月中に 三つ陽来て
青人草を 潤せば

④3

5413
糸遊長閑 弥生(三月)来て
桃咲き陰陽の 雛祭り
草餅酒に 惹く妹背

④3

5414
弥生中末 陽炎や
陰つ足り治む [記号(タ)]元が陰
[記号(メ)]は西北に住む 水の神

④3

5415
卯月(四月)は太陰の 陽を招く
早苗青みて 夏を告ぐ
中綿抜きて 月末は

④3

5416
葵桂の 陰陽祭り
双葉に上る 皐(早・五)露月
勝見(草)の露や 乗馬競べ

④3,4

5417
五(忌)五(寸)の突立 陰陽の祝ぎ
岩田(帯のような)粽や [記号(メ)]元神
[記号(ト)]は南に坐ます 陰和神

④4

5418
三つの光([記号])の 埴(□)通り
日の目道限る 五月中
一陰節置き 五月雨るる

④4

5419
万の青葉の　風薫る
身家に受くれば　長らゐり
陰は地に満てど　上暑く

4 4,5

5420
水無月(六月)末は　弥乾き
桃に茅祀る　※茅の輪抜け
気空を祓う　水無月や

4 5

5421
形は国(□)の　中柱(Y)
両手に整なう　⊻元神
▥は東北に住む　二陰神

4 5

5422
天文月(七月)二陰を　天に和し
秋風告げて　真麻・真弓

4 5

5423
天地の祝歌　梶に押し
糸を紡ぎて　栲機や
血脈の望祝　生目霊
送る蓮飯　胞衣が法

4 5

※注記は416頁上段囲みにあります。

5424
仰ぎ踊れば　天意受くる
葉月(八月)始めは　二陰咲く
嵐草伏す　宇荷祝ぎの

4 5,6

5425
穂積倣うる　▥元神
⦶は西空の　陽明神
葉月中より　三陰の磨ぐ

4 6

5426
似た子望月　芋葉月
長月(九月)御調の　菊菜咲き
大歳菊の　散綿子

4 6

5427
奉げて祀る　栗見酒
望前祭る　朗月
忠実やか歌絵　神踊り

4 6

5428
形明るき　⦶元神
𠀃は東南に住む　その陰降り
陽神退く　初時雨

4 6,7

5429
漸陰も満ちて　中頃は
[ヲ]の神尽きて　神無月(十月)
根の月(十一月)露も　霜柱
④7

5430
木枯らし吹けば　木葉実落ち
柊・初草　芽張る([ト])なり
形風([ナ])持つ　[メ]元神
④7

5431
斯く陰陽お守る　その中に
[ト]は南向く　人草の
言祝ぎ述ぶる　この故に
④7

5432
[ト]は祝詞歌の　始めぞと
常なす事に　天を知るなり
④7

5420※**茅の輪**　ちのわ。広辞苑は〈**ちのわ**【茅の輪】六月祓いに用いる、チガヤや藁を紙で包み束ねて大きな環の形に作ったもの。鳥居などにかけ、これを三回くぐって身を祓い清める〉

注　この綾も縄文時代、日高見国に始まり宮中から民間まで伝わる年中行事の由縁を、八元神トホカミヱヒタメの秀真文字に準えて、第五代高見産霊諱豊受が、思兼に説いたものです。

三笠書
その五
昼子姫天地歌の綾

注　この綾の題名は原文にはみえませんが本文5545にある「昼子神…天地歌を」の意を体し、かつ他の綾とも統一して十二音になるよう編者が加えています。

5501
八百万の　言祝ぎ終ゑて
授けます　次の御言は
アイフヘモ　ヲスシ八神の
⑤1

5502
当て守り　音声授くる
天並神　末は三十二の
彦神の　眉目御容を
⑤1

5503
当て守り　十六万八千の
従者が　当て守り生む
万者の　中に一つも
⑤1

5504
守らぬは 無きと知るべし
この故に 二神思す
音声道 自凝島の

[5]1,2

5505
中柱 巡る男神の
唇を 開く天音より
述へ続く 御歌を編みて

[5]2

5506
あな柔愛や 次いで二つは
口塞ぎ 吹く息蒸れて
燻む⊗ ⊗に次ぎての

[5]2

5507
継ぎ歌は 美まし乙女に
乙女にと 七音に当たる
◬に五つ音 十音は三つ音の

[5]2

5508
合いぬなり ここに女神の
和し歌 情合わせて
わな柔和し 美まし男に

[5]2

5509
会いきとは 枉げて和しの
雅なり 会いぬ合いきの
流れ木は 蹴りな泳ぐ木

[5]2

5510
異ならず 筏と鴨の
始めより 大和言葉の
道開きて 立つ中壺の

[5]2,3

5511
千窓より テニオハに継ぎ
導きて 言葉遣いも
この歌の 中の七音を

[5]3

5512
本として 人の六つ音に
配り知る 初の五つ音は
身と手足 止めの三つ音は

[5]3

5513
天地と 人は遍く
三つの穴 大小玉島の
通い道や 男神の歌の

[5]3

5514
十五の数　天人の響きの
余れるを　月の初めの
望に満つ　女神の歌は
[5]3

5515
望の末　枉げて柔和しの
心欠く　満つる欠くるの
二歌を　一連に編む
[5]3,4

5516
筑波(付く端)歌　捏く音を合わす
その故は　葦津御川の
島津彦　流れ木に居す
[5]4

5517
鵜の羽して　木を編み連ね
筏乗り　蹴りの泳ぐを
眺めつつ　造る船子の
[5]4

5518
沖津彦　鴨と名付けし
言の葉を　序に通う
その形　編むと和しと
[5]4

5519
流れ木の　悉くに因む
本つ音の　◎(アウ)の和しの
筑波音を　結び坐します
[5]4

5520
天御祖　今二神も
擬えて　筑波の神と
称え給いき
[5]4

5521
その時に　西(宮)に侍らう
昼子宮　御言恵比須の
謹みて　音声の初生子(☉)
[5]5

5522
御教えを　聞かま欲しさの
乞い願い　時に天照
御言宣
[5]5

5523
初生の巡りは　◎の手結印
天地分かつ　形(象)なり
人の初音も　◎に編みて
[5]5

5524
口塞ぎ吹く　息蒸れて
鼻に通いの　〔ウ〕〔ヌ〕の音（鼻音）は
本〔ア〕が昇る　手結印より
⑤5

5525
三つに分かれて　清き〔ウ〕と
軽く散りんと　中の〔ヌ〕と
御霊日を生む　天音となり
⑤5

5526
月生む地を　結ぶ房
〔ウ〕〔ア〕の〔ワ〕を生む　魂の緒も
〔ア〕〔ワ〕と分かれて　外は〔ア〕に
⑤5,6

5527
中は〔ワ〕となる　手結印より
〔ア〕は〔イ〕と破れ　〔エ〕と流れ
〔ワ〕〔ウ〕は〔オ〕となり　〔ア〕は〔ウツホ〕
⑤6

5528
〔イ〕は〔カゼ〕〔ウ〕は〔ホ〕　〔エ〕の〔ミツ〕と
〔オ〕の〔ハニ〕五つ音　交わりて
人の息栖と　生りてより
⑤6

5529
五七分けて　四十八筋
終に音声の　道開きて
生る淡国を　胞衣として
⑤6

5530
大和八洲を　生み賜う
その時昼子　まだ解けず
昔二神　生みませし
⑤5,7

5531
三男神一女　その外に
如何でか国を　生むやらん
天音の和しは　それならず
⑤7

5532
初生の天地音は　生業を
食しす国なり　然はその
〔ア〕〔ウ〕〔ワ〕は声の　胞衣ならん
⑤7

5533
否とよ〔ア〕〔ウ〕は　音を分けず
既に分かる　天地歌は
八つの形に　六つ乗りの
⑤7

5534
常(つね)の諭(さと)しを　繰(く)り返(かえ)してよ
（以上前半・以下後半）
⑤7

5535
天地貴(あわむち)に　心尽(こころつく)せと
丹生(にぶ)の神(かみ)　天音(あね)の教(おし)えに
漸覚(ややさ)めて　和(やわ)し顕(あら)わす
⑤8

5536
天地貴(あわむち)の　本(もと)の心(こころ)を
熟々(つらつら)と　惟(おもん)みてれは
天法(あめのり)の　言葉(ことば)の端(はな)は
⑤8

5537
アカハナマ　天高(あたか)く昇(のぼ)り
天成(あな)る日(ひ)の　和歌(わか)は練(ね)る待(ま)つ
父親男(たらちを)の　イキヒニミウク
⑤8

5538
諷歌(そえうた)は　日(ひ)の出(で)の風(かぜ)の
生(な)る息栖(いきす)　心定(こころさだ)めて
フヌムエケ　本緒(もとを)の声(こえ)を
⑤8

5539
訳(わけ)知れば　配(くば)る汚焚(おたき)（愛宕）に
数(かぞ)え歌(うた)　ヘネメオコホノ
擬(なぞら)えば　人(ひと)の綜並(へなみ)の
⑤8,9

5540
天(あま)の原(はら)　六宗(むむね)は清(きよ)く
モトロソヨ　起(お)こり明(あ)かして
沓(か)ゑ埴(はに)に　違(たが)え生(う)まるる
⑤9

5541
譬(たと)え歌(うた)　ヲテレセヱツル
徒言(ただこと)の　歌(うた)に導(みちび)き
生(う)む国(くに)の　全(また)く徹(とほ)れば
⑤9

5542
スユンチリ　言祝(ことほ)ぎ直(すぐ)に
身(み)を保(たも)つ　代々長(よよなが)らえの
祝(いわ)い歌(うた)　シヰタラサヤワ
⑤9

5543
陰(め)は国(くに)の　月(つき)と雅(みやび)を
編(あ)み和(やわ)せ　諱顕(いみなあら)わす
天地(あわ)の歌(うた)　吾(われ)も歌(うた)えば
⑤9.10

5544
諸人の　瓊を生まんとて
札染めて　諭し教えん
瓊の道も　問わねば曇る
[5]10

5545
昼子神　時に天照
御言宣　昔二神
天地歌を　日毎に歌い
[5]10

5546
八百万日　行い到る
この末に　吾受け継ぎて
結ぶ手に　朝毎歌う
[5]10

5547
幾年か　未だ欠かさず
この手結印（押手）　玉杵の作る
[5]10,11

5548
御柱木　瓊心映す
器物　その御形に
勧め乞う　深き宗ある
[5]11

5549
染め札を　任せ賜わる
丹生の神　ここに昼子（姫）は
鋳物師に　金型綾にさせ
[5]11

5550
遍くに　教ゆる御名も
若日霊女（昼子姫）　丹生の功
大いなるかな
[5]11

注　この綾は、平成二十四年十二月末、山梨県南都留郡富士河口湖町浅間神社御師家本庄元直氏宅から発見された写本『秘書 神代和字 全』の秀真文字編著者訳によりました。誤写や脱落とみられるところもあり、編著者が任意で補正しています。詳細は拙編著『真実の日本建国史 秀真伝――人の世の巻』を参照してください。

補注　天照が「吾昔 天の道得る香具の典」（㉗129）とある『香具の典』（244頁**2724**『日本の誕生』㉗129）は残念ながら発見されていませんが、その道を知るのに『秀真伝』と、「割瓜」（⓪82）ともある『三笠書』の存在は大きいといえます。その『三笠書』も断片の九綾相当分しか発見されていません。

太占

太占を述ぶ　季聰

6001
太占は　往んし天神
瓊と矛を　授け給えば
二神（伊佐那岐・伊佐那美）も
△0 1

6002
国地万の　道生みて
君たる神を　生まんとて
一姫三男神　生みまして
△0 1

6003
治らする国の　政事
皇子若仁に　授けます
受けて天照　大御神
△0 1,2

6004
八百万神に　御言宣
この太占の　四十九緒は
元元明の　精奇城
△0 2

6005
天の御祖に　寄る形（象）
側にトホカミ　ヱヒタメの
八神は人の　魂の緒を
△0 2

6006
結び和せば　アイフヘモ
ヲスシの神は　キツヲサネ
五臓六腑を　整えり
△0 2

6007
三十二の神は　見眉容
日夜の随に　守らせば
この太占を　元占と
△0 2

6008
万地の天智を　考なえて
試み読めと　読ましめて
神（天照）は知れ長　副ゑけつり
△0 2

6009
百二十八歌　選り給う
元占伝の　典ぞ尊き
三輪季聰（大直根子）
△0 2

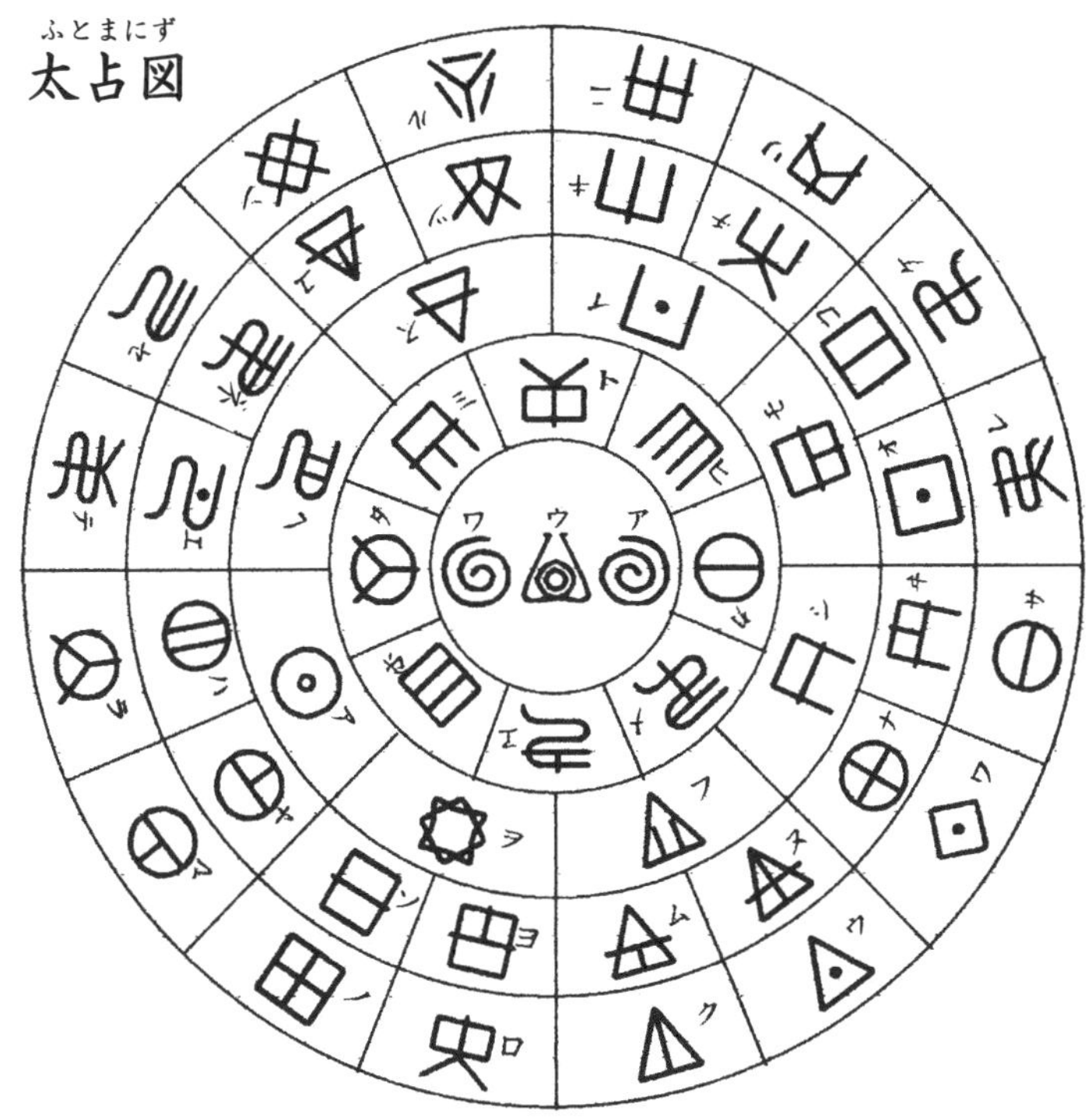

円座中央は元元明の御祖神、これを取り巻く内円は左回り外向きトホカミエヒタメの八元神、第二円は右回り内向きアイフヘモヲスシの天並八神、これに添い第三・第四外円は二音一組で十六組三十二神、計四十八神が配座しています。**注** 元元神の「」は原図では縦書きですが、このように右横書きにしてを左に180度廻すと「」で、表紙土偶写真日嗣装束の胸・腹部の「天地」を表す渦模様とイメージが一致、また勾玉の原形とも見られます。

歌の題名

天地歌の接頭音でもある天並八神アイフヘモヲシスとこれらに対応する外円の二音一組で一神の十六神の組み合わせ一二八通りです。以下は、その順番と題名です。

一アヤマ	一七イヤマ	三三フヤマ	四九ヘヤマ	六五モヤマ	八一ヲヤマ	九七スヤマ	一一三シヤマ
二アハラ	一八イハラ	三四フハラ	五〇ヘハラ	六六モハラ	八二ヲハラ	九八スハラ	一一四シハラ
三アキニ	一九イキニ	三五フキニ	五一ヘキニ	六七モキニ	八三ヲキニ	九九スキニ	一一五シキニ
四アチリ	二〇イチリ	三六フチリ	五二ヘチリ	六八モチリ	八四ヲチリ	一〇〇スチリ	一一六シチリ
五アヌウ	二一イヌウ	三七フヌウ	五三ヘヌウ	六九モヌウ	八五ヲヌウ	一〇一スヌウ	一一七シヌウ
六アムク	二二イムク	三八フムク	五四ヘムク	七〇モムク	八六ヲムク	一〇二スムク	一一八シムク
七アエテ	二三イエテ	三九フエテ	五五ヘエテ	七一モエテ	八七ヲエテ	一〇三スエテ	一一九シエテ
八アネセ	二四イネセ	四〇フネセ	五六ヘネセ	七二モネセ	八八ヲネセ	一〇四スネセ	一二〇シネセ
九アコケ	二五イコケ	四一フコケ	五七ヘコケ	七三モコケ	八九ヲコケ	一〇五スコケ	一二一シコケ
一〇アオレ	二六イオレ	四二フオレ	五八ヘオレ	七四モオレ	九〇ヲオレ	一〇六スオレ	一二二シオレ
一一アヨロ	二七イヨロ	四三フヨロ	五九ヘヨロ	七五モヨロ	九一ヲヨロ	一〇七スヨロ	一二三シヨロ
一二アソノ	二八イソノ	四四フソノ	六〇ヘソノ	七六モソノ	九二ヲソノ	一〇八スソノ	一二四シソノ
一三アユン	二九イユン	四五フユン	六一ヘユン	七七モユン	九三ヲユン	一〇九スユン	一二五シユン
一四アツル	三〇イツル	四六フツル	六二ヘツル	七八モツル	九四ヲツル	一一〇スツル	一二六シツル
一五アヰサ	三一イヰサ	四七フヰサ	六三ヘヰサ	七九モヰサ	九五ヲヰサ	一一一スヰサ	一二七シヰサ
一六アナウ	三二イナウ	四八フナウ	六四ヘナウ	八〇モナウ	九六ヲナウ	一一二スナウ	一二八シナウ

太占の歌の例（最初の二番）

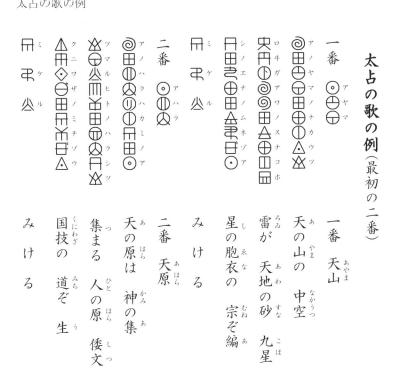

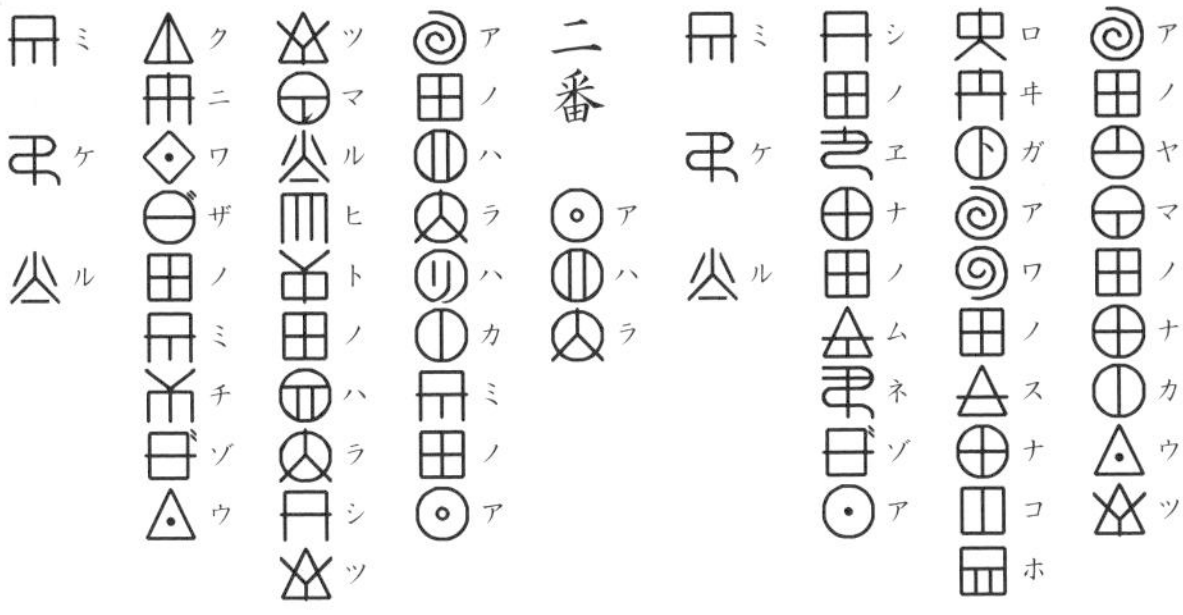
一番　アヤマ
アノヤマノナカウツ
ロヰガアワノスナコホ
シノヱナノムネゾア
ミケル
二番　アハラ
アノハラハカミノア
ツマルヒトノハラシツ
クニワザノミチゾウ
ミケル

一番　天山（あやま）
天（あ）の山（やま）の　中空（なかうつ）
雷（ろゐ）が　天地（あわ）の砂（すな）　九星（こほ）
星（し）の胞衣（ゑな）の　宗（むね）ぞ編（あ）
みける

二番　天原（あはら）
天（あ）の原（はら）は　神（かみ）の集（あ）
集（つ）まる　人（ひと）の原（はら）　倭文（しつ）
国技（くにわざ）の　道（みち）ぞ　生（う）
みける

太占の歌は128通りあります。それらの題目、例えば[アヤマ]は3音で成っています。これらは太占図の第二内円に配座する天並八神（あなみやかみ）アイフヘモヲスシと、これらに対応し第三・四の二重外円に配座する二神1組、[ヤマ]・[ハラ]、[キニ]・[チリ]、[ヌウ]・[ムク]、[エテ]・[ネセ]、[コケ]・[オレ]、[ヨロ]・[ソノ]、[ユン]・[ツル]、[ヰサ]・[ナワ]の16組の組み合わせ、8×16＝128通りです。

ヱト(秀真兄弟)と干支(十干十二支)の対照表

秀真兄弟（ほつまゑと）は東西央南北（キツヲサネ）×編み養う（アミヤシナウ）×兄弟（ヱト）＝60通り、
干支（えと）は木火土金水（きひつちかみず）×兄弟（えと）×十二支の順送りで60通り。

No.	ヲシテ	干支	No.	ヲシテ	干支	No.	ヲシテ	干支
1	キアヱ	甲子（きのえね）	21	キナヱ	甲申（きのえさる）	41	キヤヱ	甲辰（きのえたつ）
2	キアト	乙丑（きのとうし）	22	キナト	乙酉（きのととり）	42	キヤト	乙巳（きのとみ）
3	ツミヱ	丙寅（ひのえとら）	23	ツウヱ	丙戌（ひのえいぬ）	43	ツシヱ	丙午（ひのえうま）
4	ツミト	丁卯（ひのとう）	24	ツウト	丁亥（ひのとい）	44	ツシト	丁未（ひのとひつじ）
5	ヲヤヱ	戊辰（つちのえたつ）	25	ヲアヱ	戊子（つちのえね）	45	ヲナヱ	戊申（つちのえさる）
6	ヲヤト	己巳（つちのとみ）	26	ヲアト	己丑（つちのとうし）	46	ヲナト	己酉（つちのととり）
7	サシヱ	庚午（かのえうま）	27	サミヱ	庚寅（かのえとら）	47	サウヱ	庚戌（かのえいぬ）
8	サシト	辛未（かのとひつじ）	28	サミト	辛卯（かのとう）	48	サウト	辛亥（かのとい）
9	ネナヱ	壬申（みずのえさる）	29	ネヤヱ	壬辰（みずのえたつ）	49	ネアヱ	壬子（みずのえね）
10	ネナト	癸酉（みずのととり）	30	ネヤト	癸巳（みずのとみ）	50	ネアト	癸丑（みずのとうし）
11	キウヱ	甲戌（きのえいぬ）	31	キシヱ	甲午（きのえうま）	51	キミヱ	甲寅（きのえとら）
12	キウト	乙亥（きのとい）	32	キシト	乙未（きのとひつじ）	52	キミト	乙卯（きのとう）
13	ツアヱ	丙子（ひのえね）	33	ツナヱ	丙申（ひのえさる）	53	ツヤヱ	丙辰（ひのえたつ）
14	ツアト	丁丑（ひのとうし）	34	ツナト	丁酉（ひのととり）	54	ツヤト	丁巳（ひのとみ）
15	ヲミヱ	戊寅（つちのえとら）	35	ヲウヱ	戊戌（つちのえいぬ）	55	ヲシヱ	戊午（つちのえうま）
16	ヲミト	己卯（つちのとう）	36	ヲウト	己亥（つちのとい）	56	ヲシト	己未（つちのとひつじ）
17	サヤヱ	庚辰（かのえたつ）	37	サアヱ	庚子（かのえね）	57	サナヱ	庚申（かのえさる）
18	サヤト	辛巳（かのとみ）	38	サアト	辛丑（かのとうし）	58	サナト	辛酉（かのととり）
19	ネシヱ	壬午（みずのえうま）	39	ネミヱ	壬寅（みずのえとら）	59	ネウヱ	壬戌（みずのえいぬ）
20	ネシト	癸巳（みずのとみ）	40	ネミト	癸卯（みずのとう）	60	ネウト	癸亥（みずのとい）

注 ほつま兄弟（えと）のヱト（兄弟）は天元八神（あもとやがみ）・トホカミヱヒタメの兄弟（ヱト）、干支（えと）は五行と兄弟（えと）で十干、十二支は五行毎1回で60通り。

補録1　※天地歌四十八音（五十音の源流）

（天地歌：あわうたよそやね）

上二十四音（かみふそよこゑ）

○あかはなま　アカハナマ
○いきひにみうく　イキヒニミウク
○ふぬむえけ　フヌムエケ
○へねめおこほの　ヘネメオコホノ
○もとろそよ　モトロソヨ
○をてれせゑつる　ヲテレセヱツル

下二十四音（しもふそよこゑ）

○すゆんちり　スユンチリ
○しゐたらさやわ　シヰタラサヤワ

※天地歌（あわうた）　５音７音ずつ左横書きにすると縦読みで五十音の源流。白丸(゜)は天地歌五七調の節頭音で太占図の八並神アイフヘモヲスシです。

㊝→アカハナマ　→タラサヤワ→㊞
→イキヒニミ　→チリシヰ
→ウクフヌム　→ツルスユン
→エケヘネメ　→テレセヱ
→オコホノモ→トロソヨヲ

付図1　天地歌四十八音秀真文字（あわうたよそやこえほつまもじ）の構成図（五十音図の原形）

※※父音符 ＼ 母音符	空（くう）ウツホ	風（ふう）カゼ	火（か）ホ	水（すい）ミツ	土（ど）ハニ
ナカクロ	天 ア	イ	ウ	エ	オ
ヒハシラ	カ	キ	ク	ケ	コ
フハシラ	ハ	ヒ	フ	ヘ	ホ
タテヨコ	ナ	ニ	ヌ	ネ	ノ
マシタ	マ	ミ	ム	メ	モ
タウエ	タ	チ	ツ	テ	ト
ラシタ	ラ	リ	ル	レ	ロ
サヨコ	サ	シ	ス	セ	ソ
ヤウエ	ヤ	ヰ	ユ	ヱ	ヨ
ワヒシ	ワ 地		ン		ヲ

※ **母音符・父音符・子音**　ぼいんふ・ふいんふ・しいん。広辞苑では〈**ふいん**【父音】〔言〕子音に同じ〉とありますが、この書では「父音」と「子音」は区別し、編著者による独自の「母音符」「父音符」の用語を設け、秀真文字はこれらの重ね合わせによる子音としています。父音符のフリガナは記憶の助けになるよう独自に付けました（詳細は432頁参照）。

※五十音　ごじゅうおん。広辞苑は〈**ごじゅうおん**【五十音】日本語の四七種の音節を五字一〇行にまとめたもの。ア行のイ・エがヤ行に、ウがワ行に重複して出るため、五十音となる〉**※五十音図**　ごじゅうおんず。広辞苑では〈**ごじゅうおんず**【五十音図】五十音を、子音の同じものを同行、母音の同じものを同段とし、縦・横に連ねた図。国語音に存する縦横相通の原理を悉曇（しったん）の知識によって整理して成ったものとされ、悉曇章をもとにする。漢字音の半切（はんせつ）のためにつくられたという説もある。旧称五音図〉。**補注**　広辞苑では五十音図は「悉曇の知識による」とありますが、秀真伝の天地歌「四十八音」は古代日本独自のものです。なお、天地歌四十八音は、詳細には「五母音・四十三子音」といえるようです。

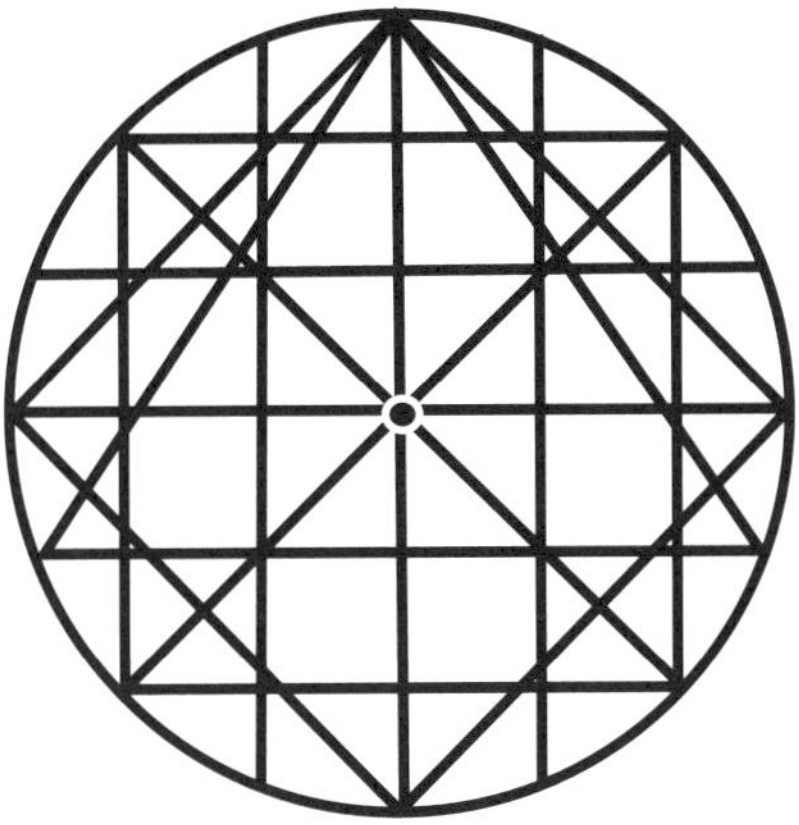

付図２　秀真八素綾図（ほつまやそあやず）

究極の一図　⊙ア（空）（うつほ）イ（風）（かぜ）ウ（火）（ほ）エ（水）（みつ）⊡オ（地）（はに）の五母音符と十父音符で成る四十八子音の秀真文献全十二万音は特殊文字・異体文字を除いて、総てこの一図に織り込まれます。

八素綾図一口覚（やそあやずひとくちおぼえ）　作成・千葉富三

○（まる）□（しかく）　×（かける）△（さんかく）　・（なかにぽつ）　◇十卄（ひしたすにじう）

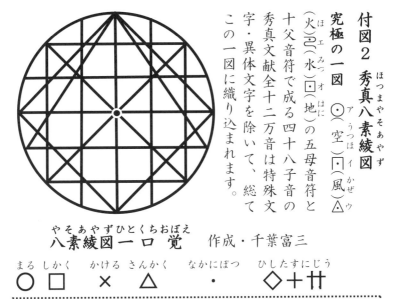

追記　この図は、第6253573号で商標登録されました。登録日 令和２年５月22日　公報発行日 令和２年６月９日　商品及び役務の区分並びに指定商品又は役務 41 知識又は技芸・スポーツの教授、古代文学又は古代文字に関するセミナー・シンポジウム・講習会・研修会の企画･運営又は開催、その他のセミナー・講習会・研修会の企画・運営又は開催、書籍・雑誌の制作、電子出版物の提供、セミナー・シンポジウム・会議・講演会・研修会・研究会の企画・手配・運営・開催及びこれらに関する情報の提供、(通信回線を用いて行う情報の提供を含む)、セミナー・教育研修・講座・人材開発のテキストの制作、会議の手配及運営、人・企業又は地域間の交流会の企画・運営又は又は開催。国際分類第11版　法区分 平成23年改正 ウイーン分類(略)。

付図3の1 秀真文字八素綾織込四十八音字体図(数詞を含む)

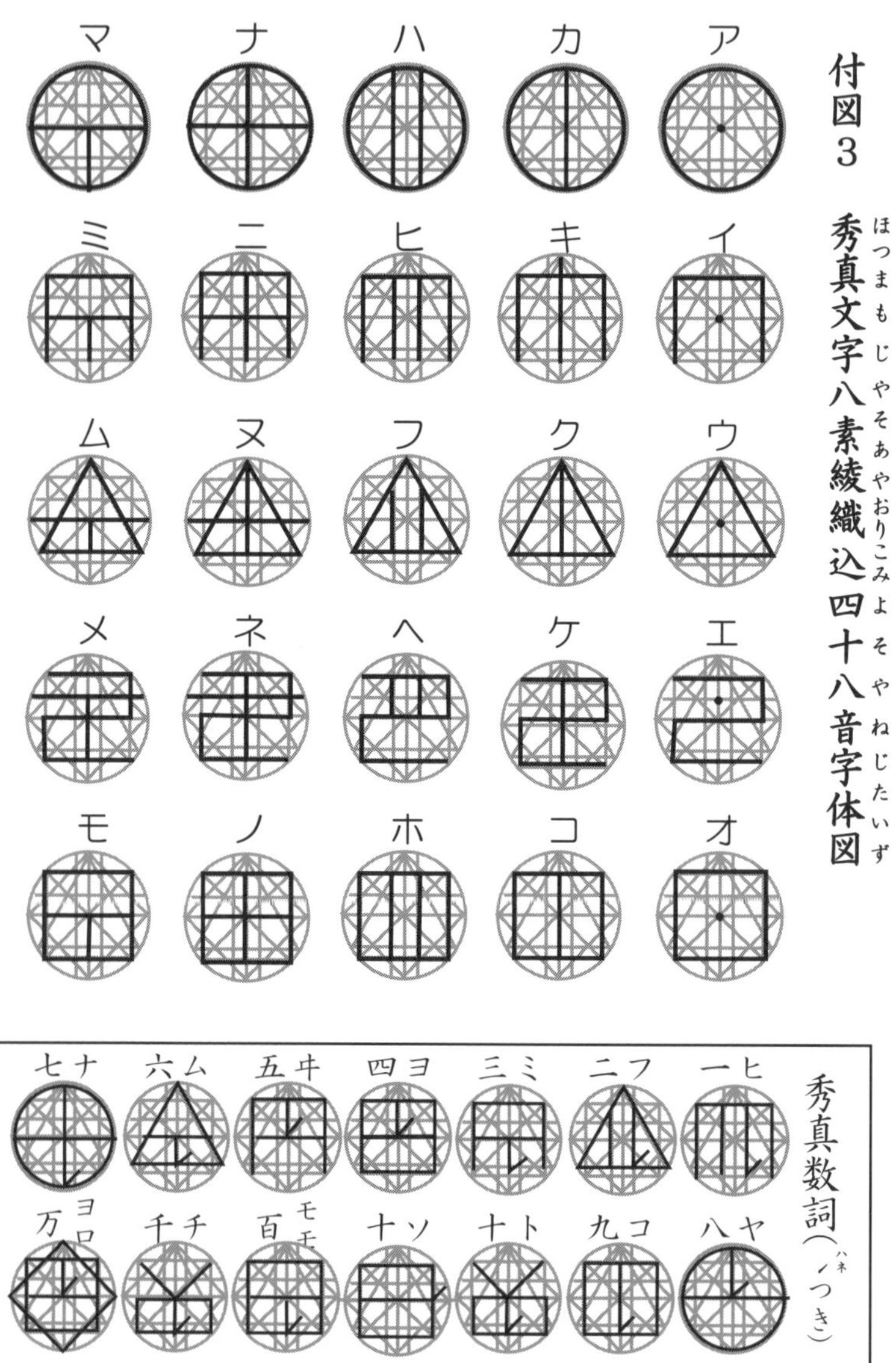

付図3の2　秀真文字八素綾織込四十八音字体図(特殊･異体字を含む)

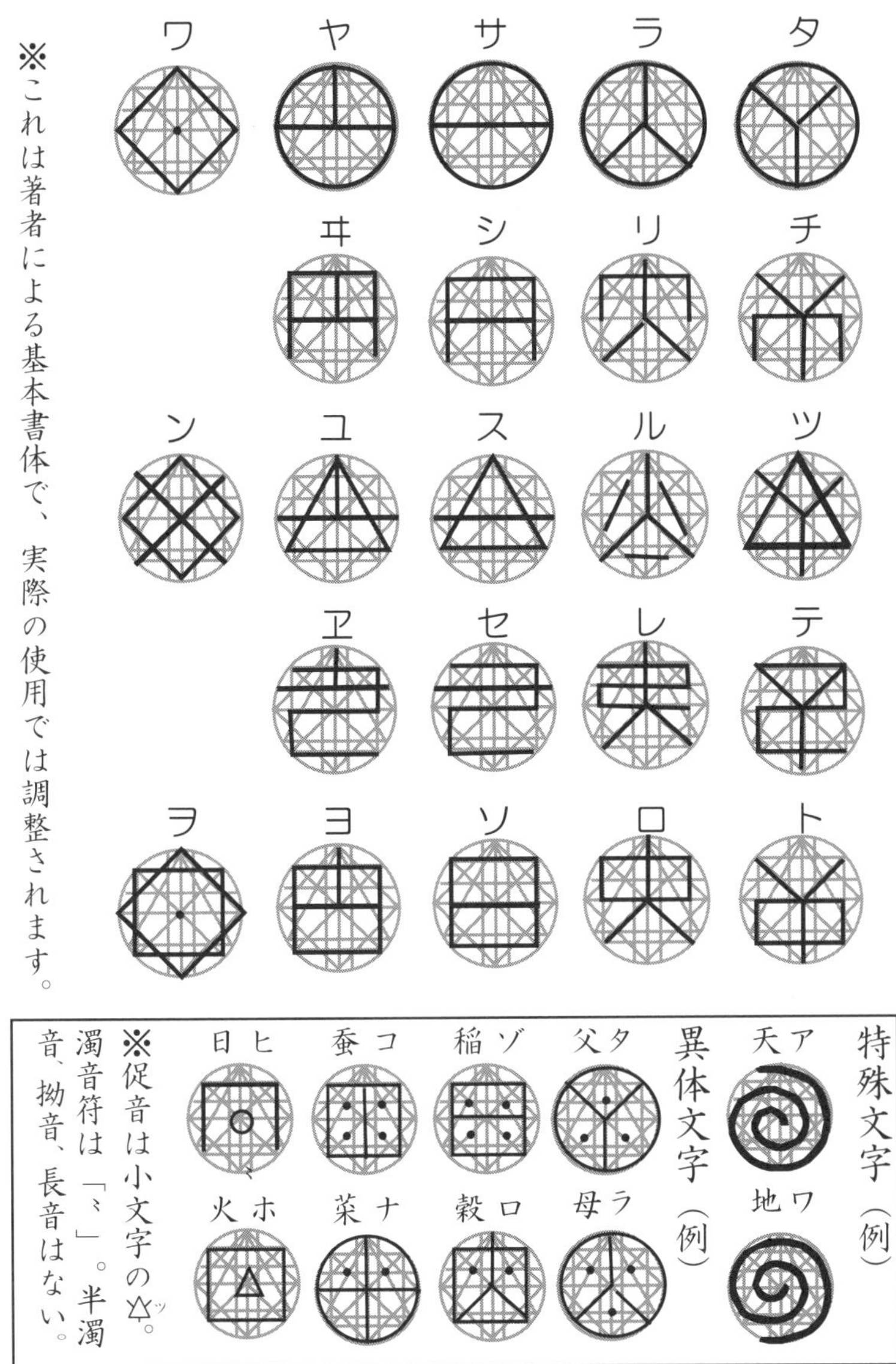

補録２　古代日本の固有文字であることの検証

「はじめに」で、『秀真伝』に綴られている五七調一万行にも及ぶ長編建国叙事詩は、古代日本固有の和歌の源流であるとともに、世界に同じ系統はないといわれる「日本語」、すなわち「大和言葉」の「原典」であると述べました。ここでは、その大和言葉を書き表した「秀真文字」は、鈴木董著『文字と組織の世界史　新しい「世界文明史」のスケッチ』（山川出版社）にいう「五大文字世界」の、そのいずれにも属しない古代日本固有の文字であることを検証したいと思います。

　まず要点は、「天地歌四十八音秀真文字の構成図」（428頁）で述べたように秀真文字は編著者による独自の用語としての「五母音符・十父音符」の重ね合わせでなる「四十八子音」（詳しくは五母音・四十三子音）であるということです。これは「五十音」の原形といえますが、正しくは〔ワ〕行の〔イ〕列に当たる「〔×〕」は〔ア〕行〔イ〕と重複、また、〔ワ〕行の〔エ〕列に当たる「〔×〕」は〔ア〕行の「〔エ〕」と重複します。そのためこの二字は秀真文字では存在せずに空白となり、◈（ワ）行の◬（ウ）列に当たる箇所には「⊗（ン）」が入って四十八音となります。

「五十音図」では、や行の「い」と「え」および、わ行「う」があ行の「い」「う」「え」と重複のため十行内では四十七音ですが、外のあ列に「ん」があり、『秀真伝』の「天地歌」と同じに実質四十八音となります。「五十音図」でわ行にある「ゐ」と「ゑ」は、秀真文字では字形の「円（ヰ）」と「ꝛ（ヱ）」からみても⊖（ヤ）行にあるのが自然で、「ん」は「五十音図」からはみ出て、しかも、あ列に置かれているのはいかにも不自然、『秀真伝』の◈（ワ）行◬（ウ）列の「⊗（ン）」の方が発音上からも理にも適っているのは明らかです。

次に、「五母音符」と「十父音符」についてです。まず、五母音符の「○・⊓・△・ꝛ・□」は、明らかに「空・風・火・水・地」を表す「象形文字」といえます。その読みからは「ウツホ・カゼ・ホ・ミヅ・ハニ」を表す「表意文字」で、さらに五母音の「ア・イ・ウ・エ・オ」と発音するのに、その唇の開きそのものの形から「表音文字」でもあるといえます。

次に十父音符は、それだけでは音声にならず五母音符と合体して初めて音声となり、しかもその尾音はそれぞれの母音に帰することになります。

これはアルファベットによるローマ字表記とほぼ同じとはいえますが、ローマ字での五十音は、母音以外は二音素を並列して一音となるもので、二音符が合体して一字一音となる秀真文字とは異なります。

また、広辞苑での「悉曇章をもとにするとの説」(428頁)も成り立たず、ましてや短絡して「秀真文字はハングルをまねた」という〃擬字説〃などは根本的に成り立ちません。ハングルは、広辞苑(第七版)によれば〈(朝鮮語で「大いなる文字」の意)朝鮮語固有の表音文字。一四四三年朝鮮王朝の世宗が創製、四六年「訓民正音」の名で公布。初めは母音字・子音字合わせて二八字があったが、今は一〇の母音字と一四の子音字を用いる。一つの子音または母音を表す文字を組み合わせて音節文字として表記する〉とあるように、そもそも成立時期からして秀真文字より二千八百年以上も後の時代のものだからです。これらについて詳しくは拙編著『甦る古代 日本の誕生』(文芸社)「検証―35 究極の象形・言霊ホツマ文字」(1198頁)および拙編著『甦る古代　日本の真実』（同）「250　究極の象形表意表音ほつま文字――現に存在する事実の認識は〝不毛の否定論〟より学問に有益」（同662頁）を参照してください。

前述（428頁）の「付図1　天地歌四十八音秀真文字の構成図（五十音図の原形）」では十父音符の便宜上の呼び名を次のように掲げました。

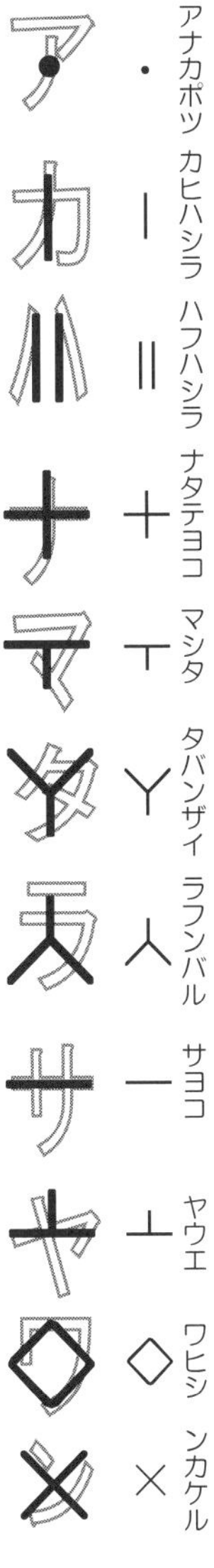

呼び名	符号
アナカポツ	・
カヒハシラ	｜
ハフハシラ	‖
ナタテヨコ	＋
マシタ	┬
タバンザイ	Y
ラフンバル	人
サヨコ	一
ヤウエ	⊥
ワヒシ	◇
ンカケル	×

これは編著者が独自に片仮名とダブらせてイメージし、覚え方の一助にしたもので、十父音符の呼び名もこのようにあったわけではありません。しかし天地歌四十八音および秀真文字は、少なくとも西紀前一三〇〇年以前すなわち縄文時代には既にあったことは明らかです。詳しくは拙編著『甦る古代　日本の原典　秀真伝　解明――古事記・日本書紀の底本だった』（明窓出版）「第3編（122～128頁）を参照していただきたいと思います。

むすびに

本書は、古代日本の国づくりを歌う長大な叙事詩『秀真伝』を和歌としての韻律を大事にしながら、区切りのよい三行体で全行数を約七〇％程度に要約し、手軽に馴染めるように本文の漢字にはすべてかなを振ってまとめたものです。最古三大文献である『三笠書』『太占』も含めています。

まず、ざっと目を通してみただけでも、ひらがなの韻文の美しさを感じるとともに、今や国字となっている現代国語の漢字仮名交じりにもほとんど違和感がなく、むしろ最古の古典とされる音訓交じり漢字の『古事記』、漢文の逆翻訳の『日本書紀』を乗り越えて、現代に生きる大和言葉の強(したた)かな生命力を感じるのではないでしょうか。これが本当に縄文～弥生時代の日本人の心であり、言葉であり、それを記した秀真文字であったのだろうかと、戸惑いさえ感じるかもしれません。

もっとも『秀真伝』は昭和の再発見以来五十四年を経た今日でも権威を自認する学界からは「無視」されています。批判には旧態依然で旧説引用の〝為にする〟偽書論などが散見されるのが現状です。しかし『秀真伝』の縄文哲学ともいえる整然とした高邁な理念の奥深さにふれるほどに偽書論などには耳を貸す暇はないと思います。記紀編纂を遡ること六百年―その序文に込められた悲痛な予感(0003)ともとれるように「スボメ」(窄め)置かれてこの方千九百年の今日「キミガヨノ　スエノタメシト　ナランカト」の時至る―との確信をもった在野での研究と普及活動が確実に広まっています。

『秀真伝』の姉妹書『三笠書』『太占』を含む「秀真三大文献」を記している古代文字の存在自体を学界はいまだに認めようとしない―というのは歴史的しがらみで、認める勇気がないという方が当を得ているかも知れません。その点はここではひとまず置くとしても、研究者の中ではこの文字のことを「ヲシテ」と固執している方もいるようですが、私は敢えて漢字を当て「秀真文字」としています。たとえば原文で「をして(ヲシテ)賜わる」とある場合は、文字そのものよりもその文字を意思伝達の手段としたいわば『広辞苑』での〈**おすみつき**【御墨付】②権威ある者から得た保証〉とある、直筆を染めた「保証書」の意と解し「璽(をして)」と当てています。

『秀真伝』には「書」「典」「記」また「文」とも当てた「(フミ)」はありますが「文字」という言葉は無く、「染(そ)む」はあるが「書く」はありません。これらについては拙編著『日本の誕生』『日本の真実』、また『日本建国史秀真伝』を参照していただくことにして、ここでは末尾補録1付図2に掲げる「秀真文字四十八音八素綾図(ほつまもじよそやねやそあやず)」について再確認をしたいと思います。

一言でいえば秀真文字はすべてこの一図に凝縮されることを発見したということです。基本文字としてまことにシンプルな八要素の母音符・音符が子音四十八音(よそやね)を合成し、これが五十音の源流ともなっています。

この四十八音で、五音七調(ゐねななみち)の上二十四音(かみふそよこえ)・下二十四音(しもふそよこえ)の天地歌(あわうた)となり、さらには、太占図(ふとまにず)を構成し、内輪に八角形星形右回りで天元八神(あもとやかみ)、左回りで天並八神(あなみ)、外輪も右回りに二組一神で三十二神、合わせて四十八神になります。この見事さは古今東西でも類例のない古代日本の大和言葉であることに感銘し、その八要素を「○(マル)□(シカク)×(カケル)△(サンカク)・(ナカニポツ)◇(ヒシ)十(タス)卄(ニジウ) 秀真四十八音(ほつまよそやね)」と三十一音(みそひとね)で表しました。また「八素綾図(やそあやず) 秀真四十八音(ほつまよそやね)総(す)べ織(お)り成(な)せり」と十九歌(つずうた)も添えました。この意味深長さを味わっていただければ『秀真伝』の整然さと奥深さを窺(うかが)い知れると思います。

一昨年の暮れ『ホツマツタヱ 秀真政傳紀』(改訂版)を発行人の日本翻訳センター高畠精二様からいただきました。同書「あとがき」と共に伊保孝夫様の「まえがきにかえて―『秀真政傳紀』発見の経緯」は実録だけに貴重です。高橋聖貴様には拙編著秀真五部作を初刊からみていただき、今回の上梓に当たりましても編集・校正・ご感想まで多分なご協力をいただきました。ホツマ研究同人誌『検証ほつまつたゑ』の出版母体でホツマ出版会を主宰する宮永光雄様から過分な推薦のお言葉をいただきました。同誌編集人原田武虎様には毎毎お世話をいただいております。皆々様に厚くお礼申し上げます。最後に宮崎貞行様の「ミカサフミはどこに隠れているのか」(『検証ほつまつたゑ』107号)の究明に期待を託し「むすびに」とします。

令和二年　ヤヨイミカ　　千葉富三

追記　「秀真八素綾図」(429頁)が第6253573号で商標登録されました。『検証ほつまつたゑ』(通巻110号)「古代日本に大和言葉と秀真文字があった」参照。ほつま普及推進のシンボルとしても役立てられれば幸いです。出願のアドバイスをしてくださいました天ノ事音様、菊地かな子様にお礼申し上げます(二〇二〇・七・七記)。

編集協力を終えて

高橋聖貴（フリー編集者）

千葉富三さんの本を六冊編集協力させていただきました。ここでは一連の本では紹介できなかった千葉さんのキャリアを紹介したいと思います。

千葉さんは昭和八年（一九三三）に岩手県上閉伊郡上郷村（かみへいぐんかみごうむら）に生まれ、県立遠野高校を卒業後、村の森林組合、農業協同組合に勤めます。かたわら青年会活動に参加し、郡下八町村が合併し遠野市となるに当たっては遠野市青年団体協議会の結成に携わり、発足後は副会長、会長を務めています。

昭和三十一年（一九五六）、市の職員となり、総務、商工、会計、企画の各課、水道事務所長、産業建設参事、広域消防本部消防長などを務めます。

この間、全国に先駆け「左横書き例規集」（第一法規）、伝票会計「遠野方式」案出（帝国地方行政学会）、公有地拡大法に先行（財）用地公社、（福）保育協会、（財）水道業務管理公社、（社）ふるさと公社、（財）教育文化振興財団、（株）リンデンバウム遠野の設立に関わります。五省庁所管施策の複合施設「遠野市民センター」、七町に「地区センター」、上水道浄水場と一体化の七省庁にまたがる複合施設「たかむろ水光園」などの建設でも活躍しています。

たかむろ水光園では、以下の施設の建設に携わりました。全国初の導水落差利用「水道発電」、第一回業務用全国最優秀賞のソーラーシステムも取り入れた複合宿泊施設農村活力センター、また、「ゴミ戦争」下の広域厚生施設組合で厚生省認可初の流動焼却システム、これに併設の全国初「ごみ温泉」保養センター、消防団再編成と消防車三十三台の無鉛化、市内五四か所にコミュニティー消防センターなどです。これらは期せずして三・一一東日本大震災の際は陸上自衛隊や遠くは大分県由布市消防派遣隊など各地からの支援ボランティアの後方基地としても活用されました。

中でも昭和四十九年（一九七四）、千葉さんが主体的に取り組まれた市の基本構想「北上山地の大自然に息吹く永遠の田園都市づくり・トオノピアプラン」の「ピア」とつけたことは高く評価され、「いま、中央政府の施策の中で『テレトピア』『アクトピア』など目白おしだが、こうしたものは遠野に刺激されてきたものである」と、田村明著『まちづくりの発想――総合的主体性の思想』（岩波新書 一九八七年）にあるほどです。千葉さんの自治体職員としての活躍については、大森彌編集『21世紀の地方自治戦略9行政管理と人材開発 19千葉富三「自治体職員の自己形成」』（ぎょうせい 一九九三年）を参照していただければと思います。

千葉富三さんは昭和六十一年（一九八六）自治体学会の設立に参画します。これは全国の市民・行政職員・学者・研究者など地域の自立と自治を目指す共通の意欲を持つ人々の集まりで、理論と実践が伴う生きた学問を探る学会です。設立後は東北選出、全国選出の運営委員、代表運営委員も務め、現在は顧問・名誉会員です。国土庁地域振興アドバイザーとして各地の地域づくりへも関わりましたが、とくに地域づくりの原点・国づくりの源流を求めて出雲大社、荒神谷遺跡など山陰地方へも何度か足を運びました。

千葉さんが『秀真伝』に出会ったのは、市職員を退職して十年目の平成十三年（二〇〇一。六八歳）、宮城県古川市（現・大崎市）で東北の古代史に関心を持つ有志約七〇名が参加したアラハバキ学会設立総会のときでした。その終了後、盛岡市鏑邦男（かぶらくにお）氏から『ホツマツタヱのすすめ』というパンフレットが配られました。ホツマツタヱという言葉を聞いたのもホツマ文字を見たのも、そのときが初めてだったそうです。鏑氏は、昭和四十一年（一九六六）に『ホツマツタヱ』を〝再発見〟された故松本善之助（まつもとよしのすけ）氏に師事し、盛岡市でホツマ研究会を主宰していた方です。以来、千葉さんはその月例会に参加し、平成二〇年（二〇〇八）に鏑氏が帰幽してからは、現会長の熊谷達雄さんらと共に盛岡ほつまの会を立ち上げ、現在も同会と遠野ほつまの会と両方の顧問を務めています。

千葉富三さんの一連の作品をお読みになれば、そこからは熱い思いが感じとれると思います。ホツマツタヱの深遠な世界が、千葉さんの著作を通して多くの人に知られることを期待しています。

参考文献

【底本としたもの】

○千葉富三編著『現代辞書で読み解く真実の日本建国史・秀真伝　天の世の巻』ともはつよし社

○千葉富三編著『現代辞書で読み解く真実の日本建国史・秀真伝　神の世の巻』ともはつよし社

○千葉富三編著『現代辞書で読み解く真実の日本建国史・秀真伝　人の世の巻』ともはつよし社

【参照したもの】

○『ホツマツタヱ―秀真政傳紀』　原典著者／大田根子命　漢訳筆録／和仁估安聡　復刻監修／松本善之助　発行人／高畠精二　発行／日本翻訳センター

○千葉富三編著『甦る古代　日本の誕生　ホツマツタヱ―大和言葉で歌う建国叙事詩』文芸社

○千葉富三編著『甦る古代　日本の真実　全訳秀真伝　記紀対照―１３００年の封印を解く』文芸社

○千葉富三編著『甦る古代　記紀の原典　秀真伝』「解明―『古事記』『日本書紀』の底本だった」明窓出版

○鈴木董著『文字と組織の世界史―新しい「比較文明史」のスケッチ』山川出版社

○菊池徹夫編『「世界の考古学」㉑文字の考古学Ⅰ』『「同」㉒文字の考古学Ⅱ』同成社

○エイヴリ・モロー著／宮崎貞行監訳『ホツマ・カタカムナ・先代旧事本紀―古史古伝で解く「太古日本の聖なる科学」』ヒカルランド

○木村紀子著『ヤマトコトバの考古学』平凡社

○吉田唯著『神代文字の思想――ホツマ文献を読み解く』「ブックレット〈書物をひらく〉13」平凡社

編著者プロフィール　千葉富三（ちば　とみぞう）

一九三三（昭和八）年、岩手県生まれ。岩手県立遠野高等学校卒業。遠野市職員。（株）リンデンバウム遠野設立発起人、専務取締役、代表取締役社長、会長、顧問。自治体学会設立に参画、地方、全国選出運営委員、代表運営委員、顧問、名誉会員。市町村アカデミー（全国市町村職員中央研修所）外部講師。国土庁地域振興アドバイザー。東北経済研究所まちづくり調査研究委員。岩手県環境アドバイザー。二〇〇一（平成一三年、六八歳）アラハバキ学会設立、会長。その際に秀真伝と秀真文字に出会う。以来、その研究と普及をライフワークとする。盛岡ほつまの会顧問。

〔主な執筆〕◇伝票会計遠野方式—新制度に即応した帳票設計の実際（全国三方式の一つ）『地方財務143』（帝国地方行政学会 1966.4）◇よみがえれコタンの広場『地方公論』（地方公論社 1973.12）◇遠野地区清養園における流動償却プロセスとソフトウェア（厚生省補助第一号）（『都市と廃棄物』環境産業新聞社 1978.1）◇北上山地の大自然に息吹く永遠の田園都市〈トオノピアプラン〉の視点と原点（『新都市』都市計画協会 1978.10）◇地域施設のコンビナートシステムと農村活力センターの試み（太陽熱利用通産省調査委託事業第1号・第一回ソーラーシステム賞業務部門最優秀賞）（『地域開発』㈶日本地域開発センター 1979.11）◇上水道を利用した発電所の建設（全国第一号）（『小水力発電の設計・施工実例集』㈶新エネルギー財団 1982.3）◇四全総「東京集中」は国を危うくする（『ツイークエンド経済』（『朝日新聞』1987.5.7）◇私が考える日本のシナリオ—集中文明から地域文化の復権を（『Series Book The まちづくりView』№15（第一法規出版㈱1989.7）◇市民センター・カントリーパーク等の構想・推進など（大森彌編集『21世紀の地方自治戦略9行政管理と人材開発19自治体職員の自己形成』（㈱ぎょうせい 1993.3）。

あらましの秀真伝(ほつまつたゑ)

古代文字(こだいもじ)のヤマトコトバを現代文字(げんだいもじ)で読(よ)み明(あ)かす！

編著者　千葉富三(ちばとみぞう)

明窓出版

令和二年十月十五日　初刷発行

発行者——麻生 真澄

発行所——明窓出版株式会社

〒一六四—〇〇一二
東京都中野区本町六—二七—一三
電話　（〇三）三三八〇—八三〇三
FAX（〇三）三三八〇—六四二四
振替　〇〇一六〇—一—一九二七六六

印刷所——中央精版印刷株式会社

落丁・乱丁はお取り替えいたします。
定価はカバーに表示してあります。

編集協力——高橋 聖貴

ISBN978-4-89634-421-9

千葉富三編著『秀真伝』シリーズ五部作（七冊。今回の刊行を含む）

1　甦る古代　日本の誕生　ホツマツタヱ━大和言葉で歌う建国叙事詩
第1部三段対訳秀真伝　第2部大和言葉語典　第3部秀真伝〝36〟の検証
A五版　一二二七頁　平成二一年(二〇〇九)七月刊　文芸社

2　甦る古代　日本の真実　全訳秀真伝　記紀対照━1300年の封印を解く
A五版　八七八頁　平成二四年(二〇一二)八月刊　文芸社

3-1　現代辞書で読み解く　真実の日本建国詩　秀真伝　天の世の巻
四六版　三八八頁　平成二十八年(二〇一六)八月刊　ともはつよし社

3-2　現代辞書で読み解く　真実の日本建国詩　秀真伝　神の世の巻
四六版　三八四頁　平成二十八年(二〇一六)九月刊　ともはつよし社

3-3　現代辞書で読み解く　真実の日本建国詩　秀真伝　人の世の巻
四六版　三四〇頁　平成二十八年(二〇一六)一〇月刊　ともはつよし社

4　甦る古代　日本の原典　秀真伝　解明━古事記・日本書紀の底本だった
A五版二二六頁　平成三〇年(二〇一八)一二月刊　明窓出版

5　あらましの秀真伝━古代文字のヤマトコトバを現代文字で読み明かす！
A五版四四六頁　平成三二年(二〇二〇)一〇月刊　明窓出版